Studies of Buddhist Culture

佛教文化研究

第四辑

洪修平　主编

江蘇人民出版社

《佛教文化研究》編委會

［匈］郝清新（Imre Hamar）

黃夏年　　　惠　敏　　　［日］菅野博史

淨　因　　　［美］柯嘉豪（John Kieschnick）

賴永海　　　藍吉富　　　李建欣　　　李利安

李四龍　　　李向平　　　［韓］李鐘徹

［德］連馬丁（Martin Lehnert）

［俄］列·葉·楊古托夫（L. E. Yangutov）

林鎮國　　　劉宇光　　　呂建福

［美］羅柏松（Robson James）

［日］末木文美士

［英］寧梵夫（Max Deeg）

沈衛榮　　　聖　凱

［德］施耐德（Axel Schneider）

宋立道　　　孫　晶　　　孫亦平　　　王邦維

王建光　　　王月清　　　王志遠　　　魏道儒

［加］夏富（Robert Sharf）　　　　　　邢東風

［日］辛島靜志　　　　　　徐文明　　　徐小躍

［加］篠原亨一　　　　　　姚衛群　　　姚治華

業露華　　　［日］伊吹敦　　　　　　湛　如

張風雷　　　張新鷹　　　　　　　　　鄭筱筠

［意］左冠明（Stefano Zacchetti）

目　録

禪學專題研究

宋代文字禪、看話禪與禪教關係

洪修平

内容提要：中國禪發展至宋代進入了一個新的階段，出現了許多新的特點。大量公案、語録的出現，形成了區别於默照禪的文字禪，不立文字的禪宗走上了文字化的道路，這既吸引了大批文人學士的關注，也受到了大慧宗杲等人的批評。大慧宗杲通過提倡"看話禪"反對宋代禪宗文字化和默照禪的兩種趨向，這對於糾正禪宗發展中出現的偏向有一定的意義。從禪教關係來看，兩者的内在張力其實是推動禪宗創立和發展的一種動力，標榜"不立文字""教外别傳"的禪宗發展至宋代，在走向文字化的大背景下，禪教的融合仍然是其發展的基本趨勢。

關鍵詞：宋代文字禪；看話禪；默照禪；禪教關係

中國禪發展至宋代進入了一個新的階段，出現了許多新的特點。

例如,隨着中國佛教内部出現禪净教融通、外部與儒道合流的總趨勢,禪宗一方面在禪教合一的同時進一步融攝了净土法門,從而大大擴大了它的影響,另一方面又通過與統治者和上層人物的接近而加深了自身的儒化、道化以及對中國傳統思想文化的影響。大量公案、語録的出現,形成了區别於默照禪的文字禪,不立文字的禪宗走上了文字化的道路,這既吸引了大批文人學士的關注,爲禪的精神融入宋明理學進一步提供了條件,同時也受到了大慧宗杲等人的批評,本文主要就宋代文字禪、看話禪與禪教關係等略做討論,以期從一個側面來加深對宋代禪的理解。

一

　　中國禪宗發展至六祖惠能南宗禪的出現而面貌爲之一新。其禪學理論是依非有非無的"空"而建立起來的,因而它通過破除各種執着的形式表現出來,特别是强調"不立文字","不立文字"者,不執着言相文句也。落實在禪行生活上,就是反對執着於包括坐禪、讀經等形式化的修持方法,主張任心自在,無得無修,突出當下一念,心上頓現真如本性,頓悟自性是佛,形成了南宗特有的不假修習、直了見性的簡捷明快的禪風。

　　惠能南宗禪的"不立文字"并不是完全不要文字,而是强調日常的禪行實踐和開悟。六祖惠能本人也并不是絶對地排斥經教,他只是强調應領宗得意,自性覺悟,而不能執着文字,更不能被文字相牽着鼻子走。[1] 在他看來,任何語言文字都只是指月之指,而非月之本

---

[1] 六祖惠能本人就曾有一聞《金剛經》心即開悟,并爲無盡藏尼解説《涅槃經》的經歷,説明他并不排斥經教的啓迪作用。

身,經典至多只是啓發人們開悟的一種外緣,關鍵還在於每個人的自悟。在禪的修習中,重要的是體悟心證,禪悟的内容或境界則是"如人飲水,冷暖自知","説似一物即不中"。惠能提倡的禪理禪行,為綿延發展上千年之久的南宗奠定了禪學理論基礎和禪行生活之原則。惠能以後,修行方便簡逸明快的南宗禪得到了極大的發展。中唐以後,即出現了天下禪"皆歸曹溪"的局面。晚唐至五代,更進一步演化為溈仰、臨濟、曹洞、雲門和法眼五家。此五家禪皆承六祖惠能而來,但因傳禪之人和時地的不同,形成了不同的傳法接機之宗風。五家禪之思想與門風雖略有小異,然其根本宗旨皆不離六祖的頓悟心性,自我解脱。入宋以後,禪宗仍不斷地演化流變,但均不出五家之外。禪門弟子在舉揚自家宗風的同時,繼續保持着某些共同的思想特點,其機鋒棒喝、公案話頭等"直指人心"的接機方法和行腳雲遊、遍訪名師的參學方式,都是為了頓悟解脱這樣一個共同的信念與目標。

宗與教、禪與行的關係,其實一直存在於禪宗發展的歷程之中,兩者的内在張力實際成為推動禪宗創立和發展的一種動力。因為禪宗標榜"不立文字"是為了強調"教外別傳""以心傳心",但"言雖不能言,然非言無以傳"①,重體悟心傳的禪師為了方便接機,傳授心法,總得通過一定的教法,借助一定的語言。即使是佛陀當年在拈花微笑之間傳心法于迦葉時,也還是説了"吾有正法眼藏……付囑摩訶迦葉"等話語。在中國禪宗中,從"不出文記"的早期禪師,到"不立文字"的惠能,實際上也都留下了施化設教的方便法門,六祖惠能開壇説法的《壇經》還成為唯一的一部以"經"命名的中國僧人的著作。這就為宋代文字禪的出現提供了某種依據。入宋以後,不立文字的禪

---

① 《肇論·般若無知論》,《大正藏》第 45 册,第 153 頁下。

宗逐漸走上了文字化的道路,出現了大量的語録、燈録和對"公案"的拈頌評唱。雖然禪宗的文字所要表達的是禪意、禪境或禪味,因而即使是文字禪,也往往是借助詩歌偈頌或其他一些含蓄的語言來"繞路説禪",以體現禪的"不説破"的原則,目的仍然是引導人們去體悟言外之旨或心法,但禪的文字化傾向畢竟與"以心傳心""不立文字"的六祖禪相去較遠,因而還是引起了大慧宗杲等人的強烈不滿。

而另一方面,宏智正覺提倡於默然静坐中進行内心觀照的默照禪,這雖然有糾文字禪之偏的意義,但在形式上又有向六祖革新佛教之前的傳統禪學復歸的趨勢,與六祖惠能以來對執着于默然坐禪的破斥不相符合,因而它也受到了宗杲等人的攻擊和批判。

從禪學思想的理論建設上看,宋代禪學并没有很大的發展,但禪宗發展的規模及其社會影響却在宋代達到了相當的程度,同時也形成了許多新的特點,禪的接機與修行方式更趨靈活,禪的語録大量出現,"文字禪"的展開,看話禪的出現,以及禪教融合等,都成為這些特點中值得重視的現象。

二

在宋代,"不立文字"的中國禪宗日益走上了"文字禪"的道路,這與宋以後士大夫好禪的風氣有很大關係,許多燈録之類都是由好禪的士大夫參與或直接主持編撰的。

文人士大夫參禪,并不自宋代始,早在唐代即已成風尚。唐代的韓愈、李翱、張説、李華、王維、白居易、柳宗元、劉禹錫、裴休等都與禪宗有密切的關係。到了宋代,士大夫參禪之風更為盛行,與禪僧的交往也愈加密切。翰林學士楊億和駙馬都尉李遵勖都與臨濟宗僧人廣慧元璉、谷隱蘊聰及石霜楚圓等交往甚厚；著名文人蘇軾既得法于東林常總，又參雲居了元，相互妙句問答，詩文相酬；黃庭堅也與黃龍派的祖心、悟新和惟净等結為方外契友，并曾"著《發願文》，痛戒酒色"①以表對禪道的歸心；歐陽修曾是宋代主要的排佛論者，但見了契嵩的《輔教篇》後却改變了態度，游廬山時對"出入百家而折衷於佛法"的祖印居訥"肅然心服"②，與之談禪論儒，頗為投契；王安石則不但參學於寶峰克文和佛印了元，而且還舍建康舊宅為報寧寺，請克文前往住持。宋代的理學家雖然大都標榜排佛，但在思想上却幾乎無一例外地深受佛教特別是禪學的影響，并與禪僧保持一定的來往。理學的開山祖周敦頤在為官以前就隨潤州鶴林寺壽涯學過佛教。當官以後，他又跟黃龍山慧南與祖心等禪師參禪，在廬山與東林常總也往來甚厚，自稱"窮禪之客"。程顥十五六歲時就開始研究佛教，與程頤一起投師于周敦頤門下學道，不得要領。後出入佛老幾十年，再學六經，才漸有所獲。程頤也曾歷訪禪師，探究佛法。他與黃龍山靈源惟清禪師書信往來，甚為相投，并對禪家的"不動心"贊嘆不已。朱熹自述十五六歲時亦曾留心于禪，"理會得個昭昭靈靈的禪"③。

　　宋代士大夫的好禪參禪，原因是多方面的，其中包括社會的壓抑、儒學的缺憾、個人仕途的失意以及宋代禪學的文字化傾向等，與禪門中出現一些既通禪理又會詩文的禪師也是分不開的，而這些禪師的出現，又促使"文字禪"大為盛行。宋代文字化的禪書很多，除了唐代已有的語録進一步大量出現之外，更有燈録乃至擊節、評唱的大量出現。這不僅吸引了文人士大夫來"參學"，而且還使一些士大夫

---

① 《續傳燈録》卷二十二，《大正藏》第 51 册，第 615 頁中。
② 《佛祖統紀》卷四十五，《大正藏》第 49 册，第 410 頁上。
③ 《朱子語類》卷第一百四，中華書局 1986 年版，第 2620 頁。

直接參與了禪書的編撰，從而又反過來進一步促進了文字禪的興盛。

禪師的語錄，唐代已有，宋代更是編集語錄成風，而士大夫熱衷於為之撰序作介紹，更助長了此風的盛行。當時著名的禪師大都有語錄存世，還有各家語錄的彙編本，例如，宋賾藏主編的《古尊宿語錄》就載錄了南嶽懷讓以下馬祖、百丈、黃檗、臨濟等四十余家語錄，多為《景德傳燈錄》未曾載者，對研究唐宋禪風特別是臨濟宗思想，很有參考價值。燈錄則是宋代始有的一種兼有語錄和史傳特點的新體裁。它是以記言為主要形式，按各派系的傳承法脉編成的禪宗史書。最早的一部大型燈錄編于景德（1004—1007）年間，故稱《景德傳燈錄》。此後，宋代又編成《天聖廣燈錄》《建中靖國續燈錄》《聯燈會要》和《嘉泰普燈錄》等四部燈錄，均以記載歷代祖師的機語為主，而不像僧傳那樣以記行為主。鑒於上述“五燈”多有重複，宋代普濟又删繁就簡，合五為一而編成了《五燈會元》二十卷流行於世。

除了語錄、燈錄之外，宋代還出現了大量對“公案”的文字解釋。所謂公案，原指官府判決是非的案例，禪宗借用它專指前輩祖師的言行範例，用來判斷是非迷悟。參“公案”以求開悟，是禪門的一種修學方法。在唐代時，“公案”一詞已出現於禪門中。但公案的大量運用，則是在宋代。《碧巖錄》的序中説：“嘗謂祖教之書謂之公案者，倡于唐而盛于宋，其來尚矣。二字乃世間法中吏牘語。”[1]宋代禪門運用公案的一個重要特點是從語言文字上對公案進行解釋乃至作繁瑣的文字考證，由此導致了“文字禪”的泛濫。

一般認為，宋代文字禪的倡導者是雲門宗的汾陽善昭。他收集先賢祖師的問答機語一百則，每則末分別以偈頌一一加以解釋，作成

---

[1]《大正藏》第 48 册，第 139 頁中—下。

《頌古百則》，開創了用華麗的韻文來表達禪意的新形式。頌古這一形式很快風靡宋代禪門，使宋代禪風為之大變。同時，善昭還作《公案代別百則》和《詰問百則》，試圖完善公案的形式，更好地表達公案的玄旨。"代別"即代語和別語。"代語"有兩種，一代當下禪衆，即禪師提問，禪衆答不上來或答語不契，禪師代衆自答；二代古人，即舉古人公案，在有問無答處代答。"別語"指古人公案中有答語而另外再說一答句。善昭自云："室中請益，古人公案未盡善者，請以代之；語不格者，請以別之。故目之為代別。"①

由於頌古這一"繞路説禪"的形式既體現了禪宗"不説破"的原則，又進一步溝通了禪師與士大夫之間的聯繫，因此，善昭始創頌古後，禪師們紛紛仿而效之。由南宋僧人法應編、元代僧人普會增補的《禪宗頌古聯珠通集》共采摭機緣（公案）818 則，頌古 5150 首，作頌的宗師 548 人，從一個側面反映了宋代頌古的風行。宋代最著名的頌古作者，除善昭之外，還有宏智正覺、雪竇重顯、投子義青和丹霞子淳等，其中以雲門宗僧人雪竇重顯最為突出。雪竇重顯以雲門宗思想為基礎作《頌古百則》，追求詞藻的優美華麗，把頌古這一形式推向成熟的頂峰，對當時禪風的影響很大。《禪林寶訓》卷四載心聞曇賁語曰："天禧間，雪竇以辯博之才，美意變弄，求新琢巧，繼汾陽為《頌古》，籠絡當世學者，宗風由此一變矣。"當然，心聞曇賁對此現象是不滿的，所以他緊接着就説："莫有悟其非者，痛哉！"②

與頌古相連的還有拈古。"拈古"即拈起古則（公案），以散文體的形式來加以批評。圓悟克勤的《碧巖録》卷一中説："大凡頌古，只

---

① 《汾陽無德禪師語録》卷中，《大正藏》第 47 册，第 615 頁下。
② 《大正藏》第 48 册，第 1036 頁中。

是繞路説禪；拈古大綱，據款結案而已。"①頌古必先拈古，拈古之後方有頌古。一般認為，拈古自雲門為始，他曾拈出"世尊初生下，一手指天，一手指地，周行七步，目顧四方云天上天下，唯我獨尊"，然後説"我當時若見，一棒打殺與狗子吃，却貴圖天下太平"②。表達了他不迷信偶像，強調自性自悟的見解。拈古的原則與頌古一樣，通過含蓄的語言讓人去體悟言外之旨或心法。

　　隨着拈頌的發展，又出現了對頌古進行再注解的評唱，其中最有代表性的是圓悟克勤評唱雪竇重顯《頌古百則》而成的《碧巖録》。《碧巖録》又稱《碧巖集》，此書在録出"百則"的每一則之前，先加提示綱要的"垂示"，在列出"本則"之後，又著語評論，介紹公案提出者的略歷，并對其中的警句加以評唱，自作頌語，最後又評唱之。經過這樣反復注解、評唱，揭示出公案的要點與主旨，而不可言説的禪理、禪意也就越來越多地憑借文字加以表達了。《碧巖録》的出現，受到了當時禪僧和士大夫的歡迎，有"禪門第一書"之稱，禪門中"新進後生，珍重其語，朝誦暮習，謂之至學"③。它的出現標誌着禪宗的發展進入了"注解"公案語録的新階段，宋代的"文字禪"由此發展到了頂峰。

　　與此同時，禪門中也有些人因擔心"學人泥於言句"而對《碧巖録》加以反對，其代表人物就是克勤的大弟大慧宗杲。宗杲"因慮其後不明根本，專尚語言，以圖口捷，由是火之，以救斯弊"④。大慧宗杲之所以批評文字禪而倡導看話禪，其實就牽涉對"禪"和"參禪"的理解與把握。禪的意譯為"静慮"，其本義有二：一是使心緒寧静下

---

① 《大正藏》第 48 册，第 141 頁上。
② 《雲門匡真禪師廣録》卷中，《大正藏》第 47 册，第 560 頁中。
③ 《禪林寶訓》卷四，《大正藏》第 48 册，第 1036 頁中。
④ 《碧巖録》後序，《大正藏》第 48 册，第 224 頁下。

來，此與止或定相近，二是如實慮知所對之境，與觀或慧相近。在中國佛教中，禪宗以禪命宗，倡"定慧等學"，體現了對佛教"慧解脫"根本精神的堅守和踐行。"參禪"就是禪宗倡導的一種參究禪的妙旨，以求識心見性的修行法門。從《碧巖錄》的內容中，可以發現許多因"參禪"而獲得開悟的事例，雖然"文字禪"通過"繞路說禪"的方式，目的仍然是引導人們去體悟言外之旨或心法，但禪的文字化傾向畢竟有可能把讀者的注意力引到"注解"公案語錄的形式上，《碧巖錄》作為注解"公案"的結果，被認為是禪文學的典範之作，這就有可能淡化"禪"本有的對宇宙萬法的實相和自性本心"體悟"的根本精神。大慧宗杲正是從這個意義上展開了對以《碧巖錄》為代表的文字禪的批評。

宗杲于南宋時焚毀《碧巖錄》的刻版，在一定程度上限制了《碧巖錄》的流傳，但文字禪的出現有其深刻的多種原因，因而禪學文字化的趨勢并沒有完全停止。元初，《碧巖錄》又開始刻版流行。以後，元代又有林泉從倫評唱投子義青的頌古而成的《空谷集》，萬松行秀評唱天童正覺的頌古而成的《從容錄》等，它們與《碧巖錄》一樣，都是文字禪的典型。這些禪宗著作的流行，反映了入宋以後文字禪的盛行。而文字禪的盛行引起了大慧宗杲的強烈不滿，這成為看話禪出現的重要原因之一。

三

看話禪是禪宗通過"看話頭"而達到開悟的一種參學方式。這裏的"看"是指內省式的參究，"話頭"就是把禪門公案裏禪師的一些典型答語作為參究的題目。例如據《壇經》記載，六祖惠能得法受衣後南下，有惠明從後面趕來請為之說法，惠能對他說："不思善，不思惡，正與麼時，那個是明上座本來面目?"惠明"言下大悟"，說道：我雖在黃梅多時，却一直没有明白自己的本來面目。"今蒙指示，如人飲水，冷暖自知。今行者即惠明師也。"這裏的"那個是明上座本來面目"也許是禪宗最早的話頭①，後演化為"父母未生以前，如何是本來面目"這一禪門最常參的話頭之一。

宋代看話禪的大力提倡者大慧宗杲(1089—1163)是臨濟宗楊岐派僧人，他對看話禪的提倡既是針對當時從文字語言上對公案進行探究剖析的"文字禪"，同時也是為了反對當時盛行一時的"默照禪"。"默照禪"，即於默然静坐中進行内心觀照，其大力提倡者是曹洞宗僧人宏智正覺(1091—1157)。宏智正覺把默然静坐視為求得開悟的唯一方式，認為人心本覺、本寂，因煩惱塵垢污染而不能顯其清白圓明的妙靈之體，若通過"静坐默究""去諸妄緣幻習"，使"心地下空寂"，便能使虚心"自照"，證得般若智慧，達到解脱。因此，他常教人"真實做處，唯静坐默究"②，認為"曹洞禪没許多言語，默默地便是"③。他還專門作有《默照銘》，提出"默默忘言，昭昭現前""妙存默處，功忘照中"。宏智正覺本人也身體力行，常"晝夜不眠，與衆危坐"。在宏智正覺的大力倡導下，默照禪在宋代曾盛極一時，成為宋代禪學的主流之一，也受到一部分士大夫的歡迎。但這種禪法雖然也融入了六祖惠能以般若空觀説心性的禪學思想，却又有向傳統坐禪形式復歸的

---

① 這裏的"那個是明上座本來面目"和"如人飲水，冷暖自知"等機鋒式的話語，都是在較後出的《壇經》版本中出現的，有學者例如郭朋先生認為，這都是宋代的契嵩帶頭把出現"看話禪"以後才有的東西塞進了《壇經》中(郭朋《〈壇經〉對勘》，齊魯書社1981年版，第27頁)。
②《宏智禪師廣錄》卷六，《大正藏》第48冊，第73頁下。
③《宏智禪師廣錄》卷五，《大正藏》第48冊，第58頁下。

趨勢,與惠能以來對執着坐禪的破斥不相符合,因此,它也受到了宗杲等人的猛烈攻擊和批判。宗杲曾指出:"今時有一種剃頭外道,自眼不明,只管教人死嗢狙地休歇去。若如此休歇,到千佛出世也休歇不得,轉使心頭迷悶耳。又教人隨緣管帶,忘情默照,照來照去,帶來帶去,轉加迷悶,無有了期。殊失祖師方便,錯指示人,教人一向虛生浪死。"①在宗杲看來,忘情默照與歷代祖師的指授精神完全相悖,有失禪宗明心見性的頓悟宗旨,根本不能使人開悟解脱.反而會使人迷上加迷。因此,他"力排默照為邪",并把默照禪的禪師斥為"邪師",他説:"邪師輩教士大夫攝心静坐,事事莫管,休去歇去,豈不是將心休心,將心歇心,將心用心? 若此修行,如何不落外道二乘禪寂、斷見境界? 如何顯得自心明妙,受用究竟安樂、如實清净、解脱變化之妙?"②

　　大慧宗杲對當時的"文字禪"和"默照禪"都十分不滿,他"力排默照為邪",并為了"掃蕩知觧""杜塞思量分別"而大倡看話禪。大慧宗杲提倡參究的話頭有"庭前柏樹子""麻三斤""乾屎橛""狗子無佛性""一口吸盡西江水"和"東山水上行"等。其中最常參的是"狗子無佛性"③。最早提出參這一話頭的據説是黃檗希運。在《黃檗斷際禪師宛陵録》中有希運如下一段話語④:"若是個丈夫漢,看個公案。僧問趙州:狗子還有佛性也無? 州云:無。但去二六時中看個無字。晝參夜參,行住坐卧,著衣吃飯處,阿屎放尿處,心心相顧,猛著精彩,守個無字。日久

----

① 《大慧普覺禪師語録》卷二十五,《大正藏》第 47 册,第 918 頁上。
② 《大慧普覺禪師語録》卷二十六,《大正藏》第 47 册,第 923 頁中。
③ 此話頭來源於有關趙州從諗禪師的一則公案。《從容録》卷二:"僧問趙州:狗子還有佛性也無? 州云:有。僧云:既有,為什麼却撞入這個皮袋? 州云:為他知而故犯。又有僧問:狗子還有佛性也無? 州曰:無。僧云:一切眾生,皆有佛性,狗子為什麼却無? 州云:為伊有業識在。"(《大正藏》第 48 册,第 238 頁中—下)
④ 有的版本中没有此段話語.中外學者中都有人疑此為後人所增添。

月深,打成一片。忽然心花頓發,悟佛祖之機,便不被天下老和尚舌頭瞞,便會開大口。"①五祖法演(?　—1104)對參"無"有進一步的論述。他們都要求於行住坐臥之中以非理性的方式時時參究"無"字,以求得開悟。大慧宗杲繼承發展了前人的思想并大加提倡。他特別強調參話頭要參活句,不能參死句,即排斥文字語言和知解的作用。他説:"有解可參之言乃是死句,無解之語去參才是活句。"他還認為,要徹悟禪理就必須參透話頭,而要參透話頭又必須生"疑",所謂"不疑不悟","小疑小悟",只有"大疑",才能"大悟"。《大慧語録》卷二十八載宗杲語曰:"千疑萬疑,只是一疑,話頭上疑破,則千疑萬疑一時破。話頭不破,則且就上面與之廝崖。若棄了話頭,却去別文字上起疑,經教上起疑,古人公案上起疑,日用塵勞中起疑,皆是邪魔眷屬。"②大慧宗杲主張通過"時時提撕話頭"來達到對宇宙實相的證悟和對自己本來面目的了解,并認為,若能"一句下透得"而獲得這種神秘的體驗,便可以於現實世界中"如實而見,如實而行,如實而用"③。

　　大慧宗杲通過提倡"看話禪"反對宋代禪宗文字化和默照禪的兩種趨向,這對於糾正禪宗發展中出現的偏向是有意義的。看話禪經宗杲的提倡而在宋代廣為流傳,成為宋代禪學的主流之一。但值得注意的是,在文字禪盛行的宋代,禪與教的融合仍成為一種基本趨勢。這是因為,"禪是佛心,教是佛語",禪教關係在禪門中不僅是個理論問題,而且具有重要的宗教實踐意義,"禪"的"直指人心"的教學方式,必然與"教"有着割不斷的聯繫。

---

① 《大正藏》第 48 册,第 387 頁中。
② 《大正藏》第 47 册,第 930 頁上。
③ 《大正藏》第 47 册,第 928 頁上。

四

從佛教的發展來看，佛陀創教的本意是為了眾生的解脫，其全部理論都是在論證人生的苦難以及從人生苦海中解脫出來的必要性和可能性，因而早期佛教的一個重要特點即比較偏重對人生現象的分析，重視對人的解脫的實際追求而并不重視對抽象哲理的研究。但這種重人生問題和人的解脫的基本精神到部派佛教乃至大乘佛教時雖有進一步的發展，却更多的是從思辨哲理方面被抽象地加以發揮。從部派佛教開始，就對宇宙萬法的實有假有、心性的净染等問題展開了廣泛的討論，并形成了許多精細的理論。在大乘佛教中，更有中觀學派、瑜伽行派等專門發揮理論學説的學派。為了論證現實世界的虛幻性和依持自心自性解脫的可能性，佛教發展起了極為繁瑣的名相系統。但理論上的過多發揮和名言概念的過於繁瑣，就有可能導致佛陀創教的根本精神的隱没或喪失。當人們過分專注於理論的探討和論證時，往往會忘了如何去實際地追求，而佛教的解脫在本質上却并不是一個理論問題而是一個實踐問題。就此而言，在天台、華嚴和唯識等教下諸宗在南北朝佛教學派的基礎上相繼林立之際，惠能禪宗倡導"不立文字""以心傳心"，以求回歸佛陀追求人生解脫的根本精神，這是有重要意義的。惠能禪宗的"不立文字"有利於克服教門對章疏之學偏重的弊端。

禪宗標榜"不立文字"的"教外別傳"，以示自己傳的是佛陀言教之精神，而把其他以佛陀言教立論的宗派稱之為教下各宗。禪教的區分是對菩提達摩"借教悟宗"的進一步發揮。但佛教強調的是信解行證，"解行相應"，因此，從禪教關係來看，早期禪師雖注重參禪修心而并不以講經爲意，但大多也是依教而修，與教的關係仍然十分密切。菩提達摩的“借教悟宗”要求借教而不着教，得意而忘言，最終達到心悟，畢竟還是要求以經教來印證“心法”，并沒有完全擺脱經教，六祖南宗禪以“不立文字”相標榜，但其强調的是心轉《法華》而不被《法華》轉，認爲“迷則句句瘡疣，悟則文文般若”①。因此，禪宗發展至宋代，在走向文字化的大背景下，禪教的融合仍然成爲其發展的基本趨勢，“華嚴禪”“天台禪”“念佛禪”等都從一個側面反映了這種趨勢。

　　早在唐代，既是華嚴祖師又是禪宗傳人的宗密就大倡禪教一致論，他在《禪源諸詮集都序》中提出“經是佛語，禪是佛意，諸佛心口，必不相違”②，并以華嚴思想與禪的結合爲基礎來統一禪教，因此，他的禪學人稱“華嚴禪”。法眼宗的創始人清涼文益引華嚴六相義和理事説來闡發禪理，對華嚴禪有進一步的發展。生活于五代和宋初的法眼宗僧人永明延壽（904—975），更是以“經是佛語，禪是佛意”爲理論綱骨編成了《宗鏡録》一百卷。他借教明宗，以禪理爲準繩來統一教下各派的學説，力主禪教并重，而他傾心的教説也是華嚴宗思想，所謂“禪尊達摩，教尊賢首”，因此，他的思想也可説是華嚴禪的進一步展開。延壽的禪教一致論對宋代禪學的影響極大。在宋代，禪與天台教義的結合也值得重視。延壽之師天台德韶就與天台宗有較深的關係，他不僅促成了天台教籍的抄回和天台教義的再興，而且還引天台的性具實相説來發揮禪學，乃至於時人謂之天台宗創始人智顗的後身。德韶的法嗣雁蕩願濟和瑞鹿遇安等，也都是精研天台止觀

---

① 請參閱《五燈會元》卷十三《曹山智炬禪師》。
②《大正藏》第 48 册，第 400 頁中。

學說的禪師。清涼文益的法孫、永明道潛的上首弟子千光瓌省禪師也曾"聽天台文句,栖心於圓頓止觀"①。這些都反映了宋代禪教的關係。

談到宋代的禪教關係,禪與"念佛"、禪與净土教的關係也令人矚目。這種關係在中國佛教的發展過程中曾有不同的情况,兩者的結合最早在東晉慧遠倡導的念佛禪就已出現。慧遠在《念佛三昧詩集序》中提出,諸三昧中"功高易進,念佛為先"。他在倡導觀想念佛的同時又發願期生西方净土。然中國佛教在以後的發展中,逐漸形成了注重持名念佛的净土宗和強調禪修心悟的禪宗。自力他力的爭論使念佛與修禪這兩種佛教的基本修行方式一度相分離。入宋以後,教下各宗都相對衰微,只有禪宗和净土宗仍在社會上廣泛流傳,禪净雙修逐漸又成為佛教發展的主流。這個時期出現的念佛禪主要是指一些禪僧有意識地融攝净土法門,把念佛作為日常修習的重要内容。例如積極倡導禪净融合論的永明延壽提出了"有禪有净土,猶如戴角虎,現世為人師,來生作佛祖"②,把禪净合修視為最佳的佛教修行。他本人也身體力行,每日勤於念佛。由於他的倡導,禪净雙修成為時尚。例如雲門文偃的四世法孫天衣義懷主張"净土兼修不礙禪",晚年常教人念佛,作有《勸修净土説》。"自天衣懷禪師以下,專用净土法,遞相傳授。"③義懷的高足慧林宗本和法雲法秀等也都是禪净雙修的提倡者和實踐者。禪净雙修的風尚延至宋元明清而不衰。與此同時,一些專修净業的净土宗人,例如宋代著名的宗曉,也都兼修禪教,主張禪净融合。

①《景德傳燈録》卷二十六,《大正藏》第 51 册,第 427 頁下。
②《大藏新纂卍續藏經》第 61 卷,第 379 頁下。
③《大正藏》47 册,第 207 頁下。

　　曾有韓國學者提出，惠能禪以"頓悟"為目的，"念佛""止觀修行"等都是為了"頓悟"，因此，從禪的立場來看，上述"禪"和"念佛""天台止觀"和"禪"的關係，表現的是禪修本身的發揮，亦即這樣的禪教關係是在禪修的立場上采用教理的，是否能稱之為"禪教融合"？[①]　筆者認為，禪教關係在中國佛教史上是一個動態的概念，在不同時期、不同的宗派中有不同的表現，也有不同的内涵。從禪宗方面看，禪教的區分是對達摩"借教悟宗"的進一步發揮。禪宗標榜"傳佛心印""教外别傳"，以此把自己與天台、華嚴等其他教派相區别，確實是為了更好地"頓悟"，但畢竟離不開佛陀的教法。至宋代，禪宗在走向文字化的大背景下吸收教下的思想理論來發展自己，也是很自然的。雖然"禪"本身義藴豐富，參禪方法也種類繁多，教的内容更是繁富多樣，各具特點，但宋代的"念佛禪""天台禪""華嚴禪"等，都是站在禪修的立場上來采用教理，都貫穿着禪的目的與方法，因此，可將它們視為是"禪教融合"的不同表現方式，這種不同的表現方式展現的正是禪教關係的歷史發展及其多樣性與複雜性。

---

① 這是韓國學者在一次國際學術會議上向論文作者提出過的問題。

《文殊説般若經》的傳播與禪思想

[日] 齋藤智寬

内容提要:《文殊説般若經》共有兩個漢譯本,首譯為梁曼陀羅仙所譯《文殊師利所説摩訶般若波羅蜜經》二卷,第二譯是梁僧伽婆羅所譯《文殊師利所説般若波羅蜜經》一卷。早在北齊時代,該經就已經陸續出現在摩崖刻經、刻經碑等金石資料中。到了隋唐時期,它已經開始影響到各個宗派旳教學義理乃至實踐。無論天台、净土,還是禪宗,很多重要宗派都很重視曼陀羅仙漢譯本中的"一行三昧"。此外,敦煌遺書中還保留着唐朝的無名僧人的著作,其中將僧伽婆羅譯本經文分為42章,每章六尾撰寫偈頌,題名為《文殊師利所説般若波羅蜜經序偈釋》。本論文着眼《文殊説般若經》與禪宗思想之關聯,梳理中國佛教界接受《文殊説般若經》的歷史。同時,筆者將就利用石刻和寫本的研究方法提出一些問題,并與諸位學者共同探討。

關鍵詞:《文殊説般若經》;傳播;禪思想

一、《文殊般若經》翻譯的經過

　　首先，我們回顧一下兩種《文殊般若經》翻譯的經過。略看梁朝的記錄，僧祐（445—518）的《出三藏記集》還没有收録該經，《高僧傳・譯經下・求那毘地傳》附有僧伽婆羅傳，但作為他主持翻譯的經典，文中只提到《大育王經》《解脱道論》兩部，未涉及《文殊般若經》①。最早開始著録《文殊般若經》的是費長房《歷代三寶記》以及法經《衆經目録》等隋朝撰寫的經録。

　　[引文 1]隋・費長房《歷代三寶記卷十一》

　　　　《文殊師利般若波羅蜜經》二卷（一云《文殊師利説般若波羅蜜經》見李廓録初出）

　　　　右三經合一十一卷，天監年初，扶南國沙門曼陀羅，梁言弱聲，大齎梵本經來貢獻。雖事翻譯，未善梁言，其所出經，文多隱質，共僧加婆羅於揚都譯。

　　　　⋯⋯

　　　　《文殊師利所説般若波羅蜜經》一卷（第二譯。小勝前曼陀羅所出二卷者）⋯⋯

　　　　右一十一部合三十八卷，正觀寺扶南沙門僧伽婆羅，梁言僧養。亦云僧鎧。幼而穎悟，十五出家。偏學《阿毘曇心》，具足以後，廣尋律藏。聞齊國弘法，隨舶至都，住正觀寺，為求那跋陀弟子。復從跋陀，研精《方等》，博涉多通，乃解數國書語。

---

① 梁初有僧伽婆羅者，亦外國學僧。儀貌謹潔，善於談對。至京師亦止正觀寺。今上甚加禮遇，勅於正觀寺及壽光殿、占雲館中，譯出《大育王經》《解脱道論》等。釋寶唱、袁曇允等筆受。

……以天監五年，被勅徵召，於揚都壽光殿及正觀寺、占雲館三處，譯上件經。其本并是曼陀羅從扶南國齎來獻上，陀終没後，羅專事翻譯。

《歷代三寶記》給我們提供了一個重要消息，即僧伽婆羅和曼陀羅（仙）兩人的語言水平有着明顯的差異。僧伽婆羅精通幾種語言，而曼陀羅仙則連漢語都没有把握，所以他翻譯過來的經典有很多不通順的地方。可能由於語言能力的差異，費長房認為僧伽婆羅本的譯文勝於曼陀羅仙本。那麽，這兩種譯本流通的實際情况又如何？下面，我們根據石刻和寫本這兩種材料來闡明中國佛教界接受該經的歷史。

二、北朝時期石刻中的《文殊般若經》

1. 石刻《文殊般若經》的底本（曼陀羅仙譯還是僧伽婆羅譯？）

正如以往的研究已經指出，北朝時期的石窟、摩崖經以及刻經碑等往往刻有《文殊般若經》。根據賴非《山東北朝佛教摩崖刻經調查與研究》①，北朝山東的石刻《文殊般若經》共有如下 13 處例子。

① 山東東平洪頂山北崖壁（與②的内容不同）
② 山東東平洪頂山北崖壁
③ 山東東平洪頂山南崖壁
④ 山東鄒城嶧山妖精洞
⑤ 山東鄒城嶧山五華峰
⑥ 山東鄒城陽山（賴著没有録文）
⑦ 山東汶上水牛山摩崖經

---

① 參見賴非：《山東北朝佛教摩崖刻經》，科學出版社 2007 年版。

⑧ 山東汶上水牛山碑

⑨ 山東新泰徂徠山

⑩ 山東鄒城尖山

⑪ 山東鄒城尖山（只有經題）

⑫ 兗州泗河金口壩 1

⑬ 兗州泗河金口壩 2

其中，⑪就刻着"文殊般若"4 字暫且不論，②③④⑤⑨⑩以及⑫⑬的 8 處都選刻"文殊師利白佛言：'世尊！何故名般若波羅蜜？'佛言：'般若波羅蜜無邊无際，無名無相，非思量，無歸依，無洲渚，無犯無福，無晦無明，如法界無有分齊，亦無限數，是名般若波羅蜜，亦名菩薩摩訶薩行處。非行非不行處，悉入一乘，名非行處。何以故？無念無作故。'"等 98 字，不僅如此，比較長文的⑧山東汶上水牛山碑也包括這 98 字。也就是説，北朝石刻的《文殊般若經》大部分内容重複，明顯有一定的格式。其 98 字所講的是"何故名般若波羅蜜？"這一重要問題以及其回答，北朝的刻經集團可能把這一段看作是《文殊般若經》的核心部分，所以纔選刻這一段。

問題是，無論曼陀羅仙本和僧伽婆羅本都包含北朝石刻反復選刻的 98 字，那麼，北朝石刻作為底本的到底是哪一本？其實，在曼陀羅仙本裏面，此 98 字後面接着講"一行三昧"，而僧伽婆羅本裏却没有。到了唐代，天台、净土以及禪宗等重要宗派開始根據《文殊般若經》來講"一行三昧"，可見曼陀羅仙本的影響既廣泛又深刻。考慮到思想史上的重要性，石刻《文殊般若經》的底本問題不可不辨。①

---

① 在目前的學術界裏面，賴氏著認為是僧伽婆羅本，而桐谷征一、田熊信之等認為是曼陀羅仙本。遺憾的是，他們都没有説明其判斷的理由。

首先應當指出,如果把石刻本跟《大正藏》本(底本為再雕高麗藏本)比對,石刻本比較姿近於僧伽婆羅譯本,但跟敦煌本比對,却完全相同於曼陀羅仙本,房山石經也只有一字的差別(房山石經和敦煌本裏没有發現僧伽婆羅譯本)。比對結果如下:

北齊石刻本(洪頂山北崖壁)	敦煌本曼陀羅仙譯(S.1908)	房山石經(隋唐刻經)本曼陀羅仙譯	高麗再雕本曼陀羅仙譯	高麗再雕本僧伽婆羅譯
文殊師利白佛言:"世尊!何故名般若波羅蜜?"佛言:"般若波羅蜜無邊无際,無名無相,非思量,無歸依,無洲渚,無犯無福,無晦無明,如法界無有分齊,亦無限數,是名般若波羅蜜,亦名菩薩摩訶薩行處。非行非不行處,悉入一乘,名非行處。何以故?無念無作故。"①	文殊師利白佛言:"世尊!何故名般若波羅蜜?"佛言:"般若波羅蜜無邊無際,無名無相,非思量,無歸依,無洲渚,無犯無福,無晦無明,如法界無有分齊,亦無限數,是名般若波羅蜜,亦名菩薩摩訶薩行處。非行非不行處,悉入一乘,名非行處。何以故?無念無作故。"	文殊師利白佛言:"世尊!何故名般若波羅蜜?"佛言:"般若波羅蜜無邊無際,無名無相,非思量,無歸依,無洲渚,無犯無福,無晦無明,如法界無有分齊,亦無限數,是名般若波羅蜜,亦名菩薩摩訶薩行處。非行非不行處,悉入一乘,名非行處。何以故?无念无作故。"②	文殊師利白佛言:"世尊!何以故名般若波羅蜜?"佛言:"般若波羅蜜無邊無際,無名無相,非思量,無歸依,無洲渚,無犯無福,無晦無明,猶如法界,無有分齊,亦無限數,是名般若波羅蜜,亦名菩薩摩訶薩行處。非處非不行處,悉入一乘,名非行處。何以故?無念無作故。"	文殊白佛言:"世尊!何故名般若波羅蜜?"佛言:"般若波羅蜜,無邊無際,無名無相,非思量。無歸依,無洲渚,無犯無福,無晦無明,如法界無有分齊亦無限數,是名般若波羅蜜,亦名菩薩摩訶薩行處。非行非不行處,悉入一乘,名非行處。何以故?無念無作故。"

---

① 賴著第31—33頁有錄文和照片。
②《房山石經　隋唐刻經》1,華夏出版社2000年版,第125頁。

其次，①山東東平洪頂山北崖壁和⑧山東汶上水牛山碑選刻"舍利弗！汝問：'云何名佛？云何觀佛？'者，不生不滅，不來不去，非名非相，是名為佛。如自觀身實相，觀佛亦然，唯有智者乃能知耳，是名觀佛"。查閱兩種漢譯，只有曼陀羅仙本卷上包括這一段，而僧伽婆羅本裏没有。根據這兩個事實，筆者認為石刻《文殊般若經》的底本應該是曼陀羅仙本。

2. 北朝《文殊般若經》和"一行三昧"

接下來要討論的問題是，北朝的刻經集團有没有實踐"一行三昧"？如前所述，唐代的重要宗派都以《文殊般若經》為根據，講"一行三昧"的實踐。天台智顗（538—597）的《摩訶止觀》卷二上講述"常坐""常行""半行半坐""非行非坐"的"四種三昧"，并說"一，常坐者，出《文殊說》《文殊問》兩般若，名為一行三昧"（《大正藏》第 46 册，第 11 頁上）。另，道綽（562—645）的《安樂集》卷下作為"以念佛三昧為宗"的經典，提到《花首經》《文殊般若》《涅槃經》《觀經》《般舟經》《大智度論》《華嚴經》《海龍王經》等八部。至於净覺（683—？）的《楞伽師資記》裏有兩處提到《文殊般若經》。第一，《道信章》直接引用《文殊般若經》，宣揚"一行三昧"的實踐；第二，《神秀章》裏收錄神秀和武則天的對話，其中武則天問："依何典誥？"神秀就回答說："依《文殊說般若經》一行三昧。"

我們翻閱《文殊般若經》，在北朝石刻裡常出現的 98 字的後面接着講"一行三昧"。

[引文 2]曼陀羅仙譯《文殊般若經》卷下

……非行非不行處，悉入一乘，名非行處。何以故？無念無作故。

文殊師利白佛言："世尊！當云何行能速得阿耨多羅三藐三

菩提?"佛言:"文殊師利!如般若波羅蜜所説行,能速得阿耨多羅三藐三菩提。復有一行三昧,若善男子、善女人,修是三昧者,亦速得阿耨多羅三藐三菩提。"

文殊師利言:"世尊!云何名一行三昧?"佛言:"法界一相,繫緣法界,是名一行三昧。若善男子、善女人,欲入一行三昧,當先聞般若波羅蜜,如説修學,然後能入一行三昧。如法界緣,不退不壞,不思議,無礙無相。善男子、善女人,欲入一行三昧,應處空閑,捨諸亂意,不取相貌,繫心一佛,專稱名字。隨佛方所,端身正向,能於一佛念念相續,即是念中,能見過去、未來、現在諸佛。何以故?念一佛功德無量無邊,亦與無量諸佛功德無二,不思議佛法等無分別,皆乘一如,成最正覺,悉具無量功德、無量辯才。如是入一行三昧者,盡知恒沙諸佛、法界,無差別相……"

引文2中,"非行非不行處,悉入一乘,名非行處。何以故?無念無作故"是那些98字的末尾,而從"文殊師利言:'世尊!云何名一行三昧?'"到"盡知恒沙諸佛、法界,無差別相"則是《安樂集》和《楞伽師資記》引用的部分。因此桐谷征一認為,北齊的刻經集團已有"一行三昧"的實踐。[①] 然而,目前學術界還沒發現包括"一行三昧"的石刻《文殊般若經》,這是不可否認的事實。而且,南響堂山石窟的《文殊般若經》有一個不可忽略的特點。

---

① [日]桐谷征一:《北齊摩崖刻經の成立とダルマの壁觀》,《田賀龍彥博士古稀記念論集佛教思想佛教史論集》,山喜房佛書林2001年版。另,田熊信之的《僧稠の心法と僧安道一》(《學苑》第857號,2012年)一文也指出唐初禪師提到的"一行三昧"源於僧安道一等刻經僧人的實踐。

［引文 3］南響堂山石窟第二洞內前壁左側

01　文殊師利白佛言:"世尊！何故名般若

02　波羅蜜?"佛言:"般若波羅蜜無邊無際,

03　無名無相,非思量,無歸依,無洲渚,無

04　犯無福,無晦無明,如法界無有分齊,

05　亦無限數,是名般若波羅蜜,亦名菩

06　薩摩訶薩行處。非行非不行處,悉入

07　一乘,名非行處。何以故？無念無作故。"

08　知諸衆生心性本净,是名為慈;觀於

09　一切等如虛空,是名為悲;斷一切喜,

10　名為喜心;遠一切行,名為捨心。①

　　上面的錄文中,第 1 行到第 7 行是《文殊般若經》,即我們已經熟悉的 98 字,而緊接着刻的第 8 行到第 10 行則其實是《大方等大集經卷第八·海慧菩薩品第五之一》的文字。② 可以説,響堂山石窟刻經的前半部分是般若波羅蜜的定義或者本質,而後半部分則是菩薩行的實踐。可能響堂山石窟主張,正因為體會"無念無作"的境界,所以纔能實踐"慈""悲""喜""捨"的四無量心。由此可見,北朝刻經集團把《文殊般若經》的 98 字刻在石窟裏,馬上聯想到的并不是後面的"一行三昧",而是《大集經》的四無量心。

---

① 張林堂、許培蘭:《響堂山石窟碑刻題記總録》壹,外文出版社 2007 年版,第 15 頁。參見賴著第 251—253 頁、第 270 頁;［日］水野精一、長廣敏雄《響堂山石窟》東方文化學院京都研究所,昭和 12 年(1937 年)版,第 123—124 頁。本文圖 1 是常盤大定舊藏拓片的照片。

② 洪頂山(賴著第 18—19 頁),山東鄒城鐵山(賴著第 102—112 頁)也有《大集經·海慧菩薩品》,而鐵山石經的題記《石頌》則把它稱作"大集經·穿菩提品"(賴著第 112—118 頁)。

那麼,北朝刻經集團的實踐跟三昧、禪定等修行是否毫無關係呢?并非如此。如上所述,①山東東平洪頂山北崖壁和⑧山東汶上水牛山碑刻有關於"觀佛"的内容。

[引文 4]山東汶上水牛山《文殊般若經》碑

舍利弗!汝問:"云何名佛?云何觀佛?"者,不生不滅,不來不去,非名非相,是名為佛。如自觀身實相,觀佛亦然,唯有智者乃能知耳,是名觀佛。①

這一段出自曼陀羅仙譯《文殊般若經》卷上,要注意的是,水牛山山頂上有《文殊般若經》碑,上面刻的是"文殊師利白佛言:'世尊!何故名般若波羅蜜?'"以下的 98 字。可能,水牛山刻經有很周到的構想,山中摩崖上刻的是講述"觀佛"這一修行方法的經文,而山頂上的石碑上面刻的是經過觀佛三昧能體會到的"般若波羅蜜"的境界。②桐谷征一也指出洪頂山刻經的兩處《文殊般若經》分别説"何為觀佛""何為般若波羅蜜","就形成一種為了修禪人的公案"。③

總之,北朝石刻中的《文殊般若經》以曼陀羅仙本為底本,雖然不直接講"一行三昧",但刻經集團的實踐又不離開觀佛、禪定。也有可能北朝石刻反復選刻"何故名般若波羅蜜"的一段,給唐朝僧人以某種啓發,因此他們逐漸意識到後面講的"一行三昧"。

---

① 賴著第 71 頁。
② 張總的《北朝至隋山東佛教藝術查研新得》(《國學網·國學文庫》2001 年 11 月 27 日,http://www.guoxue.com/? p=1594,2014 年 11 月 30 日瀏覽)一文指出水牛山裏有個禪窟,根據張文,水牛山的僧人實踐禪定是無疑的。
③ [日]桐谷征一:《北齊摩崖刻經の成立とダルマの壁觀》,第 134 頁。

三、敦煌遺書中的《文殊般若經》

1. 敦煌遺書中的《文殊般若經》

接下來，筆者想探討寫本《文殊般若經》的特點又為如何。管見所知，敦煌遺書裏面共有六件《文殊般若經》的寫本。從內容來看，六件寫本都是曼陀羅仙本，而僧伽婆羅本則一個都沒有。① 又按照抄寫格式，可以再分為兩個系統。下面介紹一下其六件寫本。

A 系統

① 斯坦因（以下簡稱 S）2186　Giles No. 1500

尾題"文殊師利所説摩訶般若波羅蜜一卷"

背面勘記"摩訶般若波羅蜜經"

卷首稍有殘缺，但幾乎是完本。不分卷。楷書，行 16—17 字。

② S. 1908　Giles No. 1501

尾題"文殊般若經"

卷首殘缺，自卷上"化一切衆生向於涅槃，而亦不取向涅槃相"至末尾。

不分卷。楷書，行 17—18 字。有校勘記。

③ 北 3492

尾題"文殊般若經卷"

卷首稍有殘缺，幾乎是完本。不分卷。楷書，行 17 字。

---

① 《敦煌遺書總目索引新編》著録的僧伽婆羅譯本其實都是曼陀羅仙譯本或者後面所述的《序偈釋》。

④ S. 4019　Giles No. 1511

殘卷,存 26 行。

自"是故衆生界不增不減。舍利弗復語文殊師利言"至"亦不見功德可取,於一切"

楷書,行 17 字。有校勘記。

B 系統

⑤ S. 2653　Giles No. 1502

尾題"文殊師利所説摩訶般若波羅蜜經"

卷首殘缺。自卷上"云何當得阿 耨多羅三藐三菩提？如我 所説,即菩提相"至末尾。

不分卷。楷書,行 20—22 字。每一段前後有兩三字的空格或改行。

⑥ 北 3493

尾題"文殊師刂所説摩訶波羅蜜經"

卷首殘缺。自卷上"若過心行,名為凡夫。何以故？凡夫衆生不順法界,是故彡過"至末尾。

不分卷。楷書,行 22—23 字。每一段前後有兩三字的空格或改行。

我們對這些寫本加以分析,可以發現如下事實:A 系統都是行 16—18 字,這是唐代寫經的標準格式。我們可以推測這四件卷子的抄寫年代都是唐朝以後,可能都是敦煌當地寺院的藏書。而 B 系統反映的可能是敦煌僧人學習、研究《文殊般若經》的實際情況。兩件 B 系統寫本都把經文分為小段,每一小段的前後插入兩三字的空格或改行。應該注意的是,北朝石刻《文殊般若經》的刻經格式和敦煌

本的分段是一致的。也就是説,北朝石刻裏經常出現的 98 字以及
"舍利弗!汝問:'云何名佛?云何觀佛?'者,不生不滅,不來不去,非
名非相,是名為佛。如自觀身實相,觀佛亦然,唯有智者乃能知耳,是
名觀佛",在敦煌本裏也被看成是一段。

還有,高麗藏等版本大藏經收録的曼陀羅仙譯《文殊般若經》都
分為二卷,但敦煌本則不分卷。關於分卷的問題,我們不妨查閱歷代
經録的記載如何。

[引文 4]隋·法經《衆經目録卷一·大乘修多羅藏録第一·
衆經一譯一》

《文殊師利説般若波羅蜜經》一卷(梁天監年,沙門曼陀羅譯)

[引文 5]隋·費長房《歷代三寶記卷十一》

《文殊師利般若波羅蜜經》二卷(一云《文殊師利説般若波羅
蜜經》見李廓録初出)

[引文 6]

唐智昇《開元釋經録卷十一·菩薩三藏録·般若部》

《文殊師利所説摩訶般若波羅蜜經》二卷(或一卷,二十一紙)

梁扶南三藏曼陀羅仙譯(第一譯)

從這些記載來看,曼陀羅仙譯《文殊般若經》最早是一卷,隋朝時
期纔出現二卷本,到了唐代,兩種本子仍然并行。總而言之,無論是
分段還是分卷,敦煌本《文殊般若經》一直繼承隋朝以前的接受方式。
不僅如此,從兩種譯本裏,敦煌僧人選擇曼陀羅仙譯本,這也是與北
朝山東的刻經集團一致的。

2. 關於《文殊般若經序偈釋》

除了《文殊般若經》本身以外,在敦煌遺書裏還有《文殊師利所説

般若波羅蜜經序偈釋》①,作者不詳。《序偈釋》在僧伽婆羅譯本的基礎上,把整個經文分為 42 分,并每分末尾加以偈頌的一部作品。迄今為止,曹凌先生整理的校訂本已發表在《藏外佛教文獻》第十輯②上。據曹凌先生的調查和整理,《序偈釋》的寫本目前一共有5 件。

⑦ 伯希和(以下簡稱 P)4646

⑧ BD5474＋BD1316＋BD0219＋BD4329＋BD10994

⑨ BD7915＋S.0526　⑩ BD2610　⑪S.3155

其中,⑧⑨⑩⑪的四件都是單獨抄寫《序偈釋》的卷子,而只有 P.4646 本比較特別,它是長達 183 頁的貝葉裝,跟《維摩詰所説經》《頓悟大乘正理決》《觀心論》以及《禪門經》合抄在一起。③ 我們從此可以推測到兩個事實。第一,從寫本的形狀來看,其為貝葉裝,說明該寫本的抄寫時期在於吐蕃統治時期(786—848)或者以後。第二,從其合抄的作品來看,該寫本可能與禪宗有密切的關係。《頓悟大乘正理決》是摩訶衍禪師的語錄④,《觀心論》一般認為是大通神秀的著

①《文殊師利所説般若波羅蜜經序偈釋》這一書名來自 BD05474 號開頭第一行,序文前面的"文殊師利所説般若波羅蜜經,序偈釋"15 字。但 BD05474 上"經"和"序"之間有大約 4 字的空格,而且 P.4646 本没有"序偈釋"3 字,并序文後面再寫"文殊師利所説般若波羅蜜經,大乘宗序分第一"19 字。由此看來,《序偈釋》也不能看作是正式書名,有可能 BD05474 本把序文稱作如此而已。但為方便起見,本報告裏面暫且使用《文殊師利所説般若波羅蜜經序偈釋》為書名。

② 方廣錩:《藏外佛教文獻》,中國人民大學出版社 2008 年版。

③ 抄寫順序是:1《維摩經》→2《序偈釋》→3《頓悟大乘正理決》→4《觀心論》→5《禪門經》

④《頓悟大乘正理決》的王錫序裏面有"戌年正月十五日"的紀年,戌年相當於唐貞元十年甲戌歲(794)。參見戴密微:《吐蕃僧諍記》,耿升譯,西藏人民出版社 2001 年版,第 59頁。這是《正理決》成書的年代,也是 P.4646 抄寫年代的上限。

作,摩訶衍禪師的師父義福禪師是神秀的門人。接着抄寫的《禪門經》是以"禪門"或"禪門密要"為主題的偽經,而且 S.5532 本也抄寫在《觀心論》的後面,至少在敦煌似乎存在過一種固定的抄寫形式。至於《維摩經》,在《大乘無生方便門》等禪宗文獻裏被大量引用,并承擔重要角色。從此我們不難想像,在敦煌僧人的眼中,《文殊般若經序偈釋》與禪宗具有思想上的聯繫。但筆者還没發現具體哪些部分是與禪宗思想一致的,這是目前未能解決的一個難題。所以在本報告裏面,與禪宗思想的關係則暫且不論,在此簡單介紹一下《序偈釋》的實質内容及其特色。

《序偈釋》前面有一首序文,其中一段明確説明該典籍的内容。

[引文 7]《文殊般若經序偈釋序》

其有兩卷,久行此國,慮舛錯加添,此獨卷近傳,文辭秘要,於諸八部,義最幽玄,句切理深,難可量擬。略分為四十二章句,偈束長行,約釋經文,以開重夢。①

"兩卷""獨卷"指的分别是曼陀羅仙譯本和僧伽婆羅譯本。説"兩卷"是"舛錯加添"的本子,這一觀點相同於《歷代三寶記》對兩種翻譯的評價。令人費解的是"獨卷近傳"一詞,僧伽婆羅本也是梁朝翻譯,其流傳的歷史與曼陀羅仙本没有多大差異。也許"久行此國"的"此國"并不是漢土,而是吐蕃統治時期的敦煌,這篇序文的意思是,曼陀羅仙本在敦煌地區早已受歡迎,然後到了《序偈釋》成書的年代,僧伽婆羅譯本纔流傳到敦煌了。但如果這樣解釋,"其有兩卷"應該如何理解?如上所述,敦煌本曼陀羅仙譯都不分卷,没有兩卷本。

---

① 曹凌本,第 113 頁。

如果把"此國"解釋為吐蕃，敦煌遺書的實際情況就發生衝突了。所以我們目前無法考證這些問題，只能闕疑而已。

無論如何，"其有兩卷，久行此國"這兩句對這本書的成書年代提供了重要綫索。《開元釋教錄》《貞元新定釋教目錄》等經錄都說，《文殊般若經》二卷，或一卷①。可見，貞元年間（785—804）曼陀羅仙譯的一卷本還没完全淘汰。因此筆者認為，《序偈釋》的成書年代應該是元和（806—819）以後，相當於敦煌的吐蕃統治時期的後期以後。

序文接着說把僧伽婆羅本的經文分為 42 章，這可能模擬《四十二章經》，即模擬中國最早的翻譯佛經；"偈束長行"是漢譯佛經典型的方式。可見《序偈釋》的作者帶有一種佛典翻譯的規範意識，他按照其規範來加工《文殊般若經》，使其經文更完善。不過，關於偈頌的作用，除了概括長行的内容以外，序文還提到"約釋經文"。下面，以"菩薩應名分第二"為例子，來闡明偈頌解釋經文的具體情況。

［引文 8］

菩薩應名分第二

其名曰：文殊師利法王子菩薩、彌勒菩薩、普光明菩薩、不捨勇猛菩薩、藥王菩薩、寶華菩薩、寶印菩薩、月光菩薩、日净菩薩、大力菩薩、無量力菩薩、德勤精進力菩薩、幢相菩薩、自在王菩薩。如是等菩薩摩訶薩十萬人俱。并餘天、龍、鬼、神等一切大

---

① 《貞元新定釋教目錄·總集群經錄上之九》云："《文殊師利所說摩訶般若波羅蜜經》二卷（或一卷。亦直云：《文殊般若波羅蜜經》。初出，與僧伽婆羅出者同⋯⋯）。"《大正藏》第 55 册，第 835 頁上。

眾，皆悉來集。

　　法本无有名，化迹假施號。應彼眾生故，方便現隨宜。文殊
文字殊，印同一寶印。

　　自"其名曰"至"皆悉來集"是僧伽婆羅譯《文殊般若經》的經文，
"菩薩應名分第二"以及五言六句的偈頌是《序偈釋》附加的部分。偈
頌的大概意思是，真理本身超過名稱，為了應接眾生纏有具體的形相
和名稱而已。文殊菩薩這一名本身的含義就是如此，文字的層次上
體現不同的教理，但在本質上都是同一個法界。其實，經文的文字本
身只是列舉參會的菩薩和鬼神而已，偈頌的内容其實是《序偈釋》的
作者對這一段經文的發揮。這樣的作用應該說是漢譯佛典的偈頌所
不具備的。令人注目的是"文殊文字殊"這一句。"文殊菩薩"原來是
梵文的音譯，所以沒有字面上的意思，又不能把"文"和"殊"分開來解
釋。至於《序偈釋》的作者知不知道"文殊"一詞的來歷，或是有意識
地作靈活的解釋，目前有待考證，但無論如何，他引用的完全是漢語
的思路。

　　《文殊般若經序偈釋》既非偽經，又非注疏，而是在已有經典的基
礎上加以偈頌的撰著。在敦煌遺書中，我們還可以發現一樣的例子。
例如，《梁朝傅大士頌金剛經》把《金剛般若波羅蜜經》的經文分為 32
分，每章末尾加以所謂的《彌勒頌》，在形式上與《序偈釋》完全一致，
而且同樣屬於般若經系統。筆者想，作為中國佛教接受漢譯佛經的
一種方式，我們應該更注意這些加頌本的存在。

結　語

　　中國佛教界接受《文殊般若經》的歷史十分複雜。石刻本説明北

朝時期的僧人接受的是曼陀羅仙譯《文殊般若經》,而敦煌遺書出現了新的情況。唐代佛教界繼續接受并抄寫曼陀羅仙譯,但他們製作加頌本的時候,却把僧伽婆羅譯本作為底本,對曼陀羅仙譯本加以"舛錯加添"的評價。石刻和寫本這兩種載體就體現着不同的情況。那麼,我們應該如何結合,如何解釋兩種材料所顯示的事實? 在這一點上,筆者不得不承認本文章還没有成功。

北朝僧人把《文殊般若經》刻在金石上,可能與禪定的修行有關係。不僅如此,曼陀羅仙本講的"一行三昧"影響到唐初佛教宗派的教理和實踐。《文殊般若經序偈釋》與若干禪宗文獻抄寫在同一個本子上,應該也與禪宗思想有關。但我們却没有發現《序偈釋》和禪思想的共同之處。這也是有待解決的問題之一。

另外,《歷代三寶記》以來的經録都認為僧伽婆羅的譯文勝於曼陀羅仙譯。但在北朝石刻和敦煌遺書裏面廣泛流傳的却是曼陀羅仙本。衆所周知,《提謂波利經》《究竟大悲經》等一些中國撰述的經典,雖然在經録中被判為疑偽經,但實際上或是隋唐時期的佛教著作裏有引用,或是在敦煌遺書裡面留下許多寫本。也就是説,經録評價和流通的實際情況并不一致。這種現象在疑偽經的流通情況中最明顯,但異譯本的傳播似乎也有同樣的現象。①

---

① 本文原來是提交給"中國中古佛教研究的新資料與新方法—寫本資源與石刻史料—國際學術研討會"(2014 年 7 月 19 日—21 日,南京大學)的會議論文。而會議後,筆者得知了拙稿與張總《北朝至隋山東佛教藝術查研新得》(27 頁注②)有許多重複之處。例如:石刻《文殊般若經》的底本問題以及敦煌本或房山石經的共同性(包括敦煌本的抄寫格式)、P. 4646 本應稱為敦煌禪籍等。但又有些地方,例如:響堂山石窟的《文殊般若經》與《大集經》合刻的情況、介紹《序偈釋》的具體內容等,張先生尚未展開討論。所以筆者決定,除了在需要的範圍內加以修改之外,基本上保存會議論文的原貌。請張先生與讀者原諒。

南響堂山石窟第二洞內前壁左側刻經（常盤大定舊藏，東北大學
附屬圖書館藏）①

① 大野晃嗣（東北大學文學研究科）拍照。參見［日］大野晃嗣、［日］齋藤智寬、陳青、［日］
　渡邊健哉編：《東北大學附屬圖書館所藏中國金石文拓本集：附：關聯資料》，今野印刷
　2013 年版，第 13 頁。

事實與虛構：禪宗"三祖"及其傳説的創生①

陳金華

内容提要：若要建立一支始於菩提達摩與慧可，經道信和弘忍而下傳神秀的禪宗法脉，如何連結慧可和道信便是關鍵的一環。一位名為僧璨（或僧粲）的僧人充當起了連結慧可和道信的橋梁。在禪宗最初的六位祖師中，僧璨是唯一在中古中國三部主要僧傳中都闕傳的。鑒於《續高僧傳》覆蓋了僧璨生活的時代，人們期望其中含有僧璨的傳記，但是全書中只出現了兩次和僧璨相關的蛛絲馬迹。一次介紹了某位粲禪師是慧可的繼任者，另一次簡單地提到了一位名為僧璨的僧人。道信被認為是未來的四祖，而後來的禪宗史也因此認

① 1997—1999 年筆者在京都大學從事博士後研究期間草成一部有關三祖僧璨的書稿；書名暫定為 *Fame and Obscurity：The Birth of the Third Chan Patriarch*。本文即是對該書中的兩章略加修改而成。感謝貝劍鳴（James Benn）和已故的富安敦（Antonino Forte）先生對這兩章不同階段的手稿所作的評論。筆者先前在加拿大麥克馬斯特大學（McMaster University）的兩位導師——篠原亨一（Koichi Shinohara）和夏富（Robert Sharf）先生——也閱讀并評論了本文的一部份。這些學者多年前的不吝賜教，筆者感佩在心。

此兩位來歷不明的禪師中的其中一位為僧璨。於是，八世紀初的一些禪門中人試圖通過以下這些策略將他們所認定的二祖和四祖（即慧可和道信）聯接起來。首先，他們確認慧可的一位弟子——粲禪師就是禪師僧粲，據稱後者在獨山圓寂前曾在那裏施過神迹。爾後，借由獨山和皖公山地理上的臨近，以及道信曾在皖公山隨學二無名僧的經歷，他們又進一步認定"皖公二僧"之一即僧粲。"三祖僧璨"似乎不過是由粲禪師（一位楞伽師，慧可的弟子）、禪師僧粲（同時是一位行神迹者）和道信在皖公山的兩位神秘導師之一這三個不相關的人物組合而成的一個幻影。如果人們試圖揭示僧璨作為禪宗三祖的地位的複雜的形成過程背後的故事，相關的記錄就應當得到檢視。

　　關鍵詞：禪宗三祖；僧璨；粲禪師；《續高僧傳》

　　7世紀中，禪學傳統的領導地位從僧稠（480—560）的僧團轉向了另一自我標榜為菩提達摩（活躍于5世紀）和慧可（487？—593？）傳人的僧團。我們很容易把神秀（606？—706）這位菩提達摩—慧可傳統領導地位的主要爭奪者，通過弘忍（600—674；他上承道信，下傳神秀）而同道信（580—651）聯繫起來。因此，歸根到底，神秀和菩提達摩之間關係的有效性端賴道信與菩提達摩主要傳人慧可的聯繫。這樣，若要建立一支始於菩提達摩與慧可，經道信和弘忍而下傳神秀的禪宗法脉，如何連結慧可和道信便是關鍵的一環。

　　是誰充當起了連結慧可和道信的橋梁呢？這便是一位名為僧璨（或僧粲）的僧人。本文就是要探討慧可與道信之間的鴻溝為何以及如何由僧璨這樣一位"飄忽不定"的僧人填補起來，以及這一點是如何做到的。鑒於他在東亞禪宗中所謂的地位，歷代以來已有無數關於僧璨的記載、傳說和故事。然而，僧璨却是一個這樣的人物：關於他的傳說甚多，而關於他能確定之事却極少。在禪宗最初的六位祖師中，僧璨是唯一在中古中國三部主要僧傳中都闕傳的。鑒於《續高僧傳》覆蓋了僧璨生活的時代，人們期望其中含有僧璨的傳記，但是全書中只出現了兩次和僧璨相關的蛛絲馬迹。一次介紹了某位粲禪師是慧可的繼任者，另一次簡單地提到了一位名為僧璨的僧人：他曾在某地展示神迹，而此處距道信從師兩位晦迹不明的禪師的山岳不遠。道信被認為是未來的四祖，而後來的禪宗史也因此認此兩位來歷不明的禪師中的其中一位為僧璨。

雖然《續高僧傳》中有關僧璨的信息既稀少又零星，但這部僧傳却保留着有關這個朦朧形象的已知的、最早的材料。如果人們試圖揭示僧璨作為禪宗三祖的地位的複雜的形成過程背後的故事，相關的記録就應當得到檢視。

一、粲禪師——一位楞伽師、慧可的弟子

667年過世前不久，道宣為傑出的義學僧法冲（586/587—664/665）寫傳，後被匯入其《續高僧傳》。這篇傳記首次提到了一位名為粲禪師的人，他是慧可的第一繼任者。①

法冲出自顯赫的隴西李——李唐皇族也聲稱是這一世族的後代。在出家為僧之前，法冲曾是一成功的軍官。24歲時丁母憂，有志出家。他首先隨學明法師（？—586）的高弟慧嵩（546—633）。明法師即茅山明，他被指定為栖霞山（位於南京東北約22公里處）栖霞

---

① 道宣在傳記的最後說到他是在麟德年間（664年2月2日—666年2月9日）寫的這篇傳記；由此可見該傳應成於664年或665年。見《續高僧傳》，《大正藏》（〔日〕高楠順次郎、〔日〕渡邊海旭等人編：《大正藏》，東京：大正一切經刊行會，1924—1932年；以下簡稱 T），50；25.666c23。有關法冲的生卒年，道宣在《續高僧傳》中提到麟德年間他79歲。而麟德年的主體是在664年和665年，那麼法冲應生於586年或587年。有關法冲的生平和重要性，見〔日〕柳田聖山：《初期禪宗史書的研究》，京都：法藏館1967年版，第118—119頁；胡適：《楞伽宗考》，收入《胡適文存》（四卷本），亞東圖書館1923年版，第四卷，（轉下頁）

寺的三論師法朗(507—581)的繼承人。[1]　繼慧暠之後,法冲又隨一位屬於慧可一系的僧人學習了《楞伽經》。隨後,又有一位被認為直承慧可法脉的僧人根據"南天竺一乘宗"傳授法冲《楞伽》思想。[2]　法冲剃髮之後,也專注於《楞伽經》。據說,他講《楞伽經》近兩百次。[3]　受他的老友、唐太宗(626—649年在位)心腹房玄齡(579—648)的邀請,法冲在長安盤桓數載,與靈閏/潤(？—645)及玄奘(602—664)等名僧相善。[4]

　　一個僧團與《楞伽經》有關,其影響力日增。道宣因此為法冲單

（接上頁）第187—191頁（全文在第194—235頁）；John McRae(馬克瑞)，*The Northern School and the formation of early Ch'an Buddhism*，Honolulu：University of Hawaii Press，1986，pp. 24 - 25；Bernard Faure，*The Will to Orthodoxy：A Critical Genealogy of Northern Chan Buddhism*，Stanford，Calif.：Stanford University Press，1997，pp. 146 - 147；Jeffrey L. Broughton，*The Bodhidharma Anthology：The Earliest Records of Zen*，Berkeley，Los Angeles，London：University of California Press，1999，pp. 64 - 65.

[1] 法朗任命茅山明為自己的傳人此一戲劇性故事,載於《續高僧傳》茅山明弟子法敏(579—645)的傳記中。見《大正藏》第50冊,第538頁中。

[2] 《續高僧傳》,《大正藏》第50冊,第666頁中。

[3] 同上:"冲公自從經術,專以楞伽命家,前後敷弘,將二百遍。"

[4] 有趣的是,靈閏也受到了房玄齡的仰慕。見《續高僧傳》中他的傳記(《大正藏》第50冊,第546頁下)；有關靈閏的更多信息,參見拙著，*Monks and Monarchs，Kinship and Kingship：Tanqian in Sui Buddhism and Politics*，Kyōto：Italian School of East Asian Studies，2002，pp. 215,注9。在長安,法冲受到了世俗精英階層的歡迎。除房玄齡之外,兩位朝中要員——杜正倫(575—658)和于志寧(588—665)——也是他的追隨者。杜、于二人都同僧人過從甚密。有關杜正倫與當時佛教界的關係,參見山崎宏的專門研究,《初唐名臣杜正倫と仏教》,收入其《中國佛教史の研究》,京都:法藏館1981年版。特別值得注意的是,根據一部禪宗編年史,杜正倫為道信撰寫了墓誌銘,以"四祖銘"而知名。參見《傳法寶記》,[日]柳田聖山:《初期の禅史》(兩卷本:卷1——《楞伽師資記》《伝法寶記》;卷2——《歷代法寶記》)卷1,東京:築摩書房1971—1976年版,第380頁。山崎宏有關杜正倫的論文中并未提到這一點聯繫。

獨寫傳。① 在這篇傳記中，他列出了這些楞伽師的名字，其中便包括了法冲和粲禪師。② 在介紹這一名單之前，道宣明確指出漢土的楞伽傳統是由天竺僧人菩提達摩及其弟子（諸如慧可、惠育等人）開創的：

> 今敘師承以為承嗣。所學歷然有據。達摩禪師後，有惠可、惠育二人。育師受道心行，口未曾說。可禪師後，粲禪師③、惠禪師③、盛禪師④、那老師⑤、端禪師⑥、長藏師⑦、真

---

① 除了《續高僧傳·法冲傳》中的楞伽師名單外，《續高僧傳·慧可傳》（《大正藏》，第 50 冊，第 551 頁下—552 頁下）中有三段也涉及了以菩提達摩和慧可為名的《楞伽》傳統。第一段討論了所謂的菩提達摩傳授慧可四卷《楞伽經》譯本一事（《大正藏》第 50 冊，第 552 頁中）；第二段，慧可預言四世以後《楞伽》思想將會淪落為名相（《大正藏》第 50 冊，第 552 頁中—下）；第三段講的是慧可對其二弟子於修習及傳播《楞伽》教法時的一致性和強度的要求（《大正藏》第 50 冊，第 552 頁中）。胡適注意到這三段文字在上下文顯得較為突兀，於是提出了以下假說。這三段文字原本是道宣大致在寫作《法冲傳》的同時期添加在《續高僧傳·慧可傳》原文上方的注；後來道宣的某位弟子在編輯其師文稿時，隨意將這些注插入了《慧可傳》的正文中。見胡適：《楞伽宗考》，第 185—187 頁；在馬克瑞的 *Northern School* 第 27—28 頁中有這三段文字的英譯；另見 Broughton, *The Bodhidharma Anthology*, p. 74。

② 參見在撰拙文"Marginalia to Early Chan"中的相關討論。

③④ 未見於他處。

⑤ 在《慧可傳》中，道宣加上了一條那老師的小傳。見《續高僧傳》，《大正藏》第 50 冊，第 552 頁下："有那禪師者，俗姓馬氏。年二十一，居東海講《禮》《易》。行學四百，南至相州，遇可說法，乃與學士十人，出家受道。諸門人往相州東，設齋辭別，哭聲動邑。那自出俗，手不執筆及俗書。惟服一衣一缽，一坐一食。以可常行，兼奉頭陀，故其所住，不參邑落。"

⑥ 據《續高僧傳·曇輪傳》（《大正藏》第 50 冊，第 598 頁上—中），頗有機鋒的禪師曇輪/倫（546？—626）在一位名為端禪師（559 年後卒）的僧人門下出家，還批評了這位端禪師的佛學理解。但并不清楚這位端禪師是否就是道宣這裏提到的同名的楞伽師。

⑦ 長藏師未見於他處。McRae 將"藏師"理解為和"禪師""法師"一樣的頭銜，他因此將"長藏師"這三個字讀為"一個云號為長的藏師"。McRea, *Northern School*, pp. 25。而"藏師"這一頭銜是極為罕見的（事實上以筆者所知，從未見他處），我將"長藏師"讀為"法號為長藏的大師"。

法師①、玉法師②（以上并口説玄理，不出文記）③。

可師後，善師④（出抄四卷）⑤、豐禪師⑥（出疏五卷）、明禪師⑦（出疏五卷）⑧、胡明師⑨（出疏五卷）。

遠承可師後，大聰師⑩（出疏五卷）、道蔭師⑪（抄四卷）、冲法師（疏五卷）⑫、岸法師⑬（疏五卷）、寵法師⑭（疏八卷）、大明師⑮（疏十⑯卷）。

---

①⑥⑦⑨⑩⑪⑬⑭ 未見於他處。

② 玉法師未見於他處。另一版本作"王法師"。

③ 插入部份在原文中為行間注。

④ 另一版本將"善師"寫為"善老師"。

⑤《續高僧傳》中一篇傳記（《大正藏》第 50 册，第 661 頁上）提到了一位善禪師，此人在初唐時仍健在。并不清楚他是否名單上的"善師"，也不能確定這位"善師"是否指著名禪師僧善（？—605）（拙著 Monks and Monarchs 第 29 頁有討論）或是信行（541—594）的一位傳人道善（？—584）。見《續高僧傳・德美傳》（《大正藏》第 50 册，第 697 頁上）。德美（575—637）是僧邕（543—631）的弟子，僧邕曾接連隨學僧稠（480—560）與信行。有關德美，參見拙著 Monks and Monarchs，pp. 195。

⑧ 義天（1055—1101）記載了一部由一位明禪師所作的《楞伽經》五卷本注疏。見《新編諸宗教藏總録》，《大正藏》第 55 册，第 1169 頁中。

⑫ 這份名單見於《法冲傳》。因此，冲法師毫無疑問即法冲。幾行之後，道宣又説，法冲開始拒絶為《楞伽經》作疏，後來在追隨者的幾番請求之下才不得已寫了一部五卷本的注疏。道宣説到，在他寫傳時，法冲的注疏仍廣為流行。見《續高僧傳》，《大正藏》第 50 册，第 666 頁中。

⑮ 一些學者將這位大明認作一位與他同名的的栖霞寺三論師（別名茅山明（？—616）），因此他們提出了以下包含三論師大明和法冲在内的楞伽法脈：1. 慧可→2. 慧布（518—597）→3. 法朗（507—581）→4. 大明→5. 慧暠（546—633）→6. 法冲。見［日］平井俊榮：《中國般若思想史研究：吉藏と三論學派》，東京：春秋社，第 333—334 頁；［日］八木信佳：《楞伽宗考》，《佛教學セミナー》1971 年第 14 期，第 58 頁（全文見第 50—65 頁）；McRae：Northern School，第 208 頁。這可能是以慧布曾經在北方見過慧可，以及法冲是慧暠的弟子的記載為基礎的。對這些人物的認定似乎是有問題的。在楞伽師名單中法冲在大明之前出現，這暗示着大明被看做與法冲同輩，或最起碼不高於法冲。由於法冲是三論師大明的徒孫，因此似乎很難認定楞伽師大明即三論師大明。

⑯ 另一版本中將"十"寫為"中"；不通。

不承可師，自依攝論者，遷禪師（出抄四卷）①、尚德律師（出
《入楞伽疏》十卷）②。

那禪師後實禪師③、惠禪師④、曠法師⑤、弘智師

---

① 遷禪師一定指的是曇遷。從《續高僧傳·曇遷傳》（《大正藏》第 50 冊，第 574 頁中）來
看，在他的多部作品中，其中就有對《楞伽經》和《攝大乘論》的注疏。有關曇遷，參見筆
者的專著，*Monks and Monarchs*（有關他和這兩部佛典的聯繫，參見第 30—34 頁）。

② 日本佛教目錄學家永超（1014—1095）記錄了尚德所作的十二卷本《入楞伽經》注釋。見
《東域傳燈目錄》，《大正藏》第 55 冊，第 1153 頁上。

③ 658 年後卒。未見於他處。

④ 同上。《慧可傳》中還附有一段那老師的弟子慧滿（642 年後卒）的小傳。見《續高僧
傳》，《大正藏》第 50 冊，第 552 頁下。慧滿至貞觀 16 年（642 年）時尚未圓寂，那年他往
嵩山會善寺拜訪故友曇曠。慧滿的小傳提到他嚴格修行頭陀行，并蔑視空泛的義理之
爭；這不同於那老師。他的小傳中還有一句，大意是慧可要求那老師和慧滿將四卷《楞
伽經》作為心要。見《續高僧傳》，《大正藏》第 50 冊，第 552 頁下："故使那滿等師常齎四
卷楞伽以為心要。"這說明慧滿也從學慧可（這樣，似乎他在慧可圓寂后轉師那老師。
後來慧滿 70 歲時在洛陽示疾，具體時間不明。因為慧滿的小傳提到了曇曠（《大正藏》
第 50 冊，第 552 頁下）是他的法友，曇曠有可能是那老師的弟子。

考慮到在文言中"惠"和"慧"二字可互換，慧可、那老師、慧滿和曇曠四人之間的關
係似乎暗示著慧滿和曇曠就是《法沖傳》中楞伽師名單提到的惠禪師和曠法師。然而，
應注意到，當一位僧人被冠以頭銜時（如"禪師""大師"或"法師"等），這些頭銜往往是加
在他們法號的第二個字——非第一個字——之後。見陳垣，《大唐西域記撰人辯機》，收
入陳樂素、陳智超編：《陳垣史學論著選》，上海人民出版社 1981 年版，第 76 頁（全文
在第 266—287 頁）。依此常規，惠禪師的法號的第二個字應是惠/慧。如果這樣，慧/惠
禪師就不可能是慧滿，因為惠/慧是慧滿法號的第一個字。不過這一慣例也有例外。
如，道宣（《集神州三寶感通錄》，《大正藏》第 52 冊，第 435 頁上）曾經稱他的同門兼同事
道世（596?—668）為"道律師"，而不是"世律師"。這或許是因為道宣當時為避李世民
（559—649）名諱而避免使用"世"字。因為慧滿是慧可的直接弟子，所以他不可能是"惠
禪師"。如果慧滿確實隨慧可學習過，那麼 578 年慧可圓寂時，他定已滿二十；這樣，當
658 年西明寺立之時，他必愈百歲了。換言之，慧滿不太可能活到 658 年之後；另一方
面，惠禪師在西明寺定居，658 年定還健在。因此，慧滿與惠禪師極有可能是兩人。

⑤ 如慧滿小傳里提到的曇曠即楞伽師曠法師（見上文），曇曠定在 642 年後某時離開會善
寺雲遊到了長安，并在 658 年西明寺建立後入住本寺。

義褒（611—661）是玄奘的同事，也是一位道教的批評者，他曾與道學家李榮（活躍
於 650—683 年）辯論過。義褒提到了一位三論師，名為曠法師，他曾接連隨學小明法師
（法朗門人）與攝山中觀派僧團領袖僧詮（557 年後卒）的四大弟子。見《續高僧（轉下頁）

（名①住京師西明，身②亡法絕）③。

（接上頁）傳》，《大正藏》第 50 册，第 547 頁中一下。一些學者認為此曠法師即那位同名
的楞伽師。如［日］平井俊榮：《中國般若思想史研究》，第 292 頁，第 340 頁；McRae，
Northern School，pp. 27。這一身份認定似有困難。義褒之師曠法師隨學法朗前，曾列
小明法師門牆。這樣，似乎 581 年法朗示寂時，他至少已二十歲了。如果他就是那位住
在西明寺的楞伽師曠法師，那麼 658 年西明寺立之時，他已逾百歲了。這種可能性是存
在的，但微乎其微。

作為慧滿的師兄弟，曇曠不能等同於一位唐代的同名者；後者活至 774 年，同道宣
列出這一楞伽師名單之時，已隔絕一世紀之久。這位曇曠是建康（今南京）人；並且值得
注意的是，也曾住西明寺。他後來活躍於敦煌一帶，并在那裏寫下一些注疏（其中一部
可追溯至 774 年）。這些注疏於 20 世紀初在敦煌遺書中被發現。曇曠的一些作品現收
錄於《大正藏》第 85 册。

① 柳田聖山提出"名"字實為"各"之誤。見氏著，《初期禪宗史書の研究》，第 22 頁。竊以
　為"名"字亦可通（"名住"指將某人的名字隸籍於某處）。

② 另一版本中將"身"寫為"寺"。由於在道宣的時代西明寺還存在，"寺"字不通。

③ 《續高僧傳》中有一名為弘智的僧人的傳記。弘智曾為道士，他在靜法寺遇到了一位名
　為惠法師的僧人，這位惠法師授他"安心之要"（即禪定），弘智便改宗佛教。弘智後來以
　善講《華嚴經》和《攝大乘論》著稱。然而，他於永徽六年（655）年示寂，比西明寺顯慶三
　年（658）建成還早了三年（西明寺落成時間，載《續高僧傳・玄奘傳》，《大正藏》第 50 册，
　第 457 頁下）。顯然，這位弘智不可能像馬克瑞（McRae，*Northern School*，第 281 頁）所
　相信的那樣，是楞伽師名單中的同名僧人（後者曾在西明寺停留過）。

明禪師後伽法師（？ —665）①、寶瑜師②、寶迎師③、道瑩師④

---

① 《續高僧傳》（《大正藏》第 50 冊，第 617 頁下）有名律師玄琬（562—636）之傳。傳末提到其主要助手，一位名為僧伽的僧人。雖精於律藏，僧伽亦汲汲於禪修（617 頁下：以味静為宗）。他跟隨玄琬，在禪定寺同富有個人魅力的禪師曇輪習禪。他似乎最後和曇輪建立起了很親密的關係。《續高僧傳·曇輪傳》中的一段話足資證明：曇輪臨終前，僧伽在場（《大正藏》第 50 冊，第 598 頁下）。僧伽和曇輪的關係，兼之假設道宣或將僧伽之師端法師包含在楞伽師名單內，讓有些學者猜測楞伽師名單中的伽法師或即玄琬的門人僧伽。例如，荒牧典俊就作比解。見氏作，《中国仏教とは何か——祖師西來意の意味するもの》，《中国社会と文化》1997 年第 12 期，第 31—32 頁（全文在第 4—40 頁）。這一身份認定似有問題。

從道宣的記載來看，在他 664 年寫《法冲傳》時，伽法師仍活躍。而在僧伽小傳的最後，道宣遺憾地說"恨其早卒，清規未遠"（第 617 頁下），說明道宣為他寫小傳時僧伽已圓寂。僧伽的小傳可能寫於《法冲傳》完成的 664（或 665）年之前或之後。如是之前，僧伽在 664/5 年之前涅槃，但我們已知同年伽法師還活著，因此僧伽不可能是伽法師。事實上，如果假設僧伽的小傳在 664/5 年之前完成，那麼它便有可能被包含在 645 年成書的《續高僧傳》初稿內。如果這樣，在已知伽法師作為楞伽師而活躍於叢林的 20 年之前，僧伽就已示寂了。

如果假定道宣在 664/5 年之後才為僧伽寫小傳，那麼就不得不考慮這樣一種可能性：道宣直至 667 年過世前不久——在 664/5 年（道宣完成《法冲傳》）和 667 年之間的某個時間——才寫作僧伽的小傳并加在《玄琬傳》中。按照這個假設，僧伽（伽法師）死於 664/5 年至 667 年間；這樣，聲稱伽法師在 664/5 年依然活躍的論斷，就不會與道宣寫小傳時伽法師已經圓寂的事實相衝突。然而，這一假設又引出了另一困難，即它暗示了僧伽（伽法師）活了較大年紀（58 歲或更多），這顯然和道宣的"早卒"的說法矛盾。這個結論的得出源於如下的考慮。《續高僧傳·曇輪傳》（《大正藏》第 50 冊，第 598 頁中）明言，他在武德（618—626）末去世。因為曇輪臨終時僧伽在場，且他曾隨學玄琬和曇輪，因此僧伽彼時已不小於 20；這樣，當 664/5 年道宣說伽法師仍是一位活躍的楞伽師時，僧伽年邁五十有八。因此，如假設僧伽就是伽法師，且死於 664/5 年至 667 年間，則他享年應不少於 58。

而另一方面，還有一位僧伽，他曾從屬於終南山一寺（雲居寺），且為道宣圓寂那年（667）在終南山創辦的戒壇的 39 位僧人之一。見《關中創立戒壇圖經并序》，《大正藏》第 45 冊，第 816 頁中。這位僧伽似乎更有可能是楞伽師名單中那位伽法師。

② 665 年後卒；未見於他處。

③④ 未見於他處。

（并次第傳燈，於今揚化）①。②

《續高僧傳·慧可傳》這一段有關楞伽傳統的叙述，頗值得注意。首先是因為名單中這些楞伽師們有着多種多樣的宗教背景。除了兩位大師與慧可保持距離，其他人都應該是慧可的及門或二代弟子。③他們之間有禪師、法師、律師還有幾位"（老）師"（這可能是前三者中的任意一種）。

此外，這些楞伽師為數之多，也頗可驚人：二十八位僧人，除了兩位之外，都是慧可的繼任者。需特別指出的是，在兩組及門弟子（八個無注疏者和四個有注疏者）和兩組二代門人之外④，還有一群楞伽師，他們和慧可并無直接的關係，而是"遠承可師後"。這説明他們把慧可當作一位精神領袖，在講解、修習楞伽思想時，都以慧可為師。這五批僧人對慧可的楞伽傳統是忠誠的（至少是友善的）。⑤

這與《續高僧傳·慧可傳》形成了一個鮮明的對比。《慧可傳》只説慧可有一名為那禪師的弟子，那禪師又有兩位弟子，另外還有四位

---

① 鑒於道宣説在他寫這一傳記的時候（664 年或 665 年，參見 39 頁注①）這些僧人依然活躍着，他們一定活過了 664 年。

② 以上引文均見《續高僧傳》，《大正藏》第 50 册，第 666 頁中。McRae 對這一名單的翻譯（他對一些段落做了些調整）收在氏著，*Northern School*，pp. 25—26。

③ 首先，我們注意到在楞伽師名單中，道宣分別討論慧可和八位没有注疏的僧人與四位有注疏的僧人時，采用的方法和他討論菩提達摩及其兩位弟子（包括慧可本人在内）的關係時完全一致（《大正藏》第 50 册，第 666 頁中："達摩禪師後……/可師後"）。見在撰拙文，"Marginalia to Early Chan"。這説明了道宣將這十二位楞伽師視為慧可的弟子。

④ 慧可的二世徒孫由他的兩位直接弟子——那老師和大明師——分別衍出。如上文所述，在道宣的時代，那老師一支已衰微，而大明師這一支還活躍着。

⑤ 但要意識到，到了道宣的時代，這五批僧人中只有大明師的四個繼承人（伽法師[664 年後卒]、寶瑜師[664 年後卒]、寶迎師[664 年後卒]和道蔭師[664 年後卒]）依然活躍着，其他四支都法脉衰微了。見《續高僧傳·法冲傳》，《大正藏》第 50 册，第 666 頁中；見在撰拙文，"Marginalia to Early Chan"。

僧人,其一為慧可的仰慕者,余者或與慧可相識。[①] 道宣在《慧可傳》中説慧可身後未留下傑出的繼任者[②],暗示着慧可的徒弟和追隨者在當時都默默無聞。很顯然,直到《續高僧傳》初稿完成的二十年之後,道宣才認識到這一"慧可宗"的重要性(它被道宣定義為對《楞伽經》的研習)。也就是在此時,道宣才盡可能地理清慧可的弟子或追隨者的名字和他們有關《楞伽經》的作品信息,并由此來構建"慧可宗"的發展軌迹。然而,除了法冲,大部份僧人都不夠明晰或不夠重要,不足單獨立傳。

道宣如此大費周折地將這些楞伽師收入其僧傳作品中,説明當時他注意到已經有相當一大批對《楞伽經》有共同興趣的僧人通過各種各樣的方式聯結了起來。該僧團很有可能和他在《法冲傳》(其實就是在他介紹楞伽師名單的前幾行)中提到的"南天竺一乘宗"是同一組織。這一名稱或許來源於《楞伽經》開頭所描繪的圖景:佛陀坐在天竺南海濱楞伽山之巔。[③] 似乎那些成功吸引了道宣注意力的楞伽師是一群聲稱是菩提達摩和慧可宣傳的楞伽教法的追隨者——他們大部(雖非全部)專修禪法。

---

① 參見上文慧滿和那禪師、曇曠的關係。關於《續高僧傳·慧可傳》中提到的另外四位僧人,即向居士、化公、彥公(或廖公)與和禪師,禪宗編年史家和大多數現代禪學學者都將他們看作和那禪師一樣,是慧可的弟子。而道宣的原文却不支持這一種理解。雖然慧可與向居士二人確實彼此相互仰慕,但從道宣所理解的情形來看,另外三位僧人同慧可的關係就沒有這麼密切了。特別是和禪師,他似乎屬於金陵禪傳統(與攝山三論僧團有緊密聯繫)。雖然他和慧可一樣,也活躍於鄴下,并且也是當時一位出名的禪師,但道宣似乎并不認為和禪師與慧可有任何特別的聯繫。見拙文,《和禪師考》,佛光大學佛教研究中心編:《漢傳佛教研究的過去現與未來》,宜蘭:佛光出版社 2015 年版,第 331—373 頁。
② 《續高僧傳》,《大正藏》第 50 册,第 552 頁上:"卒無榮嗣"。
③ 《大正藏》第 16 册,第 480 頁上:"南海濱楞伽山頂"。有關這一"宗"的名稱在《楞伽經》中可能的根源,參見[日]柳田:《初期の禪史》卷 1,第 9 頁—第 10 頁;杜繼文、魏道儒:《中國禪宗通史》,江蘇古籍出版社 1993 年版,第 49 頁。

　　然而,這些楞伽師和《楞伽經》有何實際的聯繫,却仍是一個問題。我們絲毫不能確定這些楞伽師是在何種程度上誦讀和修習《楞伽經》的。鑒於《楞伽經》異乎尋常的艱深晦澀,似乎可作這樣的假設:除了像道宣的楞伽師名單中出現的這些少量高水準僧人之外,大部份"楞伽思想的追隨者"只在名義上和《楞伽經》有聯繫。① 轉向當時的主流佛教,我們發現《楞伽經》的影響是微乎其微的。《續高僧傳》中只有極少幾次提到了對這一經典的研習。但《續高僧傳》却頻繁地將其他典籍當做當時僧人的興趣焦點來提及;相比之下,《楞伽經》出現次數之少頗為醒目。② 如果大部分在道宣作品中有傳的僧人可以被看作是當時主流佛教的代表,那麼以上事實就説明《楞伽經》在當時僧伽內部的影響是極為有限的。相比之下,《楞伽經》似乎在一群以"菩提達摩—慧可宗"自居的習禪者中產生了相當可觀的影響;他們形成了後來被當作禪宗的佛教運動的初始力量。

---

① 雖然馬克瑞(McRae, *Northern School*,第26—29頁)没有排除菩提達摩和慧可兩人都使用《楞伽經》的可能性,但他懷疑《楞伽經》對於這一傳統的重要性可能被歪曲了。類似的觀點見於杜繼文、魏道儒:《中國禪宗通史》,第7頁。

② 除了菩提流志(活躍於508—535年;十卷本《楞伽經》譯者)和他的助手彥琮(557—610)、慧可、法冲、曇遷及其弟子智正(559—639;536c2)之外,道宣只提到了三位僧人還講過《楞伽經》:法上(495—580);淨影慧遠(523—592)的老師)(《大正藏》第50冊,第485頁上)和兩位身份晦澀到連他們的全名都不了然的法師:炬、冏(551年後卒)。關於炬,見《續高僧傳》,《大正藏》第50冊,第590頁上(有關這位僧人,參見拙著 *Monks and Monarchs*,第43頁注90),一位名為冏;後者來自鄴下廣國寺(或曠國寺),是慧海(541—609)初入佛門時的導師(《大正藏》第50冊,第515頁下)。

　　藍吉富對隋代僧人宣講過的佛典(包括經、律、論)做過調查。雖然并不完整,這個調查顯示以下是五種最受歡迎的經典:(1)《涅槃經》(55講者);(2)《攝大乘論》(24講者);(3)《十地經論》(23講者);(4)《般若經》類(19講者);(5)《三論》類(18講者)。《楞伽經》没能進入藍吉富的列表。見氏作,《隋代佛教風尚述論》,收入張曼濤編。《現代佛教學術叢刊》(89冊)第6冊,台北:大乘佛教出版社1976—1980年版,第22—54頁。

　　將這一大致圖景描繪出來之後，讓我們看看應該怎樣理解這位在楞伽師名單中被稱為"粲禪師"，并最終被認作為禪宗三祖的僧人。第一，因為在名單中粲禪師是慧可之後第一位没有注疏的人，所以他應當被看作是慧可的直接弟子。① 第二，他是《楞伽經》的鼓手；從他在楞伽師名單中所處的位置推斷，他在《楞伽經》的研究上頗有造詣。第三，這裏他被稱作"禪師"，而非"法師""律師""老師"或僅僅是"師"。這説明他首先是作為一位禪者而被同時代人所認可的，儘管他因《楞伽經》這樣一部艱深經典所獲得的聲譽證明了他在教理方面的知識也十分出色。第四，在講法時，粲禪師只宣講《楞伽經》，而不作疏。最後，他的全名并没有被記録下來。原則上來説，他可以是這一時期任何一位法號（通常是兩個字）的末字是"璨"/"粲"的禪師或楞伽師。②

二、尋找粲禪師：粲禪師和《續高僧傳》中的兩位僧粲/璨

　　除了這位粲禪師，道宣還提到了兩位名為僧粲/璨的僧人。其中一位是一法師，另一則為禪師（因此下文分別用"法師僧璨"和"禪師僧粲"來指稱他們）。人們一般認為，傳統的禪宗編年史家就是將這位禪師僧粲認定為粲禪師的。《續高僧傳》中并没有任何獨立條目與禪師僧粲相符合，但書中另一位僧人的傳記却簡單提到了這位僧粲

---

① 雖然粲禪師和慧可的關係相對較為清晰，但他與他的同門僧人的關係（即他比他們地位高多少）却没有那麼明了。《慧可傳》本身没有出現粲禪師的名字，這或許説明了粲禪師實際上并不是他的最重要的弟子。而粲禪師在《續高僧傳·法冲》中被列為慧可楞伽宗的第一繼任者，可能僅僅是因為在慧可的弟子中他對《楞伽經》的研究最為深入。這一名單以對《楞伽經》的造詣而非資歷來排序一事，可以從那老師處看出來。那老師是《慧可傳》唯一提到的慧可的弟子，但他在八位無注疏者中僅排第四。

② 陳垣：《大唐西域記撰人辯機》。"粲"與"璨"均有"光明"義，在古漢語中常可互換。

是一位行神迹者：①

> 四年②春末，又奉勅於盧州獨山梁静寺起塔。初與官人案
> 行置地，行至此山，忽有大鹿從山走下，來迎於義。騰踊往還，都
> 無所畏。處既高敞，而恨水少，僧衆汲難。本有一泉，乃是僧粲
> 禪師燒香求水，因即奔注。至粲亡後，泉涸積年。及將擬置，一
> 夜之間，枯泉還涌，道俗欣慶。③

這一故事值得關注。原因有二：其一，它説明 604 年之前禪師僧
粲已圓寂許久（“積年”）；其二，在盧州獨山某寺獲得了行神迹者的名
聲之後，禪師僧粲卒於此寺，而此地距皖公山不遠（後來禪宗資料推
斷皖公山為三祖的示寂之處）。

禪師僧粲有一位同時代同名者，比他更知名。在《續高僧傳》中，
道宣為法師僧璨（529—613）作傳，細緻入微、語多褒揚。法師僧璨來
自汴州陳留孫氏家族，是一造詣深厚的佛學家、精明的辯士。④ 出家
之後，他雲遊四方，隨多人學佛。在當時，他作為一位佛教論師而聞
名於“三國”——一在北方（即北齊［550—577］和北周［557—581］），
一在南方（陳［557—589］）。他對自己的辯才和在三國的經歷深感自
豪，自詡“三國論師”。開皇 10 年（590 年），他被召至隋都長安，住在
著名的大興善寺，領袖群倫。在他有力的帶領下，寺僧和諧相處。他

---

① 這篇是日嚴寺僧人辯義（541—606）的傳記。日嚴寺由晋王（即楊廣［569—618］，後來的
隋煬帝［604—617 年在位］）599 年為供養名僧（主要是三論師和成實師）而建。參見山
崎宏：《隋唐仏教史の研究》，第 85—114 頁。
② 即仁壽四年，公元 604 年。
③《大正藏》第 50 册，第 510 頁下。
④ 他的《續高僧傳》傳記在《大正藏》第 50 册，第 500 頁上。他圓寂十六年之後成書的《歷
代三寶記》包含有他的一條小傳（《大正藏》第 49 册，第 106 頁上）；道宣在《續高僧傳》為
他立傳時，部分地用到了這條小傳。

作為佛門龍象的成就為他贏得了巨大的聲譽。① 開皇17年(597)，敕封他為"二十五眾"的"第一摩訶衍匠"②("二十五眾"可能以大興善寺為大本營)。據費長房(？—598)和道宣，法師僧璨撰有《十種大乘論》。書已失傳，但似乎是一本將大乘教義分為十範疇來討論的集子。③ 此外，道宣還記錄了他的另一著作：兩卷本的《十地論》。該書可能是解釋有關《十地經》(或世親的注)中宣揚的菩薩道十地理論的論文，或只是對《十地經》的注或對《世親注》的疏。④

　　道宣還記錄了法師僧璨的兩項事迹。602年和604年分別將舍利分送給家鄉汴州的福廣寺和滑州(今河南滑臺)修德寺。兩次行旅，多有祥瑞。其傳記的剩余部分主要記叙了他與一位名為褚揉(？—590)的道士以及中觀大師吉藏(549—623)的兩次辯論(吉藏也

① 《續高僧傳》，《大正藏》第50冊，第500頁中："敕住興善，頻經寺任，緝諧法眾，治績著聲。"
② 這是一個僅在隋朝出現過的佛教編制；還有一個更有名的編制，名"五眾"。關於二者的關係，見[日]山崎宏，《支那中世仏教の展開》，東京：清水書店1942年版，第298—327頁；拙作，"A Holy Alliance：The Court-appointed 'Monks of Great Virtue' and Their Religious and Political Role under the Sui Dynasty (581—617)，"《唐研究》2001年第七期，第19—37頁。
③ 從他在《續高僧傳》中的傳記來看(《大正藏》第50冊，第500頁中)，此十範疇為：(1)通、(2)平、(3)逆、(4)順、(5)接、(6)挫、(7)迷、(8)夢、(9)相即與(10)中道。道宣還告訴我們法師僧璨曾在總化寺講解此一著作(《大正藏》第50冊，第500頁中)，暗示了當他在長安期間，還住過大興善寺之外的一座寺院。《歷代三寶記》(《大正藏》第49冊，第106頁上)將前兩個範疇分別稱為"無障礙"和"平等"。按費長房所說，《十種大乘論》由經論的引文組成，并以某種順序組織論據，作為初學者的津梁(《歷代三寶記》，《大正藏》第49冊，第106頁上："并據量經論，證據甚有軌轍，亦初學者巧方便門也。")《續高僧傳》中有道宣對《十種大乘論》的評論，且與費長房的十分相似(或即以後者為基礎)；見《續高僧傳》，《大正藏》第50冊，第500頁中："并據量經論，大開軌轍，亦初學者巧便也。"
④ 這部論文可能在597年之後完成，因此在《歷代三寶記》中并無記載。依道宣所說，它透徹地探討了《十地經論》的意義和主旨，并解決了圍繞着經文的長久以來懸而未決的疑問；見《續高僧傳》，《大正藏》第50冊，第500頁中："窮討幽致，散決積疑。"

以辯才猛利著稱）。①

　　長安名寺禪定寺落成，有人請求法師僧璨駐錫。他未應允，留駐大興善寺。他拒絕，據稱是因擔心在彼寺可能獲致的高位和優渥待遇有損於自己的清修。② 然而有趣的是，其弟子僧鳳（554?—630?）却選擇進入禪定寺。③ 法師僧璨於 613 年在興善寺示寂，留下了兩位

---

① 《續高僧傳·僧璨傳》細緻地描述了他和吉藏的辯論。而《續高僧傳·吉藏傳》中有該故事的另一版本。此論辯，予嘗小有論及；見拙著，*Making and Remaking History*，*Studia Philologica Buddhica Monograph Series* no. 14；Tokyo：The International Institute for Buddhist Studies，1999，pp. 72. 注意到同一故事的兩個版本間的微妙差別是非常有趣的。其中一個版本（《僧璨傳》）說僧璨和吉藏勢均力敵，而另一個版本（《吉藏傳》）却讓人覺得吉藏占了上風。

② 《續高僧傳》，《大正藏》第 50 冊，第 501 頁上："及禪定鬱起，名德待之。道行既隆，最初敕命。粲以高位厚味沉累者多，苦辭不就。"雖然此處道宣沒有明言僧璨受邀駐錫哪個禪定寺，但上下文暗示應即較早成立者（禪定寺），而非較晚者（大禪定寺）。可能這一選擇背後還有更深層的原因。鑒於法師僧璨比曇遷年長十三歲且同樣深受隋文帝敬重，他可能不願意去禪定寺委身於曇遷轄治之下。

③ 拙著 *Making and Remaking History*，pp. 188.《續高僧傳·僧鳳傳》見《大正藏》第 50 冊，第 526 頁中—第 527 頁。他是"佛法天子"梁武帝（502—549 年在位）的後裔。其傳記在其圓寂時間上含糊其辭，僅說他在某年最後一個月（十二月）的二十三日病故，時歲七十七。見《續高僧傳》，《大正藏》第 50 冊，第 526 頁下："以其年暮月二十三日，因疾終於彼寺，春秋七十有七。"從這一敘述推斷，道宣確實知道僧鳳圓寂的確切年份，而且很有可能在同一篇傳記前面的某一部分給出了。但這一句之前最後一次提到的時間是"貞觀中年"，并非具體的年份。愚意以為，"貞觀中年"之"中"當為某一數字之誤。在"一"至"九"這九個漢字中，"四"在字形上與"中"最為相近。竊意"貞觀中年"當作"貞觀四年"（即 630 年）；如此，僧鳳生卒年當為 554—630 年。《大正藏》版《續高僧傳》有一個"貞觀四年"誤寫為"貞觀中年"的例子。道遜（556—630）的傳記是這樣描述他的死亡的："貞觀中年冬……卒於山所，春秋七十有五，即其年十二月二十五日也。"（《續高僧傳》，《大正藏》第 50 冊，第 533 頁中）

　　顯然，"貞觀中年冬"這五個字文意不通。這裏一定指的是一個具體的年份。《大唐內典錄》（《大正藏》第 55 冊，第 340 頁下）和《集神州三寶感通錄》（《大正藏》第 52 冊，第 428 頁下）中《道遜傳》說道遜死於貞觀四年，這就證明了大正藏版《續高僧傳》中的"貞觀中年冬"實是"貞觀四年冬"之誤。

傑出弟子:僧鸞(? —618)和前面提到的僧鳳。①

　　有關法師僧璨生平的資料告訴我們:首先,他是一技藝高超的論師,這從他自封的"三國論師"稱號中即可看出來;其次,他掌管隋朝代寺院(dynastic monastery)大興善寺,後來還負責了國都的一個重要的僧團,并最終兩次參與了仁壽舍利分發活動;再次,他是一論師,至少寫有兩部著作(一部泛論大乘教義,另一具體討論一部佛典,《十地經》);最後,他是一位犀利的辯家,不僅與道士,也和僧人論辯。

　　已故美國學者馬克瑞(John McRae)在對北宗禪形成的研究中,提出了一個非常有趣的論點——法師僧璨即璨禪師。這個可能性,學者鮮少措意,因此值得討論。② 在他那本 25 年前出版的有關北宗禪的淵博著作中,馬克瑞有一腳注,其中提及此一可能性:

　　　　雖然這位僧璨的傳記中的奇聞異事賦予了他一種近乎神秘的光環(這更適合一個禪師,而非法師),但它們與這裏列出的其他人物的傳記唯一顯著的相同點便在於他和三論宗的聯繫。……八世紀的禪宗作家和現代學者都儘量避免考慮僧璨或許和禪宗有關的可能性。然而他仍然很有可能是《法沖傳》中列出的楞伽宗弟子中的一位。③

　　我并不十分確定這裏所説的"近乎神秘的光環"意味着什麼。它

---

① 據《續高僧傳·僧粲傳》(《大正藏》第 50 冊,第 501 頁上),隋末僧鸞還俗,在朝為官。
② 據筆者所知,牧田諦亮首唱法師僧璨即璨禪師。見氏作,《寶山寺靈裕傳》,收入氏著多卷本《中國佛教史研究》第 1 冊,東京:大東出版社 1981 年版,第 241 頁。但牧田氏僅簡單一提,未及申論。此外,有一中國學者亦徑言,法師僧粲即三祖僧璨。見童瑋:《隋唐兩代長安、洛陽佛籍譯撰名錄》,《隋唐佛教研究論文集》,三秦出版社 1990 年版,第 200 頁。
③ McRae, *Northern School*, pp. 281。荒牧典俊雖不知道馬克瑞的觀點,但獨立得出了有關璨禪師身份的相同結論。見[日]荒牧,《中国仏教とは何か》,第 29—30 頁。

似乎指的是仁壽年間僧璨兩次到地方寺院分發舍利途中出現的祥瑞。如果是這樣,那麼強調"神秘的光環"就意義不大了,因為《續高僧傳》中道宣在為超過 69 位參與了仁壽舍利分發活動的僧人立傳時,都會提到類似的祥瑞,幾成慣例。①

法師僧璨的生平資料相對豐富,而有關禪師僧粲的信息少而隱晦。二者相較,似乎很難將兩者認定為同一人。首先,一人是"禪師",而另一人則被確認為"法師"。一般來看,道宣在其僧傳作品中將擅長講解佛經的僧人稱為"法師",而將長於禪定功夫的僧人稱為"禪師",與律藏緊密相關的僧人則稱作"律師"。雖然有的僧人不止在一個領域有所成就,但道宣似乎堅持為他僧傳作品中的每個對象只分配其中一個頭衔。幾乎沒有人能擁有兩個稱號。這樣看來,就道宣的理解而言,粲禪師和法師僧璨是兩個不同的人,因為後者在自己的傳記中以及其他被提及的六個場合都無一例外地被稱作"法師",而非"禪師"。②

法師僧璨和禪師僧粲是兩位不同僧人。接下來的這兩點也支持這個假設。法師僧璨的傳記中從未提過慧可。在道宣的時代,慧可和僧璨都已經被認為是重要的僧人;這從道宣為所作傳的長度,可窺

① 其中一些例子在拙作 *Monks and Monarchs* 中有所討論。

② 在僧璨自己的傳記中,隋文帝稱他為"法師"(《續高僧傳》,《大正藏》第 50 册,第 500 頁中)。除此之外,道宣還在《續高僧傳》中六次提到了僧粲:分別是在靖嵩(537—614)、吉藏(549—623)、僧鳳(554?—630?)、道岳(568/578—636)、靈閏和曇輪(約 546—626)的傳記中。除了在《吉藏傳》中提到僧粲的別號(《大正藏》第 50 册,第 514 頁中:"時沙門僧粲自號三國論師")而稱他為"論師"之外,他在其他的傳記里都一致地被叫作"法師"(見《大正藏》第 50 册,第 502 頁中、第 526 頁中、第 527 頁中、第 546 頁上、第 598 頁中)。在《義解論》(附在《續高僧傳》"義解"篇後面[《大正藏》第 50 册,第 548 頁上—第 549 頁下])中,道宣也說僧璨是作為一個論師而出名的:"僧璨以論士馳名。"(《大正藏》第 50 册,第 549 頁上)

一斑。如果道宣知道二者之間存有何種關聯，在一位據信是慧可首要繼任者的僧人的傳記中，道宣便斷不會對慧可未置一詞。①

此外，據我所知，粲禪師没有留下任何文字作品，但法師僧璨却至少是兩部疏著。

在法師僧璨之後，還必須考慮禪師僧粲就是粲禪師的可能性。這一問題可以和另一問題關聯起來研究，即"一位名為僧粲的僧人為什麼以及如何被認作禪宗三祖的？"

我們可以用下面的方式復述這個問題。後來的禪宗編年史家不僅將粲禪師當作他們的三祖，還重新構建了他的全名——僧粲。此外，由於没有禪宗史家將法師僧璨的任何傳記信息和三祖僧粲聯繫起來，可以看出他們認為三祖僧粲是禪師僧粲，而不是法師僧璨。《續高僧傳》中的兩個僧粲/璨名字與粲禪師相近，因此原則上他們之中任何一位都可能是粲禪師。確實，禪師僧粲的頭銜讓他與粲禪師更加相符。但從道宣的記録來看，法師僧璨顯然比禪師僧粲更加知名、更有名望。如果法師僧璨是粲禪師(三祖)，那麼他能夠為禪宗帶來的聲譽應該比禪師僧粲為多。這樣，後世禪宗史家提出的這一身份認同就很值得注意，因為他們似乎選擇了一個不太有吸引力的人，而錯過了更好的選擇。這是為什麼呢？

按照定義，三祖一方面須是二祖慧可的弟子，另一方面又是四祖道信之師。那麼誰是道信之師呢？從道宣的記載來看，道信隨學一人品和資質都可疑的無名僧，又在今安徽懷寧西北的皖公山師從另外兩位不知名的習禪者：

---

① 即便承認道宣在作《僧粲傳》時還没有意識到他就是慧可之後的主要的楞伽教法傳人，仍有理由相信，如果僧粲雖是慧可的弟子，道宣一定會知道他們之間的師徒關係。

初七歲時，經事一師，戒行不純，信每陳諫。以不見從，密懷齊檢。經於五載，而師不知。又有二僧，莫知何來，入舒州皖公山，靜修禪業。聞而往赴，便蒙授法。隨逐依學，遂經十年。師往羅浮①，不許相逐，但於後住，必大弘益。②

　　從這一故事來看，道信於皖公山從學二師。二人身份背景不明，幾乎憑空出現，并且沒有留下多少信息就消失了。

　　由於這皖公二僧是僅有的能夠被看作是道信之師者（其第一任老師人格有虧，不配作祖師），禪宗三祖一定既是粲禪師（慧可的繼任者），同時又是這皖公二僧之一。我認為，在後來的禪宗史家為填補

---

① 羅浮山，在今廣東惠州境內。

② 《續高僧傳》，《大正藏》第 50 冊，第 606 頁中。在我查閱的所有《續高僧傳》版本中（包括《大正藏》），這一有關"二無名僧"的故事都出現在《道信傳》的開頭。但羅香林似乎找到了《續高僧傳》的另一版本，其中該故事出現於《道信傳》的結尾。見羅香林：《〈舊唐書〉僧神秀傳疏證》，收入張曼濤前揭主編書系（第 4 冊），第 276 頁（全文在第 22～54 頁）。故事在傳記中的不同位置讓羅香林得出了以下結論：這兩位無名禪師不是道信的老師，而是他在成為名禪師之後收的弟子。這一理解與中國僧傳文學的一般做法一致，其中（可能是模仿世俗傳記文學）傳主是一位名僧，而附在其後的是兩位或三位與傳主相關的，但却不那麼有名的人；他們可能是他的弟子、法子、同事或僅僅是點頭之交。如果正如羅香林所說，這一有關兩位無名僧人的故事出現在《道信傳》之末，那麼就該作如下的解析：兩位在皖公山習禪的無名僧人知悉了道信的名號之後，便前去尋求道信的指點。如此新解排除了兩位無名僧人中有道信的老師的可能性，因為他們二人都是道信的學生。然而，目前我還沒有找到羅香林所描述的《續高僧傳》版本。相反，細讀文本之後却可以發現羅香林所說的文段排列方式是不太可能的。假如兩位無名僧人的故事確實出現在傳記最末，那麼去掉它之後，這裏的引文就變成了："初七歲時，經事一師，戒行不純，信每陳諫。以不見從，密懷齊檢。經於五載，而時不知。隨逐依學，遂經十年。師往羅浮，不許相逐，但於後住，必大弘益。"

"隨逐依學，遂經十年"這一句顯然是重複前一句的內容，因此筆者認為兩位無名僧人的故事不可能出現在傳記的其他地方。羅香林在此處可能有誤，且他在提出觀點時沒有提供論據，也使得我們很難繼續追問下去。

慧可和四祖之間的鴻溝尋找合適的人選時,禪師僧粲正是因為其與道信之間可能存在的聯繫,纔吸引了他們的注意力。禪師僧粲不僅在名字上和粲禪師相近,其禪師身份也與粲禪師相符。更重要的是,他曾在距皖公山不遠處施過神迹,并很有可能圓寂於彼處;這讓人可以將他認作道信皖公二師之一。所有這些考慮或許可以解釋禪宗史家為何以及如何選擇禪師僧粲——而非法師僧璨——作為粲禪師(即後來的三祖)。

考慮到和道信之間潛在的聯繫,大多數現代學者——不管他們對禪宗編年家建立起來的早期禪宗譜系抱持如何批判的態度——似乎都傾向於相信將禪師僧粲當作粲禪師是有道理的(後者一般被認為是"皖公二僧"之一)。① 但必須注意到,如果堅持"皖公二僧"之一就是被確立為三祖的禪師僧粲,那麼禪門就顯然不得不無視《道信傳》與禪師僧粲的故事之間的不一致,甚至相衝突之處。《道信傳》説"皖公二僧"最後離開皖公山前往羅浮,而在禪師僧粲的故事中,僧粲歿於獨山。另外,《道信傳》中暗含的時間綫也不允許將禪師僧粲與"皖公二僧"之一聯繫起來。

前面的《續高僧傳·道信傳》引文從下面兩個時期記錄了道信早期的僧侶生活:

> 首先,從七歲起,道信跟隨他的第一位老師——一位疏於修行的僧人——學習了五年。道信生於 580 年,因此這五年指的是 586 年至 591 年。

---

① 禪師僧粲就是粲禪師這一觀點在禪學者中得到了廣泛的認同。此處僅舉數例,以概其餘,[日]宇井伯壽:《禪宗史研究》,東京:岩波書店 1966 年版,第 63 頁;杜繼文·魏道儒:《中國禪宗通史》,第 45 頁;葛兆光:《中國禪思想史——從六世紀到九世紀》,北京大學出版社 1995 年版,第 60—€1 頁;Faure:*The Will to Orthodoxy*, pp. 224。

　　隨後,他花了整整十年(592—602,即他十三歲至二十三歲)
師從"皖公二僧",直至他們前去羅浮。

　　這樣,這二僧於 602 年離開皖公山前往羅浮。另一方面,我們已
經知道,當 604 年辯義分發舍利的隊伍到達獨山時,禪師僧粲已在獨
山去世"積年"了。換言之,禪師僧粲一定在"皖公二僧"前往羅浮之
前就已圓寂,於是就没有理由説禪師僧粲是"皖公二僧"之一。

　　在這些阻止人們將禪師僧粲認作粲禪師的因素之外,還有一事
會否定這一認同的可能性:如同法師僧粲一樣,禪師僧粲也與《楞伽
經》了無關聯。

　　如果要總結一下前面關於粲禪師、"皖公二僧"中道信之師和禪
師僧粲之間關係的討論,我們可以説,雖然將粲禪師當做禪師僧粲或
"皖公二僧"之一并没有無法克服的困難,但要證明粲禪師同時是禪
師僧粲和"皖公二僧"之一是不可能的,因為禪師僧粲不可能是"皖公
二僧"之一,儘管他們在地理上邇近。然而另一方面,正如下文所要
揭示的那樣,傳統禪宗譜系理論的一個核心就在於努力論證慧可的
弟子粲禪師既是禪師僧粲,又是"皖公二僧"之一。

三、"禪宗三祖"傳説的演變

　　如前文所述,雖然道宣提到粲禪師是慧可的弟子,但他却没有明
説粲禪師是慧可的主要弟子和唯一繼任者。明確作出這一判斷的最
早禪宗文獻是弘忍禪師(600—674)的弟子法如(638—689)的墓誌
銘。這一銘文題為"唐中岳沙門釋法如禪師行狀";它雖然没有日期
落款,但顯然是法如 689 年圓寂後不久寫成的。該文記録了禪宗內
部一支這樣流傳的法脉:

1. 菩提達摩→2."慧"可→3."僧"粲→4."道"信→5."弘"忍→"法"如①

不清楚粲禪師是何時被接受為禪宗三祖的。然而,既然在道宣的《續高僧傳》中并没有提到這一概念,但它又在"法如碑"中明確地出現,因此可以推斷出僧璨作為三祖的地位是在道宣去世(667)至法如圓寂(689)這二十年間確立的。學者們普遍認為,"法如碑"中的禪宗法脉首次清楚地表示了在"菩提達摩宗"和道信開創的"東山法門"之間存在着某種聯繫。

但是,"法如碑"值得關注,不僅因為它説了什麼,還因為它没説什麼。雖然文中將法脉中六代前輩列出,或許可以算得上是中國宗教文獻中的標新立異,但它并没有明確稱他們是"祖師",也没有給他們排名。我們不得不轉向後期的禪宗文獻,去尋找一些將僧粲/璨包含在内的更明晰、更一致的版本,而它們又將展示與僧粲/璨有關的傳説和意識形態的演變過程。在下文中我們將會討論8世紀至11世紀之間13種文本與碑銘材料。

1. 8世紀的四部主要禪史文獻

首先來看8世紀的四部主要的禪宗史傳文本:《傳法寶紀》(710年代)、《楞伽師資記》(712年—716年成書)、《神會語錄》(758年之前)和《歷代法寶記》(775)。

---

① 有關粲禪師就是僧粲的認定可能在8世紀初之前還未出現。可確認的最早提到名為僧粲的禪宗祖師的文獻是張説(667—730)為神秀撰寫的碑銘。該文完成於神秀圓寂的706年,或此後不久。見《唐三泉寺大通禪師碑銘并序》,《全唐文》第231卷,中華書局1983年版,第1b4—6頁:"自菩提達磨天竺東來,以法傳慧可,慧可傳僧璨,僧璨傳道信,道信傳弘忍。繼明重迹,相承五光。"這樣看來,"法如碑"的作者在7世紀末撰文時,可能并没有將粲當作是僧粲/璨。

(1)《傳法寶紀》

《傳法寶紀》(一卷)由杜朏(？—710)於八世紀一十年代編成。[①]
杜朏很有可能是神秀的大弟子——義福(661—736)的一位老師。這
是已知最早的記錄有僧璨禪宗三祖身份的禪宗史籍。書中獨立的
《僧璨傳》,內容大致如下:雖然僧璨是慧可最主要的弟子,但没人知
道他來自何方。慧可在圓寂前傳法於僧璨。僧璨在山谷中度過了十
多年——部分原因是由於北周政權 574 年至 578 年發動的法難。開
皇(571—600)初年,僧璨與其同修定禪師躲藏在皖公山。在皖公山,
他結識了另一禪師——智嚴禪師的老師寶月禪師(？—617),後者長
期作為一位"神僧"栖息於彼。[②] 也就是在這座山,在開皇年間"道信
十三歲(即 582 年)之後",僧璨收道信為徒。道信隨學僧璨八九年,
僧璨和定禪師前往羅浮山;他令道信留住皖公。[③] 僧璨前去羅浮山
之後,就再没有人知道他的行蹤了。[④]

---

① 有關《傳法寶紀》和它的成書時間,參見 Yampolsky, *Platform Sūtra*: *The Text of the Tun-huang Manuscript*, New York: Columbia University Press, pp. 5;[日]柳田:《初期の禅史》卷 1,第 329—351 頁;McRae, *Northern school*, pp. 86 - 87. 該文獻收入《大正藏》第 85 册,編號第 2838. 這裏引用的是柳田聖山《初期の禅史》卷 1 中的點較本。《傳法寶紀》中除了有一篇單獨的《僧璨傳》外([日]柳田:《初期の禅史》卷 1,第 371—372 頁),還在《慧可傳》和《道信傳》中提到了僧璨。見[日]柳田:《初期の禅史》卷 1,第 365—376 頁。

② 《傳法寶紀》中的一條行間注([日]柳田:《初期の禅史》卷 1,第 372 頁),說皖公山(位於舒州)又被稱為"司空山"。蓋誤。《讀史方輿紀要》中提到(引見胡適:《楞伽宗考》,第 200—201 頁),皖公山和司空山雖相鄰,却是二山。由於 574—578 年北周實施了滅佛政策,從《傳法寶紀》中的這一故事來看,僧璨應在 584 年之後(開皇四年)到達皖公山。

③ 《傳法寶紀》中僧璨與道信的師徒關係雖然在《僧璨傳》中就已經被提及,但在《道信傳》中有更加細緻的描述。見[日]柳田:《初期の禅史》卷 1,第 376 頁。

④ 《傳法寶紀·僧璨傳》只說他離開皖公山而南徙("南隱")([日]柳田:《初期の禅史》卷 1,第 372 頁)。《續高僧傳·道信傳》則說他去了羅浮([日]柳田:《初期の禅史》卷 1,第 376 頁)。

　　比較一下《傳法寶紀》和《續高僧傳》的記載,可以看出《傳法寶紀》的作者在講述僧璨的故事,特別是他與道信的關係時,對《續高僧傳》多有依賴。首先,《傳法寶紀》說,《續高僧傳·道信傳》中提到的兩位皖公山無名僧就是僧璨和定禪師。它對僧璨和道信師徒關係的描述顯然是對《續高僧傳》中相關記錄的模仿:隨其第一位老師學習了五年或六年(按《傳法寶紀》所說)——之後,道信轉而隨學兩位皖公無名僧(《傳法寶紀》說其中一位就是僧璨)十年(《傳法寶紀》中是九年)。① 《續高僧傳》中兩位皖公無名僧前往羅浮山的故事導致《傳法寶記》的作者也沒有給出僧璨圓寂時的信息。《傳法寶記》又明顯地在《續高僧傳·道信傳》的基礎上加工出了僧璨的這一傳說:僧璨出現後不久,遍山的猛獸倏忽消失。② 最後,《傳法寶記》將僧璨和寶月聯繫了起來,後者一定是著名禪師、牛頭禪六祖智巖(577—654)的老師。③

　　(2)《楞伽師資記》

　　《楞伽師資記》是另一部與《傳法寶記》幾乎同時完成并包含有璨

---

① 前文中已有《續高僧傳》中道信與兩位皖公山無名僧的關係的記載的細節。

② [日]柳田:《初期の禅史》卷1,第371—372頁。《續高僧傳·道信傳》有一類似的故事。當道信在雙峰山(今湖南雙峰市境內)山居時,一天夜裏一大群猛獸包圍了他。道信不懼,反向猛獸授戒。猛獸隨後便安靜地自願離開。見《續高僧傳》,《大正藏》第50冊,第606頁中(McRae, *Northern school*,第31頁對此有所討論)。

③ 據《續高僧傳·智巖傳》,智巖原是一將軍,直到四十歲(617)時出家,入皖公山隨寶月學佛。智巖一直在皖公,直到貞觀十七年(643)才轉往建業(南京),并在那裏吸引了一百多位弟子。不久他又來到石頭城(江蘇江寧境內),參與了一些慈善事業。參見[日]柳田:《初期禅宗史書の研究》,第36頁。

禪師傳記的禪史文獻。① 比較一下《楞伽師資記》和《傳法寶紀》可以看出，它們除了在僧粲和慧可的師徒關係以及他隱晦的俗家背景上較為一致外②，對僧粲生平的介紹是極為不同的。首先，令人驚異的是，《傳法寶紀》將慧可與道信之間的"第三祖"稱為"僧璨"，但在《楞伽師資記》中，這同一位祖師却被排為"第四祖"（在求那跋陀羅、菩提達摩和慧可之後），并名為"粲禪師"。

　　《傳法寶紀》和《楞伽師資記》中僧璨/粲禪師記載的另一顯著區別在於對道信與粲禪師的師徒關係的描述。不同於《傳法寶紀》，《楞伽師資記》并没有記錄這一關係的開始時間（不論如何粗略）；然而它却提供了一些粲禪師對道信點化的細節，其中還特別提到了《法華經》。③ 此

---

① 《楞伽師資記》由淨覺（683—750?）所編，成書約在 712 年至 716 年之間。有關這一繫年，見 Barrett："The Date of the Leng-chia shih-tzu chih," *Journal of the Royal Asiatic Society* 1991 (1/2), pp. 255 - 259。《楞伽師資記》并没有像《傳法寶紀》一樣說粲禪師即僧粲，這或許可以說明它比《傳法寶紀》相對要早出一些。對此也不能過於肯定，因為儘管淨覺意識到了粲禪師即僧粲，但可能并未接受這一點。《楞伽師資記》粲禪師傳引自［日］柳田：《初期の禅史》卷 1，第 167—168 頁。

② 《傳法寶紀》只是說人們不知僧粲所從來，而《楞伽師資記》却進一步說没人知道粲姓甚名誰，屬何種社會地位。

③ 《楞伽師資記》描述了道信求學粲禪師門下的過程以及後者對《法華經》的重視。粲禪師有自己的秘密法門，拒不授人，唯一的例外是在他門下十二年的道信。道信接受粲禪師的指點，如水泄瓶；佛法從粲禪師傳到道信，也如燈傳燈。道信一點一點地掌握了所有的佛法。當他了悟了佛性之後，粲禪師對他大加贊賞，并为他引了《法華經》中的一句："唯此一事，實無二，亦無三。"見［日］柳田：《初期の禅史》卷 1，第 167 頁。原文引自《妙法蓮華經》方便品第二："佛告舍利弗，'諸佛福來但教化菩薩，諸有所作，常為一事。唯以佛之知見，示悟衆生。舍利弗，如來但以一佛乘故，為衆生説法。無有餘乘，若二若三。'"（《大正藏》第 9 册，第 7 頁上－中）這也可能僅僅是引用了同一章後面的兩句偈子："唯有一乘法，無二亦無三。"（《大正藏》第 9 册，第 8 頁上）文中粲禪師又評説道："聖道幽通，言詮之所不逮。法身空寂，見聞之所不及。即文字語言，徒勞施設也。"（［日］柳田：《初期の禅史》卷 1，第 167 頁）

外,關於這一關係的時間長度,《傳法寶紀》説它持續了八到九年,但在《楞伽師資記》中又延長了三到四年(即十二年)。兩部禪宗史書對僧璨/粲禪師生命的終結也有不同説法。《傳法寶紀》用一段前往羅浮山的有去無回的旅行神秘地一帶而過,但在《楞伽師資記》中没有提到這樣的一個旅行,直至粲禪師在皖公寺(想必皖公山中一寺①)圓寂——其往生的方式讓人油然想起《付法藏因緣傳》提到的僧伽難提(僧迦那提或僧佉難提)。②

另外,《傳法寶紀》只將僧璨與一座山(皖山,即皖公山)聯繫起來,但據《楞伽師資記》所説,粲禪師在皖公山英雄般地圓寂前,還曾在司空山隱居過。

最後,《楞伽師資記》中并没有《傳法寶紀》中的那一"猛獸"的故事,但却説粲禪師著有一篇看起來非常玄學化的著作——《詳玄傳》,這應該是對慧思的弟子仙城慧命(531—568)的《詳玄賦》的注釋。③

(3)《神會語録》

《神會語録》有粲禪師的傳。這篇傳記雖然未標明時間,但如果假定它確是來自神會,那麼它肯定是出現在 758 年神會圓寂之前。④

---

① "皖公寺"也可以被理解為是皖公山上的一處寺院。
② 《付法藏因緣傳》,《大正藏》第 50 册,第 320 頁上。見[日]柳田:《初期の禅史》卷 1,第 172 頁。《楞伽師資記》粲禪師傳結尾寫道,在粲禪師圓寂的皖公寺内可以看到粲禪師的塔和像([日]柳田:《初期の禅史》卷 1,第 168 頁:"寺中見有廟影。")由此可見,在《楞伽師資記》成書時確有粲禪師的塔存在。
③ 《續高僧傳·慧明傳》(《大正藏》第 50 册,第 561 頁中)中提到了《詳玄賦》。全文録於《廣弘明集》,《大正藏》第 52 册,第 340 頁上—下。
④ 《神會語録》粲禪師傳引自楊曾文,《神會和尚禪話録》評注本,中華書局 1996 年版,第 106—107 頁。還應注意到《神會語録》中稱三祖為粲禪師,而非僧粲。這或可説明,《傳法寶紀》和《楞伽師資記》剛完成不久,禪門還未就慧可和道信之間的祖師到底姓甚名誰達成一致(事實上他們在他是三祖抑或四祖的問題上還存有分歧),而這時神會宣傳的是這一版本的粲禪師生平。

像《傳法寶紀》和《楞伽師資記》一樣,《神會語錄》中記載的粲禪師的背景也十分模糊,但也肯定他作為慧可的首要弟子的身份。《神會語錄》還補充説粲禪師從慧可那裏接受了"授記",應該是與其祖師身份有關的。

　　《神會語錄》試圖調和僧粲/粲禪師在《傳法寶紀》和《楞伽師資記》中兩種不同的人生結局之間的衝突。它提出了一個新理論:粲禪師確實如《傳法寶紀》所説去了羅浮山,但他只在那裏逗留了三年就回到了皖(公)山,隨後就像《楞伽師資記》記載的那樣在皖公山圓寂了。① 從《神會語錄》對粲禪師和道信之間關係的描述也可看出其折中的特點。《神會語錄》顯然模仿了《傳法寶紀》,説自道信十三歲起,粲禪師教導了他九年,但同時它對道信在粲禪師門下學習的記載似乎又重述了《楞伽師資記》中的相關內容。② 《神會語錄》説粲禪師雖然在皖公山圓寂,但曾在司空山隱居過,這一點或許也是以《楞伽師資記》為基礎的。③

　　《神會語錄》最引人注意之處在於它明言粲禪師卒於 604 年。道信生於 580 年,而根據《神會語錄》道信從十三歲開始——也就是 592 年——隨學粲禪師,直至粲禪師 601 年前往羅浮山。同樣是根據《神會語錄》,粲禪師在羅浮山呆了三年之後又回到了皖公山,并終老彼

---

① 《神會語錄》還説到粲禪師葬在山谷寺後。

② 與強調《法華經》的《楞伽師資記》相反,《神會語錄》將《金剛經》當做粲禪師指點道信的根本。據説道信頓悟了經中"實無衆生得滅度者"(《大正藏》第 8 冊,第 749 頁上)之深意。《神會語錄》續言,粲禪師傳給道信真言作為教法之標誌,復贈一袈裟,以證實法脉之相承。這與《壇經》中慧能因《金剛經》中一句而悟道的故事形成了一個有趣的類比。見 Yampolsky, *Platform Sutra*, pp. 127。

③ 《神會語錄》介紹了這樣一個故事:在隱居司空山之前,僧粲首先住在城中,并佯癲以避迫害(即北周的滅佛);隨後他又逃入山林,還患上了某些疾病。

處。將這兩條記載結合起來可以看出《神會語録》將粲禪師的卒年定在了 604 年。

(4)《歷代法寶記》

同《神會語録》一樣,《歷代法寶記》也試圖融合《傳法寶紀》和《楞伽師資記》對粲禪師/僧璨的人生結局的叙述。① 在《歷代法寶記》中,僧璨背景不明,最終回到了皖公山,并在那裏英雄般凋零,這都與《楞伽師資記》別無二致。② 《歷代法寶記》的特別之處在於它描述慧可和僧璨相遇的方式與《壇經》中慧能初遇弘忍的故事極為相似。③

---

① 《歷代法寶記·僧璨傳》引自[日]柳田:《初期の禅史》卷 2,第 82—83 頁。Yampolsky (*Platform Sutra*, p. 40)認為這一文本成於 8 世紀 80 年代,但[日]柳田(《初期禅宗史書の研究》,第 279 頁)却堅持其可追溯到 781 年以前。有關《歷代法寶記》研究的最新成果,參見 Wendi Leigh Adamek: *The Mystique of Transmission*: *On an Early Chan History and Its Contexts*, New York: Columbia University Press, 2007。

② 《歷代法寶記》記録了皖、月、定、巖四位禪師,他們前去拜訪僧粲,宣布他是菩提達摩之後的"神粲",并陪同他一起去了羅浮山。這顯然是從《傳法寶紀》中定禪師和寶月(智巖的老師)的記載發展出來的。第四位禪師——皖禪師——的出現很有可能是受到了皖公山之名的啓發。《歷代法寶記》也用了《傳法寶紀》中的傳説來修飾僧璨的記載。

③ 比較一下《歷代法寶記》和《壇經》中的這兩段記載。《歷代法寶記》(柳田,《初期の禅史》,第 2 卷,第 82—83 頁):"初遇可大師,璨示見大風疾於衆中現。大師問,'汝何來,今有何事?'僧璨對曰:'故投和尚。'可大師語曰:'汝大風患人,見我何益?'璨對曰:'身雖有患,患人心與和尚心無别。'可大師知璨是非常人,便付囑法及信袈裟。"《壇經》(Yampolsky, *Platform Sutra*, p. 2):"弘忍和尚問慧能曰:'汝何方人,來此山,禮拜吾? 汝今向吾邊,復求何物?'慧能答曰:'弟子是領"嶺"南人,新州百姓,今故遠來,禮拜和尚,不求餘物,唯求作佛法。'大師責慧能曰:'汝是領"嶺"南人,又是獦獠,若為堪作佛。'慧能答曰:'人即有南北,佛性"性"即無南北。獦獠身與和尚不同,佛姓"性"有何差别?'"

兩段文字如此相似,其一必模仿另一。雖然《壇經》中的故事(假如它在慧能 713 年圓寂之後出現的話)可能是最原始的版本,但也不能排除《歷代法寶記》中的故事是《壇經》故事的原型的可能性,因為如 Yampolsky(*Platform Sutra*)所説,已知最早的《壇經》版本(敦煌出土)成型於 830—860 年。

此外,《歷代法寶記》還提到了一篇由一位著名的隋代作者為僧璨撰寫的碑銘。[①] 我們接下來就會討論到它。

2. 8世紀中為僧粲撰寫的五篇碑銘

8世紀出現了以下這五篇值得關注的碑銘文獻。它們都是為僧粲撰寫的,其中兩篇被誤認為由薛道衡和道信所作,另外三篇則在762—772這十年間分別由三位重要的士大夫——房琯(762)、郭少聿(767)和獨孤及(772)——完成。

(1) 所謂的"薛道衡碑"

先來看一下所謂的"薛道衡碑"。薛道衡(537? —606?)是北周及隋代最偉大的文士之一,據說他曾為僧粲撰有一篇紀念碑文。中唐政治家、作家獨孤及(725—777)在772年曾作碑文一篇,以慶祝771年代宗(762—779年在位)分別敕封僧粲為"鏡智大師",以及敕封僧粲皖公山塔(762年立)為"覺寂";碑文證實,確存有這樣一篇薛道衡撰碑。[②]

獨孤及作品集附錄一銘文;其中不僅提到"薛道衡碑",且對之有所徵引:

> 薛碑曰:"大師(即僧粲)與同學定公南隱羅浮山。自後,競

---

① 〔日〕柳田:《初期の禅史》第2卷,第83頁。
② 《全唐文》第390卷,第22頁中。"獨孤及撰碑"將在下文得到討論。

不知所終。"其銘曰:"留法服兮長在,入羅浮兮不復還。"①

這裏說僧粲和僧定去了羅浮,與《傳法寶紀》的記載是一致的,但却和《楞伽師資記》中僧粲在皖公山大型法會講法時圓寂的說法相左。該銘文的作者試圖化解這一矛盾,因此假設了薛道衡在寫碑文時僧粲已往羅浮而未歸皖公山,也就沒有在傳法道信之後圓寂。②"薛道衡碑"支持了僧粲前往羅浮的理論,而避言其圓寂於皖公(後面會看到,這一信念取代了羅浮理論,成為後來禪宗中有關僧粲的意識形態和故事的一個基石),可以看出它應該和《傳法寶紀》屬於同一傳統,且時間上也與之相近。

(2) 傳道信所立碑

1982 年 4 月,杭州出土了一陶磚,上刻碑文兩通。陶磚現存浙江省立博物館。碑的左側有八個字,標明了雕刻的日期:大隋開皇十二年(592)作。

陶磚正面刻有一段三十字的短文(分為五列,每列六字):

大隋開皇十二/年七月,僧璨大/士隱化于舒之/皖公山岫,

① 獨孤及的作品集為《毗陵集》,以他的家鄉毗陵(今江蘇常州境内)命名;現收入《景印文淵閣四庫全書》(1500 册)第 1127 册,台北:台灣商務印書館 1983—1986 年版。銘文收錄於《四庫全書》第 1127 册第 9 卷,第 13—15 頁;提及和引用"薛道衡撰碑"處,見第 14 頁上第 5 行—中第 2 行。這篇作品似乎并非獨孤及親撰。從標題"山谷寺覺塔禪門第三祖師鏡智禪師塔碑陰文"來看,它刻在碑背,而正面則是獨孤及為僧粲寫的碑文。見拙文,"One Name, Three Monks: Two Northern Chan Masters Emerge from the Shadow of Their Contemporary, the Tiantai Patriarch Zhanran (711—782)," *Journal of the International Association of Buddhist Studies* 1999 年第 22.1 期,第 16 頁注 49 (全文在第 1—91)。作者對獨孤及的盛贊也證實了它由獨孤及的仰慕者所作。

② 《山谷寺覺塔禪門第三祖師鏡智禪師塔碑陰文》,《毗陵集》,《四庫全書》第 1127 册第 9 卷,第 14 頁中第 2 行。

結塔/供養,道信為記。

這一發現引起了藝術史家方丹(Jan Fontein)的關注。在陶磚發現十一年後(1993年),他發表文章,研究碑文的重要性,認定塔磚為真品。①

這篇碑文格外引人注意,不僅因為它明確宣布了道信作為僧璨繼任者的身份,更因為它聲稱僧璨死於開皇十二年七月(592年8月14日—9月11日),而這幾乎比大部分後來的禪宗史書(下文有所論及)公布的"禪宗三祖"的死亡時間早了差不多十五年。該碑文一方面支持僧璨在皖公山圓寂的理論,另一方面又對8世紀中葉以後流行起來的僧璨卒年(606年)一無所知,因此它可能是8世紀初寫

---

① Fontein:"The Epitaphs of Two Chan Patriarchs", *Artibus Asiae* LIII. 1-2, 1993, pp. 100(全文在第98—107頁)。雖然此銘磚一直被視作一新出文物,但類似的(甚至可以說是一模一樣)銘磚已多次出現於諸多金石集中,包括:(1)《陶齋藏石記》,《石刻史料新編》(三輯,90冊)第1輯第11冊,臺北:新文豐1977—1986年版,第8121—8122頁;(2)《金石古物考稿》,《石刻史料新編》第3輯第11冊,第501頁;(3)北京圖書館金石組編:《北京圖書館藏中國歷代石刻拓本彙編》(100冊),中州古籍出版社1989—1991年版,"善"字522—9(見第九冊第78頁)。陳垣和鈴木哲雄分別在1964年和1985年討論了《陶齋藏石記》和《金石古物考稿》中收錄的這篇銘文。見陳垣:《釋氏疑年錄》,中華書局1964年版,第56頁;[日]鈴木哲雄:《唐五代禪宗史》,東京:山喜房1985年版,第253—254頁。1993年冬,筆者在母校麥克馬斯特大學(McMaster University)圖書館注意到《北京圖書館藏中國歷代石刻拓本彙編》中收錄的拓本之後就立刻寫了一篇小文,"A Tile-epitaph Allegedly Dedicated by Daoxin 道信(581—651)to the 'Third Chan Patriarch' Sengcan 僧璨"。

饒宗頤和樊波貢獻了兩份最新的研究成果。饒宗頤接受了端方解釋"隱化"為"隱秘行化"的説法,傾向於承認碑文的可靠性,而樊波(《〈隋僧璨塔磚銘〉跋》)則更為審擇,將該碑斷為唐末偽造。見饒宗頤:《隋禪宗三祖塔磚銘》,《饒宗頤二十世紀學術文集》(20冊)第5冊,中國人民大學出版社2009年版,第311—316頁;樊波:《〈隋僧璨塔磚銘〉跋》,《碑林集刊》2007年第13期,第248—261頁。

成的。①

（3）房琯所撰碑文

《寶林傳》成書於8□1年，作者名智炬（即慧炬，801年後圓寂），但未見載於其他文獻。② 《寶林傳》中收録了一篇據稱是著名官員房琯（697—763）762年為皖公山僧璨紀念塔所作的碑文。③ 同前面的文獻一樣，房琯也承認僧璨出身隱晦；他對此的解釋，類似於南宗禪對六祖慧能（628—713）生平曖昧的處理。④

雖然包含了《傳法寶紀》中"猛獸"的故事，但"房琯撰碑"還是以

---

① 有關這一托名道信的碑文的更多信息，參見前揭在撰拙文。
② 關於該文本的歷史，參見［日］常盤大定：《宝林伝の研究》；Yampolsky，*Platform Sutra*，第47頁注166。
③ 房琯是唐玄宗（712—756年在位）的主要心腹；玄宗因安史之亂逃亡四川後，他又成為肅宗（756—762年在位）的親信。見《舊唐書·房琯傳》卷111，第3320—3325頁，《新唐書·房琯傳》第139卷，第4625—4628頁。關於他的家世，需要注意的是，其父房融（？—705?）是一佛教徒，并有可能參與了一部重要的疑偽經的炮製過程：《大佛頂如來密因修證了義諸菩薩萬行首楞嚴經》（更多地以《楞嚴經》為人所知）（《大正藏》第19冊，編號第945；托名般剌蜜帝所作）。見何格恩：《房融筆受楞嚴經質疑》，收入張曼濤前揭主編書系，35冊，第315—320頁；羅香林：《唐代廣州光孝寺與中印交通之關係》，香港：中國學社1960年版，第93—114頁；Demeville，*Le concile de Lhasa：Une controverse sur le quiétisme entre bouddhistes de l'Inde et de la Chine au VIIIe siècle de l'ère chrétienne*（*Bibliothèque de l'Institut des hautes etudes chinoises*），vol. 7. Paris：Collège de France，1952，pp. 42-52；［日］望月信亨：《佛教經典成立史論》，京都：法藏館1946年版，第493—509頁。有關皖公山僧璨紀念塔建立的緣由，以及"房琯撰碑"的歸屬房琯的可靠性、日期和其它相關問題，見拙文，"One Name，Three Monks"，第4—11頁。
④ 《寶林傳》，三時學會編：《宋藏遺珍》卷8，1935—1936年版，第25—26頁："以没生猶幻，何有于加？變滅如雲，其誰之子？故蒙厥宅里，黜其姓氏，代莫得而聞焉。"關於南宗對慧能卑微的家庭出身的理解，見王維（701—761）應神會要求為慧能寫的碑文（約740年）。另見［日］柳田：《初期禪宗史書の研究》，第186—187頁；相關段落在第540頁（"禪師俗姓盧氏，某郡某縣人也。名是虛假，不生族姓之家；法無中邊，不居住，華夏之地"），在拙文，"One Name，Three Monks"的第61—62頁也有所討論。

《楞伽師資記》為基礎，説僧粲在皖公山法會上圓寂；還稍作加工，聲稱僧粲滅後七日空中出現了種種瑞相。但文中并未提及羅浮之行。

　　然而，在談到僧粲和慧可、道信的聯繫時，"房琯撰碑"却提供了一些細節，前所未聞。首先，對於僧粲和慧可的關係，它以一種頗有禪意的方式描述了二者的初遇。① 第二，碑文講到，在北周滅佛期間，慧可攜僧粲遷往皖公，二人同住山南側的山谷寺。居留五載之後，僧粲多年的麻風病居然痊癒了。這一奇異經歷讓他獲得了"赤頭粲"的稱號。② 返回鄴下的前夕，慧可贈與僧粲一副袈裟，并聲言袈裟傳諸其師（應即菩提達摩）。這樣，相對於《傳法寶紀》確認皖公二僧為僧粲與定禪師，"房琯撰碑"則認定二僧為僧粲與慧可。

　　對於僧粲和道信的關係，"房琯撰碑"告訴我們僧粲傳法道信之後就令其離去，還要求如有人詢其傳法來源，他不得透露他和自己的關係。碑文以下面這種非常戲劇化的場景結束。僧粲死後，道信才在數百名弟子的陪同下匆匆趕回雙峰山，在僧粲的故居將他安葬，并公布了自己作為僧粲指定傳人的身份。③

　　"房琯撰碑"將僧璨塑造成了中國的維摩詰，或行屠，或酗酒，或狎妓；這使得該碑格外引人注意。④ 另外還值得關注的是碑文讓僧

① 《房琯撰碑》是這樣描述僧粲與慧可的初遇的。《寶林傳》第8卷，第37—38頁："後見先師可公，請為懺悔。可公曰：'將汝罪來，與汝懺悔。'大師曰：'覓罪不得。'可公曰：'與汝懺悔矣。'大師白先師曰：'今日乃知罪性不在内、不在外、不在中間。如其心然，罪垢亦然。'先師曰：'如是一言，以發廓然昭矣。'"在後來的禪宗文獻中，這一故事被當作了一則公案。

② 這讓人想起《續高僧傳》中僧定（保恭在鐘山的老師）的故事。見《續高僧傳》，《大正藏》第50册，第579頁中—下。拙著 Monks and Monarchs 第191頁對該故事進行了總結和討論。

③ 這聽起來似乎不太可能，因為隋朝當時還處於鼎盛時期，十幾年後才覆滅。

④ 房琯碑聲稱雖然僧璨有這些不净行，但由於他深諳諸法皆空，因此并沒有生分別心。

粲預言仁壽舍利分發運動會到達山谷寺,雖然并沒有任何史料能證實這一點。①

(4) 郭少隺所撰碑

郭少隺(? —767)的《黄山三祖塔銘并序》講述了黄山上建立一僧粲紀念塔碑的故事。② 一位名為智藏(? —765?)的僧人聽説僧粲的墓在黄山東邊,又在那裏發現了一塊獻予僧粲的殘破銘文磚,就在廣德二年(762)立志為僧粲在黄山建塔一座。然而遺憾的是,工程尚未完成,他便往生了。爾後,其弟子智空(? —767)接手了他未竟之業,於大曆二年(767)將其續成。郭少隺於是為此塔撰碑一通,以示尊崇。雖然"郭少隺撰碑"没有包含僧璨的新傳説或新故事,但它還是説明了除皖公山之外,黄山(和皖公山一樣也在安徽)也被視作僧璨的坐化之處。

(5) 獨孤及所撰碑

在回顧僧璨的生平時,"獨孤及撰碑"基本是以房琯撰碑為底本的;這并不出人意表。③ "獨孤及撰碑"告訴我們,僧璨出自何方已不為人知,他經歷了北周和隋,隨慧可習禪。他"摳衣於鄴中"(鄴下),得道於司空山。"獨孤及撰碑"似乎延續了《神會語録》調和僧璨不同人生結局的手法:雖然僧璨去了羅浮,但在傳法與袈裟予"悟者"(指

① 這一傳説應該是以《續高僧傳·曇鍇傳》(《大正藏》第50册,第670頁上始)為基礎延伸出來的。《曇鍇傳》中説仁壽末年(604年)曇鍇(536? —618)攜一舍利來到熙州環谷山(今安徽懷寧境内)的一座山谷寺。另一《續高僧傳》版本中作"環公山"(見第670頁的校勘記9),和"皖公山"十分相似。但是,這座山谷寺在熙州,不可能是舒州那座據信僧粲生活過的山谷寺。雖然熙州和舒州都屬安慶府,但彼此相距甚遠。

②《全唐文》第440卷,第6—7頁。

③ 在碑文中獨孤及提到了薛道衡和房琯已先為僧璨撰文(《全唐文》第390卷,第22頁中第1—2行)。

道信)後,又在"此山"圓寂。"此山"應指皖公山,因為"獨孤及撰碑"和"房琯撰碑"一樣,都是為山谷寺的僧璨紀念塔而作的,而"房琯撰碑"中已經提到山谷寺坐落在皖公山南面。

"獨孤及撰碑"的最重要之處,在於它將一些帶有強烈般若色彩的教法歸於僧璨名下:[1]

> 其教大略:以寂照妙用,攝(群品)[2]流注生滅。觀四維上下,不見法、不見身、不見心,乃至心離名字、身等空界、法同夢幻,亦無得無證。然後謂之"解脫"。[3]

3. 9—11 世紀的四部文獻

這一部分包含了 9、10、11 世紀的四部文獻。首先從《寶林傳》入手;它是唯一一部已知的在九世紀完成的重要禪史作品。

(1)《寶林傳》

《寶林傳》先評述了僧粲神秘的俗世背景;又將僧粲和慧可的師徒關係從天平二年(535)[4]説起;像"房琯撰碑"一樣大略講述了他們

---

[1] 刻有獨孤及碑文的石碑以及皖公山僧璨塔已在會昌法難(843—844)中被毀。大中(849—859)初年,塔得重建,但石碑却直至咸通二年(861)八月才又被立起,藝術史家張彥遠(815—901)還在石碑背面作了一銘文。見《三祖大師碑陰記》(《全唐文》第 790 卷,第 22—23 頁)。張彥遠是《歷代名畫記》的作者,其曾祖父張延賞(727—787)曾同獨孤及一起上書朝廷分別為僧璨和皖公山僧璨塔賜號。見拙文,"One name, Three Monks",第 18 頁。

[2] 《毗陵集》(《四庫全書》第 1127 册,第 8 頁中第 6 行)和《文苑英華》(第 864 卷,第 9 頁上第 5 行)版本并無"群品"二字。但《唐文萃》版本(《四庫全書》第 1134 册,第 2 頁上第 3 行)與《全唐文》版相同,有此二字。

[3] 《全唐文》,第 390 頁、第 22 頁上第 2—4 行。

[4] 這裏《寶林傳》的作者將"天平"當作後周(即北周)第二任皇帝的年號。這是一處明顯的疏忽,因為天平是東魏孝靜皇帝(534—550 年在位)治下的年號。

的相識。① 同年三月十八日(535年5月5日)在光福寺受戒之後，僧璨又回到了慧可身邊，繼續當他的隨從。又過了兩年，慧可傳法給僧璨，并給他講了一些古老的故事和預言；應與印度和中國的禪宗祖師有關。

577年，北周武帝(561—578年在位)吞并北齊，并在境内發動滅佛。僧璨從此隱匿皖公山十數載。後來，他又開始宣揚佛教。開皇十二年(592)左右，僧璨邂逅小沙彌道信，與之機鋒往返數個回合(相傳，慧可初遇僧璨，也有過言辭交鋒；二者頗為相類)。爾後，僧璨收道信為徒(後者時歲十四)。② 道信跟隨了僧璨八九年，又前去吉州受俱足戒。③ 隨後他回到了僧璨身邊，但僧璨却促其遠行，因他已理解了尸羅，進而明了道。後來僧璨傳給道信一領袈裟作為傳法的憑證，又為他誦一偈④，就送他上路了。

《寶林傳》在僧璨人生結局的問題上和《神會語録》《歷代法寶記》和"獨孤及撰碑"一致：在羅浮呆了三年之後，他歸滅皖公山。但關於僧璨的卒年，《神會語録》給出604年，而有些早期文獻却保持沉默；相對如此，《寶林傳》則説他寂滅於大業二年(606)。

(2)《祖堂集》

《寶林傳》成書一個半世紀以後，即南唐(937—975)治下的952

①《寶林傳》的記載顯然是以《房琯撰碑》為藍本的，後者甚至被收録在《寶林傳》中。

②《寶林傳》(第8卷，第26頁)是這樣記録二人之間的對話的："有沙彌年始十四，名曰道信，來禮大師，而致問曰：'唯願和上教道信解脱法門。'師問信曰：'誰人縛汝?'信答曰：'無人縛。'大師曰：'既無人縛汝，即是解脱，何須更求解脱?'信於言下豁然大悟。"

③《寶林傳》中道信求學的時刮綫索顯然是以《傳法寶紀》為基礎的。根據《續高僧傳·道信傳》(《大正藏》第50册，第606頁中)，直到他在皖公山的老師去了羅浮之後，道信才受戒并入吉州某寺。

④《壇經》(Yampolsky, *Platform Sutra*, 26/177)中有這個偈子的另一個變化版本。

年,另一重要的禪宗史傳——《祖堂集》——由静(？—952)、筠(？—952)二僧編成。① 然而有趣的是,該書直到 300 年後(1245)才在高麗出版。雖然在刻畫僧粲生平時,《祖堂集》參考了《寶林傳》,但它仍然是僧粲傳説的一個重要來源。書中僧粲的傳説主要來自《慧可傳》和《僧粲傳》。《慧可傳》中與僧粲相關的部分是他們相遇的故事,其中主要包括了對於懺悔的討論;慧可傳法給僧粲,最終以一偈結束。該偈與《寶林傳·僧粲傳》中的道信偈一樣,也見於《壇經》。② 除了一段關於佛心的討論未在《寶林傳》和其他史傳文獻中出現之外,《祖堂集·僧粲傳》中的所有材料均照搬自《寶林傳》。③ 最後,值得注意的是,《祖堂集·僧粲傳》以静修禪師(952 年後卒;僧静和僧筠的同事,并為《祖堂集》寫了序)對僧粲的評價結束。④

（3）《景德傳燈録》

《祖堂集》出現之後又過了半個世紀,一部標準禪宗史傳——《景德傳燈録》——在北宋政府的支持下問世了。《景德傳燈録》將僧粲的圓寂日期細化到了隋煬帝(604—617 年在位)治下的大業二年十月五日(606 年 11 月 10 日)。⑤ 總體來看,《景德傳燈録》在處理僧粲生平的結局時和《歷代法寶記》一致:在羅浮山隱居兩年之後(《神會

① 引自《祖堂集》,禅文化研究所編,京都：禅文化研究所 1994 年版。
② 禅文化研究所編:《祖堂集》,第 78 頁。偈子原文為"本來緣有地,因地種花生。本來無有種,花亦不曾生。"《壇經》中相同的偈子(有細微差别)見 *Platform Sutra*,第 166—177 頁。
③《寶林傳》和《祖堂集》共有的主題包括:(1) 僧粲和道信之間有關解脱的討論;(2) 道信隨僧粲學習了八九年;(3) 傳法時僧粲贈與道信的偈子;(4) 僧粲死於 606 年。
　　在"佛心"的故事裡,當被道信問及佛心時,僧粲反問道:"汝今是什摩心?"對曰:"我今無心。"師曰:"汝既無心,佛豈有心耶?"(禅文化研究所編:《祖堂集》,第 80 頁)
④ 這一簡短的評價以偈頌的形式出現:"三祖大師,法王真子。語出幽微,心無彼此。或處山林,或居廛市。因地花生,啃檀旖旎。"(禅文化研究所編:《祖堂集》,第 80—81 頁)
⑤《景德傳燈録》,《大正藏》第 51 册,第 222 頁上。

語録》和《歷代法寶記》説是三年），僧粲回到了在皖公山的舊居。過
了一個月，他就在寺院旁自己舉辦的大型法會上圓寂了。《景德傳燈
録》中也包含了《寶林傳》中在皖公山找到僧粲墓和舍利的故事。

（4）《傳法正宗記》

要檢視的最後一部與僧璨有關的禪史文獻是北宋僧人契嵩
（1007—1072）所作的《傳法正宗記》。該書於 1061 年上奏朝廷。[1] 從
整體上來看，契嵩對僧璨生平的記載是以《寶林傳》和"房琯撰碑"（收
録於該書中）為基礎的。他將僧璨不為人知的俗世背景解釋為"忘其
心"而做的努力，正所謂"至人以物迹為大道之累"。[2]

結　論

由本文可見，8 世紀初的一些禪門中人試圖通過以下這些策略
將他們所認定的二祖和四祖（即慧可和道信）聯繫起來。首先，他們
確認慧可的一位弟子——粲禪師——就是禪師僧粲，據稱後者在獨
山圓寂前曾在那裏施過神迹。爾後，借由獨山和皖公山地理上的臨
近，以及道信曾在皖公山隨學二無名僧的經歷，他們又進一步認定
"皖公二僧"之一即僧粲。正如我們所見，這一認定有利於找到一位
既是慧可（二祖）的弟子，又是道信（四祖）之師的僧人，因此他們就把
僧粲確立為能夠串連二祖和四祖的三祖。儘管如此，我們注意到，當
道宣介紹慧可（確切地説，是慧可的楞伽宗）的第一繼任者時，他僅稱

---

[1] 這裏引用的版本選自《大正藏》第 51 册，編號第 2078。有關這一文本的最新研究成果見
　　毛依蓮（Elizabeth Morrison）：*The Power of Patriarchs Qisong and Lineage in Chinese
　　Buddhism*，Leiden：Brill，2010。

[2]《傳法正宗記》，《大正藏》第 50 册，第 745 頁下。

他為"粲禪師"。由於粲禪師名字的首字被隱去了，其全名不得而知。這樣，原則上粲禪師可以是任何一位法號（一般是雙字）的末字是粲的僧人。

"三祖僧璨"似乎不過是由粲禪師（一位楞伽師，慧可的弟子）、禪師僧粲（同時是一位行神迹者）和道信在皖公山的兩位神秘導師之一這三個不相關的人物組合而成的一個幻影。雖然並沒有證據能支持或反對將此三僧中的任意一位等同於余者兩位中的任何一位，但確有足夠的證據說明禪師僧粲並不是道信在皖公山的兩位無名師之一。因此，那些將僧璨描繪為三祖（慧可的弟子，道信的老師）的後期禪宗故事都可視為缺乏歷史根據的傳說。

我們又繼而回顧、檢查了衆多的、歷代浮現出來的和僧粲有關的傳説，並得出了以下結論。第一，所有這些文獻都承認僧粲神秘的俗世背景：他的出生地、年齡、俗姓和俗名都無人知曉。他的完整法號似乎也很晚才出現。對比一下兩部禪宗史書（《傳法寶紀》和《楞伽師資記》）可以發現，其中之一命名三祖為僧璨，而另一則僅稱之為粲禪師（並將他排為四祖）。這一差異告訴我們，直到《楞伽師資記》成書時（712 年至 716 年間），由《楞伽師資記》所代表的一些禪宗傳統還沒有為慧可和道信之間的祖師找到一個全名，那時有些習禪者甚至在他們的祖師的排位、關係問題上還莫衷一是，導致僧粲（或粲禪師）有時是三祖，有時却成了四祖。這也説明了直到《傳法寶紀》（第一部將三祖命名為僧璨的禪文獻）成書前不久，他們才稱這位祖師為僧璨。

第二，在編造這些有關三祖的故事和傳說的過程中，後來的禪宗理論家們利用了《續高僧傳》中的一些故事，以及一些虛構傳説（它們一方面受典型的禪宗意識形態影響，另一方面又反過來重塑了這些意識形態的）。雖然這些故事或傳説數量繁多、細節豐富，但少有歷史真實性。所有這些故事或傳説中僅有的、看似可信的地方或許就是《續高僧傳》中的那句話，説慧可有一叫粲禪師的弟子。然而，它却遠不足以證實這位禪師的全名是"僧粲"。

最後，并不是説這些歷史中出現的用來證明這位"禪宗祖師"的存在并強化其重要性的禪宗傳説和意識形態都是無意義的。如果對其模式、結構、性質和背後隱藏的意識形態加以合適的解讀，這些故事對於理解禪宗的發展和轉變將多有裨益，有時甚至頗富啓迪作用。比如，那些在僧粲和慧能身上發生過的相同的故事，或許在將慧能的形象重塑為一禪宗祖師（特别是南宗祖師）的過程中起着尤為重要的作用。

雪竇重顯生平事迹探討

徐文明

内容提要：雪竇重顯為中國禪宗史上的著名人物，也是雲門宗中期的一代宗匠。本文對其參學經歷及弘法過程進行了認真的梳理，對其出家受具時間、參學路綫、所參宗匠等重要問題提出了自己的觀點。

關鍵詞：雪竇重顯；生平；經歷；雲門宗；禪宗

雪竇重顯（980—1052）是雲門宗最為重要的大師之一，是雲門宗走向極盛的推動者。有關雪竇重顯生平的資料主要有《明覺禪師語録》（載吕夏卿《明州雪竇山資聖寺第六祖明覺大師塔銘》）、《禪林僧寶傳》等，但其經歷事迹中還有一些疑點需要厘清。

據《明覺禪師語録》卷六《明覺塔銘》：

> 禪師諱重顯，字隱之。大寂九世之孫，智門之法嗣也。俗姓

李氏,母文氏。以太平興國五年四月八日,生大師于遂州。始生瞑目若寐,三日既浴,乃豁然而瘳。屛去葷血,不習戲弄。①

據此,重顯,字隱之,四川遂州人,俗姓李氏,母文氏,太平興國五年(980)四月八日生。始生之時,瞑目若寐,三日沐浴後始醒。幼時異于常童,不喜遊戲,屛除葷腥。(《建中靖國續燈錄》與此略同)

據《明覺禪師語錄》卷六:

> 七歲,有僧過其門,挽持袈裟,喜不自勝。聞梵唄之聲,輒泣下,父母問其故,懇請出家,父母執不可,師不食者累日。②

雍熙三年(986)七歲,有僧過其門,挽持袈裟,喜不自勝。聞梵唄之聲,則感動泣下,欲出家,父母堅持不可。幼時敏銳好學,讀書能夠抓住要點,下筆迅速。

據《禪林僧寶傳》卷十一:

> 幼精銳,讀書知要,下筆敏速。然雅志丘壑,父母不能奪。竟依益州普安院沙門仁銑為師,落髮受具。③

此處對其讀書好學進行了必要的補充,然而言其欲出家,父母不能奪其志之說不可靠。

據《明覺禪師語錄》卷六:

> 咸平中終父母喪,詣益州普安院仁銑師,落髮為弟子。④

咸平中(998—1001),終父母喪,從益州普安院仁銑法師出家。重顯雖然有意出家,然父母堅持不可,作為一個孝子,他只能服從,直

①②④《大正藏》第47冊,第712頁中。
③《續藏經》第79冊,第514頁下。

到父母去世并服喪完備之後，他才得從己志(《建中靖國續燈錄》稱其"長依普安院仁銑上人出家")。咸平五年(1002)，二十三歲，受具(《塔銘》言其五十夏，故於此年受具)。

據《明覺禪師語録》卷六：

> 大慈寺僧元瑩，講定慧《圓覺疏》。師執卷質問大義，至"心本是佛，由念起而漂沈"，伺夜入室請益，往復數四，瑩不能屈，乃拱手稱謝曰："子非滯教者，吾聞南方有得諸佛清净法眼者，子其從之，彼待子之求也久矣。"①

咸平之末(1003)或景德之初(1004)，重顯又到成都從大慈寺元瑩等學習經教。元瑩講宗密《圓覺經疏》，至序文"心本是佛，由念起而漂沈；岸實不移，因舟行而鶩驟"之句時，重顯有疑，反復向師請益問難，師不能答，乃言你應到南方向禪宗大師學習。

據《明覺禪師語録》卷六：

> 師於是東出襄陽，至石門聰禪師之席。居三歲，機緣不諧。聰諭之曰："此事非思量分別所解，隨州智門祚禪師，子之師也。"②

石門蘊聰(965—1032)景德三年(1006)末受查道之請繼守榮住持石門山幹明寺。重顯約在景德之四年(1007)東遊，到襄陽，從石門蘊聰三年，機緣不契，蘊聰告之其緣在智門。在這三年中，重顯雖未得悟，然對於臨濟宗旨有了一定的了解。

據《明覺禪師語録》卷六：

> 師乃徙錫而詣之，一夕問祚曰："古人不起一念，云何有過？"

---

①②《大正藏》第 47 册，第 712 頁中。

祚招師前席，師攝衣趨進，祚以拂子擊之，師未曉其旨。祚曰：
"解麼?"師擬答次，祚又擊之。師由是頓悟。①

又據《禪林僧寶傳》卷十一：

> 北遊至復州，北塔祚禪師者，香林遠公嫡子，雲門之孫也。
> 祚、遠皆蜀人，知見高，學者莫能覰其機。顯俊邁，祚愛之。遂留
> 止五年，盡得其道。②

約大中祥符二年(1009)，到隨州龍居山智門寺，師從智門光祚，
留止五年，得悟。不起一念，過犯彌天，拂子連擊，重顯豁然。

惠洪將重顯參光祚的時間推遲到復州北塔時期，成為他參學的
最後一站，這是錯誤的。《建中靖國續燈錄》則相反，當成第一站，略
去了參蘊聰一節。

據《建中靖國續燈錄》卷三：

> 次涉江湘，道業益著。宗匠器重，緇徒悚服。③

又據《明覺禪師語錄》卷二：

> 師在大龍為知客，李殿院到山，茶話次，問師："知客是長老
> 鄉人?"師云："不敢。"院云："且在者裡，不得亂走。"師云："本為
> 行腳。"院云："行腳為甚事?"師云："看亂走底。"院微笑。④

約大中祥符七年(1014)，離開智門，南下江湘。初到鼎州大龍寺
從炳賢禪師，為知客，結識殿院李琛。

---

①《大正藏》第 47 冊，第 712 頁中。
②《續藏經》第 79 冊，第 515 頁上。
③《續藏經》第 78 冊，第 653 頁上。
④《大正藏》第 47 冊，第 677 頁下。

據《禪林僧寶傳》卷十一：

> 出蜀，浮沈荆渚間歷年。嘗典客大陽，與客論趙州宗旨。客曰："法眼禪師，昔解後覺鐵觜者于金陵。覺趙州侍者也，號稱明眼。問曰：'趙州柏樹子因緣，記得否？'覺曰：'先師無此語，莫謗先師好。'法眼拊手曰：'真自師子窟中來。'覺公言無此語，而法眼肯之，其旨安在？"顯曰："宗門抑揚，那有規轍乎？"時有苦行、名韓大伯者，貌寒，寢侍其旁，輒匿笑而去。客退，顯數之曰："我偶客語，爾乃敢慢笑！笑何事？"對曰："笑知客智眼未正，擇法不明。"顯曰："豈有說乎？"對以偈曰："一兔橫身當古路，蒼鷹才見便生擒。後來獵犬無靈性，空向枯椿舊處尋。"顯陰異之，結以為友。①

大陽，實是大龍之誤。此韓大伯，即是後來到雪竇擔任首座的傳宗。按照這一說法，重顯在光祚門下悟得還不夠徹底，被大龍門人（一說侍者）傳宗看破。

據《明覺禪師語錄》卷二：

> 師問大龍："語底默底不是，非語非默底更非，總是總不是拈却，大用現前，時人知有，大龍如何？"龍云："子有如是見解那？"師云："這老漢今日瓦解氷消。"至晚龍問師："那裡是老僧瓦解氷消處？"師云："轉見不堪。"拂袖便出。龍云："叵耐叵耐。"師不顧。後舉似福嚴雅。雅云："何不與他本分草料？"師云："和尚更買草鞋行腳始得。"②

---

① 《續藏經》第 79 册，第 514 頁下。
② 《大正藏》第 47 册，第 685 頁上。

又據《佛果擊節録》卷一：

> 雪竇自蜀出峽，先見北塔，一住十年，已有深證。離北塔，到大龍會中作知客，亦多時。大龍一日上堂，師出問："語者默者不是，非語非默更非。總是總不是拈却，大用現前，時人知有，未審大龍如何？"龍云："子有如是見解？"師云："這老漢瓦解冰消。"龍云："放你三十棒。"師禮拜歸衆。龍却喚適來問話底僧，師便出。龍云："老僧因什麼瓦解冰消？"師云："轉見敗闕。"龍作色云："旵耐旵耐！"師休去。雪竇後行脚到南嶽，舉似雅和尚。雅云："大龍何不與本分草料？"師云："和尚更須行脚。"後大龍小師，在浙中相見，謂曰："何不與先師燒香？"雪竇云："昔僧問先師：色身敗壞，如何是堅固法身？先師云：山花開似錦，澗水湛如藍。我誦此因緣，報他恩了也。"[1]

如此可知雪竇在大龍門下多時，蒙他教益，故後來大龍小師（當為承天傳宗）責之何不為大龍拈香。大龍慈悲不肯行棒，重顯雖有呵佛罵祖之機，怎奈終不識大龍冰消瓦解處。

雪竇後世對於他在大龍得法一事諱莫如深，惠洪則對其敗缺事渲染過度。無論如何，在大龍數年，對於雪竇確實意義重大，他後來為大龍機語作頌，并對大龍門下前來投奔照顧有加，也表明了無法為大龍燒香的遺憾，可以説是，大龍至少是雪竇第二個最為重要的導師。

據《明覺禪師語録》卷二：

> 師在南嶽福嚴為藏主。李殿院同雅長老入藏院，師出接，殿

院云："藏主那?"師云："不敢。"院云："藏中説著下官麼?"師云："目前可驗。"院云："驗底事作麼生?"師云："不消一剳。"院無語。師云："且請殿院歸寮吃茶。"坐次,山嵐忽起,雅云："殿院遊山,恰阻煙霧。"院云："靈峯聖迹,為什麼却有者個?"師云："下方無。"院擬道,雅云："藏主壯觀福嚴。"師云："和尚且莫開眼。"院云："作家作家。"師云："殿院尊重。"時有道士、秀才到,院又問:"三教中那教最尊?"師乃起,側身而立。院云："有口何不道?"師云："對夫子難言。"院云："休,休。"便起。師云："適來造次。"①

約大中祥符九年(1016),到南嶽福嚴,依福嚴良雅,為藏主。在福嚴時,又遇到殿院李琛,二人復有一番交鋒,良雅對於重顯頗為欣賞,稱之壯觀福嚴。

據《明覺禪師語録》卷二:

> 舉:洞山聰和尚,每見新到,便問:"溈山水牯牛,上堂作麼生會?"前後皆不相契。師到,亦乃垂問。師云："後人標牓。"洞山擬道,師以坐具拂一下便行。洞山云："且來上座。"師云："未參堂。"②

又據《佛果擊節録》卷一:

> 後到洞山聰和尚處,又參大愚芝。芝嗣汾陽昭,雲峰悦承嗣芝。悦與雪竇遊從最久,久參臨濟正法眼藏宗旨。雪竇最得芝和尚提誨,所以雪竇會臨濟宗風。雲峰悦知雪竇不嗣芝,一日與遊山,特去勘他。問云："入荒田不揀,信手拈來草。觸目未嘗

---

① 《大正藏》第 47 冊,第 678 頁上。
② 《大正藏》第 47 冊,第 683 頁中。

無，臨機何不道?"雪竇拈起一莖禾示之。悦不肯，云:"夢也未夢見在。"雪竇云:"儂不肯即休。"①

如此大約在天禧元年(1017)，重顯離開南嶽東行，到江西筠州，參洞山曉聰。據圓悟克勤之説，重顯還到過大愚，參大愚守芝。

據《祖庭事苑》卷四：

> 真贊
>
> 瑞光月禪師并序
>
> 師雄峰、斷際之宏胄也。昔與我結象外之友，萍依殊流，匪謂無定，但二十年，復指霄極。一日，有熙禪者自姑蘇而至，以師真儀相示，復請為贊。古岩蕭蕭，若欸善應。因抽毫勉意，式用增仰。
>
> ○道兮孤絶，人將枉駕。再生馬駒，踏殺天下。二輪千輻，古今絶回。飛雹擊電，烈風迅雷。東西南北競頭走，相對不知何處來。
>
> ○秋空廓徹兮雲崩騰，滄海鼓蕩兮波澄澄，瑞光之師兮無盡燈。②

蘇州瑞光月為大愚守芝門人，重顯與之為友，共同參訪，看來是在大愚門下結識的，故重顯參大愚一事非虛。

據《禪林僧寶傳》卷二十二：

> 東遊三吳，所至叢林改觀。雪竇顯禪師尤敬畏之，每集衆

---

① 《續藏經》第 67 册,第 233 頁中。
② 《續藏經》第 64 册,第 375 頁下。

茶,橫設特榻,示禮異之。①

大愚門人雲峰文悦亦受重顯禮敬,看來佛果所記確有所本,重顯確實自大愚守芝處再受臨濟禪法。

據《明覺禪師語録》卷六:

> 尋往廬山林禪師道場,問之曰:"法爾不爾,云何指南?"林曰:"只為法爾不爾。"師遂拂衣而退,衆皆股栗。有毀于林者,林諭衆曰:"此如來廣大三昧也,非汝等輩以取捨心可了別也。"②

又據《祖庭事苑》卷四:

> 師問廬山羅漢和上云:"法爾不爾,如何指南?"

> 漢云:"實謂法爾不爾。"師云:"且聽諸方斷看。"漢云:"道者更須子細。"師云:"喏,喏。"③

又據《禪林僧寶傳》卷十一:

> 顯盛年工翰墨,作為法句,追慕禪月休公。嘗遊廬山捿賢,時諟禪師居焉,簡嚴少接納。顯藆苴不合,作師子峯詩譏之(師子峯在栖賢之後),曰:踞地盤空勢未休,爪牙安肯混常流。天教生在千峯上,不得雲擎也出頭。④

約天禧元年(1017),東遊淮上,到廬山,依羅漢院行林禪師,并參栖賢澄湜。羅漢行林和栖賢澄湜都是法眼宗的尊宿,重顯敢捋虎鬚,行林也不以為意,表明他道眼明白、為諸方尊宿所重并非虛語。當時

---

① 《續藏經》第 79 册,第 536 頁上。
② 《大正藏》第 47 册,第 712 頁中。
③ 《續藏經》第 64 册,第 374 頁下。
④ 《續藏經》第 79 册,第 514 頁下、515 頁上。

他工於翰墨,追慕曾到過廬山的禪月貫休,精于詩文,確有成就。

據《祖庭事苑》卷四:

> 師問慧日和上:"明知生不生相為生之所流即不問,頗有不知生不生相為生之所流也無?"日云:"還見兩畔僧麼?"師云:"三十年後,此話大行。"日云:"且禮拜著。"來日師上問訊次,日云:"上座問底話甚奇怪。"師云:"也是尋常。"日云:"老僧未明上座問端。"師云:"某甲觸忤和上。"日云:"住持事繁。"師遂辭去。日云:"上座諸處去來,何不且住?"師云:"恩大難酬。"日云:"前去,善自保愛。"師云:"喏,喏。"①

此慧日和尚,當為廬山慧日院達禪師,乃雲居道齊門人,亦屬法眼宗。

在廬山時,他還到過附近的雲居山,參訪雲居道齊門人契瑰。

據《羅湖野錄》卷二:

> 湖州上方岳禪師,少與雪竇顯公結伴游淮山。聞五祖戒公喜勘驗,顯未欲前,岳乃先往,徑造丈室。戒曰:"上人名甚麼?"對曰:"齊岳。"戒曰:"何似泰山?"岳無語。戒即打趂。岳不甘,翌日復謁。戒曰:"汝作甚麼?"岳回首,以手畫圓相呈之。戒曰:"是甚麼?"岳曰:"老老大大,胡餅也不識!"戒曰:"趂爐灶熟,更搭一個。"岳擬議,戒拽拄杖趂出門。及數日後,岳再詣,乃提起坐具曰:"展則大千沙界,不展則毫髮不存,為復展即是,不展即是?"戒遽下繩牀把住。戒云:"既是熟人,何須如此?"岳又無語,戒又打出。以是觀五祖,真一代龍門矣。岳三進而三遭點額。

---

① 《續藏經》第 64 冊,第 374 頁下、375 頁上。

張無盡謂雪竇雖機鋒穎脱,亦望崖而退,得非自全也耶。①

天禧二年(1018),與齊岳渡江,參五祖師戒。齊岳先到,三度參禮,三度被打,師亦望崖而退。張商英稱重顯雖然機鋒過人,也不敢輕易登五祖龍門,也是自全之策。

據《祖庭事苑》卷四:

> 師到蘄州回峯和上處,相見便問:"舊時朋友忌諱總無,今日主賓若為區別?"峯云:"老兄遠來不易。"師云:"將謂和上忘却。"峯云:"放一綫道。"師云:"不與麼,却與麼。"峯云:"且坐吃茶。"師云:"吃茶,吃茶。"②

如此在蘄州時,他還見過故友回峯和尚,此回峯和尚不見記載,有可能是智門光祚門人蘄陽口詮禪師,二人本為同門,故語無忌諱。

據《明覺禪師語録》卷二:

> 師在舒州海會時,因看胥通判,問:"山中多少衆?"師云:"一百來僧。"胥云:"既是海會,為甚只有百僧?"師云:"人貧智短。"胥云:"更道。"師云:"他後有人舉在。"又問:"山中長老每日説個什麼?"師云:"路逢劍客。"胥云:"吽。"師便辭退。③

天禧三年(1019),到舒州白雲海會,往見胥通判。通判也是作家,不下於李殿院,看來當時禪風所熏,士大夫明禪者為數不少。

當時住持白雲海會者,可能是五祖師戒門人海會顯同禪師(此依《天聖廣燈録》,《建中靖國續燈録》作海會通)。

---

① 《續藏經》第 83 册,第 382 頁下、383 頁上。
② 《續藏經》第 64 册,第 374 頁下。
③ 《大正藏》第 47 册,第 678 頁上。

據《明覺禪師語録》卷二:

> 師在池州景德為首座,時太守曾學士入院相訪,茶果次,學
> 士拈個棗子拋在地上,召師:"首座。"師應諾。士云:"古人道'不
> 離當處常湛然'在那裡?"師指景德長老云:"只者老子也不知落
> 處。"士云:"首座知也不得無過。"師云:"明眼人難瞞。"[1]

其年又到池州景德寺,為首座,於此結識知州曾會(952—1033),
與之厚善。

據《嘉泰普燈録》卷二十二:

> 修撰曾會居士
>
> 幼與雪竇重顯禪師同舍,及冠異途。天禧間,值於淮甸。公
> 遂引《中庸》、《大學》,參以《楞嚴》,符宗門語句質顯。顯曰:"這
> 個尚不與教乘合,況《中庸》、《大學》耶? 學士要徑捷理會此事。"
> 乃彈指一下,曰:"但恁麽薦取。"公於言下領旨。[2]

曾會長重顯殆三十年,且一在泉南晉江,一在遂州,怎麽可能同
舍,幼年舊友之説大謬。曾會儒者,引儒書教乘以符宗門是很正常
的,重顯以彈指一聲破其分別,使其領旨,故後來請重顯到雪竇。

據《禪林僧寶傳》卷十一:

> 顯與學士曾公會厚善,相值淮上,問顯何之,曰:"將遊錢塘
> 絶西興,登天台鴈宕。"曾公曰:"靈隱天下勝處,珊禪師吾故人。"
> 以書薦顯。顯至靈隱三年,陸沈衆中。俄曾公奉使浙西,訪顯於
> 靈隱,無識之者。㸔堂中僧千餘,使吏撿床曆,物色求之,乃至。

---

①《大正藏》第 47 册,第 677 頁下。
②《續藏經》第 79 册,第 423 頁中。

89

曾公問向所附書,顯袖納之曰:"公意勤,然行腳人非督郵也(一本曰:然行腳人,於世無求,敢希薦達哉)。"曾公大笑。珊公以是奇之。①

天禧四年(1020),到靈隱寺,處衆三年,不為人知。惠洪所記故事純屬傳説,曾會奉使浙西在大中祥符之末(1016),并非此時。

據《明覺禪師語録》卷五:

> 靈隱小參
> 六合茫茫竟不知,靈山經夏是便宜。
> 虛堂夜靜無餘事,留得禪僧立片時。②

據此詩,重顯在靈山并非默默無聞,而是受請擔任首座立僧,并指導僧衆小參。

據《明覺禪師語録》卷六:

> 三寶贊(並序)
> 予天禧中,寓迹靈隱,與寶真禪者為友。或遊或處,固以道義相揖,投報相襲,冷冷然自樂天常之性也。一日真公謂予曰:"愚近偶作《三寶贊》三十韻,宜請賡唱。"因披閱加嘆,率爾而繼之,類蝕木也。俄屬分飛吳楚,將二十載,殊不復記憶。真公不以事曠誠隔遠,遠附僧如衍而至,再窺荒斐,愧慰多集。且夫聖人之立言也,必联虛必冥奧,使文外之士同振古風,垂千萬世,又焉知來者及之不及道在其中也。斯之贊辭,曾不沽不待,但退仰

---

① 《續藏經》第 79 册,第 515 頁上。
② 《大正藏》第 47 册,第 702 頁下。

覺皇,宗致禪徒,告而行之,得不曲為序引。①

重顯在靈隱時,與寶真禪師為友,以道義相交,寶真作《三寶贊》,請重顯和之,故重顯亦作。後來寶真到楚地弘法,近二十年後,請僧如衍到雪竇看望重顯。

據《明覺禪師語錄》卷六:

> 赴翠峯請別靈隱禪師
> 臨行情緒懶開言,提唱宗乘亦是閑。
> 珍重導師並海衆,不勝依戀向靈山。②

乾興元年(1022),蘇州洞庭翠峯虛席(前任住持為石門蘊聰門人居素,後任是五祖師戒門人慧顒),靈隱住持延珊禪師舉住翠峯。延珊舉之,并非是因曾會之故(當時曾會不是兩浙轉運使,沒有機會到靈隱),而是由於重顯任首座,并且表現出衆,按例應當舉薦他。一句"不勝依戀向靈山",表明他在靈隱三年很受重視,在此非常愉快,并非默默無聞。

據《明覺禪師語錄》卷一:

> 師在杭州靈隱,受疏了,衆請升座。時有僧問:"寶座先登於此日,請師一句震雷音。"師云:"徒勞側耳。"進云:"恁麼則一音普遍于沙界,大衆無不盡咸聞。"師云:"忽有人問爾,作麼生舉?"僧云:"三十年後,致為流芳。"師云:"賺了也。"師乃云:"天下絕勝之覺場,靈隱導師之廣座,暫借卑僧升陟,實愧非材。豈敢於五百員衲子前提喝佛祖,抑揚古今,衒耀見知,恥他先作!假饒

---

①《大正藏》第 47 册,第 704 頁下。
②《大正藏》第 47 册,第 706 頁中。

91

說得天雨四華,地分六震,于曹溪路上一點使用不著。何以?行腳高士,有把定世界、函蓋乾坤底眼,誰敢錯誤絲毫。其知有者,必共相悉。"

師在靈隱,諸院尊宿茶筵日,衆請升座。僧問:"禪侶盡臨於座側,未審師還說也無?"師云:"寰中天子,塞外將軍。"進云:"恁麼則一震雷音滿大唐也。"師云:"看取令行。"師乃云:"上士相見,一言半句,如擊石出火,瞥爾便過。應非即言定旨,滯句迷源。從上宗乘,合作麼生議論?直得三世諸佛不能自宣,六代祖師全提不起,一大藏教詮注不及。所以棒頭取證,喝下承當,意句交馳,并同流浪。其有知方作者,相共證明。"①

幹興元年(1022),自杭州靈隱受疏,赴蘇州,先到萬壽,後到翠峯。

據《明覺禪師語録》卷一:

師初到院,升座。僧問:"杖錫已居於此日,請師一句定乾坤。"師云:"百雜碎。"進云:"恁麼則海晏河清去也。"師云:"非公境界。"問:"如何是佛法大意?"師云:"龍吟霧起,虎嘯風生。"問:"如何是祖師西來意?"師云:"山高海闊。"進云:"學人不會。"師云:"緊悄草鞋。"師乃云:"未來翠峯多人疑著,及乎親到一境蕭然。非同善財入樓閣之門,暫時斂念;莫比維摩掌中世界,別有清規。冀諸人飽足觀光,以資欣慰。"②

幹興元年(1022),在翠峯時,法華齊舉來參。

---

① 《大正藏》第 47 册,第 669 頁中。
② 《大正藏》第 47 册,第 669 頁下。

據《古尊宿語録》卷二十六：

> 到翠峯顯和尚處，問："牛吃草，草吃牛?"師云："回頭一就尾，宛轉萬重關。"峯云："應知不背面，須教在目前。"師云："驗在目前。"峯云："自領出去。"①

齊舉先參翠峯素(蘊聰門人居素，後住湖州景清)，再參重顯。重顯問之牛吃草還是草吃牛，他答這是回頭就尾，本末倒置，重顯道本來無有背面正反，何來頭尾，應看目前。齊舉道驗在目前，便知和尚不知背面，重顯道放爾三十棒，自領出去。

幹興元年(1024)末，義懷(993—1064)來參。

天聖二年(1024)，明州太守曾會遣使請住持雪竇。先到蘇州萬壽，再到秀州，百萬道者請升堂，路過靈隱升座，到越州，於承天寺升座説法。歲末到雪竇。

據《明覺禪師語録》卷一：

> 師歸寺，上堂。有僧問："如何是雪竇正主?"師云："何不問雪竇山中人?"進云："與麼則把定乾坤去也。"師云："出門唯恐不先到，當路有誰長待來?"問："如何是古佛家風?"師云："青天白日。"進云："還許學人領會也無?"師云："不是劍客請莫相過。"問："如何是第一句?"師云："袖裡金槌。"僧便喝。師云："朝三千，暮八百。"問："如何是雪竇境?"師云："天無四壁。"進云："如何是鏡中人?"師云："月在中峯。"進云："與麼則從苗辯地，因語識人。"師云："是。"僧禮拜。師云："酌海持螯，一場困苦。"師乃云："甚生標格，還知也無? 諸禪德，祖佛不能宣傳，天地不能覆

---

① 《續藏經》第 68 册，第 172 頁中。

載，二乘聞之膽裂，十地到此魂驚。其或達士切磋，頗逢決戰，一拶一捺，略露風規。句滯則嶽立磨空，源迷則雲橫布野。所以先聖道：一言纔舉，千車同轍。該括微塵，猶是化門之說。爾衲僧，合作麼生，覰自知時。"便下座。①

這是重顯初到雪竇上堂說法，體現了雪竇正主、一代宗師的風範。

雪竇重顯與駙馬李遵勖保持着密切的關係，這是偏居東南的他得到朝廷重視的重要原因之一。

據《明覺禪師語錄》卷五：

> 寄李都尉
> 水月拈來作者殊，東西南北謾區區。
> 也知金粟李居士，端坐重城笑老盧（咄）。②

又據《明覺禪師語錄》卷五：

> 寄內侍太保（二首）
> 千尺岩泉噴冷聲，草堂雲淡竹風清。
> 蒲團時倚無他事，永日寥寥謝太平。
>
> 蘿龕蘚室狎猿猱。忽捧綸言掛紫袍。
> 恩大不知何以報，五雲天上望空勞。③

李遵勖的大力推薦是他得到朝廷賜紫袈裟的關鍵因素，也是他成為天下名僧的一個起點。

---

①《大正藏》第 47 冊，第 675 頁中。
②③《大正藏》第 47 冊，第 704 頁上。

據《明覺禪師語録》卷一:

> 受師號,上堂。僧問:"皇恩已降,海衆同觀。學人上來,願聞舉唱。"師云:"好音在耳人皆聽。"進云:"聽後如何?"師云:"問著元來總不知。"僧云:"學人到者裡,實謂不知。"師云:"許爾是個草賊。"復云:"禪家流還如戰將,見鬥勇健,索不來,即便擒下。雖一期之作,爭似偕水獻華唱太平歌好:夜雨山草滋,爽籟生古木。閑吟竺仙偈,腆於嚼金玉。蟋蟀啼壞牆,苟免悲局促。道人優曇華,迢迢遠山綠。是知道無不在,誰云間然。故天有道以輕清,地有道以肅静,穀有道以盈滿,君有道以敷化。故我今上皇帝,金輪統禦,叡澤霧流,草木禽魚,無遠不及。岩野抱疾之士,俄承寵光。此生他生,無以云報。賢守司封,高扶堯舜,下視龔黄,襲千載之雅風,鎖萬那之春色,佇當明詔,别振休聲。貳車屯田、諸廳朝宰,不敢飾辭褒贊。仲尼言云,吾禱久矣。"[1]

重顯得到"明覺大師"之師號,應當是在天聖九年(1031)之前,因為是年五月,重顯為其師光祚語録作序,署名是"門人住明州雪竇山資聖寺明覺大師賜紫重顯序"[2]。另外,稱"賢守司封",看來不是在曾會任上,而是司封員外郎劉虜天聖間任明州太守時,並且任期將滿,很快就要調任了(佇當明詔,别振休聲),是故大概在天聖七年(1029)前後。

有關師號之事,亦有疑點。《塔銘》稱"侍中賈公又奏,加明覺之號",依理此侍中賈公當為賈昌朝(998—1065),然而其天聖年間官職尚微,沒有資格奏加師號。

---

① 《大正藏》第 47 册,第 673 頁上、下。
② 《續藏經》第 68 册,第 259 頁上。

除曾會外,雪竇與其他地方官也保持着密切的關係,為他及其法派創造了一個良好的生存環境。

據《明覺禪師語録》卷六:

> 謝鮑學士惠臘茶
>
> 叢卉乘春獨讓靈。建溪從此振嘉聲。使君分賜深深意。
> 曾敵禪曹萬慮清。①

據《寶慶四明志》卷一,鮑亞之,兵部郎中,康寶中任。慶曆三年(1043)知汝州,歐陽修責其不才,後於慶曆四年(1044)以度支郎中直史館知澤州,年老昏昧,視聽不明,行步艱澀,本州職事全然不治。歐陽修稱其人西京廣有家活,而昏病之年,貪禄不止,請朝廷與一致仕官,表明此時他已經年過七十。

據《明覺禪師語録》卷六:

> 因遊育王亭寄牧主郎給事
>
> 冷翠千萬峯,當軒列如黛。蒲團及禪板,永日澹相對。
> 彤雲曾無機,燒松亦成蓋。遠謝幽隱情,難與台星會。②

又據《明覺禪師語録》卷六:

> 送郎侍郎致政歸錢塘
>
> 帆掛西風別海城,二疎千古道相應。誰誇富貴沽時譽,
> 自笑經綸作技能。殘葉賦題紅片片,遠山供望碧層層。
> 武林到日符嘉遁,高訪岩扃只許僧。③

---

① 《大正藏》第 47 册,第 709 頁上。
② 《大正藏》第 47 册,第 709 頁上、中。
③ 《大正藏》第 47 册,第 709 頁下。

郎簡（968—1056）。據《會稽志》卷二及《宋史》本傳，景佑四年（1037）五月以右諫議大夫知越州，寶元二年（1039）七月替，又出知江寧、揚州，或于慶曆元年（1041）知明州，慶曆二年（1042）自以尚書工部侍郎致仕。

據《明覺禪師語錄》卷六：

> 和陸軫學士夏日見寄
>
> 良牧歸詩匠，雅風消齷蒸。官清難滯爵，吏散遠同僧。
>
> 棠樹非煙合，仙槎碧浪乘。因思窮萬化（使君早制《圓明鑒圖》，冠之序引，或聞或見，令人曠達），千古更無能。①

陸軫，大中祥符五年（1012）徐奭牓進士。據《寶慶四明志》卷一，陸軫以工部郎中直史館慶曆年知明州，大概在慶曆五年（1045）前後。皇佑三年（1051）以年老分司南京。

據《明覺禪師語錄》卷五：

> 寄四明使君沈祠部（二首）
>
> 露冕民謠物物成，江山千里古風清。
>
> 曹溪客是無機者，日在深雲聽頌聲。
>
>
> 蒼德也亦如斯蒼，政化全歸副倚毘。
>
> 十萬人家寫春色，不知誰解立生祠。②

沈扶，錢唐人，妻翟氏，子沈遘、沈遼皆為名士。慶曆中以祠部員外郎知明州。在明州或有德政，故有日聽頌聲、當為立生祠之語。

---

① 《大正藏》第 47 冊，第 710 頁下。
② 《大正藏》第 47 冊，第 704 頁中。

據《明覺禪師語録》卷六：

> 和王殿丞蔓粟種之什
>
> 纖纖圓實占芳春，得自侯門勝楚珍。
>
> 開葉開華人不會，百千年是等閒身。①

此王殿丞，當為王安石，王安石于慶曆七年（1047）至皇佑二年（1050）以殿中丞知鄞縣。王安石對於雪竇并不特别看重，或許由於當時重顯年老多病，深居簡出，二人交往不是太多。

重顯在雪竇時，還與法眼宗的大梅山居照（或作"居煦"）關係密切。

據《明覺禪師語録》卷四：

> 安岩山照禪師（並序）
>
> 愚昔遊漢水，抵廬嶽，率訪叢室，襲禪家流，偕象馬蹴踏。至於心口憤悱，品藻當代，誠難其師。然非厚誣方來，且指掌輪握何取，豈斯欸陪老作，覿繪真相！古之今之，嘆恨亡矣。高深莫究其極，明晦靡盡其際。故時欽依，乃勉抉稱詠，庶文外之士，道存而同歸者也。
>
> 覺雄慧燈，記飲光滅。光聯不已，龍昌遽絶。善續者誰，梅峯之師。化偃二浙，聲流四維。大名無當，高讓太白。韜晦殊運，虛明曠索。歸休安岩，寒籠翠杉。我笑方外，華非類□。郢工筆狂，梵儀頓舉。肩雲頂絲，秋蟾夜渚。静應南軒兮相對時，空生未解兮聞斯語。開眸凝瞻，迅雷不及掩耳。②

---

① 《大正藏》第 47 册，第 708 頁下。
② 《大正藏》第 47 册，第 697 頁下、698 頁上。

這是為大梅居照所作像贊，居照為雲居道齊門人。大中祥符中住持大梅山保福禪院，天聖中歸老號稱小雪竇的明州安岩山華嚴院。

據《明覺禪師語錄》卷六：

> 師住持三十一載，度僧七十八人。先是門弟子建壽塔於寺之西南五百余步。一日命侍者灑掃塔亭，行至山椒，歷覽久之，曰：“自今過此，何日復至？”左右皆大驚。衆迎師還，師堅指塔所，衆皆號泣，隨至塔前。或曰：“師無頌辭世耶？”師曰：“吾平生患語之多矣。”翌日出杖屨衣盂，散遺其徒。有問疾者，留食殷勤，與之約曰：“七月七日復來相見。”其夜盥浴整衣，側卧而滅。時皇佑四年六月十日，俗壽七十三，僧臘五十夏。以七月初六日入塔，如師之約。①

如此重顯於據皇佑四年（1052）六月十日入滅，壽七十三，臘五十。臨終自知時至，安然入滅。不過他是否留下辭世偈記載不同。

據《祖庭事苑》卷四：

> 示寂偈
>
> 白雲本無鞿，晧月照寰宇。吾今七十三，天地誰為侶？
>
> ○此偈乃會稽思一禪者出示。按呂夏卿塔碑云：師將示滅，或曰：師獨無頌辭世。而師曰：吾平生患語之多矣。遂亡。想必有一偽。然其頌頗類雪竇之作，疑呂之説非，故録之云。②

依此説，重顯本來是有辭世偈的。然而有無偈語辭世并不特別重要，録此以備參考。

　　重顯的一生，其前半參學經歷相當豐富，前後所參諸宗名德不下十數，後半住持經歷則非常簡單，弘法三十一載，只在翠峯與雪竇兩處度人。當然重顯生平事迹中的許多細節問題仍有疑點，還有待於進一步的探討。

紹琦禪師生平續考

王榮國

内容提要：紹琦自江南歸蜀先居成都東山天成寺（石經寺），天順元年末至三年間，受韓都侯之請移錫瀘州，住持方山雲峰寺，作山居寫懷詩數首；還應蜀和王悅焚之請入蜀王宮，并與世子友垓密切交往，還作有《進謝蜀和王殿下》詩。天順六年正月，蜀和王去世，紹琦作《蜀和王殿下菀世》詩以寄哀思。天順七年三月，友垓册封為蜀定王，夏至孟秋間，紹琦受蜀定王之請，返錫東山住持并重建天成寺。不久，友垓去世，紹琦作《蜀主定王菀世》挽詩以表感戴之情。蜀定王子申鈘繼蜀懷王位，紹琦繼續與其交往。天順八年正月，戶科給事中童軒奉命入川平"盜"胥，常謁天成寺，作《贈楚山禪師》一詩，贊賞紹琦的品行。成化二年秋，友垓去世三周年舉行"除禪"儀式，紹琦受請主持儀式，《楚山紹琦語録》中《蜀定王菀世三周除禪》一文是儀式過程的記録與儀式文本的摘録。成化四年冬，重建天成寺竣工。次年，紹琦於丹崖構"栖幻庵"，成化六年夏落成，乃移居"栖幻庵"直至成化九年去世為止。

關鍵詞：楚山紹琦；蜀王；童軒；方山雲峰寺；東山天成寺；石經寺

有關紹琦禪師的生平，筆者曾在《紹琦禪師生平考》一文中作了探討：紹琦嗣法無際禪師後，回"歸東山，潛迹十載"，于景泰元年（庚午，1450 年）泛舟出川，參訪弘法。先至湖北，與江夏王孟炬交往密切；繼則游黃梅，登東、西二山，拜謁禪宗四祖、五祖聖迹；後往蘄州，荆王朱瞻堈仰慕紹琦的道風，延請至宮中傳授"心要"。荆王挽留紹琦于王宮，紹琦婉言謝絕。景泰三年，紹琦抵金陵，參訪月溪、海舟諸老，後又往安徽安慶府皖山（天柱山）拜謁三祖僧璨聖迹，相繼受請住持皖山、投子山，天順元年（丁丑，1457 年）由匡廬溯長江歸蜀①。本文擬就紹琦歸蜀後住持方山，與蜀王世家、童軒的交往以及重建并住持天成寺進行探討。

一、紹琦住持方山以及方山雲峰寺位置

紹琦于天順元年自江南歸蜀，是先住成都天成寺（今石經寺），抑或即住持方山？ 這是先要理清的問題。據咸豐《簡州志》載：

紹琦"自吳還蜀，仍居天成寺，定王聞之，為出金增修寺

---

① 詳見王榮國：《紹琦禪師生平考》，素慧主編：《禪心映天成，顯密照石經——紀念楚山紹琦誕辰 600 周年、能海上師誕辰 120 周年學術研討論文集》（簡稱《紀念楚山紹琦、能海上師學術研討論文集》），宗教文化出版社 2007 年版，第 18—31 頁。

宇、寶相,於是莊嚴寺成"。①

　　就是説,紹琦自匡廬歸蜀後,仍居天成寺(今石經寺)并且一直在天成寺,受蜀定王之托增修寺宇。不過,佛教史籍則説紹琦歸蜀受請住持方山。

　　《續燈存稿》載:

　　　　紹琦於"天順改元,由匡廬歸蜀,韓都侯于方山建雲峰寺,迎師住持"。②

　　《續燈正統》載:

　　　　紹琦于"天順丁丑,由匡廬歸蜀,韓都侯于方山建雲峰寺,迎師住持"。③

　　《徑石滴乳集》載:

　　　　紹琦於"天順改元,由匡廬歸蜀,韓都侯于方山建雲峰寺,迎師住持"。④

　　《宗統編年》載:

　　　　紹琦于"由匡廬歸蜀,……韓都侯建方山雲峰寺,延琦開法"。⑤

　　《續指月録》載:

---

① 咸豐《簡州志》卷八《人物志》。
② (明)通問:《續燈存稿》卷第九《舒州投子楚山幻叟荆璧紹琦禪師》;明代僧箬庵通問編,居士施沛彙集,清康熙五年(1666)刊行。
③ (清)別庵性統:《續燈正統》卷二十八,康熙三十年(1691)刊行,《卍續藏》第144冊。
④ (清)真在編、機雲重續:《徑石滴乳集》卷之二《舒州投子楚山幻叟荆璧紹琦禪師》。
⑤ (清)紀蔭:《宗統編年》卷之二十九,丁醜八年。

"天順間,由匡廬歸蜀,韓都侯于方山迎師住持。"①

上引文中"天順改元"即"天順元年",亦即"天順丁丑"。顯然,《續指月錄》説,紹琦歸蜀,韓都侯"于方山,迎師住持"。交待簡略含混;而《續燈存稿》《續燈正統》《徑石滴乳集》則説,紹琦歸蜀,韓都候"于方山建雲峰寺,迎師住持"。交待比較清楚,而且也具體些;《宗統編年》説:韓都侯建方山雲峰寺,"延琦開法"。與《續燈存稿》等相同。筆者在《紹琦禪師生平考》一文中經考證指出,紹琦由匡廬返蜀是在"天順元年"②。應該説,紹琦歸蜀先回原先的成都東山天成寺,韓都侯獲知其歸蜀的消息後,才禮請紹琦,并在方山建"雲峰寺"③,從天成寺迎請前去住持。

那麼"方山"位於何處? 據《明一統志》記載可知,四川"方山"至少有三處:

(1) 在保寧府,其"方山"條載:

"方山,在蒼溪縣東八十五里,遠望如幾案之狀,古方州城也。"④

(2) 在重慶府,其"方山"條載:

"方山,在府城東三十里,一名凝脂山,常有雲氣若凝脂狀,堯時洪水不没,故又名浮山。"⑤

---

① (清)聶先:《續指月錄》卷十一《紹琦禪師》,《卍續藏》第143冊。
② 《紀念楚山紹琦、能海上師學術研討論文集》,第31頁。
③ 向世山、釋演東:《石經寺臨濟始祖楚山紹琦年譜》説:天順元年,紹琦"由匡廬回歸四川。韓都侯于瀘州方山建造雲峰寺,迎請楚山去當住持"。(《紀念楚山紹琦、能海上師學術研討論文集》,第5頁)顯然不妥!
④ 《明一統志》卷六十八《保寧府》,文淵閣四庫全書本。
⑤ 《明一統志》卷六十九《重慶府》,文淵閣四庫全書本。

（3）在瀘州，其"方山"條載：

> "方山，在州城西南四十里，唐改回峰山。山有八面，下瞰大
> 江，江上有魏武帝廟。"①

上述三處"方山"，那一處是"韓都侯"創建"雲峰寺"的方山？ 筆
者認為，位於明代瀘州域西南四十里的"方山"應是"韓都侯"創建寺
院的"方山"。《明一統志》成書於天順五年，與"韓都侯"在方山創建
"雲峰寺"差不多同時，自然不可能記載"雲峰寺"。據清雍正《四川通
志·山川·直隸瀘州》載：

> "方山，在州西四十里，又名雲峰，山勢高聳，下瞰兩江。華
> 陽國志：江陽縣有方山蘭祠。寰宇記：在縣東二十里，山形八角，
> 唐天寶六年敕改。又名回峰山。"②

又據同書寺觀志載：

> "直隸瀘州：……雲峰寺，在州西。"③

筆者認為這裏的"雲峰寺"應是位於瀘州的"方山"之上，"方山"
亦名"雲峰"，寺因山名。黃夏年先生在《楚山紹琦與巴渝佛教》一文
中說："如果是韓都侯所建的雲峰寺，符合條件的只能是瀘州雲峰
寺。"④應該說，其看法是正確的。

紹琦的《山居寫懷》詩中有些篇章是住持方山期間的書懷之
作。如：

---

① 《明一統志》卷七十二《瀘州》。
② 《四川通志》卷二十五《山川·直隸瀘州》，文淵閣四庫全書本。
③ 《四川通志》卷二十八下《寺觀·直隸瀘州》。
④ 《紀念楚山紹琦、能海上師學術研討論文集》，第411頁。

> 瀘水方山舊有名，此中頤老快平生。
> 參差雲樹遮茅屋，遠近煙巒列畫城。
> 松杪鶴歸天欲暮，蒲團定□月初明。
> 道人門户雖清淡，寵辱興衰自不驚。

又如：

> 一從孤迹寄方山，贏得遮頭屋半間。
> 生死翳空雙眼净，是非機息寸心閑。
> 懶拈栢子酬僧話，獨對梅花展笑顏。
> 更喜白雲多雅意，幾回飛去又飛還。①

　　雖然刻本中的詩句字有殘缺，但仍可辨認爲"頤"字，而且符合詩意。"瀘水方山舊有名，此中頤老快平生"詩句説的"瀘水"與"方山"在歷史上就是名勝之地，紹琦欲在此山中"頤老"（即"養老"）以快生平之志。根據語境判斷，上述兩首詩應是作于方山的。筆者認爲，紹琦從天成寺移錫方山住持雲峰寺的時間大致是天順元年之末至三年間，應於天順七年夏季至孟秋之間返回天成寺，詳見後文。

二、紹琦與蜀王世家的交往

　　紹琦禪師與蜀王世家的交往是其歸蜀後弘法生涯中的大事，他先後與蜀和王、定王、懷王等交往，對弘法事業的展開起了極好的作用。

---

① 《楚山紹琦禪師語録》卷八《山居寫懷》，石經寺 2005 年印本。

1. 紹琦與蜀和王悅𤊰

明朝在蜀設藩王始于蜀獻王。朱元璋于洪武十一年,封第十一子朱椿為蜀獻王。[①] 同年,在成都建蜀王府[②]。據記載:蜀王府就設在成都府城内,"有城週五里"[③]。朱椿於洪武二十三年(庚午,1390年)"就藩成都"。朱椿"博綜典籍,容止都雅",被朱元璋呼為"蜀秀才",在蜀"以禮教守西陲"而聞名[④],卒于成祖朱棣永樂二十一年(癸卯,1423年)。[⑤] 因朱椿之長子"悅燫先卒",乃由悅燫之長子靖王友堉於永樂二十二年十月十一日嗣蜀王位[⑥],友堉卒于宣宗朱瞻基宣德六年(辛亥,1431年)。[⑦]因靖王友堉無子,其弟僖王友壎於宣德七年嗣王位,至宣德九年卒。[⑧] 因蜀僖王友壎無子,由獻王的庶第五子悅𤊰繼蜀王位,是為蜀和王。據明王世貞《同姓諸王表》記載:

> 因僖王友壎〔堉〕無子,"獻王庶第五子和王悅𤊰以宣德十年自保甯王嗣……"[⑨]

就是説,蜀和王悅𤊰是宣德十年繼位的。又據《明實錄》記載:

> 宣德十年二月……辛亥(初九日,1435年3月8日)……,遣駙馬都尉王誼為正使,都給事中蔺禎為副使……持節册蜀獻王庶子保甯王悅𤊰為蜀王。[⑩]

---

① 《明史》卷二《本紀·太祖二》;《明史》卷一一七,《太祖諸子二·蜀王椿》,百納本。

② 《明史》卷四三,《地理四·四川》。

③ 清朝時,將其南邊改為"貢院",北則改為"寶川局"。

④ 《明史》卷一一七,《列傳第五·諸王二·蜀獻王椿》。

⑤⑦⑨(明)王世貞:《弇山堂別集》卷三十二,《同姓諸王表》,文淵閣四庫全本。

⑥ 《明仁宗實録》卷五,永樂二十二年十月壬子;《明史》卷一一七《列傳第五·諸王二·蜀獻王椿》;(明)王世貞:《弇山堂別集》卷三十二,《同姓諸王表》。

⑧ 《明史》卷一一七,《列傳第五·諸王二·蜀獻王椿》。

⑩ 《明英宗實録》卷之二,宣德十年二月辛亥。

由上引《明實録》的記載可知：悦熑被册封為蜀（和）王的準確的日期是"宣德十年二月初九日"。

楚山紹琦有《進謝蜀和王殿下》詩：

> 召見丹庭沐寵光，衲衣何幸近天香。
> 琪花瑶草殊凡境，玉殿瓊樓越净方。
> 藩屏聖明齊日月，贊揚佛化固金湯。
> 深慚林下無由報。願祝堯年一瓣香。①

這首詩是楚山紹琦受蜀和王召見入蜀王宫并受其禮遇後所作的。筆者認為，紹琦在出川前不太可能受蜀和王召見進宫，紹琦受蜀和王召見應是他由江南歸蜀之後的事。筆者在《紹琦禪師生平考》一文中指出，明"正統六年"，39歲的紹琦再參無際得法，此後"復歸東山，潛迹十載"。景泰元年，48歲的紹琦出川下江南，與江夏王、荆王交往，特别是住持皖山、投子山影響增大。② 七年後歸蜀，首先是"韓都侯"迎請住持方山，造成了不小的影響，名聲大振，蜀和王召其入宫應是在紹琦住持方山期間。詳見前文。其後，紹琦與蜀王世家的交往日益密切。

紹琦有《蜀和王殿下菀世》挽詩一首：

> 草木悲風六合秋，忽驚鶴駕赴仙遊。
> 雨垂平野都成涙，雲暗長空總是愁。
> 盛德巍巍天地合，賢名燁燁古今留。

---

① 《石經楚山和尚語録》卷之八，《進謝蜀和王殿下》。
② 參見王榮國：《紹琦禪師生平考》，《紀念楚山紹琦、能海上師學術研討論文集》，第25—31頁。

天潢一派清無極,拜覿儲庭繼述優。①

據明王世貞《同姓諸王表》記載:

（蜀和）王悦菼……在位二十七年,以天順五年薨。②

但《明實録》載:

天順六年春正月……已未（二十四日,1462 年 2 月 22 日）,
蜀王悦菼薨。③

顯然,有闗悦菼去世準確的日期應以《明實録》記載的"天順六年
正月已未（二十四日）"為是,而不是王世貞所説的"天順五年"④。

紹琦的《蜀和王殿下菀世》挽詩應作於天順六年正月末至二月
初。挽詩表達了對蜀和王去世的哀思,并對其生前的"盛德"與"賢
名"給予極高的讚譽,對蜀和王一支皇室後裔給予讚賞。

2. 紹琦與蜀定王友垓

蜀和王去世,其嫡長子友垓繼承王位。據明王世貞《同姓諸王
表》載:

嫡長子定王友垓以天順七年嗣……⑤

清雍正《四川通志》載:

定王名友垓,和王子,天順七年嗣,好學循理,工詩賦,善草

---

① 《楚山紹琦禪師語録》卷之八,《蜀和王殿下菀世》。
② （明）王世貞:《弇山堂別集》卷三十二《同姓諸王表》。
③ 《明英宗實録》卷之三百三一六,天順六年春正月已未。
④ 向世山、釋演東《石經寺臨濟始祖楚山紹琦年譜》説:薨於"天順五年",楚山作《蜀和王殿
下薨世》(《紀念楚山紹琦·壽海上師學術研討論文集》第 5 頁)。其時間當誤!
⑤ （明）王世貞:《弇山堂別集》卷三十二,《同姓諸王表》。

書……有文集十卷……①

可見，上述二書均說"友垓"于明英宗朱祁鎮天順七年嗣蜀王位。據《明實録》載：

> 天順七年三月……癸丑（二十四日，1463 年 4 月 12 日），命豐城侯李勇、平鄉伯陳政為正使，吏科給事中沈琉、戶科給事中冉哲為副使，持節册封蜀世子友垓為蜀王。②

由此可知，友垓是天順七年三月二十四日册封為蜀（定）王的，是其父蜀和王去世一年又兩個月後的事③。

必須指出，咸豐《簡州志》載："定王薨，和王嗣。"④現存于成都石經寺（天成寺）的民國《楚山祖師遺迹實録》碑則承襲其"定王薨，和王嗣"之說。⑤ 顯然，其記載顛倒了"輩份"，是錯誤的！

明袾宏輯《皇明名僧輯略》《宗統編年》《續燈存稿》《五燈會元續略》《南宋元明僧寶傳》《續指月録》《掊黑豆集》《繼燈録》《補續高僧傳》《明史鈔略》《續燈正統》《釋鑒稽古略續集》《徑石滴乳集》均不載紹琦與蜀王世家的交往之事。而民國《楚山祖師遺迹實録》碑載：

> 蜀定王恒召見，加敬禮焉。……尋自吴還蜀，仍居天成寺。定王聞之，為出金增修寺宇、寶相，於是莊嚴寺成。⑥

---

① 《四川通志》卷二十九下，《帝王·附後妃列王明藩封》。
② 《明英宗實録》卷之三百五十，天順七年三月癸丑。
③ 向世山、釋演東《石經寺臨濟始祖楚山紹琦年譜》認為：友垓于天順五年"進封蜀定王"，楚山作《進賀蜀王封襲》（《紀念楚山紹琦、能海上師學術研討論文集》第 5 頁）。其時間當誤！
④ 咸豐《簡州志》卷八《人物志》。
⑤ 民國《楚山祖師遺迹實録》，原碑照片由侯冲提供，謹此致以謝意！
⑥ 民國《楚山祖師遺迹實録》碑。

前已述及,紹琦於"天順元年"自吳歸蜀。友垓冊封為蜀(定)王是在天順七年三月二十四日,紹琦不可能在歸蜀前受"蜀定王恒召見"。紹琦受蜀和王悅爝召見入蜀王宮應是自江南歸蜀之後住持方山期間,時身為世子的友垓得以與紹琦結識并密切交往。顯然,上引文中"蜀定王恒召見,加敬禮……"的時間確定在紹琦"自吳還蜀"之前有誤!但友垓繼承蜀王位後"為出金增修寺宇、寶相"的記載應是合乎史實的。正是由於蜀定王友垓"出金增修寺宇、寶相",才使天成寺(石經寺)成為明英宗朝成都的一處"莊嚴"佛刹。蜀定王友垓去世,紹琦作《蜀主定王薨世》挽詩:

之一:

> 龍出神淵又入淵,君臨一國共稱賢。
> 寒水已化還為水,明月雖沉不離天。
> 遙想鸞輿音杳杳,空瞻燕寢思綿綿。
> 山僧林下霑恩久,追慕無窮勝往年。

之二:

> 久沐恩光感遇深,重來無復耳綸音。
> 佛天已悟無生體,人世空懷不盡心。
> 睿哲賢名超往古,茲祥盛德重當今。
> 載瞻主器承鴻業,早晚天庭冊寶臨。

據明王世貞《同姓諸王表》載:

> 定王友垓以天順七年嗣,在位一年,以本年薨,壽四十四。[1]

---

[1] (明)王世貞:《弇山堂別集》卷三十二,《同姓諸王表》。

清雍正《四川通志》載：

> 定王名友垓……天順七年嗣……是年薨……謚曰定。①

二書只説：蜀定王名友垓于天順七年嗣位的當年去世，但均不提去世的具體的月份、日期。《明史》與《明實録》也没有明確的記載。《明史》僅載：

> 和王悦菼由保寧王嗣，天順五年薨……子定王友垓嗣，七年薨。②

據《明實録》記載：

> 天順七年閏七月……戊辰……蜀王友垓奏：臣父王薨時，臣為世子，其禄米即宜住支，然有司陸續納過，食用無存，今户部移文欲令還官。乞賜矜免。上許之。③

引文中"閏七月……戊辰（日）"，即"閏七月十一日（1463 年 8 月 25 日）"。上述引文記載了：天順七年閏七月十一日蜀定王友垓向明朝廷上奏一事。這是見諸《明實録》最後一次有關蜀定王友垓的記載。友垓之嫡長子申鈘册封為蜀王是天順八年九月初八日，詳見後文。④ 據筆者對《明實録》的記載考察：新册封的蜀藩王通常是在父喪滿一年後，則蜀定王友垓可能于天順七年七月下半月至九月初這一時段去世。紹琦《蜀主定王薨世》挽詩應作於此時。從上引挽詩"山僧林下霑恩久"之句可知，紹琦與蜀定王垓的交往已是相當久長，

---

①《四川通志》卷二十九下，《帝王·附後妃列王明藩封》。
②《明史》卷一一七，《列傳第五·諸王二·蜀獻王椿》。
③《明英宗實録》卷之三百五十五，天順七年閏七月戊辰。
④《明憲宗實録》卷之九，天順八年九月戊午。

蜀定王友垓在位不及一年即去世。顯然,紹琦住持方山期間,就常與定王友垓交往,故紹琦免詩又稱"久沐恩光感遇深"。

3. 紹琦與蜀懷王申鈘

蜀定王去世後,其嫡長子申鈘繼蜀王之位。據《明實錄》載:

> 天順八年九月……戊午,遣駙馬都尉焦敬石璟、成山伯王琮、富陽伯李興、吏部左侍郎崔恭為正使,大理寺右寺丞喬毅、禮科給事中霍貴、兵科給事中陳鉞、刑科給事石澄、工科給事中紀欽為副使,持節冊封……蜀定王嫡長子申鈘為蜀王。①

引文中的九月"戊午"日是"九月初八"。可見,申鈘是天順八年九月初八日(戊午,1464 年 10 月 8 日)被冊封為蜀(懷)王的②。蜀定王友垓去世後,紹琦與蜀懷王申鈘繼續交往。

在《楚山紹琦語錄》中有《蜀定王薨世三周除禪》一篇,其文略曰:

> 拈香云:此香深根固蒂,栽培於太古之前,馚馥氤氳,騰瑞於 九 天之上。臣僧某虔藝寶爐端,為今上皇帝陛下祝延聖壽,萬歲,萬歲,萬萬歲。欽願乾坤等固,日月齊明,萬方歌成化之年,四海樂雍熙之世。
>
> 次拈香云:此香靈根蟠法界,瑞氣塞虛空,曩從蒼龍窟內熏成,今向妙湛光中拈出。臣僧某虔藝金爐,敬為薨世蜀主定王殿下尊靈用資鶴駕上赴丹霄,復還兜率之宮,永獲逍遙之樂。
>
> 次拈香云:此香為高天府價重雄藩,藩 王 殿上氤氳瑞氣靄

---

① 《明憲宗實錄》卷之九,天順八年九月戊午。

② 向世山、釋演東所作《石經寺臨濟始祖楚山紹琦年譜》認為:朱友垓之子朱申鈘於"天順七年"繼位為蜀懷王。(《紀念楚山紹琦、能海上師學術研討論文集》,第 5 頁)。其時間當誤!

瓊樓,長壽宮中縹紗祥雲騰鳳閣。臣僧某藝向金爐端,為蜀王殿下祝延□□□母□□郡王同□參□天潢清遠,國祚延鴻,玉葉金枝聯芳百世。

次拈香云:此香福田中種植,九天雨露滋培。藝向爐中,特為欽差鎮守四川都知太監信官閻公、暨藩臬三司兼□府內外文武官僚同增祿位,仍願乃忠乃孝國為民為王室□肱□皇家之柱石中 據 座上首白槌云:法筵龍象,衆當歡□□義,師舉槌子云:第一義只這是迥出□非離四□□□□耀絕,商量擬涉唇鋒落第一秖許家知□□作家,會大慈宗主為入□覷曰一槌都擊碎,直□大千震動,花雨繽紛,萬朵點頭□空撲地,址然如□□雪,非凡調不是□□□□□□有□音別調者麼,有則不妨出來,與老僧酬唱。有僧洪印出問云:"雷音動地,選佛場開一會,靈山儼然未散,未審皇恩、佛恩如何補報?師云:"蕩蕩堯風清六合,明明佛日照三千。"進云:"祝贇已聞師的旨,拈花微笑意如何?"師云:"機前有語難容舌,獨許頭陀一笑傳。"進云:"玉梅破雪,紅葉凋霜。適官家除禪之辰,鶴駕仙遊之日,未審薨世主人金容即今何在?"師豎拂子云:"在山僧拂子頭上,成等正覺,放大光明,與三世諸佛共轉法輪。汝還見麼?"進云:"與麼則遍界絕遮藏耶?"師云:"要且有眼覷不見。"進云:"只這覷不見處,不隔纖毫?"師云:"未是妙。"進云:"未審如何是妙?"師云:"二邊俱抹過,始見刼前人。"進云:"蒙師點出金剛眼,死去生來更不疑。"師贊云:"俊哉!衲子!透網金鱗,出語標宗,不忝西禪之嗣,更須保任,切勿自欺。"進云:"人天證盟謝師印可。"師復云:"解布漫天網子,方能打鳳羅龍,若然手眼通身,始可攙旗奪鼓,衆中莫有頂門具眼底衲僧麼?有則正好出來與老僧擊節。"有僧不空出,問云:"從上佛佛授手，祖祖相傳，未審畢竟授傳何事？"師云："一鉤橫似月，三點燦如星。"進云："恁麼則以心傳心，以心印心耶？"師云："字經三寫烏焉成馬。"進云："只如和尚未見東普時如何？"師云："此去成都不遠。"進云："見後如何？"師云："錦官城外武侯祠。"進云："見與未見時，是同是別？"師云："沙河蘿蔔李村薑。"進云："昔日生公說法，陛前頑石點頭，和尚今日談空，未審有何奇瑞？"師云："澄〔燈〕籠閉笑口，露柱舞三臺。"進云："梁皇昔舍一笠蓋覆佛身，感得帝王之報。今辰蜀主君臨一國，子育斯民，三教鼎興，未審有何功效？"師云："賢名昭著同天地，德澤流芳及子孫。"進云："與麼則天潢清派遠，草木共露〔霑〕恩耶？"師云："闍黎不惟報德，可謂知宗，理見既以無偏不謬為光澤之子更能厚蓄深培，許汝為人有分。"進云："大眾證盟謝師肯可？"師云："選佛選官無別理，理明言順自相當。寒岩昨夜回春夢，頓覺梅梢泄冷香。只個現成公案，今古難藏擬涉思惟劍去久矣。萬仞崖頭撒手，須是其人千鈞之弩發機，豈為□□。故諸佛出世蓋為一大事因緣，祖師西來隻為個一著子。個一著子者何？即一大事因緣也。一大事因緣者又何？乃自心全體之謂也。所謂一者心也，離心之外，了無一法可得。故云："天得一以清，地得一以寧，人得一以真，萬物得一以遂生成。"邵子詩云："天向一中分造化，人從心上起經綸。"儒典云："一本萬殊，萬殊一本。"又云："吾道一以貫之。"所言大者即心之全體也，事者即心之妙用也。大哉！心體廣博無際，泛應無窮，寂寂虛靈，含具眾理，能應萬事者矣。原夫三教聖人所設門庭雖異，究竟指歸，理則一也。當知此法甚深微妙，豈可得而思議哉？故在天同天，天莫能蓋；在地同地，地莫能載；在日月與日月同明，而明超日月；在陰陽與陰陽同消長，消長莫能移;在四時與四時同寒暑,寒暑莫能遷;在萬物與萬物同盛衰,盛衰莫能變。故能生於生,生莫能生;能死于死,死莫能死;能有於有,有不能有;能無於無,無不能無。故能大能小,能卷能舒,能悟能迷,能凡能聖,實萬法之本源,乃群靈之幽府。若夫衆人得之則乃靈於萬物,具乎五常;士大夫得之,乃能修身、齊家、治國、平天下;宰輔得之,則能燮理陰陽,調羹補衮;王侯得之,則乃分茅列土,藩屏聖明;聖天子得之,奄有四海,協和萬邦;若夫阿羅漢得之,具五神通,位登四果;辟支迦得之,出無佛世,度有緣人;諸菩薩得之,行願雙資,智悲齊運;佛世尊得之,萬行圓融,十身滿證。至哉!此法無一理而不統,無一事而不該,物物全彰,頭頭顯露,塵塵葉妙,法法歸源。故我大覺釋尊為此大事因緣,故與悲願力出現世間於無生中示生,無相中現相,始從兜率內院降神摩耶腹中,十月滿足,左肋降生,一生下地,便能啓家創業,現大人相,周行七步,目顧四方,一手指天,一手指地,云:‘天上天下,唯吾獨尊!’當此辟初之際,將個一大事因緣,已是七花八裂全機漏泄了也。洎乎後來出世曲盡化機,巧設多種方便,演出百千三昧、有空性相之旨、頓慚[漸]偏圓之宗,大小三乘十二分教,復將此一大事因緣重重指注,揭盡玄微末梢。於靈山會上,拈一枝花普示大衆,唯迦葉一人破顏微笑。世尊乃云:‘吾有正法眼藏涅盤妙心付與摩訶大迦葉尊者。’此所謂妙契離言之旨。自是雙林入滅之後,祖師達摩西來不立文字,直指人心中,見性成佛,謂之教外別傳。又乃和盤揳轉,透底掀開。斯一大事因緣,至此昭然而無隱矣。至如德山臨濟,棒喝交馳。仰山推出枕頭,龍潭吹滅紙燭,秘魔擎叉,道吾舞笏,俱胝豎指,長慶捲簾,雪峰輥毬,禾山打鼓,乃至縱橫逆順、殺活卷舒、正按傍敲、横拈倒用，如是展演，如是提唱，盡其機用，亦不過只要發明此一大事因緣也。只如山僧適來與這二僧，一酬一唱，一縱一擒，放去收來，明投暗合，如是激揚，豈法無定體，遇緣即宗。今此升座，一回佛事，義分三段，理出一源。一者標此一大事因緣，為諸佛出世之本懷；次乃揭示向上一機，為衲僧提唱之宗眼；三則表揚孝道因緣，為仁子報親之大本。適來諸佛本懷，衲僧正眼略以開示在前。今當表揚仁子孝親之本，詳夫古今孝道因緣，班班斑見於典籍，事類頗多，茲不繁引。

恭惟薨世先君主人在天之靈，宿乘願力，現國王身，列土分茅，主治邦國，仁風德澤被于四方，睿哲賢名，邁於千古，一旦奄棄臣民，還歸天界。適當三周除禪之辰，祗奉今旨，恭就大慈蘭若，修崇水火，煉度薦揚清醮，啓建十種廣孝報恩大齋，於是旌幡間列，釋、道交參，演誦神章，歌揚梵唄，通三畫宵，作諸法事，以今正日分中，人天會集，車駕臨筵，委命山僧升於此座，特為表揚開示，當人本來心地法門，拈提佛祖向上一著，以此般若勝因，用以莊嚴神馭，伏願藩萬永固，邦業維新，四方黎庶樂升平，一國生民歌至治，恩霑遐邇，福利升沉，更祈□□千秋，本支百世，誠可謂，優缽曇花千載瑞，靈山嘉會一番新。①

要説明的是：引文中凡"□"内的字，刻本中殘缺，是根據字形辨認并依據上下文意確認的。上引《蜀定王薨世三周除禪》中的"薨世"即"去世"，特指王侯去世；"三周"，即季節輪替三周，意指"三年"，此指"蜀懷王"申鈘為其父"蜀定王"友垓去世"守喪三年"；"禪"為祭之名。"除禪"即解除喪服的祭祀。上文考證認為，蜀定王去世於"天順

---

① 《楚山紹琦禪師語録》卷二，《蜀定王薨世三周除禪》。

七年七月下半月至九月初"。蜀定王去世後，按傳統禮制，申鈇為其父友垓守孝三年。守孝三年期滿欲解除守喪之服，乃延請僧人、道士在成都的"大慈蘭若，修崇水火，煉度薦揚清醮，啓建十種廣孝報恩大齋"，"釋、道交參，演誦神章，歌揚梵唄，通三晝宵，作諸法事"。受蜀懷王之請，紹琦參與除喪服之祭儀式。《蜀定王薨世三周除禪》一文就是楚山紹琦禪師受請在第三日主持祭祀儀式的記錄，其中包括儀式過程，與"洪印""不空"二僧的酬唱以及部分儀式文本的摘錄，其時間應是明憲宗成化二年七月孟秋之後。

　　從引文可知，舉行"三周除禪"其用意有四：首先，為"今上皇帝陛下祝延聖壽"；其次，"為薨世蜀主定王殿下尊靈用資鶴駕上赴丹霄，復還兜率之宮，永獲逍遙之樂"。與此相關的是，儀式中僧洪印問，"玉梅破雪，紅葉凋霜。適官家除禪之辰，鶴駕仙遊之日，未審薨世主人金容即今何在？"紹琦豎拂子說："在山僧拂子頭上，成等正覺，放大光明，與三世諸佛共轉法輪……"第三，為"為蜀王殿下祝延□□□母□□郡王同□參□天潢清遠，國祚延鴻，玉葉金枝聯芳百世"。與此相關的是儀式過程，僧不空問："梁皇昔舍一笠蓋覆佛身，感得帝王之報。今辰蜀主君臨一國，子育斯民，三教鼎興，未審有何功效？"紹琦說："賢名昭著同天地，德澤流芳及子孫。"第四，"特為欽差鎮守四川都知太監信官閻公、暨藩臬三司兼□府內外文武官僚同增祿位……"顯然，引文反映了楚山紹琦與"蜀定王"友垓非同尋常的情誼，而且這種情誼在他與蜀定王之子"蜀懷王"申鈇①之間延續。

———————————

① 蜀懷王朱申鈇卒于成化七年。

三、紹琦與童軒的交往

紹琦與蜀王世家以及韓都候的交往可能側重於弘法，與童軒的交往可能側重於文字交。童軒（1425—1498）字志昂，江西鄱陽人，明代天文家，精通天文曆學，同時也是文學家，善詩文。景泰二年（辛未，1451年）進士，授南京吏科給事中，任內"疏請省冗員、公考察、倡武勇、擇師儒、杜倖進。多見采納"①。童軒的《清風亭稿》中收有《贈楚山禪師》詩，表明紹琦與童軒有交往。那麼，童軒是何時與楚山紹琦交往的？據明《罪惟錄》載：

> 童軒於"天順中（1457—1464年），復上疏弭盜安民數事，改戶科。憲廟踐祚，首言帝王之治當知本末：隆聖德、用賢才、納忠諫、愛小民、謹邊備，本也；薄書刑名，其末也。四川盜作，命軒往撫，賊首王應高等聞軒名，羅拜乞生，悉慰遣之，進都給事中。已，賊趙鐸撫訖，旋叛，軒復分兵剿捕。凱還，蜀人繪班師圖，紀軒功。明年夏，賊復猖獗。且議出師，軒曰：賊已平奚用出師。不數日，捷奏果至。而卒以賊反復不終撫，謫浙江壽昌令"②。

引文中的"憲廟踐祚"，是指明憲宗即皇帝位。據《明實錄》記載可知：明憲宗朱見深是天順八年正月二十二日即皇帝位的，并確定以次年為"成化元年"。③ 引文説"四川盜作，命軒往撫"又是指何時呢？據《明實錄》記載：憲宗成化元年三月甲子日（十七日，1465年4月12日），兵部尚書王竑奏：

①②《罪惟錄》卷十一（中），《經濟諸臣列傳・童軒》，四部叢刊本。
③《明憲宗實錄》卷之一。

鎮守四川右少監閻禮、户科都給事中童軒等奉敕撫剿盜賊，失機誤事，以致領軍都督何洪、指揮楊瑛等被賊殺死，兩月之余方才告報……①

顯然，上引《罪惟録》所謂"四川盜作"，是天順八年朱見深即皇帝位之後的事，亦即天順八年正月以後的事。童軒奉命赴川也應該是在八年正月以後。

據上述可知，天順八年正月下旬，明憲宗即位後，四川"盜作"，户科給事中童軒奉命入川處理其事，童軒采取安撫的手段，平息了"盜作"，受到提升的獎賞。但因後來又出現反叛，童軒因此被"謫浙江壽昌令"。

那麼，童軒何時離蜀呢？據《明實録》記載可知：成化元年五月初四日（1465 年 5 月 28 日），以黜户科給事中童軒為壽昌縣知縣。② 應該説，這裏所説的是下詔的時間。童軒謫遷實際起程大致要後推旬日左右。童軒有《題墨蘭并叙》，其序云：

歲乙酉冬，予謫官壽昌，邑庠徐生雟出此圖以索詩。予遷客也，不無去國懷鄉之念，因題此以歸之。軒識。

忽向空山見國香，冷煙淒雨自蒼蒼。

虛堂夜永琴聲歇，一段騷人別恨長。③

"歲乙酉"即"成化元年"。從引文可知，童軒于成化元年（乙酉，1465 年）冬即已"謫官"在浙江壽昌縣，《題墨蘭》詩則是在謫遷任上所作。由此推算，童軒可能最早於農曆五月下半月離四川前往浙江

---

① 《明憲宗實録》卷之十五，成化元年三月甲子。
② 《明憲宗實録》卷之十九，成化元年五月庚戌。
③ （明）童軒：《清風亭稿》卷八，《七言絕句》，文淵閣四庫全書本。

壽昌赴知縣任。童軒在蜀期間應常到成都天成寺（石經寺），其《清風亭稿》中《贈楚山禪師》一詩應是在蜀與楚山紹琦交往時所作，其詩云：

> 掉頭不肯事王侯，雙樹為家老即休。
>
> 錫杖躑空曾解虎，木桮浮水不驚鷗。
>
> 夕陽乞食臨花塢，秋月談經上竹樓。
>
> 應笑我曹身是夢，風霜兩鬢為誰憂。①

詩中"掉頭不肯事王侯"之句，應指楚山紹琦謝絕荊王朱瞻堈欲留其駐錫楚王宮中一事。筆者在《紹琦禪師生平考》一文中指出：景泰元年（1450），紹琦由錦江泛舟出川東下，先"憩錫"武昌洪山寺，繼則游黃梅，最後前往蘄州，荊王朱瞻堈仰慕紹琦的禪風，延請至宮中傳授"心要"。荊王挽留紹琦于王宮，紹琦則婉言謝絕。② 童軒是一位品行高潔的人，他可能於入川前就知道紹琦其人其事。從"秋月談經上竹樓"之句判斷，童軒入川後常拜謁石經寺，與楚山禪師談經論道。筆者認為，童軒《贈楚山禪師》詩應作於天順八年秋至成化元年初夏之間，詩中流露出童軒對楚山紹琦的"掉頭不肯事王侯"品行的崇敬與贊賞。

四、住持與重建天成寺

成都天成寺（石經寺）是一座古刹。楚山紹琦無論是與蜀王世家抑或與童軒的交往大都與天成寺有關。紹琦是天順元年歸蜀的，歸

---

① （明）童軒：《清風亭稿》卷六，《七言律詩》。

② 參見拙作《紹琦禪師生平考》，前揭書，第27—28頁。

蜀後先居天成寺,受韓都侯之請,移錫前往瀘州方山住持雲峰寺。其後,紹琦返錫住持天成寺。那麼,紹琦是何時住持天成寺呢?

據咸豐《簡州志》載:

> 楚山紹琦"自吳還蜀,仍居天成寺,定王聞之,為出金增修寺宇、寶相,於是莊嚴寺成"。[①]

民國《簡陽縣誌·楚山傳》所載[②]與此相同。《楚山紹琦語錄》卷四《行實》亦載:

> ……重師道德,出心舍資,奉蜀定王令旨重建天成寺,佛殿、月臺、廊廡煥然一新,工畢於戊子冬。[③]

引文中的"戊子冬",即"憲宗成化四年之冬"。就是説,紹琦奉蜀定王的令旨重建天成寺,于成化四年(戊子,1468 年)冬竣工。筆者認為,紹琦受命主持重建天成寺與住持天成寺應大致同時。友垓于天順七年三月二十四日册封為蜀定王,應卒於天順七年七月下半月至九月初之間。則紹琦受命住持并重建天成寺應該是在友垓繼承蜀王位的天順七年夏季至孟秋這一時段,也就是説,紹琦在此期間離開方山,返回東山天成寺。

又據《楚山紹琦語錄》卷四《行實》載:

> 乙〔己〕丑歲,師退居丹崖,重構栖幻庵,以為適興栖息之所,至庚寅夏落成。師嘗曰:"古人有五十而知四十九之非,今吾年六十七矣,與死相鄰,不意忝竊虛名,妄為衲子所宗,濫膺師席,

---

① 咸豐《簡州志》卷八,《人物志》。
② 民國《簡陽縣誌》卷十三,《士女篇·仙釋·楚山傳》。
③ 《楚山紹琦禪師語錄》卷四,《行實》。

乃抱終身之愧耳。然報緣虛幻，不足憑玩，自宜退休，安分以待其盡，非矯世也。"①

引文中的"乙〔巳〕丑歲"，即憲宗成化五年已醜（1469 年）；"庚寅夏"，即憲宗成化六年（庚寅，1470 年）夏。可見，成化五年，紹琦時年67 歲，開始構丹崖"栖幻庵"，至成化六年落成，乃退居庵中，成化九年三月十五日，卒於丹崖"栖幻庵"。②

總之，紹琦禪師于天順元年由江南歸蜀，返回成都東山，居天成寺（石經寺），天順元年之末至三年間，受韓都侯之請移錫瀘州方山，住持雲峰寺，其《山居寫懷》中有不少詩篇即居方山的書懷之作。紹琦住持方山期間，應蜀和王悦焞的召見入蜀王宮并受禮遇，作《進謝蜀和王殿下》詩，紹琦還與身為世子的友垓密切交往。天順六年正月，蜀和王悦焞去世，紹琦作《蜀和王殿下薨世》一詩以寄哀思并贊譽蜀和王生前的"盛德"與"賢名"。天順七年三月，友垓繼承蜀（定）王之位。當年夏季至孟秋間，紹琦受蜀定王之請，離方山，返錫東山，住持并重建天成寺。不久，蜀定王友垓去世，紹琦作《蜀主定王薨世》挽詩，稱"山僧林下霑恩久""久沐恩光感遇深"，表達對蜀定王的感戴。蜀定王子申鈘繼蜀（懷）王位，紹琦繼續與蜀王世家的交誼。天順八年正月下旬，四川"盜作"，户科給事中童軒奉命入川，以安撫平息"盜作"，後因出現反叛，童軒于同年五月謫遷"浙江壽昌令"。童軒在蜀期間常拜謁天成寺，與楚山紹琦談經論道，并作《贈楚山禪師》詩，贊

---

① 《楚山紹琦禪師語録》卷四，《行實》。
② 成化九年三月十五日，（紹琦）示微疾，衆請師末後句師展兩手示之曰……遂安詳而逝。
　　（《五燈會元續略》卷第三下，《成都府東山天成寺楚山紹琦禪師》；《繼燈録》卷第六）

賞楚山紹琦"掉頭不肯事王侯"的品行。成化二年秋，蜀定王友垓去世三周年服喪期滿，在成都"大慈蘭若"集僧、道舉行"除禫"儀式，紹琦受蜀懷王申鈘之請參與其事并主持祭祀儀式，《楚山紹琦語録》中《蜀定王薨世三周除禫》一篇就是祭祀儀式的記録及部分儀式文本的摘録。成化四年冬，紹琦重建天成寺竣工。成化五年開始於丹崖構"栖幻庵"，次年夏落成。從此，紹琦移居丹崖"栖幻庵"直至成化九年三月十五日去世。

臨濟義玄的禪學思想

伍先林

内容提要: 臨濟義玄的禪風對於當時以及後世的禪宗發展都具有非常重要而深遠的影響。本文從"求取真正見解""無依道人"和"確立自信,不受人惑"等幾個方面具體探討了臨濟義玄禪學思想。本文認為,在禪宗的五個宗派裡,臨濟宗最為系統全面而又具體鮮明地體現了慧能禪宗不脱離日常生活的當前一念心之中而體悟心性本體的思想特色,臨濟宗在禪宗五個宗派之中影響最為久遠,這些都與臨濟義玄本人的禪學思想具有直接的關係。

關鍵詞: 真正見解;無依道人;無位真人;自信;不受人惑;平常無事

臨濟義玄禪師(? —867)繼承了馬祖洪州宗從馬祖道一(709—788)、百丈懷海(720—814)至黄檗希運(? —850)一脉相承的禪法思想,開創了後來的臨濟宗,他是禪宗臨濟宗的實際創始人。根據各種燈錄和史料記載,義玄俗姓邢,曹州南華縣(在今山東定陶之南)人,"幼而穎異,長以孝聞",出家後廣究佛教三藏和經論,繼而到各處參學。後蒙黃檗希運禪師印可,遂于唐大中八年(854)至鎮州(今河北正定縣)臨濟院,廣接徒衆①。義玄禪師在河北大地弘揚其具有鮮明的生活禪特色的臨濟宗風,對於河北佛教禪宗的發展具有非常重要的推動作用,臨濟禪風對於當時以及後世的禪宗發展都具有非常重要而深遠的影響。在禪宗五家即潙仰宗、臨濟宗、曹洞宗、雲門宗和法眼宗的五家宗派中,臨濟宗對後世的影響可以説是最為久遠的,這與臨濟宗創始人義玄本人闡揚的禪風具有直接的關係。本文試圖從以下幾個方面具體地探討臨濟義玄的禪學思想特徵。

一、求取真正見解

所謂"真正見解",就是正確的見地和見解。佛教非常重視"真正見解"的重要性。在原始佛教特別提倡的"正見、正思維、正語、正業、正命、正精進、正念、正定"的"八正道"之中,"正見"居於首要地位。對於佛教信徒的日常行為軌範來説,"正見"可以説就是正確的指導思想。在佛教戒定慧的三學之中,"正見"主要也應該屬於"慧"的範疇。按照傳統的通途佛教的觀點,真正見道以後才能有正見。而在佛教的各個宗派之中,慧能禪宗是特別強調在日常生活中頓悟見性或見道的。也就是説,慧能禪宗是非常強調頓悟見性而獲得正見的。潙山靈佑就曾對仰山慧寂説:"祇貴子眼正,不説子行履。"②當然這

---

① 見於《臨濟慧照禪師塔記》等,《大正藏》第 47 册,第 506 頁下。
②《潭州潙山靈佑禪師語錄》,《大正藏》第 47 册,第 578 頁中。

祇是溈山一時的善巧方便之説，溈山是想指出獲得正見的重要性，并不是説踐履不重要。對於佛教禪宗來説，祇有在正見的指導下，才能有正確的行履。而且如果獲得了正確的見解，就必然會有正確的行履。

臨濟義玄顯然是繼承了原始佛教重視"正見"以及慧能禪宗強調頓悟見性、獲得正見的思想傳統，非常重視在日常生活和禪行中獲得"真正見解"的重要性，他曾宣稱：

> 今時學佛法者，且要求真正見解。若得真正見解，生死不染，去住自由，不要求殊勝，殊勝自至。①

> 道流，切要求取真正見解，向天下橫行，免被這一般精魅惑亂。②

> 大德，莫錯。我且不取爾解經論，我亦不取爾國王大臣，我亦不取爾聰明智慧，唯要爾真正見解。③

> 夫出家者，須辨得平常真正見解，辨佛辨魔，辨真辨偽，辨凡辨聖。若如是辨得，名真出家。若魔佛不辨，正是出一家入一家，唤作造業衆生，未得名為真出家。④

在臨濟義玄的時代，由於慧能禪宗特別是馬祖洪州宗在天下廣為流行，禪宗的教學方法發生了很大的改變，禪宗學人表達自身禪學見地的禪機逐漸盛行。這其中自然是魚龍混雜，臨濟義玄在這種禪學背景下特別強調要求取真正見解，自然也具有一定的時代針對性。

---

① 《鎮州臨濟慧照禪師語録》，《大正藏》第 47 册，第 497 頁上。
② 《鎮州臨濟慧照禪師語録》，《大正藏》第 47 册，第 497 頁下。
③ 《鎮州臨濟慧照禪師語録》，《大正藏》第 47 册，第 502 頁下。
④ 《鎮州臨濟慧照禪師語録》，《大正藏》第 47 册，第 498 頁上。

臨濟義玄認為，"真正見解"與世俗地位無關，甚至與外在形式上是否出家也無關聯，與世間的聰明智慧也無直接的關聯。按照佛教禪宗的觀點，"真正見解"是與頓悟見性相應的見地。它不僅僅是一種外在的知識和見解，更是與內在的整體性的人格有關。因而吳汝鈞先生認為，所謂"真正見解"，并不是一種學説，也不是一套理論。這不是從學説、理論或概念處講。所謂真正見解，即是真正的自己，要人在自己的生命中樹立起真正的自我，樹立起自己的主體性。這真正見解是從"真我"或"主體性"處講。臨濟認為人在日常生活的各個方面，都不應人云亦云，而當有自己的見解。所謂自己的見解，即是要有自己的表現、自己的方向。這是要你尋得真正的自我，樹立起自己的主體性，才可達到。臨濟又教人不要追隨別人所樹立的權威（authority），不論是祖師或是佛。這些所謂權威，都是外在的，與自己主體性的樹立并無關係。① 在臨濟義玄看來，如果能獲取真正見解，樹立自己的主體性，那麼就可以"生死不染，去住自由"，超越生死相對性的偽、凡、魔的相對性境界，進入絕對自由的真、聖、佛的絕對本體境界。臨濟義玄關於求取"真正見解"的説法也在一定程度上恢復了原始佛教的平實風格。

二、無依道人

那麼，什麼是臨濟義玄要求學人所求取的真正見解呢？據《臨濟語録》載：

問：如何是真正見解？師云：爾但一切入凡入聖，入染入浄，

───────────────

① 吳汝鈞：《臨濟禪》，《獅子吼》33 卷第 6 期，載《禪》1996 年第 1 期。

入諸佛國土，入彌勒樓閣，入毗盧遮那法界，處處皆現國土，成住壞空。佛出于世，轉大法輪，却入涅槃，不見有去來相貌，求其生死了不可得。便入無生法界，處處遊履國土，入華藏世界，盡見諸法空相，皆無實法。唯有聽法無依道人，是諸佛之母。所以佛從無依生。若悟無依，佛亦無得。若如是見得者，是真正見解。①

古人云：平常心是道。大德，覓什麼物？現今目前聽法無依道人，歷歷地分明，未曾欠少。爾若欲得與祖佛不別，但如是見，不用疑誤。爾心心不異，名之活祖。②

楊曾文先生分析認為，義玄所謂的真正見解主要有兩點：一是發揮大乘佛教的佛性學說，宣述佛在自身自心，不必外求，甚至形象地稱自身所具有的佛（佛性、本心）是"無位真人"；二是依據般若"空"的思想，認為世界一切事物和現象皆空無自性，不僅不應執着外在事物（色法），連自己的自性及一切感性認識（心法）也不應執着。③ 通觀義玄的説法，義玄在上述表達中要説明的是，我們的心性本體是一切萬法的清净本源，心性本體是"入凡入聖，入染入净"，是入一切法，是遍于一切萬法的。心性本體雖然貫通於一切相對性的萬法，但却不依執於一切相對性的萬法，因為心性本體是能照見一切萬法的空寂無依之相的。臨濟義玄將這個貫通於一切相對性的萬法，而又能照見一切萬法空寂無依之相，因而不依執于一切相對性萬法的心性本

---

① 《鎮州臨濟慧照禪師語録》，《大正藏》第 47 册，第 498 頁上。
② 《鎮州臨濟慧照禪師語録》，《大正藏》第 47 册，第 499 頁下。
③ 楊曾文：《唐五代禪宗史》，中國社會科學出版社 1999 年版，第 446 頁。

體生動形象地稱之為"無依道人"或"無位真人"①。所謂"真正見解",就是要能夠在日常生活的一切時和一切處中"心心不異"而毫不間斷地體認到我們内在的心性或佛性本體——"無依道人"或"無位真人",無依道人就是佛,無依道人的境界就是佛的境界。無依道人也就是"真正見解"的體現者。

臨濟義玄非常強調"無依道人"的清净本源性、超越相對的無依無住性和純粹的主體性,他説:

> 大德,爾且識取弄光影底人是諸佛之本源,一切處是道流歸舍處。是爾四大色身,不解説法聽法;脾胃肝膽,不解説法聽法;虚空,不解説法聽法。是什麽解説法聽法? 是爾目前歷歷底勿一箇形段孤明,是這箇解説法聽法。若如是見得,便與祖佛不别。但于一切時中,更莫間斷,觸目皆是。祇為情生智隔,想變體殊,所以輪回三界,受種種苦。②

> 爾要與祖佛不别,但莫外求。爾一念心上清净光,是爾屋裏法身佛;爾一念心上無分别光,是你屋裏報身佛;爾一念心上無差别光,是你屋裏化身佛。此三種身,是爾即今目前聽法底人。祇為不向外馳求,有此功用。③

> 爾若欲得生死去住,脱著自由,即今識取聽法的人,無形無相、無根無本,無住處,活潑潑地。應是萬種施設,用處祇是無

---

① 如臨濟義玄説:"但有聲名文句,皆是夢幻。却見乘境底人,是諸佛之玄旨。還是這箇無依道人,乘境出來。若有人出來問我求佛,我即應清净境出。有人問我菩薩,我即應慈悲境出。若有人問我菩提,我即應净妙境出。有人問我涅盤,我即應寂静境出。境即萬般差别,人即不别,所以應物現形,如水中月。"(《鎮州臨濟慧照禪師語録》,《大正藏》第47册,第499頁上)這也是説,作為絶對性本體的"無依道人"是貫通於一切相對性的境法,但它自身却是無依、無住於相對性境法的。
②③《鎮州臨濟慧照禪師語録》,《大正藏》第47册,第497頁中。

處。所以覓著轉遠,求之轉乖。號之為秘密。①

　　唯有道流目前聽法的人,入火不燒,入水不溺,入三塗地獄,如遊園觀,入餓鬼畜生,而不受報。②

　　佛教追求的最高人格理想就是佛的境界。然而臨濟義玄很少直接提及在一般人心目中神聖而高遠的佛,他更多提到的是具體的"人"或"無依道人"。他認為"目前聽法底人""弄光影底人"就是諸佛之本源,或者說"目前聽法底人"就是佛。由於"目前聽法底人"就是義玄當時說法的具體對象,因而"目前聽法底人"也就是指當前的具體現實之人。"目前聽法底人"的當前一念清淨心就法身佛,當前一念無分別心就是報身佛,當前一念無差別心就是化身佛。三身佛是三位一體的,也就是說,佛就體現在具體現實之人的當前一念心上。在當前一念心上體現了佛的境界的人就是無依道人或無位真人。無依道人是"無形無相、無根無本,無住處,活潑潑地",是"目前歷歷底勿一個形段孤明","解說法聽法"者。這就是說,無依道人是純粹的主體性,它就體現在日常生活的活潑潑的無染無住的見聞覺知活動之中,"但于一切時中,更莫間斷,觸目皆是"。而且無依道人是像佛一樣"入火不燒,入水不溺,入三塗地獄,如遊園觀,入餓鬼畜生,而不受報","生死去住,脫著自由",因而無依道人是超越了萬法的相對性拘限,超越了生死的輪迴,獲得了絕對自由的境界。

　　在傳統的通途佛教中,要達到高遠而神聖的最高果位——佛的境界,必須要經過五十二位漸修的修行階位。而臨濟義玄直截了當地認為,不脫離日常生活的無依道人就是佛的境界,而且主張要"坐

---

①《鎮州臨濟慧照禪師語錄》,《大正藏》第47冊,第498頁下。
②《鎮州臨濟慧照禪師語錄》,《大正藏》第47冊,第500頁上。

斷報化佛頭",認為"十地滿心猶如客作兒,等妙二覺擔枷鎖漢,羅漢
辟支猶如廁穢,菩提涅槃如繫驢橛"①,這些都充分地體現了臨濟義
玄頓悟禪的特色。吳如鈞先生也認為,無依道人或無位真人代表着
臨濟禪的理想人格。在大乘佛教,所謂理想人格,指人透過各種學習
和實踐,最終所達到的理想人格境界。傳統上大乘佛教都以菩薩
(biodhisattva)作為理想人格,但臨濟却不言菩薩,而提出"無位真
人"。他的目的是要使這種理想人格與我們日常和生活有一更加密
切的關係。因為菩薩一向予人一高高在上的印象,没有什麼親切感,
很多人更把菩薩當作神靈或偶像來崇拜,這都是一知半解的做法。
為了避免這種情況出現,臨濟從新提出一種理想人格的觀念,即是無
位真人。所謂無位真人,直接的意思是指人最純真的狀態。當人在
最純樸、最直截了當的時候,便是真人。"無位"即是無一切世俗的名
利、權位之類的相對性格的東西,從一切名利、地位權勢這些世俗事
物於觀念中剥落開來。透顯出人的本來面目。這當然是以佛性作為
其內在的基礎,無論是對世俗事物的超越,或是本來面目的透顯,都
是從佛性處講,是直下從佛性處開顯出來。這是在行動上無任何的
拘束、來去自在的一種人格。這或可説是最能直截了當體現人的最
高體性(highest subjectivity)的一種人格。這便是無位真人。我們
要注意臨濟這種説法的特別含義,他不依着大乘佛教的傳經説菩
薩……他是要將無位真人這種理想人格與現實接上緊密的關係。他
認為人能將佛性這寶藏直截了當地表現出來,便是理想人格,是無位
真人。這本來是非常簡樸的事,我們不應把理想人格看成是高高在

---

① 《鎮州臨濟慧照禪師語録》,《大正藏》第 47 册,第 497 頁下。

上、遙不可及的東西。① 吳如鈞先生指出了臨濟的無位真人與我們日常生活的緊密聯繫性。事實確實如此,臨濟的無位真人或無依道人不是抽象而高遠的概念,它是不脫離我們具體性的日常生活的。

臨濟的無位真人或無依道人作為純粹的主體,它不是與客體平行而二元相對的主體性,而是作為一切境法(客體)之本源的絕對本體性的純粹主體。作為一切境法(客體)之本源的絕對本體性的純粹主體是體現在具體的當前一念之心的。對此,臨濟曾反復宣稱説:

> 是你目前歷歷的,勿一個形段孤明。
>
> 即今目前孤明歷歷聽者,此人處處不滯。
>
> 祇你目前用處,始終不異,處處不疑。
>
> 現今目前聽法無依道人,歷歷地分明,未曾欠少。
>
> 是你目前用處,與祖佛不別。
>
> 還是道流目前靈靈地照燭萬般,酌度世界的人。
>
> 目前用處,更是阿誰?!
>
> 有人解者,不離目前。
>
> 即今與麼馳求的,你還識渠麼? 活潑潑地,祇是無根株,擁不聚、撥不散。求著,即轉遠;不求,還在目前。
>
> 還是你目前昭昭靈靈,見聞覺知照燭的。
>
> 祇你面前聽法底是也。
>
> 唯有聽法無依道人。
>
> 即今識取聽法的人。
>
> 你祇今聽法者,不是你四大,能用你四大。
>
> 是你如今與麼聽法的人。

---

① 吳汝鈞:《臨濟禪》,《獅子吼》雜誌 33 卷第 6 期,載《禪》1996 年第 1 期。

你今聽法的心地。

今聽法道人，用處無蹤迹。①

透過上面臨濟義玄的反復宣説，我們可以發現，爲了表達的直接性、有效性和簡潔性，臨濟義玄經常以當前的具體的"人"這一更爲簡短有力的稱呼代替"無依道人"。確實，當前的具體的"人"比"無依道人"更爲簡潔有力地表達了不脱離當前日常生活的絶對本體或純粹主體。這樣，臨濟就以不脱離日常生活的當前具體的活生生的"人"的概念取代了傳統佛教的神聖高遠的"佛"。或者説，在臨濟義玄的禪學裏，"人"就是絶對本體或純粹主體，具體的活生生的"人"具有與傳統佛教最高理想境界的"佛"等同的意義了。臨濟義玄的這種思想充分體現了慧能禪宗不脱日常生活而見性成佛的特點，是慧能禪宗頓悟禪高度發展的産物。

由於臨濟義玄高度重視"人"的價值，因而日本著名佛教學者鈴木大拙先生（1870—1966）在《臨濟的基本思想》中認爲，"人"的概念是全書（即《臨濟語録》）的關鍵，也是真正禪宗精神的核心。日本著名佛教學者柳田聖山先生（1922—2006）也認爲，"人"的思想的確是臨濟佛教的特色，它通貫於整個《臨濟録》。臨濟的佛教，可以説是最開放活潑的。在臨濟義玄之前，神會和宗密所説的"知之一字，衆妙之門"，是在"知"中確認人心的本質，這在一定程度上猜中了包括凡聖在内的大衆的本質，應給予高度評價。但是，"知"畢竟是抽象的、哲學性的；而臨濟的"人"却是具體的、主體性的，因而是最生動活潑的。此外，正如衆所周知的，南宗坐禪的落脚點在於見性。見性，就

---

① 轉引自〔日〕柳田聖山：《臨濟的説法及其在思想史上的意義》，吕有祥譯，載《禪》1989年
　　第1期。

是見自性、了知自己。那麼，從了知自己這一點來說，和上述"知"的本質是相通的；從被了知的自己來說，接近於臨濟的"人"。但是，"見性"和"知"是靜態性的，遠比不上"人"的活動性。還有一點要指出的就是，臨濟以前的傳統佛教學者，把佛教的主體真性稱為法性、真如，或佛性、如來藏等；而去掉關於佛教主體真性的種種施設，直接在現實具體的人中把握佛教主體，則是從臨濟開始的。臨濟以傳統佛教不常使用的"人"這個日常用語來把握佛教主體的本質。臨濟的"人"主要具有兩大性格，即"活潑潑地"活動性格，以及"昭昭靈靈地""孤明歷歷地"將一切相展現在眼前的性格。由於臨濟義玄的禪是活潑潑的"人"的禪，因而臨濟義玄的禪是不拘一格的自由的禪，具有獨自的個性，是最高妙的禪。可以說，臨濟義玄的歷史地位在於他最具有人間性，這一點遠遠超過他作為臨濟禪祖師的地位。作為對人性的探索，臨濟的佛教可以說是最高明的，同時又是徹底寓於具體日常生活之中的。從這一點又說，在中國佛教漫長的歷史發展中，臨濟義玄和他的禪可以說是最為傑出的。這是因為沒有人像臨濟義玄那樣，從人的立場出發，深入窺視展現人的本性、高揚人的價值，而這正是臨濟義玄禪的本質特徵和歸宿。當然，臨濟義玄闡揚"無位真人"佛教學說的目的，不是僅僅在於簡單地肯定"人"活動的現實世界，而是在於徹底否定一切實體觀念的嚴格的實踐。① 這種分析和評價應該說是有一定依據的。

　　"無依道人""無位真人"或"人"可以說是臨濟禪的核心，臨濟義玄的禪學高度重視"無依道人""無位真人"或"人"的價值，臨濟經常

---

① 參見［日］柳田聖山：《臨濟的說法及其在思想史上的意義》（呂有祥譯），載《禪》1989 年第 1 期。

在説法中向學人提舉關於"無依道人"或"無位真人"的話頭，據《臨濟語録》記載：

> 上堂云：赤肉團上有一位無位真人，常從汝等諸人面門出入，未證據者看看。時有僧出問：如何是無位真人？師下禪床把住云：道，道！其僧擬議，師托開云：無位真人是什麼幹屎橛！便歸方丈。①

臨濟對學人説，我們的身體和肉體中有一無位真人，經常通過我們身體的六根而活動，并且發生神妙的作用。臨濟還要求學人們要仔細體察自身内在的無位真人。這就是臨濟在提示學人，無位真人就體現在日常生活的當下，要在當前的日常活動中直接地體認它。有個學僧聽了臨濟的言語後，就問臨濟：什麼才是無位真人？這個問話本身就已經錯過一着了。因而臨濟聽了學僧的問話後，馬上就下禪床抓住他，反逼問他，讓他道出如何是無位真人。學僧剛要猶豫而思考，臨濟馬上就托開他，并説，無位真人是什麼幹屎橛！學僧猶豫而思考，是落入了二元相對性和對象化的思維方式，將"無位元真人"想像成一種相對性的殊勝和神妙境法。而臨濟説，無位真人是什麼幹屎橛！就是要以"幹屎橛"這種骯髒、卑微的境物來打破學僧對於殊勝、神妙的相對性境法的執着，讓他在當前而直下體認到活潑潑地貫通於一切境法，而又超越一切境法相對性執着的絶對本體性和純粹主體性的"無位真人"。

---

① 《鎮州臨濟慧照禪師語録》，《大正藏》第 47 册，第 496 頁下。

三、確立自信　不受人惑

臨濟義玄認為，我們如果能夠獲取真正見解，把握住自身純粹主體性的無位真人，那麼我們就可以在日常生活和禪行中真正地樹立起自己的主體性，確立自信而不受人惑，他曾説："道流，切要求取真正見解，向天下橫行，免被這一般精魅惑亂。無事是貴人。但莫造作，祇是平常。"①又説："佛者，心清净光明，透徹法界，得名為佛。"②"真佛無形，真道無體，真法無相。三法混融，和合一處。"③"佛者，心清净是；法者，心光明是；道者，處處無礙净光是。三即一，皆是空名，而無實有。如真正學道人，念念心不間斷。自達磨大師從西土來，祇是覓箇不受惑底人。"④

傳統的通途佛教都稱佛、法、僧為佛教三寶，僧是與佛、法并列的，是佛與法在具體的社會現實之人中的體現。而臨濟義玄特意不説"僧"，而以"道"替代"僧"，認為"道"就是佛與法在具體社會現實之人中的貫徹、體現和落實，而且認為佛、法、道三者是三位一體的，佛、法、道三者都是無形和無相的。"道"是具有中國傳統思想文化特徵的一個非常重要的概念和範疇，臨濟義玄以"道"取代"僧"，并將"道"與傳統佛教的重要概念"佛""法"并列，這既表明了臨濟義玄是深受中國傳統思想文化的影響，也體現了臨濟義玄作為一個佛教禪宗僧人的特色。臨濟義玄認為，佛法大道就體現在當前一念清净、光明而

① 《鎮州臨濟慧照禪師語録》，《大正藏》第47冊，第497頁下。
② 《鎮州臨濟慧照禪師語録》，《大正藏》第47冊，第502頁中。
③ 《鎮州臨濟慧照禪師語録》，《大正藏》第47冊，第501頁下。
④ 《鎮州臨濟慧照禪師語録》，《大正藏》第47冊，第501頁下—502頁上。

又處處無礙之心上，禪宗的大意就是要讓此清净、光明而又處處無礙之一念心在日常生活的一切時和一切處中保持念念相續，讓此一念心不因惑亂而間斷。臨濟還説："道流，爾欲得如法，但莫生疑。展則彌綸法界，收則絲髮不立。歷歷孤明，未曾欠少。眼不見，耳不聞，唤作什麼物？古人云：'説似一物即不中'。爾但自家看，更有什麼，説亦無盡，各自著力。"①"心法無形，通貫十方。在眼曰見，在耳曰聞，在鼻嗅香，在口談論，在手執捉，在足運奔。本是一精明，分為六和合。一心既無，隨處解脱。山僧與麼説，意在什麼處？祇為道流一切馳求心不能歇，上他古人閑機境。道流，取山僧見處，坐斷報化佛頭，十地滿心猶如客作兒，等妙二覺擔枷鎖漢，羅漢辟支猶如厕穢，菩提涅槃如系驢橛。何以如此？祇為道流不達三祇劫空，所以有此障礙。若是真正道人，終不如是。但能隨緣消舊業，任運著衣裳，要行即行，要坐即坐，無一念心希求佛果。緣何如此？古人云：若欲作業求佛，佛是生死大兆。"②

　　"心法無形，通貫十方。在眼曰見，在耳曰聞，在鼻嗅香，在口談論，在手執捉，在足運奔。本是一精明，分為六和合"，"展則彌綸法界"，這些語言都説明，佛性（心法）本體是活潑潑地貫通於一切境法的，絕對本體性或純粹主體性的心法本體是一切境法的清净本源。然而，心法本體雖然是活潑潑地貫通於一切境法，但是心之本體同時又能夠照見一切境法以及心法本身的空寂和虛無之性，即"收則絲髮不立"，"説似一物即不中"。因而對於已經頓悟心性本體的人來説，他就既能夠止歇馳求心，能夠無心無事，"一心既無"，又能夠"隨處解

---

① 《鎮州臨濟慧照禪師語録》，《大正藏》第 47 册，第 503 頁上。
② 《鎮州臨濟慧照禪師語録》，《大正藏》第 47 册，第 497 頁下。

脱",能夠隨順心性本體本來具有的活潑潑的妙用,"隨緣消舊業,任運著衣裳,要行即行,要坐即坐"。值得注意的是,臨濟義玄是以當前一念心將心性本體的這兩個方面特徵有機地統一起來了,他是將"空"與"有"都統一於當前一念心之中了,或者說臨濟義玄將佛性本體之"有"與般若性空之"無"統一於當前一念心之中了。臨濟義玄鼓勵學人對於自身具有心性本體意義的當前一念心不要有疑惑,要有自信和信心。他曾向參學者苦口婆心地反復強調和宣傳說:

> 道流,是爾目前用底與祖佛不別。祇麼不信,便向外求。莫錯! 向外無法,内亦不可得。爾取山僧口裏語,不如休歇無事去。①

> 佛法無用功處,祇是平常無事,屙屎送尿,著衣喫飯,困來即卧。愚人笑我,智乃知焉。古人云:向外作功夫,總是癡頑漢。爾且隨處作主,立處皆真。境來回換不得。縱有從來習氣、五無間業,自為解脱大海。②

> 如山僧指示人處,祇要爾不受人惑,要用便用,更莫遲疑。如今學者不得,病在甚處? 病在不自信處。爾若自信不及,即便茫茫地,徇一切境轉,被他萬境回換,不得自由。爾若能歇得念念馳求心,便與祖佛不別。爾欲得識祖佛嗎? 祇爾面前聽法底是!! 學人信不及,便向外馳求。③

> 如大器者,直要不受人惑,隨處作主,立處皆真。但有來者,皆不得受。爾一念疑,即魔入心。如菩薩疑時,生死魔得便。但

---

① 《鎮州臨濟慧照禪師語録》,《大正藏》第47册,第500頁下。
② 《鎮州臨濟慧照禪師語録》,《大正藏》第47册,第498頁上。
③ 《鎮州臨濟慧照禪師語録》,《大正藏》第47册,第497頁中。

能息念，更莫外求，物來則照。爾但信現今用底，一箇事也無。爾一念心生三界，隨緣被境分為六塵。爾如今應用處，欠少什麼？①

心法無形，通貫十方，目前現用。人信不及，便乃認名認句，向文字中求，意度佛法。天地懸殊。②

由於具有心性本體意味的當前一念心既有貫通一切境法的活潑潑的妙用，同時又能照見一切境法以及心法本身的空寂無相，因而臨濟義玄宣揚"確立自信，不受人惑"，其主要含義也就是啓發和勸導學人，要隨順自心本體的空寂無物之相，不再向外或向內求法，止歇念念馳求心，要"休歇無事"；同時，又要不受惑亂而懷疑自心的妙用，不要脫離自心的純粹主體性，被一切境法所轉而不得自由自主，要於不脫離日常生活的當下而直下承當自心本體，要確信作為自心本體的當前一念心具有活潑潑的無窮妙用，要自信"心法無形，通貫十方，目前現用""目前用底，與祖佛不別""要用便用，更莫遲疑"。如果要用臨濟義玄本人一句精煉的話來概括"確立自信，不受人惑"的內容，那就是他在上面所説"但信現今用底，一個事也無"這一句話。而且臨濟義玄也經常喜歡用"平常無事""隨處作主，立處皆真"③這些具有高度精煉概括性的話語來説明"自信自主，不受人惑"的境界。為此，臨濟義玄還根據他的"自信自主，平常無事"的思想批評了在當時還

①《鎮州臨濟慧照禪師語録》，《大正藏》第47冊，第499頁上。
②《鎮州臨濟慧照禪師語録》，《大正藏》第47冊，第498頁上。
③"平常無事"的命題主要是繼承了馬祖洪州宗"平常心是道""無心是道"等一系列思想而提出的。"隨處作主，立處皆真"的提法則主要是受僧肇《肇論》"不動真際，而為諸法立處。非離真而有立處，立處即真"等命題的啓發，這也説明了臨濟義玄是非常善於繼承和總結前人的禪學智慧的。

有一定影響的對於坐禪修行過於執着的北宗神秀的禪流遺風。①

本來,無論是大乘佛教,還是原始佛教,都是非常重視"信"在修行實踐中的重要作用。原始佛教的"五根"修行法是"信根、勤根、念根、定根和慧根","五力"修行法是"信力、勤力、念力、定力和慧力"。我們可以發現,無論是五根還是五力,"信"都是居於首要地位的。大乘佛教則有五十二位的修行階位,即:十信、十住、十行、十回向、十地、等覺和妙覺,"十信"也是居於五十二位的初首地位。大乘佛教的重要經典《華嚴經》更是曾有"信為道元功德母,長養一切諸善法"這樣一段話,可見大乘佛教的代表性經典《華嚴經》是極為推崇和提倡"信"的重要性的。

臨濟義玄特別強調"自信"的説法,顯然是繼承了原始佛教和大乘佛教的思想,與原始佛教和大乘佛教對於"信"的重視是一脉相承的。但是,與原始佛教和大乘佛教的傳統通途佛教相比,在臨濟義玄的禪學思想體系裏,"信"具有更為崇高的地位。因為在臨濟義玄的禪學思想裏,"信"就是"自信"或"信自",而"自"就是自心,就是自心本體。"信"是由自心本體所發出,"信"的對象又是自心本體自身。這也就是説,在臨濟義玄關於"自信"的禪學思想體系裏,"信"的本身也是直接上升到了形而上的本體性的高度,具有形而上的本體性的

---

① 如臨濟義玄曾以慧能南宗"平常無事"的思想批評對於坐禪修行過於執着的北宗神秀的禪流遺風時説:"爾諸方言道,有修有證。莫錯,設有修得者,皆是生死業。爾言六度萬行齊修,我見皆是造業。求佛求法,即是造地獄業,求菩薩亦是造業,看經看教亦是造業。佛與祖師是無事人。所以有漏有為,無漏無為,為清净業。有一般瞎秃子,飽喫飯了,便坐禪觀行,把捉念漏,不令放起,厭喧求静,是外道法。祖師云:爾若住心看静,舉心外照,攝心内澄,凝心入定,如是之流,皆是造作。是爾如今與麽聽法底人,作麽生擬修他證他莊嚴他!渠且不是修底物,不是莊嚴底物。若教他莊嚴,一切物即莊嚴得。"(《鎮州臨濟慧照禪師語録》,《大正藏》第47册,第499頁中)

意義了。臨濟義玄繼承和發展了慧能禪宗不脱離日常生活而頓悟見性、自證自心本體的思想，因而臨濟義玄的"自信"説，更是強調要在不脱離日常生活的當前一念心中，自證和發揮自心本體本來具有的一塵不染而又活潑潑的妙用。因而，臨濟義玄的"自信"説，與傳統佛教對於"信"的重視程度相比，更加突出了"信"的崇高地位，更是特色鮮明地體現了慧能禪宗頓悟禪注重實踐和簡易直接的思想特色，也可以説是慧能禪宗頓悟禪高度發展的產物。

我們可以發現，在臨濟義玄關於"無依道人"或"無位真人"的説法裏，主要是提煉和突出了"人"的地位和重要性。而在臨濟義玄關於"自信"的説法裏，主要是提煉和突出了"用"的地位和重要性。其實，在臨濟義玄的禪學思想裏，"人"與"用"是完全相通的，都是為了表示絕對本體性或純粹主體性就是體現在不脱離日常生活的當前一念心之中。① 因而吳如鈞先生認為，臨濟説"要用便用"，所謂用即是表現。你要如何表現，便能如何表現。順應着你原來主體性的方向去做，不再因為別人的引誘、影響而遲疑不決。臨濟認為，人若不能

---

① 吳經熊先生認為：臨濟極力闡揚充滿"自信"的"無位真人"，這和西方哲人愛默森（Emerson）鼓吹的"最根本的自我"極為相似。愛默森像臨濟一樣，鼓吹自恃和自信，并強調這個自恃、自信的自我，不是形體的我，而是根本的我。愛默森説："在我們研究了自信的理由後，便可以解釋什麽由個人原始行動會引發了這種磁性的吸力。但什麽才是可以作為普通信賴基礎的最根本的自我呢？ 這是一顆没有視差，不能計量，而使科學受挫的昨辰，它的美麗的光芒照透了繁雜不净的行為。如果它没有一點獨特之處，試問它的本性和力量又是什麽呢？ 這問題我們歸根究底的，去探索那種被稱為自發或本性的天賦，道德和生命的本質。我們稱這種根本之智為直覺，稱學習得來的為教授。那個分析所不能及的最後力量就是萬物的共同根源，在平静時從靈魂深處，我們不知如何的透出了那種存在感，它是和萬物，時空，人類一體共存的，顯然，它就是和生命及一切存在同一根源的。"愛默森所謂"最根本的自我"，"這顆没有視差，不能計量，使科學受挫的星"，正是臨濟的"無位真人"，有時稱為"無依道人"，或簡稱為"此人"。（吳經熊：《禪學的黄金時代》，海南出版社 2009 年版，第 155—156 頁）

挺立自己的主體性，便會缺乏自信，易受人愚弄和迷惑，由是一切行為活動都祇有隨着別人及外在事物流轉，忘失自己，不能表現出真正自我。① 方立天先生也認為，臨濟宗人的心性命題，一方面着重否定外在於生命，外在於心的超越理想，否定念念向外馳求，力主超佛越祖，肯定現實的人和人心的無限價值，強調禪的真正理趣內在于眾生的生命之中，必須向內自省，重視開發現實人的"活潑潑地"創造精神；一方面又注重超越經教，獨立窮究人生的奧秘，直觀體認宇宙的真實，在禪修中普遍運用棒喝方式，甚至呵祖罵佛等種種在一般人看來是超常、反常的做法。這是佛教內部涌現出來的一種新的人文主義人生觀，其核心思想是對主體內在個性和外在行為的充分尊重。② 這些分析和評價應該說是很有見地的。

綜上所述，義玄禪師在河北大地弘揚其具有鮮明的生活禪特色的臨濟宗風，對於河北佛教禪宗的發展具有非常重要的推動作用，臨濟禪風對於當時以及後世的禪宗發展都具有非常重要而深遠的影響。本文從"求取真正見解""無依道人"和"確立自信，不受人惑"等幾個方面具體探討了臨濟義玄禪學思想。本文認為，在禪宗的五個宗派裏，臨濟宗最為系統全面而又具體鮮明地體現了慧能禪宗不脫離日常生活的當前一念心之中而體悟心性本體的思想特色，臨濟宗在禪宗五個宗派之中影響最為久遠，這些都與臨濟義玄本人的禪學思想具有直接的關係。

---

① 吳汝鈞：《臨濟禪》，《獅子吼》雜誌 33 卷第 6 期，載《禪》1996 年第 1 期。
② 方立天：《中國佛教哲學要義》上卷，中國人民大學出版社 2002 年版，第 499—500 頁。

破邪顯正論"默照"

——默照禪法的安心學理

陳平坤

内容提要：以關懷中華禪門所重"安心"教學課題為主軸,本論文嘗試探討宏智正覺回應"安心"課題而開闡出來的默照禪法,希望借由論議默照禪教的安心學理,打開默照禪法用來安頓吾人身心的有益內容,進而揭示默照禪法所承傳下來的中華禪法實踐精神——"我心無住"。

文中首先解析"默照"一詞所涵蘊的禪法修行內容;其次,檢視大慧宗杲針對默照禪法教學內容的相關批評;然後,正面論議默照禪教的安心學理;最終,歸結於闡明默照禪法所承傳的"無住"這一中華禪法實踐精神。

文中指出大慧宗杲對於"默照邪禪"的針砭,具有廓清一般行者關於默照禪法所生歧解或誤會的效用,實際從旁助成了宏智正覺所要教授的"默照正禪";并且指出默照禪法從"净治揩磨"、經"休去歇去",以抵達"無心合道"的境地,其中一以貫之的禪修精神,便是六祖慧能所説"無住為本"的定慧等持實踐原則。

關鍵詞：安心；休歇；無心；默照；宏智正覺

一、前言

面對世間萬象，我們有許多情感、知見、意欲不斷隨生活中所遭遇到的人事物在發生、在表現。這些發表出來的情感、知見、意欲被我們用個語詞概括指陳時，便是通常所謂的"心"。而若更進一步檢視這被叫做"心"的生命現象聚合體，則會發現它有某些特質或屬性——例如佛教所常指出的"無常""苦""無我""不净"等。然而無論如何，人類生命種種活動又往往就是必須倚賴這個看似不甚可靠，也不算可貴的"心"去發動或帶領[①]。於是面對這種情況，假使我們真的不安於此"心"，那麼就得深入思考一項課題，亦即：是否可能，以及如果可能的話又要怎樣使"心"變得更為可靠、可貴呢？這道生命課題之所以重要，乃是因為唯有如此才能讓自己由"心"所領導的生命活動品質越來越趨近於良善的境地。

正是在以探得更可靠、更可貴的"心"為主題的生命學問裏，例如佛法的禪宗教學，便有諸如"求心""修心""伏心""無心"之類的思想觀念及修行論題被鄭重提出；而歷代禪宗學人也不斷投身於這類本論文統稱之為"安心"課題的探究行列，極欲尋獲某種能夠徹底安頓

---

① 參見《大般若波羅蜜多經》卷 568："於一切法，心為前導；若善知心，悉解衆法。種種世法，皆由心造。"（《大正藏》第 7 册，第 933 頁中—下）

自己乃至他人身心的究竟答案①。其中，六祖慧能所開南宗禪法傳至宋代，除"公案禪""文字禪"外，在南宋盛極一時的"看話禪""默照禪"兩類教學重點不一的中華禪法，也各有代表人物。看話禪教的代表人物是大慧宗杲（1089—1163，以下簡稱"宗杲"），默照禪教的代表人物為宏智正覺（1091—1157，以下簡稱"正覺"），但都同樣備受時人尊崇。就中，宗杲所倡看話禪法，或許不免有弊②；而他對於默照禪教的某些針砭，看似頗不贊同當時所流行的某些默照禪法修持方式，不過，在本論文看來，實際却有從側面廓清時人對於默照禪修方式之某種偏執或歧解的可貴作用③。

　　着眼於此，本論文針對正覺回應中華禪門"安心"課題而所盛大開闡的默照禪法，乃打算經由宗杲所提出的相關論議來檢視其中的可能弊病；然後，再試着正面掘發默照禪教的安心學理，希望借此相

① 例如：菩提達摩（？—535）的"二入四行"、道信（580—651）專提"稱名念佛"的"一行三昧"、弘忍（601—675）的"守本真心"、慧能（638—713）以"無念為宗"的禪法教學，等等。參見《楞伽師資記》卷1，《大正藏》第85冊，第1284頁下—1285頁中、1286頁下—1289頁中；《最上乘論》，《大正藏》第48冊，第377頁上—379頁中；《南宗頓教最上大乘摩訶般若波羅蜜經六祖惠能大師於韶州大梵寺施法壇經》卷1，《大正藏》第48冊，第338頁下。

② 例如楊惠南說過："禪，原本是活潑、自在的。……然而，宗杲的看話禪却把禪法限定在'現成公案'的參究之上；禪的活潑、自在的特性，完全喪失殆盡！"詳見楊惠南：《看話禪與南宋主戰派之間的交涉》，載《中華佛學學報》1994年第7期，第209頁。而陳平坤則指出："看話禪法有陷在妄念中自尋煩惱的修持弊病。"詳見陳平坤：《聖嚴禪教之安心法門—"看話禪"與"無住"思想是融貫的嗎？》，載《國立臺灣大學哲學論評》2013年第46期，第189—193頁。

③ 在野上俊靜、牧田諦亮等人所著的《仏教史概說・中国篇》已經指出："……若將大慧與宏智的禪思想，說成為對立的兩派，那也僅是外表的見解，實則，在他們兩者之間，并無任何的固執可求。……大慧批判默照的邪禪及邪師，乃在警告曹洞禪者勿陷於弊病之中，但却不是否定宏智主張的默照禪。從臨濟與曹洞之不同的觀點來看，與其說大慧否定了什麼，不如考慮著說他是對於正當的禪之擁護者。"參見［日］野上俊靜等：《中國佛教史概說》，釋聖嚴譯，台北：臺灣商務印書館1993年版，第143頁。

互助成的兩條路徑,一則為學人打開默照禪法用於安頓吾人身心的有益內容,另則揭示默照禪法所承傳下來的中華禪法實踐精神——"我心無住"①。本論文的主標題也因此名為"破邪顯正論'默照'",而副標題則為"默照禪法的安心學理"。至於論述則分五節展開:第一節前言,說明研究動機、論文主旨以及章節安排;第二節,先從"默照"一詞的含義着手,探討它所概括表示的禪修功夫內涵;第三節,接着討論宗杲針對"默照邪禪"的相關論議;第四節,則是正面論究正覺所教授的"默照正禪",闡發其"安心"學理;第五節結論,總結論述,提示核心見解。

二、"默照"一詞所概括的禪修功夫內涵

正覺所傳授的中華禪法被後人稱為"默照禪",但正覺并非當時教導"默照禪"的唯一禪師。然而不管如何,在指導學人修身調心的默照禪教裏,所謂"默照",是什麼意思呢?或更明確地説,它的禪修功夫內涵到底為何?

關於"默照"的修行功夫內涵,正覺在《默照銘》裏有一説法:

> 默默忘言,昭昭現前。②

這個説法透露"默"是指放捨語言或沒有言説的一種狀態,而"照"則

---

① 參見《南宗頓教最上大乘摩訶般若波羅蜜經六祖惠能大師於韶州大梵寺施法壇經》卷1:"……如來入涅槃,法教流東土,共傳無住,即我心無住。"(《大正藏》第48冊,第345頁中)
② 引見《宏智禪師廣錄》卷8,《大正藏》第48冊,第100頁上。

是指明白照見當前境界的一種心智狀態①。

然則，不止於此，所謂"默"，還更指向某種超越一般覺知活動而為無所思、無所慮的精神狀態。例如正覺有首贊頌，説道：

> 默默無思，聞聞不羈。秋濯星河色，風吹月蕩漪。②

"默默"是對無思想、無念慮之精神情狀的一種描摹；而它落實在禪修活動指導上，便不僅是要學人忘語無言而已，而且還是對於禪修者以起動思想念慮為功夫的一種遮撥或調柔。

同樣的，"照"也不僅是指禪修心智面對內外境界的一種明明白白狀態，更意指禪修心智的一種能動鑒照作用。例如正覺的另一首贊頌，便表示：

> ……一默照源底，三乘空葛藤。清白濯秋之月，光明破夜之燈。③

這是説：一旦擁有鑒照諸法源底的默照禪功，便能不僅像秋月所具清光那般明明白白，而且還能如同燈火通明那樣照破黑夜晦暗；不過，這樣一種禪修心智的能動鑒照作用，至此已更不假人功施為而已④！

因此，正覺指點學人禪修，針對如何着手用功的問題，便説：

---

① 參見 Morten Schlütter，*How Zen Became Zen：The Dispute over Enlightenment in the Song—Dynasty China*，Honolulu：University of Hawaii Press，2008，p. 147.

② 詳見《宏智禪師廣録》卷9，《大正藏》第48冊，第113頁下。

③ 詳見《宏智禪師廣録》卷7，《大正藏》第48冊，第81頁下。

④ 參見《宏智禪師廣録》卷6，《大正藏》第48冊，第75頁中；《宏智禪師廣録》卷8，《大正藏》第48冊，第100頁上—中。

學佛究宗家之妙，須清心潛神、默游內觀，徹見法源，無芥蒂纖毫作障礙。廓然亡像，如水涵秋；皎然瑩明，如月奪夜。正恁麼也，昭昭不昏，湛湛無垢，本來如如，常寂常耀。其寂也，非斷滅所因；其耀也，無影事所觸。虛白圓淨，曠劫不移，不動不昧，能默能知。……當恁麼體取。①

"寂"是"默"的歸趣處，"耀"為"照"的發用力；而"常寂常耀"的實現根本，則繫於能夠徹見諸法源底的默照禪修功夫。

相對於正覺的古代解說，同樣努力傳授"默照禪法"的當代禪師慧空聖嚴（1931—2009，以下簡稱"聖嚴"），對於"默照"一詞的説明，則是：

……放捨我執是"默"，清清楚楚是"照"，這就是默照禪。②

這一説明所顯示的"默"字含義，既不在於無言無説，也不在於無思無慮，而是直指言説思慮的主體——"自我"，認為不再有"自我"之執着，便是"默"的深意所在。至於"照"，則是表示對於事物乃至對於該種禪觀活動的清楚覺察。

正覺、聖嚴二位禪師，一古一今，他們對於"默照"一詞所涵蘊的禪修功夫內容，表面看來似乎解義不同，不過事實上它們是彼此一體通貫的差別表示。

首先，聖嚴講解正覺所教默照禪法時，也説過："這個修行法門中，'默'是指不用語言文字，沒有心的思惟，而'照'指的是心的清楚

---

① 詳見《宏智禪師廣錄》卷 6，《大正藏》第 48 册，第 75 頁下。
② 引見釋聖嚴：《聖嚴法師教默照禪》，台北：法鼓文化事業股份有限公司 2004 年版，第 19 頁。

明白、寬宏廣大。"①其次,"清清楚楚"和"昭昭"二語的意思,基本也無不同。再者,雖然"放捨我執""忘言"暨"無思"兩種説法的意指有其差別——前者指"放捨或没有'我執'",後者表示"放捨或没有'言説'"以及"無思無慮";可是,倘若深入勘察,那麽就會了解"我執"跟"言説"暨"思慮"二者,在佛教看來,其實彼此具有一定甚至相當密切的内在關聯。以下,且試就此意義面向展開進一步的研討。

　　1. "忘言"和"放捨我執"的内在關聯

　　關於"我執",若是根據唯識學説,則一般又可分成"俱生我執""分別我執"二種。"俱生我執",是指不待某些錯誤的教説及分別,便從自心深層意識發起取相作用,以致認定所取對象就是常恒不變之真實存在體的一種執着。"分別我執",則是指緣於某些錯誤的教説和分別,而由自心表層意識發起取相作用,遂把所取對象視為實有的一種執着。"俱生我執",通常被認為是潛藏於第八阿賴耶識裏的一種執着心態;而"分別我執",則為表現在六識活動中的一種執着心態。簡要説來,"俱生我執"是比"分別我執"更深隱的一種執着,重在

---

① 引見釋聖嚴:《無法之法——聖嚴法師默照禪法旨要》,單德興譯,台北:法鼓文化事業股份有限公司 2009 年版,第 82 頁。此外,聖嚴還表示:"……這種默照就像一面鏡子,形影自由自在地在面前出現,它却保持完全静止。外在環境就像這些經過的形影一樣,你的心就是這面鏡子,因為不動,所以是默,明鑒它面前的一切事物,這就是照。"或説:"在默中一直有照,在照中,一直有默,兩者不可分。默照就是静止和澄明。"或者認為:"……'默'是心擺脱了過去、現在與未來的念頭,'照'是心很澄明,没有執著。"詳見釋聖嚴:《無法之法—聖嚴法師默照禪法旨要》,單德興譯,第 40 頁、第 41—42 頁、第 45 頁。

認定生命活動擁有某種真實不變的主體為其根柢①。然則,不管哪種"我執",根據要求解脫"我執"的佛教目標來看,皆是屬於必須要被去除或解脫的一種心態;因為不管其淺深程度差別如何,它們都是一些不明了世界真實情況的無明心態,是煩惱,也是導致自身陷入生死輪迴之中的主要因素。

佛教一般認為:"煩惱"乃是生命體面對世界時,憑借六大覺知官能,先經感覺、認知以抓取對象某些情況的"取相"活動,再經掌握對象某些情況而形成概念之"分別"活動,最後通過思維決定對象為真實如此或非真實如此的"執着"活動——這三道比較重大的步驟或歷程——而形成的一種不清明、不可貴之心意識現象。就中,至少"取相""分別"二階段,就是"言說"或"語言"得以形成及運作的兩大因緣;不過,就表現看,"言說"或"語言"須借生命體的物質成素,例如嘴巴、舌頭、咽喉、氣管,然後表現出來;相對地,"取相""分別"則處於尚未借助物質因素的心意識活動中,但它們却是通常所說的思維或念慮。

由於"取相""分別"是能進一步形成"煩惱"或"執着"的基本

---

① 參見《成唯識論》卷1:"然,諸'我執'略有二種:一者、'俱生',二者、'分別'。'俱生我執',無始時來,虛妄熏習內因力故,恒與身俱,不待邪教及邪分別,任運而轉,故名俱生。此復二種:一、常相續,在第七識,緣第八識,起自心相,執為實我;二、有間斷,在第六識,緣識所變五取蘊相,或總、或別,起自心相,執為實我。此二我執,細故難斷;後修道中,數數修習勝生空觀,方能除滅。分別我執,亦由現在外緣力故,非與身俱,要待邪教及邪分別,然後方起,故名分別;唯在第六意識中有。此亦二種:一、緣邪教所說蘊相,起自心相,分別計度,執為實我;二、緣邪教所說我相,起自心相,分別計度,執為實我。此二我執,麤故易斷。"(《大正藏》第31冊,第2頁上—中)又,關於所謂"執着",通常說有"人(我)""法(我)"兩類,亦即"我執"以及"法執"。相對於"我執"可分成"俱生""分別"二種,"法執"也得有"俱生法執""分別法執"二種的不同。

條件①,再加上禪宗一向認為生命乃至非生命世界裏的種種事物,它們的真實面貌——所謂"諸法實相",并非思維可得知見、議論所能搆及的某種對象②,所以不管建立何種教説,在勸導學人修習佛法的意義脉絡下,便通常都會對"語言"或"言説"采取一種要求必須予以遮除或超越的態度。正覺所説"默默忘言"乃至"默默無思",就是其中一個例子。何況通過"默默忘言""默默無思"的禪修功夫,而不提供那些足以促成"煩惱"以及"執着"的"取相""分别"活動,畢竟至少可以免除"分别我執"。

例如,正覺指點學人體究不取相、無分别的本真心地時,便説:

> 清净無相,妙明絶緣,箇一片田地子,古今移不得。一切法生也,自是諸法生,了不干它事;一切法滅也,自是諸法滅,了不干它事。……纔起分别心,便成差别相。爾心無分别,平等與平等,更無平等者,徹表徹裏,盡中盡邊,純是汝本真所見。若心地下有一點疑蓋蔽,内為筋骸所梏,外為山河所眩,困踣於迷途,局促於轅下。若分曉也,便能向箇時出出没没。③

這是以本真心地的視角觀照世界萬象時,因為不起取相分别之念想,所以不會遇緣觸事便受困遭限,而得出處進退皆自由自在。默照禪法的種種實修功夫,正是要求學人復返於這樣一種本真心的隨處作

---

① 對此,唯識學説是以"種子"理論來説解"名言"和"我執"之間的内在關聯。可參見曹曙紅:《聚散因緣——佛教緣起説》,宗教文化出版社 2004 年版,第 98 頁。
② 例如正覺説過:"心本絶緣,法本無説。佛佛祖祖不獲已,向第二義門有問答機警,就其間剔撥一等鈍漢。所以德山道:'我宗無語句,亦無一法與人。'元是人人自到自肯,始有説話分。但直下排洗妄念塵垢,塵垢若净,廓然瑩明,無涯畛、無中邊,圍混混、光皎皎,照徹十方,坐斷三際。一切因緣語言,到此著塵點不得。唯默默自知、靈靈獨耀,與聖無異,於凡不減。……"詳見《宏智禪師廣録》卷 6,《大正藏》第 48 册,第 78 頁中。
③ 詳見《宏智禪師廣録》卷 5,《大正藏》第 48 册,第 62 頁中—下。

主的狀態①。

不過,關於"俱生我執",却又如何呢?"俱生我執"可不可能在默照禪修活動達到"忘言""無思"之際,也跟着不起作用,抑或不會形成呢?由禪修角度看,這就必須檢視學習者的禪修功夫到底深厚程度如何了!

對此,正覺開示默照禪修功夫如何層層轉進的方法時,便有一段講話:

> ……不見雲門大師道:"光不透脱,有兩般病:一切處不明面前有物,是一;透得一切法空,隱隱地似有箇物相似,亦是光不透脱。法身,亦有兩般病:得到法身,法執不忘、己見猶存,墮在法身邊,是一;直饒透得,放過則不可,子細撿點將來,有甚麼氣息!亦是病。"諸人還有此病也未?若未有此病,也須先受過始得。若久受此病,快須轉却。只如面前綠水、眼底青山,還得與自己相應也無?若未徑相應,大殺相礙。直饒相應,亦有礙在。當合如何行履?豈不是光不透脱兩般病。法身受病,諸人還知也無?直得功齊用細,亦須轉却。設或轉盡,有甚麼氣息!②

在佛教中,修行佛法而能證得"法身",乃是件了不得的大事。然則,倘若證得法身,但却仍然存有"法執""我見",那便還稱不上是究竟徹底。因此,正覺教導學人應該不斷地"轉却"又"轉却",即使觀行功夫已臻非常細密的境地,也仍需超越之;直到連洩露一點"法身"氣息也無,才算究竟徹底。

所謂"法身氣息都無",便是禪觀修行功夫深厚至洞見"諸法實

---

① 參見楊曾文:《宋元禪宗史》,中國社會科學出版社 2006 年版,第 504—506 頁。
② 詳見《宏智禪師廣錄》卷 5,《大正藏》第 48 册,第 72 頁上一中。

相”，亦即了悟事事物物的“空性”，而在這觀行入空之際，“言説”“思維”全部止息，則便能夠連無始以來由無明妄想所導致的“俱生我執”也都消除净盡。當此之時，没有“我執”作祟的心智，便處於不起煩惱雲翳的空明狀態；而這也就是正覺所説“昭昭現前”乃至“常寂常耀”，以及聖嚴所説“清清楚楚”或“澄明”的默照禪心境界。

2. “默照”的功夫意涵和境界意涵

不止於此，針對“默照”一詞的意涵，涂艷秋教授曾經指出，對於正覺來説，“默”和“照”主要是“境界”的描述詞，但對聖嚴而言，“默”和“照”則主要為“功夫”的教導語[1]。

涂教授的分别，基本無誤；因為檢視聖嚴教導默照禪修方法的許多講述，都在傳達：“照”是指“知道有諸相，知道有萬事”，“默”是指“發現了這些心裡的狀況時，馬上切斷它”之類的意思[2]。不過，正覺的“默”“照”，却并非僅止於作為描述開悟狀態的境界語詞，而且也有用來表示禪修功夫兩個側面的意涵。

例如，正覺在《真戒大師求頌》中寫道：

炷香坐羊氈，默默心住禪，仙桂萌兔窟，神珠媚龍淵。湛照自家事，出隨群動緣，應機分手眼，不翅有千千。[3]

默默安心住於禪定中，由此湛照自家本真心地事。在這裏的“默”“照”，皆可説是指導學人從事禪修活動的一種用語。

又，某日上堂説法時，正覺表示：

① 參見涂艷秋：《聖嚴法師對話頭禪與默照禪的繼承與發展》，楊蓓主編：《聖嚴研究第三輯》，台北：法鼓文化事業股份有限公司 2012 年版，第 213—214 頁。
② 參見釋聖嚴：《聖嚴法師教默照禪》，第 24 頁、第 27—28 頁、第 30 頁、第 33—34 頁；釋聖嚴：《無法之法—聖嚴法師默照禪法旨要》，單德興譯，第 39—40 頁，第 137 頁。
③《宏智禪師廣録》卷 8，《大正藏》第 48 册，第 94 頁下。

> 好諸禪德……唯默默而自照,故湛湛而純清。……只如超
> 凡入聖,轉位隨緣,且道路頭在甚麼處?還體悉得麼?良久,云:
> "曉風摩洗昏煙净,隱隱青山一綫橫。"①

湛湛而純清的心智境界,奠基在默默而自照的禪修功夫上。而正覺
把它比喻成是像晨間微風吹散昏煙暗塵之後,遠方連成一綫的青翠
山巒也就自然地清晰顯現了!

正如陳劍鍠教授所指出的,"默""照"同時,兩者一體不分;當證
悟默照禪法的最高境界時,也就能夠不用思維地回應萬事②。這樣
一種不復運作言說思維而摶神致力於静觀自家身心内外一切對象的
禪修方法,正覺指出它講究"默中有味、照中有神"③,也被學界認為
其有矯正"公案禪""文字禪"等禪林學風的作用及企圖④。不過,在
正覺大力推闡的過程中,却也曾遭遇相當有力的抵擋;就中,宗杲針
對"默照"這類禪修方法的批判,便是當時可見的一大阻力⑤。

三、宗杲批判默照禪教的依準

宗杲批判"默照"這類禪門修行方法,而説當時有"默照邪禪"或

---

① 詳見《宏智禪師廣録》卷 4,《大正藏》第 48 册,第 36 頁下—37 頁上。
② 參見陳劍鍠:《聖嚴法師的禪法體認及其對大慧宗杲"話頭禪"與宏智正覺"默照禪"的運用》,載《中正漢學研究》2013 年第 21 期,第 108—110 頁。
③ 詳見《宏智禪師廣録》卷 4,《大正藏》第 48 册,第 42 頁下—43 頁上。
④ 參見方立天:《文字禪、看話禪、默照禪與念佛禪》,載《中國禪學》2002 年第 1 卷,第 15 頁。
⑤ 林義正指出宗杲批判當時叢林所流行的一些禪法,其中便以批判"默照禪"為最多而且嚴厲。詳見林義正:《儒理與禪法的合流——以大慧宗杲思想為中心的考察》,載《佛學研究中心學報》1999 年第 4 期(7 月),第 154 頁。另參見釋開濟:《華嚴禪——大慧宗杲的思想特色》,台北:文津出版社 1996 年版,第 166—171 頁。

“默照邪師”①。這一所謂“默照邪禪”的指謫，是否真正是為直斥正覺所傳授的默照禪法呢？或者所謂“默照邪師”的評騭，到底包不包括正覺在內呢？關於這個問題的真相，或被視為是禪宗史上的“一大公案”②。不過，對於這個“公案”，在本論文中并不打算涉入“其人到底是誰”的問題考究，而是只想關注“其事究竟為何”的部分，亦即將僅着意於宗杲針對默照禪法的諸多批評，去考察他所見默照禪法究竟有何弊害的這件事情。

　　宗杲批判“默照”這種禪修方法的教導者以及學習者不免流於他所説的“邪禪”“邪師”一類。關於如此評騭，楊曾文認為它的重點是在指出“默照邪禪”“默照邪師”：(1)片面理解佛法禪道和經教語句之間的關係，否定經教語句的指導和借鑒意義；(2)不以“悟”而以“默然”為極則，主張一直坐禪默照下去才是最高原則③。而張雲江則又概括指出，主要是由於宗杲認為默照禪教可能表現出下揭情況：(1)執方便為實法；(2)以功夫為禪悟；(3)將心待悟、將心待休歇④，因此，宗杲極不以為然地提出種種駁議。

　　以下，嘗試援引同異不等的更多資料，然後再參酌其他學者的研究成果，在學術對話中展開更進一步的探究。

---

① 詳見《大慧普覺禪師語録》卷 17，《大正藏》第 47 册，第 884 頁下；《大慧普覺禪師語録》卷28，《大正藏》第 47 册，第 933 頁下。
② 詳見張雲江：《南宋禪宗史上的“默照禪公案”探究》，載《宗教學研究》2010 年增刊(2010年 9 月)，第 111 頁。另參見釋真觀：《禪宗的開悟與傳承》，臺北：文津出版社 2006 年版，第 7 頁。
③ 詳見楊曾文：《宋元禪宗史》，第 445—446 頁。
④ 詳見張雲江：《南宋禪宗史上的“默照禪公案”探究》，載《宗教學研究》2010 年增刊，第112—114 頁。

1. 認"階段"為"究竟"的默照禪學弊病

張雲江在他論文中針對"執方便為實法"這種評議的理解和説明,主要是指宗杲認為默照禪師往往有把禪門視為"方便"的一時教説看成是不可變易的"實法"。關於這點,鄧克銘、杜繼文及魏道儒等人也都已曾略有指明①。

可是,檢視宗杲的相關批評,實際上他所指出的,更是默照禪修者會把禪修過程中所出現的某些覺觀情況,例如"身心寂滅""前後際斷",當成就是整個修行的終點,亦即視為已證究竟清净安樂的境界。然而,實情却像《妙法蓮華經》所説②,那是將中繼站("化城")當成終點站("寶所")的錯誤見識。

例如,宗杲表示:

> ……老漢常愛真净和尚道:"如今人多是得箇身心寂滅、前後際斷,休去、歇去,一念萬年去,似古廟裏香爐去,冷湫湫地去,便為究竟。殊不知却被此勝妙境界障蔽,自己正知見不能現前,神通光明不能發露。"③

於是宗杲乃把默照禪修者對於這類身心體驗情況的認知判為"邪禪"④。就此而論,與其説"默照邪禪"是執着"方便"以為"實法",不如説是將"階段"認作"究竟"。

然則,可以追問的是:為何宗杲認定那些情況并非究竟徹底的修

---

① 參見鄧克銘:《大慧宗杲禪師禪法之特色》,載《中華佛學學報》1987年第1期(3月),第285頁;杜繼文、魏道儒:《中國禪宗通史》,江蘇古籍出版社1993年版,第456頁。
② 參見《妙法蓮華經》卷3,《大正藏》第9册,第25頁下—26頁上。
③ 詳見《大慧普覺禪師語録》卷17,《大正藏》第47册,第882頁上—中。
④ 參見下 Chun-Fang Yu: "Ta-hui Tsung-kao and Kung-an Ch'an," *Journal of Chinese Philosophy*, Vol. 6, Iss. 2 (June 1979), p. 225.

證境界而該許見識也不是正確無誤的禪學觀點——"正禪"呢？本論文認為，其中主要原由并非僅因那些修證境界還未能表現大悲精神①，而且更應是基於宗杲認為"禪乃般若之異名"②，而般若波羅蜜多教學要求修行者做到面對身心内外一切境界都能毫不住着、全無所執③，因此，那些在默照禪修過程裏所出現的身心體驗情況，頂多或可方便用來檢視自己所下功夫深淺及進程如何，但却不應當把它們看成是能安頓身心的究竟境界。相反地，真正足以究竟安頓身心的地方，并不在任何某種"心有所住"的特定處所，而是擁有了悟一切諸法畢竟絲毫没有片刻停留、住止的"無住（之）心"。

根據這樣一種面對"無住（之）法"的心智活動——"無住（之）心"，也才足以不執着、不定住於任何的境界或對象，進而相對世人一般總是住着在某個境界或對象的心意識情狀，透過展現出捨離、超越那些特定身心覺知情況的生活行行，方能在世間勇敢擔負起為人指點學佛迷津的禪教任務。

所以宗杲説過：

> ……通達本法心，無法、無非法，悟了同未悟，無心亦無法。……不住現在，此名為"定"；不著未來，此名為"慧"；不取過去，此名為"智"。亦謂之如來禪，亦謂之祖師禪。苟能於日用二六時中，如是通達，如是了悟，則此定、此慧、此智，一一如空，無

---

① 參見張美娟：《悲慧雙修的人生觀—大慧禪師反對默照禪的主因試探》，載《香光莊嚴》2002 年第 69 期（3 月），第 135—136 頁。
② 詳見《大慧普覺禪師語録》卷 19，《大正藏》第 47 册，第 894 頁上。
③ 印順法師（1906—2005）指出般若波羅蜜多教學精神時，也説過："般若行是以不取著為原則的，如心有取著，即使是善行、空行，也都是邊而非中。"詳見釋印順：《空之探究》，臺北：正聞出版社 1992 年版，第 260 頁。

有邊際。定、慧、智既無邊際,則當人日用神通光明亦無邊際。神通光明既無邊際,諸波羅蜜、諸解脫門亦無邊際。波羅蜜、解脫門既無邊際,此無住心亦無邊際。……①

善住菴中人,從來無所住。只這無住心,便是安身處。②

這種也被稱為"如來禪""祖師禪"的默照禪法,既然要求學人必須以"無住(之)心"相應於"無住(之)法"來從事佛法實踐,那麼,宗杲批判默照禪行者住着於某些禪觀境界,乃是某種不究竟甚至錯誤的做法或看法,也就成為當然之事了!

又,宗杲所批評的"默照邪禪",不僅認定某些禪觀境界為安頓身心的究竟處所,甚至還偏執某種特定禪修方式,例如"坐禪"或"靜坐禪觀",認為那便是能夠解脫成佛的唯一大道。

例如,在為妙明居士開示禪修方法時,宗杲指出:

道由心悟,不在言傳。……古人不得已,見學者迷頭認影,故設方便誘引之,令其自識本地風光、明見本來面目而已,初無實法與人。如江西馬祖初好坐禪,後被南嶽讓和尚將甎於他坐禪處磨。……又曰:"汝學坐禪?為學坐佛?若學坐禪,禪非坐、臥。若學坐佛,佛非定相。於無住法,不應取捨。汝若坐佛,即是殺佛。若執坐相,非達其理。"③

"禪"既是"般若"的另一稱呼,而般若波羅蜜多修行法門作為解脫成佛之道,又并非只能在"坐禪"或"靜坐禪觀"這類修行樣式上展現,而是於行、住、坐、臥等生活舉止中皆得運作──正如引文所說"於無住

---

① 《大慧普覺禪師語錄》卷 2,《大正藏》第 47 冊,第 819 頁上。
② 《大慧普覺禪師語錄》卷 11,《大正藏》第 47 冊,第 857 頁中。
③ 《大慧普覺禪師語錄》卷 23,《大正藏》第 47 冊,第 910 頁上—中。

法,不應取捨",因此,當然不宜執定認為"坐禪"或"靜坐禪觀"便是解脱成佛的唯一實法,而不得於其他事行上操辦佛法禪道。

2. 以"功夫"為"禪悟"的默照禪教弊病

宗杲批評"默照邪禪"的第二個要點,便是認為默照禪法的教導者及學習者,毋寧懷有不信"(開)悟"這回事的心理傾向,甚至有把禪法修行之"功夫"當作就是開悟之"境界"的弊病。

雖然籠統説來禪師莫不重視"(開)悟",不過,在教説偏重上,相對於少談開悟的禪師,宗杲仍是特別強調"(開)悟"之重要性、優先性的禪師①,而且認為禪師的"正知""正見"是有助修行悟入的一些思維導引途徑②。然則,真正足以轉凡成聖的悟境,宗杲卻又認為那是無法借由起心作意去期求進入的一種心智情狀。

例如,宗杲批評"默照邪師"時,説過:

> 而今默照邪師輩只以無言無説為極則,喚作威音那畔事,亦喚作空劫已前事,不信有"悟"門,以"悟"為誑,以"悟"為第二頭,以"悟"為方便語,以"悟"為接引之辭。如此之徒,謾人、自謾,誤人、自誤,亦不可不知。③

而在應邀為大衆普説時,也曾表示:

> 更有一般底,説"静"是根本、"悟"是枝葉,静得久,自然悟去。山僧敢道他亂道。⋯⋯如今不信有妙悟底,返道"悟"是建

---

① 參見 Chun-Fang Yu: "Ta—hui Tsung-kao and Kung-an Ch'an," *Journal of Chinese Philosophy*, Vol. 6, Iss. 2, p. 230;石井修道:《宋代禪宗史の研究》,東京:大東出版社1987年版,第332—333頁;蔣義斌:《大慧宗杲看話禪的疑與信》,載《國際佛學研究》1991年創刊號(12月),第59—60頁。
② 參見《大慧普覺禪師語録》卷29,《大正藏》第47册,第937頁中一下。
③ 《大慧普覺禪師語録》卷28,《大正藏》第47册,第933頁下。

立,豈非以藥為病乎？世間文章技藝尚要"悟"門,然後得其精妙,況出世間法！①

前段引文,顯示宗杲重視開悟、強調開悟的優先性；但這或許是禪門通見之一,不值大驚小怪。不過,後段引文所透露的,却是有關宗杲對於"(開)悟"究竟為怎樣一種心智狀態,以及它可否被學人依循特定修行路徑或操作模式去獲得的問題,抱持一種相對明確的看法。根據引文,宗杲不認為"(開)悟"是可借分別思維去取得。而這種非憑分別思維所能夠取得的心智狀態,又是保證禪修功夫臻於精妙地步的一種憑據,而且它的出現或存在,真真實實,不容置疑。然則,認為通過"無言無說"的靜坐禪修方式便得自然抵達開悟境界,并不真確。相對地,如果認為不必經由某種禪修功夫也能夠開悟,也同樣不是真確的看法。開悟之與禪修者所施作的功夫,固然不可說是無關,但却又不能期求某種功夫必然能夠達到某種開悟境界；因為"(開)悟"并不屬於心意識活動所直接操練形成的東西,而是恰恰要在學人不作意於禪修功夫的操持、體驗情況的關注,然後它才可能適然涌現。

例如,宗杲又説：

然,第一、不得著意安排覓透脱處；若著意,則蹉過也。釋迦老子又曰："佛道不思議,誰能思議佛？"……近年叢林有一種邪禪,以閉目藏睛、觜盧都地作妄想,謂之不思議事,亦謂之威音那畔、空劫已前事,纔開口便喚作落今時。……以"悟"為落在第二頭,以"悟"為枝葉邊事。蓋渠初發步時,便錯了！亦不知是錯,

① 《大慧普覺禪師語錄》卷18,《大正藏》第47冊,第887頁中。

以"悟"為建立。既自無悟門，亦不信有悟者。這般底，謂之謗大般若，斷佛慧命，……①

而在《答黃知縣（子餘）》的書信裡，宗杲也表示：

　　……不得起心動念、肚裏熱忙急要悟。纔作此念，則被此念塞斷路頭，永不能得悟矣！……若起一念希望心求悟入處，大似人在自家堂屋裏坐，却問他人覓住處無異。但把"生死"兩字貼左鼻尖兒上，不要忘了，時時提撕話頭，提來提去，生處自熟、熟處自生矣！②

宗杲利用"公案"以為"話頭"③，以教導學人修行"看話禪法"而聞名於當時及後世。看話禪法的修持特點之一，就是要對深心看守的某句話語，例如"無"或"狗子無佛性"，不去從事概念分別、思維量度的活動；而其目的是為引發"疑情"甚至"疑團"，以便借此作為獲致開悟境界的前奏——"疑團"爆破，即得開悟境界④。

上來引文所說，就是以看話禪法為例子的教學示範。就中，宗杲針對"默照邪師"主張透過靜坐禪觀功夫來讓妄念消除、净心現前的禪教，表示了不以為然的態度⑤。因為在他看來，那樣的功夫只會讓人陷入枯寂一片的頑空狀態，而并不是真正的開悟境界。真正的開

---

① 《大慧普覺禪師語錄》卷 29，《大正藏》第 47 冊，第 938 頁下—939 頁上。

② 《大慧普覺禪師語錄》卷 29，《大正藏》第 47 冊，第 936 頁下。

③ 參見杜繼文、魏道儒：《中國禪宗通史》，第 437 頁。

④ 參見 Robert E. Buswell, Jr.："The 'Short-cut' Approach of K'an-hua Meditation：The Evolution of a Practical Subitism in Chinese Ch'an Buddhism," in Peter N. Gregory (ed.), Sudden and Gradual：*Approaches to Enlightenment in Chinese Thought*, (Delhi：Motilal Banarsidass Publishers, 1991, pp. 321—377), pp. 352—355.

⑤ 另參見［日］廣田宗玄：《看話禅における禅定の一樣態——大慧宗杲の"壁観"理解を通して》，載《印度學佛教學研究》2005 年第 53 卷第 2 號（3 月），第 187—189 頁。

悟境界，乃是明了身心内外一切事物皆為緣起性空，菩提自性本來清净、寂滅，非由造作形成，所以更不必瞻前顧後、左思右想各式各樣的差異情況，然後選擇取其静默而捨其躍動的禪法修行方式①。

例如，宗杲教導學人時，説道：

> 日用應緣處，纔覺涉差別境界時，但只就差別處，舉"狗子無佛性"話，不用作破除想，不用作情塵想，不用作差別想，不用作佛法想。但只看"狗子無佛性"話，但只舉箇"無"字，亦不用存心等悟。若存心等悟，則境界也差別，佛法也差別……不如一刀兩段，不得念後、思前。念後、思前，則又差別矣！
>
> 玄沙云："此事限約不得，心思路絶，不因莊嚴，本來真静，動用語笑，隨處明了，更無欠少。今時人不悟箇中道理，妄自涉事涉塵，處處染著，頭頭繫絆。縱悟，則塵境紛紜、名相不實，便擬凝心歛念，攝事歸空，閉目藏睛，隨有念起，旋旋破除；細想纔生，即便遏捺。如此見解，即是落空亡底外道、魂不散底死人，溟溟漠漠，無覺無知，塞耳偷鈴，徒自欺誑。"
>
> 左右來書云云，盡是玄沙所訶底病，默照邪師埋人底坑子，不可不知也。舉話時，都不用作許多伎倆，但行、住、坐、卧處，勿令間斷；喜、怒、哀、樂處，莫生分別。舉來舉去，看來看去，覺得没理路、没滋味、心頭熱悶時，便是當人放身命處也。記取！記取！莫見如此境界，便退心。如此境界，正是成佛作祖底消息也。②

---

① 杜繼文、魏道儒所著《中國禪宗通史》也説宗杲認為："只有在日常動静作為、思量分別中貫徹空寂之心，那才是禪。"詳見杜繼文、魏道儒：《中國禪宗通史》，第458頁。

② 《大慧普覺禪師語録》卷28，《大正藏》第47冊，第933頁中一下。

玄沙師備（835—908）所説"限約不得，心思路絶，不因莊嚴，本來真靜""更無欠少"的事實，便是修行者希望經由禪觀功夫打開以窺見其究竟的"菩提自性"或"諸佛法性"。這一"菩提自性"或"諸佛法性"，宗杲稱之為"悟門"所要通往的實踐目標；它意謂衆生都在"成佛"或"證得菩提"這件事上完全可能，而且如此事實本來現成、不假修造，所以它跟修行者的起心分別思量或者相反的不作意分別思量毫不相干。換言之，那不是分別思量而取"靜"捨"動"就有或者就没有的境界，也不是不分別思量以取"靜"捨"動"就没有或者就有的境界。可是，宗杲特重教導學人實踐不起心作意分別思量的"看話禪法"，所以他的許多禪法開示往往表現出對分別思量的撥斥，而相對不太正視分別思量對於助成學人實證菩提的有效作用。當然如此教學的目的，乃是為了引導禪修者專注功夫操作，而不要總是起心動念去預想或等待開悟境界現前；因為開悟境界並非甚至還是相反於心懷期待所得獲致的某種精神狀態。

　　例如，在《答富樞密（季申）》的信裏，宗杲又曾説過：

　　　……只這求悟入底，便是障道知解了也，更别有甚麼知解為公作障？畢竟唤甚麼作知解？知解從何而至？被障者復是阿誰？只此一句，顛倒有三：自言為知解所障，是一；自言未悟，甘作迷人，是一；更在迷中，將心待悟，是一。只這三顛倒，便是生死根本。直須一念不生，顛倒心絶，方知無迷可破、無悟可待、無知解可障。

　　　從上大智慧之士，莫不皆以知解為儔侣，以知解為方便，於知解上行平等慈，於知解上作諸佛事，如龍得水、似虎靠山，終不以此為惱。只為他識得知解起處。既識得起處，即此知解便是解脱之場，便是出生死處。既是解脱之場、出生死處，則知底解底當體寂滅。知底、解底既寂滅,能知知解者不可不寂滅,菩提、涅槃、真如、佛性不可不寂滅,更有何物可障? 更向何處求悟入? ……只為他了達三祇劫空,生死、涅槃俱寂靜故。既未到這箇田地,切不可被邪師輩胡說亂道引入鬼窟裏,閉眉合眼作妄想。……

宗杲亦嘗為此流所誤……今稍有知非者,若要徑截理會,須得這一念子嚗地一破,方了得生死,方名悟入。然,切不可存心待破。若存心在破處,則永劫無有破時。……①

宗杲也不是不曉得作為分別思量的心知意解活動,并非只具妨害學人參禪成道的負面作用,而是也有幫助學人參禪成道的正面功能,所以引文中指出佛門"以知解為儔侶,以知解為方便,於知解上行平等慈,於知解上作諸佛事"的修行典範。不過,宗杲認為,那必須通曉知解的來龍去脉,在覷思知解的生成因緣中明白其本性空寂,方得不受障礙而獲解脱。假使未能如此,反而於起心作意中要求某一悟入禪道的門路,抑或等待某種開悟境界的時節,則適足以成為悟入禪道的一重障礙。為什麼? 因為如果確是"了達三祇劫空,生死、涅槃俱寂靜"的禪修者,便不會見有任何事物足以成為修行道路上的真正障礙,那麼,又何必起心作意要求什麼悟入禪道的某種門路! 然則,這是就已開悟性空實相的情況説的;若是佛法初學者,宗杲認為,仍應修學以看守"話頭"為方便的看話禪法,來展開不在"話頭"上從事分別思量活動的禪修功夫,而切莫被那些主張閉眉合眼靜坐禪觀、甚至認為能讓意識作用停止即是真實做處的默照邪師導入錯誤的禪修路徑上!

---

① 《大慧普覺禪師語録》卷 26,《大正藏》第 47 册,第 921 頁上—下。

從引文中可知,宗杲也曾被以"默然静坐""無思無慮"為極則的默照禪教所害,所以日後改"邪"歸"正",便不免多向學人揭示"默照"這種禪修方便的不是之處。

正如宗杲所説:

> 而今諸方邪師輩,各各自言得無上菩提,各説異端,欺胡謾漢,將古人入道因緣,妄生穿鑿。或者以無言無説、良久默然為空劫已前事,教人休去、歇去,歇教如土木瓦石相似去。又怕人道坐在黑山下、鬼窟裏,隨後便引祖師語證據,云:"了了常知,故言之不可及。"①歇得如土木瓦石相似時,不是冥然無知,直是惺惺歷歷,行、住、坐、卧時時管帶,但只如此修行,久久自契本心矣!……②

"休去""歇去"是默照禪師指點學人修行功夫如何操作時的常見説法③,大意是指學人面對身心内外一切境界,切莫再要起心動念去做分別取捨的任何活動,借此乃能真正達到解脱成佛的目標。不過,這樣一種休歇功夫也可能被意解成是要學人斷除一切心思意想,就像木石等無情物體那樣没有任何的心意識作用。默照禪法的教學者當然不至於承認自己真要教導學人做成一塊木頭或石頭,所以他們為了開解別人——例如宗杲——的疑惑甚至誤解,便必須進而表示休歇功夫中"不是冥然無知",而"直是惺惺歷歷",亦即其中具有"了了常知"的智慧力用。可是,宗杲似乎不相信默照禪師們的解釋,但祗

---

① 《景德傳燈録》卷3,《大正藏》第51册,第220頁上。
② 《大慧普覺禪師語録》卷14,《大正藏》第47册,第867頁中。
③ 另參見涂艷秋:《聖嚴法師對話頭禪與默照禪的繼承與發展》,楊蓓主編:《聖嚴研究第三輯》,第191—193頁。

逕直認為那不過是一些虛妄不實的遁脫語辭,默照禪法教學者根本沒有真正達到休去歇去而又了了常知的境界,而是若非"枯心忘懷"①地認為默坐參禪就能成道,便是仍未免"心火熠熠"②,然却自認已經了了常知地穩坐在安頓身心的究竟處所。

3. "將心待悟""將心待休歇"的默照禪修弊病

所謂"將心待悟""將心待休歇",是指默照禪法實踐者以"有所得"的心智,去擬測禪修活動所要實現的解脫成佛目標為如何如何、抑或相反地不為如何如何的一種預計早求心態。對於這種心態,宗杲提過一個形象生動的譬喻:"似舟未翻,先自跳下水去。"③不過,這并不是默照禪修者所獨有的心態,而是從事佛法修行,但却未了解"所悟"和"所修"并非隔成兩種對峙情況的新進學人都容易懷抱的一種心態。修習看話禪法的新進學人,也一樣可能如此④。因此,不管修習何種功夫──蕭然靜坐禪修也好,看取某個話頭行禪也罷,全都不能有"將心待悟""將心待休歇"的預求心態,然後開悟境界方才可能真實現前。這是宗杲的認知,而且它也適用於認為"靜得久自然悟去"的默照禪教。

然則,宗杲畢竟仍舊批評默照禪法的某些教授者、修學者可能流為其所謂的"邪師""邪禪",那又是為什麼呢?本論文認為個中主因之一,其實不在於默照禪教學者容易發生"將心待悟""將心待休歇"

---

① 參見《大慧普覺禪師語録》卷28,《大正藏》第47冊,第934頁上。
② 參見《大慧普覺禪師語録》卷27,《大正藏》第47冊,第925頁中一下。
③ 詳見《大慧普覺禪師語録》卷25,《大正藏》第47冊,第917頁下。
④ 例如宗杲說過:"近至江西,瓦呂居仁。居仁留心此段,因緣甚久,亦深有此病。……此蓋以求悟證之心在前頓放,自作障難,非干別事。公試如此做工夫,日久月深,自然築著、礚著。若欲將心待悟、將心待休歇,從脚下參到彌勒下生,亦不能得悟,亦不能得休歇,轉加迷悶耳!……"詳見《大慧普覺禪師語録》卷25,《大正藏》第47冊,第917頁下。

的情況,而應當是宗杲試圖把自己所發現的禪法修行弊病,在當時叢林所流行的各種禪法教學背景下,借由批判"默照邪師"或"默照邪禪",來展開跟禪學相關聯的一些佛法論議,以利傳揚他所認為正確妥當的禪觀念暨禪行為①。這一正確妥當的禪行為暨禪觀念,不僅體現在宗杲所傳授的看話禪法中,同樣也涵蘊在他所尊重的正覺所教默照禪法裏。

例如,宗杲説過:

> 如今學道人多不信自心,不悟自心,不得自心明妙受用,不得自心安樂解脱,心外妄有禪道、妄立奇特、妄生取捨,縱修行,落外道、二乘禪寂斷見境界。
>
> 所謂修行恐落斷、常坑。其斷見者,斷滅自心本妙明性,一向心外著空、滯禪寂;常見者,不悟一切法空,執著世間諸有為法以為究竟也。邪師輩教士大夫攝心靜坐,事事莫管,休去、歇去,豈不是將心休心、將心歇心、將心用心? 若如此修行,如何不落

---

① 參見《大慧普覺禪師語録》卷 29:"此道寂寥,無出今日,邪師説法,如惡叉聚。各各自謂得無上道,咸唱邪説,幻惑凡愚,故某每每切齒於此,不惜身命,欲扶持之,使光明種子知有吾家本分事,不墮邪見網中。"(《大正藏》第 47 册,第 936 頁中)徵諸《大慧普覺禪師語録》,宗杲對於當時"諸方邪師"的不正知見、不正教説,批之甚烈,并不獨以"默照邪師"為對象。不過,"默照"這一禪教,或許畢竟是其大宗或主流,因此,宗杲以批判"默照邪師"所開示的"默照邪禪"為重點,而意欲借此舉揚他所認為的"正禪"宗旨,便是可以體諒的一種不得已做法。而這絕不因為他所批判者,可能包括不應含攝在内的正覺所教"默照正禪",於是就犯了什麼"稻草人的謬誤"。關於正覺批判"諸方邪師"的各種説法或弊病,可參見《大慧普覺禪師語録》卷 14:"……近代佛法可傷,邪師説法,如恒河沙,各立門風,各説奇特,逐旋捏合,疑誤後昆,不可勝數。"(《大正藏》第 47 册,第 867 頁上—869 頁中)《大慧普覺禪師語録》卷 23:"道由心悟,不在言傳。近年以來,學此道者,多棄本逐末,背正投邪,不肯向根脚下推窮,一味在宗師説處著到。……如上七箇樣子,佛病、法病、衆生病,一時説了。更有第八箇樣子,却請問取妙圓道人。"(《大正藏》第 47 册,第 910 頁上—911 頁下)

外道、二乘禪寂斷見境界？如何顯得自心明妙受用、究竟安樂、如實清净解脱變化之妙？……

此心亦然，正迷時，為塵勞所惑，而此心體本不曾惑，所謂如蓮華不著水也。忽若悟得此心本來成佛，究竟自在、如實安樂，種種妙用亦不從外來，為本自具足。故黄面老子曰："無有定法，名阿耨多羅三藐三菩提。亦無有定法，如來可説。"若確定本體實有恁麽事，又却不是也。事不獲已，因迷悟、取捨，故説道理有若干；為未至於妙者，方便語耳！其實本體亦無若干。……亦不得將心待悟、待休歇。若將心待悟、待休歇，則轉没交涉矣！①

閻孟祥曾經指出：宗杲所批評的"默照邪禪"有個主要特點，便是"不以'悟'為參禪方向"而唯以"默然為極則"②。關於這個特點，前面所提及的楊曾文專著也已説過。宗杲所倡看話禪法，它的作用之一，便是能夠矯治該種禪觀念暨禪行為的偏蔽③。而在這裏，宗杲認為默照邪師教導學人不管世間事務，但只攝心静坐從事休歇功夫的做法，乃極可能遏斷自心本來清净光明的性能，以致落入斷見境地。因此，他要嚴予批判，同時提醒學人不可起心動念要求開悟或期待休歇境界，這樣才是掌握禪門修行要領的真實功夫。

可是，下一節所要探討的正覺所傳默照禪法，雖然也講"静坐默究"，也談休歇功夫，但是却没有宗杲所指揭的情况。又，事實上，宗

---

① 《大慧普覺禪師語録》卷26，《大正藏》第47册，第923頁中—下。

② 閻孟祥：《論大慧宗杲批評默照禪的真相》，載《河北大學學報》（哲學社會科學版），2006年第31卷第5期（10月），第90頁。

③ 例如宗杲曾説："近年以來，有一種邪師，説默照禪，教人十二時中，是事莫管，休去、歇去，不得做聲，恐落今時。往往士大夫為聰明利根所使者，多是厭惡鬧處，乍被邪師輩指令静坐，却見省力，便以為是，更不求妙悟，只以默然為極則。某不惜口業，力救此弊。"詳見《大慧普覺禪師語録》卷26，《大正藏》第47册，第923頁上。

呆自己也不是從不教導學人"向静處做工夫",只不過他是把該種禪修方便當成應病與藥時的一種對治辦法,而不一向認為"默然静坐"就是一種可以奉為最高準則的修行法門。

例如,宗呆曾説:

> 今時有一種剃頭外道,自眼不明,只管教人死獦狙地休去、歇去。若如此休歇,到千佛出世也休歇不得,轉使心頭迷悶耳!又教人隨緣管帶,忘情默照。照來照去,帶來帶去,轉加迷悶,無有了期。……
>
> 雲門尋常不是不教人坐禪,向静處做工夫。此是應病與藥,實無恁麼指示人處。……前來所説瞎眼漢,錯指示人,皆是認魚目作明珠、守名而生解者。教人管帶,此是守目前鑒覺而生解者。教人硬休去、歇去,此是守忘懷空寂而生解者。歇到無覺無知,如土木瓦石相似,當恁麼時不是冥然無知,又是錯認方便解縛語而生解者。教人隨緣照顧,莫教惡覺現前,這箇又是認著觸髏情識而生解者。教人但放曠,任其自在,莫管生心動念,念起念滅,本無實體;若執為實,則生死心生矣!這箇又是守自然體為究竟法而生解者。如上諸病,非干學道人事,皆由瞎眼宗師錯指示耳![1]

這是宗呆教導學人修習看話禪法時,針對當時某些默照禪教者摘取禪林前賢語句,却不明白那些言教的前後因緣,便一知半解地用來當作教導學人從事禪修活動的一種準則,而所做出的一些評論。對於這些評論,後人同樣也不應把它們執為"實法",而當該將它們視為是

---

[1]《大慧普覺禪師語録》卷 25,《大正藏》第 47 册,第 918 頁上—下。

宗杲用來"破邪"以"顯正"的方便教說。因為這些評論所揭示出來的各種情況,在總稱為"默照禪法"的這類禪法教學裏,或有、或無,并非必然出現。例如正覺所傳授的默照禪法,或許就是能夠避免類似的禪教弊病。這是下節所要展開探討的論題對象。

四、正覺所教默照禪法的安心之道

"定""慧"作為佛法的修學要道,傳統一般認為"定"是"慧"的先遺,因此,通常也多主張必須先修"止"以得"定",然後才能夠發"觀"而成"慧"。不過,中華禪門打從六祖慧能明白開示"定""慧"本無先後的禪修學理之後①,歷代禪師即使其個人教學重點有所偏畸,但基本都奉"定慧等持"為原則②。例如正覺的默照禪法,便始終不離"定慧等持"這一原則③。然則,正覺的禪教對於旁觀者而言,或許因為表現出更多是在勸導學人"默然靜坐"的說法樣貌,所以也就容易被看成是偏向"靜定"類型的一種禪教④。

1. 以"靜默"對治"躁動"的禪修入手功夫

無可爭議的,正覺確實強調"靜坐默究"在禪法修行進程裏的重

---

① 參見《六祖大師法寶壇經》卷 1,《大正藏》第 48 冊,第 352 頁下。
② 參見《六祖大師法寶壇經》卷 1,《大正藏》第 48 冊,第 355 頁中。這也是上承阿含經教以來崇尚"止觀雙修"精神而有的一種禪法教學。關於阿含經教所尊重的"止觀雙修"精神,可參見釋印順:《空之灸究》,第 11—12 頁。
③ 聖嚴法師也說:"默照是止觀的另一個名稱,也就是止心和觀心之本性的修習方法。……禪宗強調頓悟的法門,因此同時修止與觀。"詳見釋聖嚴:《無法之法——聖嚴法師默照禪法旨要》,單德興譯,第 23 頁。
④ 參見[日]石井修道:《宋代禪宗史の研究》,第 342 頁;[日]市川白弦:《大慧》,京都:弘文堂 1941 年版,第 150 頁。

要地位①。例如,正覺説過:

> 真實做處,唯静坐默究,深有所詣,外不被因緣流轉,其心虚則容,其照妙則準;内無攀緣之思,廓然獨存而不昏,靈然絶待而自得。得處不屬情,須豁蕩了無依倚,卓卓自神,始得不隨垢相。箇處歇得,净净而明。明而通,便能順應。還來對事,事事無礙——飄飄出岫雲,濯濯流澗月。一切處光明神變,了無滯相。……所以道:"無心道者能如此,未得無心也大難。"②

人生世間,除睡眠無夢時,更多時間花費在動腦計較思量、言説分別論議、生心身體力行等作務上,可説身心難得片刻休歇。在身心難得休歇的人生實況中,各種由於思量、言説以及身行所造成的煩惱、爭執、勞苦,便成為世人不意願但却又不知道如何掙脱得出的生命困限。面對這種生命困限,世人究竟怎樣才能掙脱、超越得出去呢? 佛教伊始,便提過"獨一静處,專精禪思"③的修行範式,非常勉勵佛法修行者獨居静處,觀察以身心為主的一切事象,是無常、是苦、是没有我及我所,并且思維生命流轉、還滅的緣起義理,借此掙脱生命困限,以趨入超越生命困限的解脱涅槃境界。

據此而論,承繼佛陀教法,為了對治一向浮動不安、散亂無歸的人心意識,促使它們日漸趨於安寧、静定,然後展開廣察深觀世界萬象及其道理的佛法修學——這種着重教導學人"静坐默究"的禪修安心要道,便不能説錯誤或不適當。因為這不僅是能夠對治一般人心

① 參見 Morten Schlütter：*How Zen Became Zen：The Dispute over Enlightenment in the Song—Dynasty China*，p. 148.
②《宏智禪師廣録》卷 6,《大正藏》第 48 册,第 73 頁下。
③ 參見《雜阿含經》卷 12,《大正藏》第 2 册,第 79 頁下—80 頁中。

意識活動的適切禪修方式，而且也符合佛教通常認為依"定"乃得發"慧"的教學。假使着眼於此，那麼，不管正覺的默照禪教還是宗杲的看話禪教，便全都可說是順着修定門路進入觀慧堂奧的禪教類型。

然而，根據聖嚴的理解，修持默照禪法的基礎是"放鬆，以全部的覺知在那裏打坐"①；而邁入默照禪法修行進程後，則毋寧先"照"後"默"，由此更進一步達到"照""默"同時的運作。若從"定"與"慧"，抑或"止"與"觀"二分的角度看，這便反倒成為先"慧"或"觀"、後"定"或"止"的禪教，而不是先"定"或"止"、後"慧"或"觀"的禪教②。

不過，那是相對建立的講法；因為"止觀雙修""定慧等持"在禪法實修活動中并不能真正分隔開"定"或"止"、"慧"或"觀"來建立它們的先後次序③。更何況，正覺的教說，乃是尅就禪法修學時，一般開始需要先行排除那些散亂不安的心意識情況，進至心意識活動相對集中靜定的狀態，然後才能發起足以契會對象情實的智慧觀照，所以正覺必須先說"默"，然後說"照"。"默"是"止"、是"定"之功夫，而"照"是"觀"、是"慧"的力用。

至於聖嚴的講解，則是就著已經進入禪修活動中，要先明白覺察種種擾動不安的心意識情況，然後透過不黏着於該許情況的捨離功夫，而讓它們得以休歇下來，以進入相對晏然靜定的心意識狀態，因此才先說"照"，而後說要以"默"來止息那些被觀察看見的心識擾動

① 詳見釋聖嚴：《無法之法——聖嚴法師默照禪法旨要》，單德興譯，第29—30頁。
② 或認為默照禪法是先"定"後"慧"的；參見張美娟：《悲慧雙修的人生觀—大慧禪師反對默照禪的主因試探》，載《香光莊嚴》第69期，第133—134頁。
③ 不僅就像六祖慧能所已告過的，而且釋聖嚴也表示："默照是止觀的另一個名稱，……傳統上，止觀的修行是有先後順序的，修行者由止（止心）到觀（觀照）。……相反地，禪宗強調頓悟的法門，因此同時修止與觀。"參見釋聖嚴：《無法之法——聖嚴法師默照禪法旨要》，單德興譯，第23頁。

情況。"照"是"觀"、是"慧"的表現,而"默"是"止""定"的發用。

2."静坐默究"之功夫内涵的展開

上引正覺所説"真實做處,唯静坐默究",不過是總綱提出默照禪法的功夫入手處就落在"静坐默究"之上。倘若真想達到"深有所詣"的地步,那麼,便得再深入其中;因為個中至少就有"揩磨""休歇"等功夫内涵需要仔細究明。

例如,正覺説過:

> 田地虚曠是從來本所有者,當在净治、揩磨,去諸妄緣幻習,自到清白圓明之處,空空無像、卓卓不倚,唯廓照本真,遺外境界。所以道:"了了見,無一物。"箇田地,是生滅不到、淵源澄照之底,能發光,能出應,歷歷諸塵,枵然無所偶,見聞之妙,超彼聲色。一切處,用無痕,鑒無礙,自然心心法法相與平出。古人道:"無心體得無心道,體得無心道也休。"……①

> ……此箇田地,亘徹古今,是爾諸人分上本有底事,祇為一念封迷、諸緣籠絡,所以不得自在去,勞他先覺建立化門,也祇勸爾諸人自休、自歇去。歇即菩提,勝净明心不從人得。……到者裡,祖師無分外授手底法,諸佛無分外相傳底心,元不盈餘,何嘗欠少! ……何必參尋! 禪什麼時不具? 那用懺悔! 罪什麼處得來? ……祇爾箇現在不可得心,便是常住無量壽佛。諸人若向者裡,透頂透底、徹本徹末體悉得去,有什麼事? ……②

在默照禪修進程中,"净治、揩磨"可以視為初階功夫;它是指學人面對自身以攀附心意識所緣境界為主所形成的煩惱妄想——引文所説

---

① 詳見《宏智禪師廣録》卷6,《大正藏》第48册,第73頁下。
②《宏智禪師廣録》卷1,《大正藏》第48册,第14頁下—15頁上。

"妄緣、幻習",必須努力從事蕩除妄想净盡的功業;至少要先把它們轉成相對良善、具有正面價值的觀念或想法。例如,原本對待某個冒犯或為害自己的人,心中難免生起厭惡對方,甚至有尋求報復的念頭;但是,如果當下或後來能夠懷抱因果業報思想①,甚至根據佛教禪宗所說諸法緣起性空、未嘗片刻留住的根本知見②,那麼,或許就能不再心懷厭惡乃至報仇的想法。這就是引文所説"净治、揩磨"的默照禪修功夫。不過,由於這類禪修活動多少預想某些有待施與"净治、揩磨"之功夫的煩惱妄想,所以根據如此功夫寓含"欲有所作的心行",而這樣一種意欲從事某種去惡存善之作業的心態,也應被更進一層的修行功夫所超克,因此乃將它視為默照禪修進程裏的一種初階功夫。相對於此,"自休、自歇去"則為要指示更進一層禪修功夫的教説或觀念。

正覺所説"自休、自歇去"的休歇教説,并非如同楊曾文所論,是要學人"抑制和停止對內外的追求和思維分辨活動"③,而是旨在開導學人面對自心不管緣於何種境界而生起怎樣心念——正或邪、善或惡、染污或清净,僅須無所取捨地觀照它們生起、暫住、消滅的整個因緣變化歷程,便是默照禪修的功夫得力處。因為"休歇"這種功夫,不再像"净治、揩磨"那樣還要起心動念去對治或拭除種種煩惱妄想,而且也不另外生心作意要發起什麼清净心念或正確知見,所以相對把它説成是默照禪修進程中的高階功夫。

---

① 例如《楞伽師資記》卷1:"云何'報怨行'?……"詳見《大正藏》第85冊,第1285頁上。
② 例如《六祖大師法寶壇經》卷1:"無住者,人之本性。……"詳見《大正藏》第48冊,第353頁上。
③ 楊曾文:《宋元禪宗史》,第527頁。

　　若就禪修學理而言①，默照禪法的"净治、揩磨"這般初階功夫，可謂是奠基於類似菩提達摩根據四卷本《楞伽經》所説："深信含生同一真性，但為客塵妄想所覆，不能顯了"的思想，意在要求學人從事"捨妄歸真"之佛法實踐活動的一種功夫路數②。換言之，它是在肯定衆生心性本來清净，但為客塵煩惱妄想所染污而有種種不善作業的心性論思想基礎上，針對那些可被去除的煩惱妄想，而要求學人努力消滅它們，來顯現清净本心的一種禪法教學③。相對地，默照禪法的"休歇"這種進階功夫，則可説是奠基在正覺認為衆生自心本來清净的"真性"，亦即指向心意識活動本身空寂無實的真相——所謂"田地虚曠"便是在説明這一事實——而煩惱塵勞，也不過是虚妄不實的心意識產物。虚妄不實的心意識產物，可以改換成各式各樣的形相或樣態，但却不需修行者造作另外一些也是心意識產物的東西來取代它們，才稱得上是在從事禪修；相反的，正是要能不造作任何心意識產物，乃得與自心本來清净虚曠的實相契會。因此，正覺不僅教誡學人從事"净治、揩磨"的功夫，而且還要開導學人必須"自休、自歇去"。

　　"休歇"這種功夫路數之所以能夠在默照禪教中成立或運作，乃是因為修行者明白不管正念或邪思、善念或惡意、净心或染識，就其存在本性而言，全都是虚妄不實、念念不住的心意識產物，所以僅須如觀海浪翻騰起落而不再生心起念要去隨逐或厭棄它們，那麼，借由

────────────────

① 印順法師曾經指出，修行方法要有理性的指導，才能透過理智被人所接受，而不至於變成唯尚信仰的某種神教。透過理智説明禪修方法之所以能夠達致其修行目標的義理論述，便是這裏所説"禪修學理"的意思。參見釋印順：《中道之佛教》，釋印順：《佛法是救世之光》，臺北：正聞出版社 1992 年版，第 156—157 頁。
② 詳見《景德傳燈録》卷 30，《大正藏》第 51 册，第 458 頁中。
③ 這也被稱為是"返本還源"的修行功夫類型。參見周貴華：《唯識、心性與如來藏》，宗教文化出版社 2006 年版，第 77 頁。

照見對象虛妄不實而心無所住的功夫，便能抵達身心安頓的究竟處所。如若不然，則將總是落在要求不斷淨治、揩磨煩惱妄想而期使之消滅淨盡的有相修行諸程中。然而，究竟徹底的休歇功夫，却是要讓自心處於不取善也不着惡的無住狀態[1]。

例如，正覺在提到趙州從諗（778—897）參訪雲居道膺（？—902）的故事時，便說：

> 趙州又到雲居。居曰："老老大大，何不覓箇住處？"州云："教某甲向甚麼處住？"居曰："山前有箇古寺基。"州云："和尚何不自住？"居便休。兄弟！一切諸佛到此是住處，一切眾生到此是住處。若不到此，喚甚麼作休歇田地？須知當處滅盡，從此建立，便見當處出生。[2]

換言之，正是通達一切諸法虛幻不實的默照禪師，方才曉得當以相應於"無住（之）法"而不再生心起念的休歇禪教，來引導學人獲致真正究竟徹底的安心處所。而這與前面提及宗杲勸導學人，不得起心動念要求悟境，才能究竟證入的談話，雖然彼此的教學目標高下不等，但其根本精神却是一致的，亦即莫不認為意無所着、心無所住，才稱得上是究竟徹底的禪修功夫。

承上所論，從"淨治、揩磨"到"自休、自歇去"，確實應當可以把它們看成是默照禪修功夫層層昇進的一種表現。前者，依於明明白白覺察煩惱妄想覆蓋本來清淨無染的真如自性，因而要求自己從事像

---

[1] 另參見釋印順：《空之探究》，第 265 頁。
[2] 《宏智禪師廣錄》卷 5，《大正藏》第 48 冊，第 63 頁中。

神秀(606—706)所説"時時勤拂拭,莫使惹塵埃"的禪修功夫①;後者,則依於了了洞見"本來無一物,何處惹塵埃"的諸法本性,因而要求自己從事如慧能所説"無住為本"的無念、無相禪修②。就此而言,"浄治、揩磨"和"自休、自歇去"二説在正覺禪教裏有所分别,似乎便不太適合講成"同一方法的兩面"③,而應當説是同一禪修進程裏由淺轉深的功夫。這一禪修功夫畢竟必須深達不為任何心意識影像所蒙蔽或所牽動的境地,方得真正脱離生死輪迴之困苦。

對此,正覺説過:

> 默默自住,如如離緣,豁明無塵,直下透脱。元來到箇處,不是今日新有底,從舊家曠大劫前,歷歷不昏,靈靈獨耀。雖然恁麼,不得不為。當恁麼為時,直教一毫不生、一塵不翳,枯寒大休,廓徹明白。若休歇不盡,欲到箇境界、出生死,無有是處。④

運作能使妄緣幻習臻於枯寒不生、休歇浄盡的禪修功夫,若無"正念"生起、"真心"現前,便可能流入"一念不生"的枯寂境界⑤。然而,即使達致"一念不生",仍然不過是表層心意識活動暫停的一種狀態,并非已經真正證得自由解脱、自在任運的無住涅槃境界,因此也不免還

---

① 涂艷秋也這樣説過;詳見涂艷秋:《聖嚴法師對話頭禪與默照禪的繼承與發展》,楊蓓主編:《聖嚴研究第三輯》,第 193 頁。

② 參見《六祖大師法寶壇經》卷 1,《大正藏》第 48 册,第 353 頁上—中。

③ 參見涂艷秋:《聖嚴法師對話頭禪與默照禪的繼承與發展》,楊蓓主編:《聖嚴研究第三輯》,第 192 頁。

④《宏智禪師廣録》卷 6,《大正藏》第 48 册,第 74 頁中—下。

⑤ 參見《宏智禪師廣録》卷 5,《大正藏》第 48 册,第 59 頁上—中。另參見釋徹入:《曹洞默照禪質變之關鍵》,載《哲學與文化》2008 年第 35 卷第 11 期(11 月),第 110—111 頁。

要遭受諸如宗杲、正覺等禪門大德的批判①。真正自由解脫、自在任運的無住涅槃境界,毋寧必須進一步能夠"默而昭、净(静)而照",就像農夫牽轉牛鼻讓牛為自己所使喚那樣,既可自在隨緣度化衆生,而且又不至於冒犯世俗一般人情。

例如,正覺曾經說道

　　……休歇餘緣,坐空塵慮,默而昭、净而照,虚而容、廓而應,不與外塵作對,了了地獨靈,到箇田地,方識阿祖。②

　　衲僧家! 枯寒心念,休歇餘緣,一味揩磨此一片田地,直是誅鉏盡草莽,四至界畔了無一毫許污染,靈而明、廓而瑩,照徹體前,直得光滑净潔,著不得一塵,便與牽轉牛鼻來,自然頭角崢嶸地異類中行履,了不犯人苗稼。騰騰任運,任運騰騰,無收繫安排處,便是耕破劫空田地底,却恁麼來,歷歷不昧,處處現成,一念萬年,初無住相。……③

借由禪觀功夫進入静默境界後,必須還要能夠"耕破劫空田地底,却恁麼來,歷歷不昧,處處現成,一念萬年,初無住相",亦即"念念不住"或"心無所住",才堪作為正覺所説"真實做處"的解脫成佛之道。

3. "無心"之功夫和境界

正覺教導學人所應行持的"揩磨、休歇"之類功夫,若據他的禪教用語來看,則還有一個更能表示其默照禪修精神的概念——"無心",值得提出來探討它所涵蘊的功夫意義。

然而,"無心"是什麼意思? 到底擁有怎樣一種心意識狀態才稱

① 參見閆孟祥:《論大慧宗杲批評默照禪的真相》,載《河北大學學報》(哲學社會科學版) 2006年第31卷第5期(10月),第94頁。
②《宏智禪師廣録》卷6,《大正藏》第48册,第75頁上。
③《宏智禪師廣録》卷6,《大正藏》第48册,第74頁上。

得上是"無心"呢？

　　"無心"在中華禪教傳統裏，毋寧也是個顯要概念。它首先排除了像土、木、瓦、石之類無情物或非生命體，一般認為從不具有心意識作用或功能的情況①。而更進一步的意涵，則是像鄧克銘教授所説，禪宗的"無心"一詞，主要可有兩層用法及意思：（1）一是實踐功夫義的"無心"，意指修行上無分別計較，抑或取消主觀偏執的實踐功夫；（2）一是修行成就義的"無心"，意指修行成果之主體的完全自由，抑或心體自由②。正覺所説"無心"，基本上也具備這兩層意思。

　　首先，從實踐功夫義看，"無心"不是意指"一念不生"或者毫無任何心意識作用，而是指學人基於明白心意識及其所緣對象的"自性"或"實體"不可得，因此便不再妄作意念要去把捉一個什麼永遠真實不變的内外現象，但只隨順一切現象緣生緣滅的實相，以趣入自在解脱的涅槃境界。

　　例如，正覺曾經説道：

　　　　十五日已前，有口説不得。十五日已後，無心却自然。正當
　　　十五日，一句作麽生道？ 良久，云："雲籠無縫襖，花笑不萠枝。"③

這是以一個月的"十五日"為界綫，分别前、後，用來譬喻禪修者"捨離俗有而趣入真空""出脱真空而圓成妙有"之同一功夫進程裏所表現

---

① 參見《大慧普覺禪師語録》卷 22："今説無心，非如世間土木瓦石頑然無知之無心。差之毫厘，失之千里，不可不諦審觀察也。"（《大正藏》第 47 册，第 906 頁上）而正覺也説"無心"不是意味着"没有作用"；參見《宏智禪師廣録》卷 5："……'如人夜間背手摸枕子。'……師云：'無心能作用，作用自無心。'"（《大正藏》第 48 册，第 61 頁上）

② 參見鄧克銘：《禪宗之"無心"的意義及其理論基礎》，載《漢學研究》第 25 卷第 1 期，第 161 頁、169 頁、184 頁。

③ 《宏智禪師廣録》卷 1，《大正藏》第 48 册，第 2 頁中。

出來的前後心境差別。"無心却自然",正是指向禪修者"雖無心而浩浩能應,雖有應而恰恰無為"①的修行心境,所以并非指認不生一念、遺世獨立為默照禪法的真實功夫,而是"如雲出岫以無心,似月印江而有應",乃以通曉"根根塵塵、在在處處盡是釋迦老子受用處",因此"不在不失、不壞不雜"地"於轉處不留情,繁興永處那伽定"②,作為默照禪法的真實行履。

其次,從修行成就義看,"無心"乃是相應於佛法根本見地的一種觀行實踐。這一佛法根本見地,也就是認為一切諸法本性空寂的真如實相,本來現成,不像特定事物需假因緣打造方得成就。因此,面對這一本來現成的事物實相,禪修者經由起心動念而所造作形成的價值取捨活動,縱使不宜完全否認它們可發揮的世俗指標意義或作用,但却都不是逕直引導自心趣入涅槃境界的究竟作為。能夠究竟獲致涅槃境界的佛法禪道,根本在於擁有無心於取捨、無心於修為的離相功夫涵養,亦即能夠一心隨順因緣所生成變化的諸法實相,去面對世界萬象,去觀待人生事務;而這是頗異於世人一般總是有心於取捨、着意於修為的執相禪觀念暨禪行為。

例如,正覺開示:

> ……若今日肯休、肯歇,肯放、肯捨,常教豁豁地。第一,莫將來。將來,不相似。便能騎聲跨色,超見越聞,一切處自在,一切處透脫,一切處應現,一切處圓成,何處更有一絲毫隔礙來!所以修習空花萬行,宴坐水月道場,降伏鏡裏魔軍,成就夢中佛果。若是恁麼時節,豈不是脫然向如幻三昧中恰恰相應去?不

①《宏智禪師廣録》卷 4,《大正藏》第 48 册,第 47 頁下。
②《宏智禪師廣録》卷 4,《大正藏》第 48 册,第 46 頁上。

只是眼見色恁麼、耳聞聲恁麼，乃至根根塵塵、大大小小皆悉恁
麼。……"無心道者能如此，未得無心也大難。"①

不必像靈雲志勤（生卒年不詳）那樣，花費三十年時光去追尋什麼佛
法禪道②，但只要明白所有作為，就如空花、水月、鏡中像、夢中事一
般，從來都不曾是真正實在的事物，因而休歇自心有意造作的念頭，
猶如"雁過長空，影沈寒水，雁無遺蹤之意，水無沈影之心"③，則無心
而順應，也就能夠於一切處境中，皆得透脫自在。

最後，從還有念想存心的净治、揩磨，歷經不起心作意的休去、歇
去，以至於畢竟體現任運自在的無心狀態：這一層層轉深以臻於精妙
的默照禪修進程，仍是為了方便學人實踐佛法禪道而建立起來的次
第教説；事實上，在默照禪法裏所貫徹的修行實踐精神，自始至終不
過就是"無心（為道）"。然則，這種默照禪修實踐精神，若想避免世人
一般望文生義地把它意解成是指那種表層意識活動暫時停止的"一
念不生"境界，那麼，更好的講法，本論文認為也許還是"念念不住"。
因為"念念"一詞所預留的心識行相，可以含攝"净治、揩磨"各種煩惱
妄想的禪修作為，而"不住"一語所排遣的各種境界，則能容納"休去、
歇去"各種起心動念的功夫內涵。換言之，貫攝默照禪修功夫的實踐
精神，仍舊是《六祖壇經》所説"我心無住"的"念念不住"，而不是傾向
於否定意味的"一念不生"。

---

① 詳見《宏智禪師廣録》卷5："小参，僧問：'靈雲悟桃花意旨如何？'……"（《大正藏》第48
　　册，第57頁下—58頁上）
② 《宏智禪師廣録》卷5，《大正藏》第48册，第57頁下。
③ 《宏智禪師廣録》卷4："上堂，僧問：'雁過長空，影沈寒水，雁無遺蹤之意，水無沈影之心，
　　未審如何行履？'師云：'無心道者能如此，未得無心也大難。'……師乃云：'……諸法空
　　寂為之座，是須坐處不停囚。'"（《大正藏》第48册，第48頁下）

這樣一種默照禪法的修行實踐精神,便不再有"揩磨、休歇"二者的表面衝突甚至深層矛盾,而唯存一貫"念念不住"的"無心(為道)"功夫內涵。就像正覺所形容的那樣:

> ……道人行止,流雲無心,滿月普應,不為一切所留,歷歷在萬像中,卓卓出一頭地,隨緣遇觸,不染不雜,與彼同用,與我同體。言語不能為之傳,思惟不能為之到,超搖絕待,宛轉亡功。妙得於心識情量之外,途中受用,屋裏承當。了生死,出因緣,真見靈然,元無所住。所以道:"周遍十方心,不在一切處。"①

"真見靈然,元無所住",意謂真實知見一切諸法本性空寂的心智主體,靈動不昧,毫無一念住着在心智所緣的境界上,因而乃能一方面展現周遍十方的作用,另一方面則又能不耽戀任何特定對象或處所。這就好比流雲無心運行,又像月印萬川那樣自然普應。這樣一種無心而普應的聖智心境,除"念念不住"或"於念而不念"這種無住修行實踐精神能夠給予貼切的形容外,難道還有其他更好的表述嗎?②

正覺的默照禪教,從作為"真實做處"的靜坐默究入手,不管"揩磨、休歇"、乃至"念念不住"之"無心"等修行功夫以及其所體現出來的心智境界,都是為了具體呈現自家身心同"諸法真實"相契會的生命實踐。在這裏所謂"諸法真實",并不定着在靜默,也不滯泥於語

---

① 《宏智禪師廣錄》卷6,《大正藏》第48冊,第76頁下。
② 聖嚴法師傳授默照禪法時,曾經建立四個調心層次:"收心""攝心""安心""無心"。其中,對於"無心"層次的說明,所謂"捨妄、捨真,不執有無兩邊,也不著中間",也是歸宗於《六祖壇經》乃至《金剛經》的無住修行實踐精神。詳見釋聖嚴:《聖嚴法師教默照禪》,第27—29頁。而柳田聖山也已指出:從菩提達摩以來,中華禪門所說"無心",實為"(絕觀)般若";它是"無分別""無念""無住""無相"等的同義詞。詳見[日]柳田聖山:《初期禪宗と止觀思想》,[日]柳田聖山:《禪仏教の研究》,京都:法藏館1999年版,第67—68頁。

動；它是遠離分別對立、超乎語默動靜的緣起中道。

例如，正覺説過：

> ……所以道："法身無相，應物而形。般若無知，對緣而照。"青青翠竹、欝欝黄花，信手拈來，隨處顯現，了無他、自，誰作根、塵？獨露本身，自然轉物。心無異心，而法無異法。法無異法，而心無異心。不見道："佛子住此地，即是佛受用，常在於其中，經行及坐卧。"兄弟！如何履踐？得與麼相應去？快須休去、歇去，"有"也莫將來，"無"也莫將去，現在更有甚麼事？如人負檐，兩頭俱脱，和擔颺却始得，便是自由底人。……兄弟！直須一念相應，前後際斷，照體獨立，物、我俱亡。①

超越"自"與"他"、"根"與"塵"、"心"與"法"乃至"智"與"如"的分別意識，也不執念或"有"或"無"的境界：如此不落於二邊的中道正觀，方能成就真正"自由底人"。

不止於此，正覺還指出：

> ……十成穩密漢做處，要且無稜縫、絶芒角，方能圓陀陀地一切處收攝不得，便能一切處輥得行。有時要道便道，恰恰相應。……便知道山是山、水是水、人是人、法是法，世界爾、塵塵爾、法法爾、念念爾，這裏增減一絲頭不得。若有一毫道理，又是七花八裂去也！豈不見道："居一切時，不起妄念。於諸妄心，亦不息滅。住妄想境，不加了知。於無了知，不辨真實。"正恁麼時，如何行履？"一種平懷，泯然自盡。"②

---

①《宏智禪師廣録》卷5，《大正藏》第48册，第71頁中—下。
②《宏智禪師廣録》卷5，《大正藏》第48册，第59頁中—下。

在這段講論裏,正覺援引《圓覺經》及《信心銘》的説法,乃是意在表示禪修者祇要明了諸法隨緣而生、隨緣而滅,事物各自暫住在其緣起性空的當時當處,就像"山是山、水是水、人是人、法是法"一般,乃是法爾自然的生存實相,那麼,面對如此實相,便不應當生心分別其彼此是非、起意執着其善惡染净,然後才得語默動静都能隨緣順應,而不至於落入矯揉造作的有所得心境。

這樣一種不起彼此是非、善惡、染净等分別意識的"無心",即是相應"諸法真實"的默照正禪,因此,極不同於一般總要根據自己所見差別事象而表現出取捨意向的世俗人心;後者,便是默照正禪所擬對治、所要超越的凡夫心行。

正如正覺所論:

> 實相,是無柂之相。真心,是無心之心。真得,是無得之得。真用,是無用之用。若如是也,却是箇豁落做處,却是箇真實做處。一切法到底,其性如虚空;正恁麼時,却空它不得——雖空而妙,雖虚而靈,雖静而神,雖默而照。……所以道:"法隨法行,法幢隨處建立。"何處不是諸人放光明? 何處不是諸人得受用? 何處不是諸人現神通? 何處不是諸人作佛事? ……箇時,絶氣息處,弄得活;絶光影處,明得出。更須跨一步,法法皆是自己之所變轉。如我身中現一切相,一切相為我身中莊嚴。箇時,亦不見有貧富、男女、是非、得失差別等相。為爾諸人有取相、有捨相,所以不能與虚空合法界等。……①

"真心",乃是相對於"妄心",而假借名言所設置的一個概念;它是指

---

① 《宏智禪師廣録》卷5,《大正藏》第48册,第64頁上一下。

那種没有虚妄取相分别意識作用的心智活動本身——所謂"無心之心"。默照禪修者具備這樣一種極不同於世俗凡夫心識活動的"無心之心",并不就陷在像槁木死灰般了無生氣的枯寂心境中,而是相反地能夠擁有比凡夫更為活潑、越發富有的生命力量;因為他已經不會被動受制於莫名其妙、不明因緣的事物或遭遇,所以才能回復至本來"念念不住"的心智本性,隨順世界種種因緣而建立萬法抑或應機施教。因此,也將不會有像宗杲所批評的某些默照邪禪情況——誤認"階段"以為是"究竟"的安心處所。

關於如此境界,正覺也還説過以下的話:

> ……儞但歇去,歇得盡時,靈然不昧,更須退步就己,方能徹底相應。箇時,若有獨在之照,猶帶功在。……不見僧問古德云:"如何是和尚本來心?"古德云:"犀因翫月紋生角,象被雷驚花入牙。"若體得明白了是,便乃跨萬法頭上,不為萬法礙。到恁麽時,不立語言,不拘影像。所以道:"諸佛不出世,四十九年説。祖師不西來,少林有妙訣。"諸佛既不出世,為什麼四十九年説? 祖師既不西來,為什麼少林有妙訣? 須信道:"是法住法位,世間相常住。"這裏,不移一絲,不動一點。那時,一句子擲地作金聲,便知道正中偏,一輪皎潔正當天。若恁麼辨得出,在語也妙,在默也妙,説時常默,默時常説,便能超四空、出三界。箇是透脱漢做底。……①

"是法住法位,世間相常住"的深層意謂,是在表示宇宙萬法各住本性空寂的自性、因緣和合的自相,因此,就其作為緣起性空的存在現象而言,根本没有往來變動之實質可得。所以正覺對此表示:"這裏,不

---

① 《宏智禪師廣録》卷 5,《大正藏》第 48 册,第 58 頁上—中。

移一絲,不動一點。"禪修者一旦能夠了悟緣生諸法的這種真如實相,念念專注於事物緣聚而出現、緣散而消亡的當下,那麼,念念專注的同時也就是念念不住,更不會將"動"和"靜"隔開、"語"和"默"斷裂,從而得以於講說時具有恒常靜默的意義、於靜默時具有恒常講說的意義;換言之,也就是能夠即動而靜、即靜而動。默照禪法的修行實踐,唯有功夫深達入如此境地,才稱得上是"透脫漢做底"。

五、結論

正覺和宗杲二位禪門宗師,身處同一時代,而且維持彼此尊重的知交情誼。然而,他們各自所宣揚的禪修方便法門,一主"默照"、一主"看話",在實踐佛法禪道的教學上顯出相當不同。

默照禪法,采取"靜坐默究"的形式;看話禪法,則采取"看心起疑"的形式。如果從"定""慧"二者分別的角度看,則一般説來,默照禪法偏向於先"定"而後"慧",看話禪法偏向於先"慧"而後"定"。

又,正覺、宗杲二人的性格,也似乎頗顯異采。正覺,言語謹慎、行事沉靜[1];而宗杲,則可謂能言敢論、行事躍進[2]。宗杲發乎道濟天

---

[1] 釋自融(1615—1691):《南宋元明禪林僧寶傳》卷 2,説:"觀覺公唱教,當乾坤鼎沸之秋,闡啓東南,縝言密行,為滄海傾歸。紗喜尚左遷之,其餘欲并駕爭驅,知其孰可也。嗟乎!洞上宗風,微公孰慰浮山之望而足太陽之心哉!"(《大藏新纂卍續藏經》第 79 册,第 595 頁中)

[2] 釋祖琇(1163—?):《僧寶正續傳》卷 6,説:"師荷佛祖正續,全體作用,掃除知見,無法與人,雖古宗師,無以加之。殆其縱無礙辯,融通宗、教,則奄有闓悟之風。是以高峻門庭,容攝多衆,若海涵地負,緯綽有餘。至於棒喝譏訶、戲笑怒罵,無非全提向上接人,第學者難於湊泊耳!其闊略宏度,脱去繩撿。所至,學徒趨事,雖嶄嶄露頭角,號稱諸方領袖者,師目使頤令,如侍執然;所為偈、贊、頌古,絶妙古今。與賢士大夫往復論道書,并上堂普説法語,凡五帙,行于世。"(《大藏新纂卍續藏經》第 79 册,第 578 頁下—579 頁上)

下的弘法熱忱，數數評議默照禪法教學者不免流為所謂"邪禪"或"邪師"；但他也曉得正覺所教禪修方便，正是屬於默照禪法。因此，宗杲當然明白其所批評的"默照邪禪"或"默照邪師"，多少不免會令正覺難堪，或許因此還需費舌申辯默照禪法的正當性以及適切性。不過，正覺針對宗杲的相關批評，彷彿也未見有一言半句申正。這又是為什麼呢？本論文認為，其一固然是個人性格所致，另外則因為宗杲所從事的破邪論議，如第三節所論，其實剛好正是助成正覺所想顯揚默照禪法為修行正道而努力展開教說的功臣之一，那麼，同為顯揚禪道正法，又何必一一對之論駁申辯，甚至有所訾議！

　　平心說來，在世間傳揚佛法禪道，通常可以托付兩種類型的論師或禪師：其一是特重"破邪"以"顯正"的一類，另一則為專注"顯正"以"防邪"的一類。據此而言，宗杲既已借由"破邪"而有所助成於"顯正"，那麼，正覺正好可以全力透過教說開示禪修正道，借以防避類似宗杲所說"默照邪禪"的流行、"默照邪師"的繁興。

　　這一"默照正禪"，透過教導學人"揩磨、休歇"等禪觀念暨禪行為，而以"無心"教說統攝其內涵，個中所貫徹的，仍是六祖慧能所傳"於念而不念""於相而離相"的"無住"或"念念不住"修行精神。這也正表明中華禪門祖師所傳禪法，自有其統宗會元的一貫性；而正覺便是南宋時代發揚這種修心要法、安心要道的一大禪師。此外，如果要說其有"異采"，那麼，或許不過是在正覺以其一生經歷努力體現這種精神，同時積極教導後學，以便共同顯揚如此精神，因而得有屬於他個人語默動靜的多樣禪教表現罷了！

三教關係研究

歐陽修的治國之本論與排佛論

楊曾文

內容提要:宋代文學家、史學家歐陽修撰寫《本論》,闡釋儒家所奉聖人之道和仁義禮樂思想,排斥佛教,但反對以強制手段禁毀佛教,主張以興儒家仁義禮樂來爭取民衆,逐漸削弱乃至取代佛教。

關鍵詞:歐陽修;本論;排佛;仁義禮樂

北宋初期承後周毀禁佛教(所謂"滅佛")之後,歷代皇帝都是保護和支持佛教傳播發展的。然而一部分儒者士大夫鼓吹排斥佛教,批判以楊億、劉筠為代表的駢體"時文",提倡古文,以及道學的醞釀和興起,應當説是反映了當時的時代思潮。在這當中,歐陽修是著名的代表人物。歐陽修雖然以文學、史學著稱,然而他所撰《本論》三篇集中反映了他對改善宋朝政治、文教和道德教化的主張,提出了所謂治國之本的理論,同時依據這種理論提出影響較大的排斥佛教的主張。

一、歐陽修及其《本論》

1. 歐陽修生平

歐陽修(1007—1072),字永叔,吉州廬陵(今江西省吉安市永豐縣)人。四歲時父親去世,隨母至隨州,投靠擔任隨州推官的叔父。因家貧没有紙筆,母親鄭氏常用蘆葦在地上書寫教他認字。他逐漸能誦讀古人文章,并學會寫詩,在十歲後常借書回家抄誦。隨州南邊有大姓李氏藏書豐富,他常來此借書,偶然從古書中發現唐韓愈的文集六卷,借回閱讀,愛其為文,及至成年,已冠絶同輩。

宋仁宗天聖七年(1029),歐陽修由隨州薦舉,入京試國子監為第一,秋以廣文館生赴國學解試又得第一。翌年,試禮部翰林學士為第一。經試崇政殿,為甲科第十四名,五月授將仕郎,試秘書省校書郎,出任西京留守推官。景祐元年(1034)經試學士院,授宣德郎試大理評事兼監察禦史,充鎮南軍節度掌書記,館閣校勘,後參與編修《崇文總目》,逐漸出名。慶曆元年(1041),加騎都尉,不久改任集賢校理。慶曆三年(1043),宋仁宗有意施行新政,擢任范仲淹、富弼、韓琦三人執掌朝政,又起用歐陽修以太常丞知諫院,同時任蔡襄、王素、余靖并為諫官。不久,歐陽修兼右正言知制誥。他大力支持范仲淹、富弼等人推行的整頓吏治、發展農桑和富國強兵的新政措施。

針對朝中反對新政者以"朋黨"為名誣陷中傷范仲淹、富弼等人的做法,歐陽修撰《朋黨論》以辨明之,説小人出於利害關係彼此之間實無朋可言,而"君子則不然,所守者道義,所行者忠信,所惜者名節,以之修身則同道而相益;以之事國則同心而共濟,終始如一,故曰君子有朋”，而這種朋越多對國家越有利。新政實施不到二年時間，反對者誣告范仲淹、富弼、杜衍以及韓琦等人結黨，致使他們相繼被罷，先後貶官外地。為此，歐陽修上書為他們辯護，說：

> 杜衍、韓琦、范仲淹、富弼，天下皆知其有可用之賢，而不聞其有可罷之罪，自言小人讒害忠賢，其說不遠。欲廣陷良善，不過指為朋黨，欲動搖大臣，必須誣以顓權，其故何也？去一善人，而眾善人尚在，則未為小人之利；欲盡去之，則善人少過，難為一一求瑕，唯指以為黨，則可一時盡逐。至如自古大臣，已被主知而蒙信任，則難以他事動搖，唯有顓權是上之所惡，必須此說，方可傾之。正士在朝，群邪所忌，謀臣不用，敵國之福也。今此四人一旦罷去，而使群邪相賀於內，四夷相賀於外，臣為朝廷惜之。①

歐陽修由此諫奏也遭到誣陷貶官，左遷知制誥、知滁州，二年後徙知揚州、潁州，復為學士留守南京（今河南商丘），因居母喪離職。此後，遷翰林學士，受命撰修《唐書》（《新唐書》），并繼包拯之後加龍圖閣學士知開封府，官至樞密副使，嘉佑六年（1061）任參知政事。

神宗即位之後任用王安石（1021—1086）為參知政事、同中書門下平章事（宰相），受詔創置三司條例司，對政治、經濟進行大幅度變法革新，實施均輸法、青苗法、募役法、市易法、將兵法、保甲法等，以圖發展農業生產，富國強兵，然而不斷招致來自朝野維護既得利益和主張維持舊制的各種勢力的反對。歐陽修在神宗朝以觀文殿學士知

---

① 余冠英、周振甫、啓功、傅璇琮主編，國際文化出版公司出版《唐宋八大家全集》本《歐陽修集》卷一〇七《奏議》十一《論杜衍范仲淹等罷政事狀》。此據《宋史》卷三百一十九《歐陽修傳》，文字有刪節。

亳州、青州，後知蔡州，因反對實施青苗法，受到支持王安石新政一派的排斥。熙寧四年(1071)，歐陽修以太子少師致仕，翌年六十六歲逝世，朝廷贈太子太師，賜謚號"文忠"。

歐陽修在知滁州時，自號"醉翁"，晚年移知蔡州(治今河南汝南)後改號"六一居士"。在佛教盛行後，居士一般是指在家男女信衆，然而歐陽修自稱的居士是別有所指。他在所撰《六一居士傳》中解釋説："吾家藏書一萬卷，集録三代以來金石遺文一千卷，有琴一張，有棋一局，而常置酒一壺"；"以吾一翁，老於此五物之間，是豈不爲六一乎?"①可見他將自己的藏書、古代金石遺文、琴、棋、酒視爲心愛賞玩的五物與自己合爲六個一，稱"六一居士"，反映了他晚年致意隱居和淡泊閒適的心境。

據載，歐陽修一生好"見義勇爲"，雖臨險境也敢直言，闡述己見。善寫詩撰文，爲世人崇尚。在學問上尊崇孔、孟，尤其推崇唐代韓愈，認爲儒家禮樂仁義符合"大道"，應予嚴格遵循。在朝廷和諸州爲官，官至參知政事，熱心引薦獎掖後進，如曾鞏、王安石、蘇洵及其子蘇軾、蘇轍等人，在尚未出仕地位低微之時皆受到過歐陽修的引薦或提拔。好結交朋友，重情誼。好古嗜學，廣泛搜集周漢以後歷代金石遺文和斷篇殘簡，然後加以考證，比較真僞異同，編撰《集古録》。奉詔與宋祁合編《唐書》(《新唐書》)，負責編撰其中紀、志、表部分，自撰《五代史記》(《新五代史》)，重正統，并取法《春秋》筆法。有《歐陽文忠公文集》(簡稱《歐陽修集》)一百五十三卷行世，内有《居士集》五十卷、《居士外集》二十五卷，另有《外制集》《内制集》《表奏書啓四六集》《奏議》等。

---

① 歐陽修:《六一居士傳》，載《歐陽修集》卷四十四、《居士集》卷四十四。

蘇軾在宋哲宗元祐六年（1091）為歐陽修《居士集》寫的序中說：
"歐陽子論大道似韓愈，論事似陸贄，記事似司馬遷，詩賦似李白。此
非予言也，天下之言也。"意為歐陽修論大道、先王之道與唐朝韓愈相
似，論事像唐德宗時善於文筆官至宰相的陸贄，記事像漢代《史記》作
者司馬遷，詩賦像唐代詩人李白，并稱這實際是天下人的贊譽。

歐陽修是宋代著名文學家、詩人和史學家，然而却難說他是位思
想家。在他的文集中論文并不多。他寫的重要論文有《正統論》三
篇，是運用儒家思想論證在史書中如何確定歷代正統的問題，認為
"居天下之正，合天下於一"者為正統，此外則看情況而異，提出了自
己的見解。

歐陽修另一重要論著是《本論》三篇，從不同角度認證治理天下
應當遵循的基本原則——治國之本。正是在這篇文章中，提出了他
的排佛論。

2.《本論》的内容和歐陽修的理想盛世

歐陽修所著《本論》有上中下三篇。上篇著於宋仁宗慶曆二年
（1042），中篇與下篇皆著於慶曆三年（1043），雖皆圍繞論證治國之本
這一核心内容，但側重點有所不同。

上篇首先指出"天下之事有本末，其為治者有先後"。若就治理
天下而言，應以夏商周三代為治世模式，取法三代為治國之本。他說
三代"以理數均天下，以爵地等邦國，以井田域民，以職事任官"，雖在
"財必取於民，官必養於禄，禁暴必以兵，防民必以刑"方面與後代情
況大體一致，然而要達到天下得以治理的目的，還必須在保障"財足"
和"兵足"前提下，"飾禮樂、興仁義以教道之，是以其政易行，其民易
使，風俗淳厚，而王道成矣"。這才是最重要的。實際上，上篇是歐陽
修藉以向正籌劃新政的仁宗皇帝和朝廷提出自己的建議。他從三代

治理的歷史中概括出節財、強兵、立制、任賢、尊名五個要點。他説：

> 今之務衆矣，所當先者五也。其二者有司之所知，其三者則未之思也。足天下之用，莫先乎財；系天下之安危，莫先乎兵，此有司之所知也。然財豐矣，取之無限而用之無度，則下益屈而上益勞。兵強矣，而不知所以用之，則兵驕而生禍。所以節財、用兵者者，莫先乎立制。制已具備，兵已可使，財已足用，所以共守之者，莫先乎任人。是故均財而節兵，立法以制之，任賢以守法，尊名以屬賢，此五者相為用，有天下者之常務，當今之世所先，而執事者之所忽也。

實際上，節制用財、強兵、立法制、任用賢才、尊名屬賢這五個方面與翌年范仲淹、富弼等人推出"慶曆新政"的整頓吏治、發展農桑和富國強兵的革新主張大體是一致的，可以説是反映了時代思潮的。

歐陽修認為當時是宋創建治世的最好時機，他對自己理想的治世盛景作出如下描述：

> 民不見兵革於今幾四十年矣，外振兵武，攘夷狄，内修法度，興德化，惟上之所為，不可謂無暇。以天子（按：指仁宗）之慈聖仁儉，得一二明智之臣相與而謀之，天下積聚，可如文、景之富；制禮作樂，可如成周之盛；奮發威烈以耀名譽，可如漢武帝、唐太宗之顯赫；論道德，可興堯、舜之治。①

唐堯、虞舜時的道德，西周的禮樂，漢代文景之治的富庶，漢武帝唐太宗時威震四海的強大武備，是古來儒者理想中構成盛世的重要方面。歐陽修希望宋朝廷取法三代，興仁義禮樂，并且適時做出改

---

① 歐陽修：《本論》上篇，載《歐陽修集》卷六十、《居士集》卷十。

革,建立他所理想的盛世。

歐陽修在《本論》中篇、下篇依據治國之本"仁義"的思想,提出他的排佛論。

二、歐陽修排佛依據及其特色

唐代韓愈的《原道》在宣揚儒家道統的同時,對佛道二教給以嚴厲批判,認為"周道衰,孔子没,火於秦,黄老於漢,佛於晉、魏、梁、隋之間。其言道德仁義者,不入於楊,則歸於墨;不入於老,則歸於佛",是説佛教、道教二教繼楊、墨之後盛行於社會。舉國上下接受的"仁義道德之説"不是來自佛教,就是來自道教,而這種仁義道德與儒家所奉的仁義道德是不同的。

早在韓愈之時就説,儒家所尊奉的"先王"之道,即儒家仁義道德學説,原本是從先聖堯、舜開始傳下來的,"堯以是傳之舜,舜以是傳之禹,禹以是傳之湯,湯以是傳之文、武、周公,文、武、周公傳之孔子,孔子傳之孟軻,軻之死,不得其傳焉"。先秦荀子、漢代的揚雄雖也是儒者,但他們的學説不足以完整而精確地表達先王之道。於是,本為"夷狄之法"的佛、道二教乘虛而入,風行於社會上下,人們所接受的全是他們的仁義道德。韓愈感嘆,在這種情況之下,"後之人雖欲聞仁義道德之説,其孰從而求之?"那麼,如何能使儒家所奉的先王之道主導社會思想和文化呢? 韓愈提出同時采取兩種辦法:一是朝廷在行政上實施強制取締佛、道二教的方法,即所謂"不塞不流,不止不行。人其人,火其書,廬其居",嚴禁佛、道二教傳播,命僧人道士還俗,將二教經書焚毁,將寺院道觀改為民居;二是"明先王之道以道之;鰥、寡、孤、獨、廢、疾者有養也",即大力弘揚儒家仁義之道,引導民衆信奉遵循,并且在物質上照顧那些喪失生活能力的老弱孤寡病殘的百姓。

　　與韓愈的這種主張比較,歐陽修未提出強制取締道教的主張。這大概鑒於宋朝皇室自真宗之後奉老子為祖先,以道教元始天尊為"聖祖"的緣故。歐陽修的排佛論雖是在吸收韓愈《原道》的基礎上提出來的,然而在具體論證中擁有自己的特色。雖然他只在《本論》中下兩篇①集中排斥佛教,然而所依據仍是《本論》上篇所提出的治國之本,即源自三代"飾禮樂、興仁義"的"王道"思想,只是説法和側重點有所不同。現從以下幾個層次加以説明。

　　1. 説以往排佛者不知排除的方法

　　《本論》中篇説:"佛法為中國患千餘歲,世之卓然不惑而有力者,莫不欲去之。已嘗去矣,而復大集,攻之暫破而愈堅,撲之未滅而愈熾,遂至於無可奈何。是果不可去邪? 蓋亦未知其方也。"是説佛教自傳入中國已經一千多年,雖然歷代有所謂"卓然不惑而有力者"(意為排佛的朝廷及儒者)起來排斥,想從社會上加以排除,然而即使佛教一時遭到禁毀,不久又恢復乃至更加盛行。歐陽修認為出現這種情況是因為沒有找到可行的方法。他比喻説,醫生看病,必須診查病因,然後加以醫治。人之生病是因為氣虛,致使病乘虛而入,所以"善醫者,不攻其疾,而務養其氣,氣實則病去",同樣對於佛教這樣的"天下之患"也應"推其患之所自來,而治其受患之處"。

　　那麼,佛教流傳於天下到底是什麼原因呢? 他從三代以來的歷史説起,然後指出根本原因在於中國本有的儒家仁義名教衰敗,致使佛教傳播和盛行。

————————————

① 《本論》中下篇分別載于《歐陽修集》卷十七、卷六十;《居士集》卷十七、《居士外集》卷十。

2. 説堯、舜及三代"王政明而禮義充"，佛教不能傳播社會

歐陽修説：

> 佛為夷狄，去中國最遠，而有佛固已久矣。堯、舜、三代之
> 際，王政修明，禮義之教充於天下，於此之時，雖有佛無由而入。
> 及三代衰，王政闕，禮義廢，後二百餘年而佛至乎中國。由是言
> 之，佛所以為吾患者，乘其闕廢之時而來，此其受患之本也。補
> 其闕，修其廢，使王政明而禮義充，則雖有佛無所施於吾民矣，此
> 亦自然之勢也。

佛教發源於西元前六至五世紀的古印度，此時相當於中國的春秋時代。按照歐陽修的説法，佛教早已存在，似乎是受到佛教一些説法的影響。他認為堯、舜及夏商周三代"王政修明，禮義之教充於天下"，即使佛教傳入也不可能盛行，只是因為後世衰敗，"王政闕，禮義廢"，才使佛教乘虛而入。在這裏，他明確地點明佛教盛行於中國的原因："王政闕，禮義廢"；從中國排除佛教的方法："王政明而禮義充"。

什麼是"王政明"？歐陽修説，堯、舜、三代實行井田制，計口授田，使民致力農耕，規定繳納什一之稅，然後教之以祭祀和宴會的禮節，所謂"制牲牢酒醴以養其體，弦匏俎豆以悅其耳目"，并設立學校，對百姓實施教育，使人"知尊卑長幼，凡人之大倫"及"養生送死之道"。這樣，百姓"耳聞目見，無非仁義禮樂而趣之"，致使佛教不能乘虛傳入，傳入也無人信奉。

3. 稱三代後"盡去三代之法，而王道中絕"，佛教得以傳入

歐陽修説：

> 及周之衰，秦并天下，盡去三代之法，而王道中絕。後之有

天下者,不能勉強,其為治之具不備,防民之漸不周。佛於此時乘間而入。千有餘歲之間,佛之來者日益衆,吾之所為者日益壞。井田最先廢,而兼并遊惰之奸起,其後所謂蒐狩、婚姻、喪祭、鄉射之禮,凡所以教民之具相次而盡廢。然後民之奸者有暇而為他;其良者泯然不見禮義之及己。夫奸民有餘力,則思為邪僻;良民不見禮義,則莫知所趣。佛於此時乘其隙,方鼓其雄誕之説而牽之,則民不得不從而歸矣。又況王公大人往往倡而驅之曰:佛是真可歸依者。然則吾民何疑而不歸焉?

是説,在秦始皇統一中國之後,將三代井田、賦稅等法完全廢除,王道也中斷,此後歷代當政者既沒有制定周全的制度,三代以來通行的蒐狩、婚姻、喪祭、鄉射禮樂及教育設施又相繼廢棄,結果導致"民之奸者"能有餘暇做"邪僻"之事(指信奉儒家之外的學説或宗教),而良善之民却沒有接受禮樂教育的機會,不知何為正道。這樣便為佛教傳播和盛行提供了條件,致使很多民衆歸依佛教。在這當中,有些"王公大人"(指信奉或對佛教有好感的朝廷重臣和官員)還鼓勵民衆信奉佛教,使民衆對歸依佛教沒有任何疑惑。在這種形勢下,即使有"不惑者"(指不信佛教的儒者)想起來破斥和排除佛教,豈能發生任何作用! 於是歐陽修哀嘆:"千歲之患遍於天下,豈一人一日之可為? 民之沈酗入於骨髓,非口舌之可勝?"

那麼,到底用什麼方法才能排除佛教呢?

4. 主張對佛教應修仁義禮樂之本以勝之

歐陽修《本論》中篇説:

> 然則將奈何? 曰:莫若修其本以勝之。昔戰國之時,楊、墨交亂,孟子患之而專言仁義,故仁義之説勝,則楊、墨之學廢。漢

之時，百家并興，薑生患之而退修孔氏，故孔氏之道明而百家息。此所謂修其本以勝之之效也。今八尺之夫，被甲荷戟，勇蓋三軍，然而見佛則拜，聞佛之說則有畏慕之誠者，何也？彼誠壯佼，其中心茫然無所守而然也。一介之士，眇然柔懦，進趨畏怯，然而聞有道佛者則義形於色，非徒不為之屈，又欲驅而絕之者，何也？彼無他焉，學問明而禮義熟，中心有所守以勝之也。然則禮義者，勝佛之本也。今一介之士知禮義者，尚能不為之屈，使天下皆知禮義，則勝之矣。此自然之勢也。

歐陽修排佛論的一個重要特點是主張用提倡和弘揚儒家的仁義禮樂，引導社會廣大民眾接受并修持仁義禮樂，將原來深受佛教影響的民眾吸引過來，形成人人修持仁義禮樂的局面，從而使佛教失去信眾和市場，此即所謂"修其本以勝之"。他舉的例子一是戰國之時，孟子的宣導仁義之說戰勝楊、墨；二是西漢之時，董仲舒闡釋孔子學說造成罷黜百家的思想一統局面。為什麼這種方法能奏效呢？他認為既然佛教是在人們心中"茫然無所守"之時乘虛而入，那麼如果引導他們接受儒家仁義禮樂，心中便有所操持，就不容易受到佛教的影響了。他舉的"一介之士，眇然柔懦，進趨畏怯，然而聞有道佛者則義形於色，非徒不為之屈，又欲驅而絕之者，何也？彼無他焉，學問明而禮義熟，中心有所守以勝之也"。這使人想到宋初激烈破斥佛教的孫複、石介，他們就是用所謂聖人之道，即儒家的仁義禮樂學說來批判佛教和道教的。

在《本論》下篇，歐陽修對此有進一步發揮。他說，自己曾經同意荀子提出的人性惡的說法，然而當看到那麼多世人歸依佛教之後，便認識到性惡論極端錯誤，還是孔、孟的性善論正確。他說為什麼多人們對於"棄其父子，絕其夫婦，於人之性甚戾，又有蠶食蟲蠹之弊"的佛教,不表示厭棄反而相率歸依呢？就是因為佛教擁有教人"為善"的説教。這是指佛教宣導五戒、十善①等,勸人修善止惡,并且有系統的善惡報應和三世輪回的説教,容易得到民衆的歡迎和接受。

既然如此,為什麼儒家不能將自己的仁義為善的説教加以宣傳弘揚呢？他是這樣説的:

> 誠使吾民曉然知禮義之為善,則安知不相率而從哉？奈何教之諭之之不至也？佛之説,熟於人耳、入乎其心久矣,至於禮義之事,則未嘗見聞。今將號於衆曰:禁汝之佛而為吾禮義！則民將駭而走矣。莫若為之以漸,使其不知而趣焉可也。蓋鯀之治水也鄣之,故其害益暴,及禹之治水也導之,則其患息。蓋患深勢盛則難與敵,莫若馴致而去之易也。今堯、舜、三代之政,其説尚傳,其具皆在,誠能講而修之,行之以勤而浸之以漸,使民皆樂而趣焉,則充行乎天下,而佛無所施矣。《傳》曰"物莫能兩大",自然之勢也,奚必曰"火其書"而"廬其居"哉！

歐陽修的意思是説,如果百姓皆知道儒家禮義為善之教,必將争相接受,只是以往在以禮義實施教化方面做得很不夠。雖然如此,因為民衆已經長期受到佛教影響,對儒家禮義説教不了解,如果驟然讓他們脱離佛教而接受儒家禮義,非把他們嚇跑不可。對此,他認為妥善的方法可借鑒當年鯀用鄣堵的方法治水失敗,而大禹用導引疏通的方法成功的教訓,對百姓采用以"堯、舜、三代之政"逐漸進行教化的辦法,讓他們接受仁義禮樂,最後離開佛教。此即所謂:

---

① 五戒:不殺生、不偷盗、不邪淫、不妄語、不飲酒;十善:不殺生、不偷盗、不邪淫、不妄語、不兩舌、不惡口、不綺語、不貪、不嗔、不癡。

　　行之以勤而浸之以漸，使民皆樂而趣焉，則充行乎天下，而佛無所施。

　　因此，歐陽修反對采取韓愈主張的用行政強制的"火其書""廬其居"的方法禁毀佛教。歐陽修對此抱有信心，說"夫物極則反，數窮則變，此理之常也。今佛之盛久矣，乘其窮極之時，可以反而變之，不難也"(《本論》下篇)，認為物極必反，佛教經過長久盛行之後，已呈現弊端，接近窮途末路。朝廷如能在此時乘勢盛修王道，大興仁義，則能比較容易地取勝佛教。

　　歐陽修的結論是：

　　　　患深勢盛難與敵，非馴致而為之莫能也。故曰修其本以勝之，作《本論》。(《本論》下篇)①

是說，在佛教極其盛行，影響很大之時，如能對其加以抑制，并最後勝它取替它，只有通過向民眾弘揚仁義禮樂之教，引導他們逐漸脫離佛教。這是他所以撰寫《本論》的用意所在。

三、從歷史和北宋社會看歐陽修的排佛論

　　歐陽修作為一位儒者，站在儒家名教立場對社會上十分盛行的佛教提出批判、排斥是可以理解的。

　　比較而言，歐陽修的排佛論不僅比以往"三武一宗"時參與毀禁佛教的儒者溫和寬容得多，能夠從當政者、儒家自身"王道中絕""王政闕，禮義廢"，未能興"仁義禮樂"等方面尋找原因，而且對佛教以勸

---

① 《歐陽修集》卷六十、《居士外集》卷十。

人行善的教義取得民衆的歡迎也有所瞭解；在如何將佛教排除的問題上提出與唐代韓愈、宋代石介等人主張強行毀禁佛教不同的做法，即以大興仁義禮樂來争取民衆支持和奉行，逐漸使佛教削弱乃至從社會消亡。

那麽，從歷史和北宋社會實際情況來看，歐陽修在《本論》中提出的佛教未在中國傳播原因是"王政明而禮義充"，興盛則是"盡去三代之法，而王道中絶"嗎？用提倡儒家仁義，推行禮樂教化就能將佛教從中國消除嗎？

前面提到，佛教創立於西元前六至五世紀，夏商周三代時期佛教尚未創立或創立未久，不可能傳入中國，自然與"王政明而禮義充"没有關係。佛教直到西元前後兩漢之際經過絲綢之路傳入中國内地，開始只在少數知識份子和上層社會傳播，至東晉十六國時期才在南北方盛行，經南北朝、隋、唐、五代早已從外來的宗教演變成中國民族的宗教，於大江南北城鎮乃至窮鄉僻壤皆有寺院和信衆，在歷代朝廷和儒者、民間知識信衆的支持參與下，翻譯和編撰了數量浩繁的經典著述，而卷數超過五千多卷的佛教叢書《大藏經》也是在以皇帝為首的朝廷的直接支持下作為國家事業編輯和雕印出來的。如果説這些朝代是因為"盡去三代之法，而王道中絶"而才招致佛教傳播和興盛，顯然是難以成立的。

實際上，從漢至隋唐，經歷了被歷代聖賢和儒家學者譽為盛世的時期，例如東漢的"光武中興"、隋初的盛世、唐代的貞觀之治、開元天寶之治等，在思想文化界雖有佛教、道教流行，然而占據支配地位的却一直是儒家思想。以儒家思想為指導的文史著作逐代增加，以實踐、發揚聖賢之道與"王道"為己任的明君賢臣和碩學通儒歷代不乏其人。因此，怎麽可以説在這樣漫長的時間内王道中斷，仁義禮樂已經消失呢。"存在決定意識"是顛撲不破的真理。實際上，宗教的存在有其客觀原因，最重要的是因為它適應了中國社會民衆的宗教信仰需要。至於民衆選擇哪種宗教，是佛教還是道教乃至原始宗教，那是次要的問題。對此類問題，中外歷史有難以列舉窮盡的史實例證。

按照歐陽修《本論》的觀點，通過大力宣導弘揚儒家仁義之教，廣泛推行禮樂教化就能將佛教從中國消除。歷史已經證明，這是一種脫離社會現實的想像。從佛教傳入中國之後，歷代皆以儒家思想為支配思想，從中央到地方，通過科舉、辦學和社會教育、家庭啓蒙教育、輿論褒貶等，應當說知識階層和廣大普通民衆所接受的綱常倫理教育，主要是儒家的仁義禮智信及相關的道德規範。這從歷代史書、文學乃至藝術作品，皆可得到證明。甚至連佛教、道教在傳播過程中都深受儒家綱常倫理的影響，形成與儒家名教融通的教義思想和行為規範。

從中華民族發展進程來看，儒家原來的夏夷之辨早已失去實際意義。從秦漢以後，特別經過東晉十六國、南北朝時期，經歷了空前規模和影響深遠的民族大遷徙、大融合，到底哪些人是純粹的華夏民族，哪些是戎夷蠻狄？哪些是漢族，哪些是胡族？從源頭上認真探究已很難作出明確判別。作為朝廷和當政者如果在這方面強作辨別，提出區別對待不同人群族群的做法，可謂不智之至，也是辦不到的事情。石介在《中國論》中提出中國人與"四夷"之別，將佛教道教打入"四夷"加以排斥，可謂不識時務。歐陽修將佛教列入"夷狄"加以排斥，同樣是落後於時代和不切實際的想法。

佛教作為一種宗教在中國傳播和發展，到底對社會有什麼影響？朝廷和官員對佛教采取過什麼態度？這裏不擬列舉以往歷代的大量事實，僅結合北宋前期情況來加以簡單説明。

在以皇帝為首的封建專制主義中央集權的社會,如果佛教得不到皇帝、朝廷和地方官員的允許和支持是很難得到順利發展的。正如東晋道安所説:"不依國主,則法事難立。"(《高僧傳·道安傳》)唐代道宣説:"自教流東夏,代涉帝朝,必假時君弘傳聲略,然後玄素依繕,方開基構。"(《大唐内典録·序》)。同樣,歷代統治者扶植和支持佛教,也從佛教傳播於社會民衆過程中得到正面的回報,即弘傳佛法是有利於社會秩序的穩定和勸善止惡的道德風氣推廣的。佛教的五戒、十善等藴含的道德理念在傳播中已與儒家仁義和忠孝等道德規範融通。南朝宋文帝曾對佛教有利於維護社會秩序作出充分肯定,説:"若使率土之濱,皆純此化,則吾坐致太平。"(《弘明集》卷十一《答宋文帝贊揚佛教事》)

讓我們再看看北宋初期幾位皇帝和朝廷對佛教的態度和政策。北宋第一位皇帝宋太祖(960—976 在位)在後周世宗手下為將時,經歷了"三武一宗"中的"一宗"——周世宗推行的禁毁佛教之舉(955),然而這并未改變他對佛教的信仰,反而"益信佛法"。(元熙仲集《歷朝釋氏資鑒》卷八引《歐陽公外傳》)他在奪取後周政權建立宋朝之後,即着手恢復佛教,度僧建寺,為戰死將士追薦冥福。建隆四年(963)特派僧 157 人到印度求法。當發現進士李藹"坐毁釋氏,辭不遜"時,他下詔予以懲罰。(《宋史·太祖紀》)他還派人到益州(治今四川成都)組織雕造大藏經版①,開啓了中國雕印大藏經宏業之先河。

宋太宗(976—997 在位)即位不久便下詔全國普度童子 17 萬人,此後施行限制度僧人數的政策。在開封太平興國寺設置譯經院(後

_____

① 以上除注明出處外,皆見宋志磐《佛祖統紀》卷四十三。

改稱傳法院），以國家力量組織翻譯佛經并繼續雕印大藏經。他曾表示："朕方隆教法，用福邦家。"以新譯經典示宰臣説："浮屠氏之教有裨政治……朕於此道，微究宗旨。凡為君治人，即是修行之地，行一好事，天下獲利，即釋氏所謂利他者也……雖方外之説，亦有可觀者，卿等試讀之。蓋存其教，非溺於釋氏也。"①認為興隆佛教有利於治國安民。雍熙三年（986）他為新譯佛經寫《新譯三藏聖教序》説："大矣哉，我佛之教也。化導群迷，闡揚宗性……"，對佛教的善惡因果報應教義和大乘的性空解脫的教理表示贊賞。②

宋真宗（997—1022 在位）尊崇儒、釋、道三教，率領群臣到泰山封禪，到汾陰（今山西寶鼎縣）祀後土，又到曲阜拜謁孔子廟，封孔子為"玄聖文宣王""至聖文宣王"；至亳縣（在今安徽）太清宮祭祠老子，加封老子為"太上老君混元上德皇帝"。真宗仿效唐皇室以老子為祖先的做法，以道教的元始天尊為"聖祖"，在京城和各地建景靈宮、聖祖殿祭祠。真宗撰《崇儒術論》以示宰臣，并刻石於國學。他還撰有《崇釋論》，認為佛教可以"勸人之善，禁人之惡"，其不殺、不盜、不惑（原是不邪淫）、不妄（不妄語）、不醉（不飲酒）"五戒"與儒家仁、義、禮、智、信的"五常"，是"異迹而道同"的。③ 咸平二年（999）他繼太宗之後作《繼聖教序》。命趙安仁等人編録自太宗以來的譯經目録為《大中祥符法寶録》，在他撰的序中認為佛教為"含靈之所依，歷世之

① 宋李燾《續資治通鑑長編》卷二四太平興國八年（982）記事。
② 宋太宗《聖教序》載宋祖琇《隆興編年通論》卷二九、《大玥三藏聖教北藏目録》序。但《續藏經》本《隆興編年通論》所載《聖教序》年代有誤，作太平興國三年（978）。《宋會要輯稿》（中華書局 1997 年，第三次印刷）作雍熙一年，從上下文看有誤，據《佛祖統紀》卷四三應為雍熙三年（986）。
③ 《佛祖統紀》卷四，《大正藏》第 49 冊，第 402 頁上。

所尚，蓋以輔五常之治，為眾善之基”①，認為佛教可輔助儒家綱常名教，引人向善。自太宗以來至真宗晚年，雖也命大臣擔任譯經的潤文之職，但從未任命宰相擔當。然而在真宗去世前一年，即天禧五年（1021），他正式任命位至宰相的官員出任“譯經使兼潤文”官。② 他還自注《四十二章經》《遺教經》，編入大藏經。

宋仁宗（1022—1063 在位）時所存未譯梵文佛經已經無多，但他仍繼續維持翻譯佛經事業。他在景祐三年（1036）為《景祐新修法寶錄》寫的序中解釋為什麼應譯經僧和臣僚之請寫序時說：“欲使率土之內，含生之流，發歸依之誠，究因報之本，易貪癡為平等，革暴戾為慈愛，愚者畏罪以遠惡，上士希福而增善，化民厚俗，不可得而讓也。”這種以佛教教化民眾止惡向善的思想與前任幾位皇帝是一致的。他繼承真宗晚年任命宰相擔任譯經使的做法，先後任命王欽若、呂夷簡、章得象、陳執中、龐籍、文彥博、富弼等宰相出任譯經使兼潤文官。③

佛教僧尼在宋初全國人口中占多大比例呢？據《宋會要輯稿·道釋一》，在宋真宗天禧五年（1021），全國有僧 397615 人，尼 61239 人，總數約占當時總人口 2.3％；④在宋仁宗景祐元年（1034），全國有僧 385520 人，尼 48742 人，總數占全國人口的 1.66％。⑤

從上述事實來看，宋朝以皇帝為首的朝廷對佛教是比較寬容的，佛教在社會上實際對儒家推行綱常名教起到輔助的作用，得到了最

① 《大中祥符錄》卷一、二已不存，此序現存《天聖釋教總錄》下冊，載中華書局出版《中華大藏經》第 72 冊。
② 《景祐新修法寶錄》卷十六，載《中華大藏經》第 73 冊。
③ 請參見《宋會要輯稿》第二百冊，第 7893 頁上。
④ 元馬端臨《文獻通考》卷十一載，天禧五年天下主客戶人口為 19930320 人。
⑤ 《文獻通考》卷十一載，天聖七年（1029）全國主客戶人口為 26054238 人。

高統治者的認可和贊揚。佛教出家僧尼數字與全國人口比例應當説
是在社會可承受的範圍之內。再從北宋初期的社會總體情況來看，
并不存在因佛教盛行導致儒家正統地位發生動搖和以仁義忠孝為中
心的倫理道德受到威脅的情況。

　　歐陽修作為一向尊崇韓愈的儒者撰寫《本論》闡釋聖人之道、王
道和仁義禮樂思想是可以理解的，在上篇集中提出自己的政治革新
主張應當説是適應當時社會形勢的。然而他提出排佛思想不僅明顯
地落後於時代，而且所提出的論據既與以往歷史事實不符，也與宋代
實際情況不符。值得注意的是，他反對用強制行政方法禁毀佛，主張
通過大興儒家仁義禮樂以爭取民衆的支持，逐漸取代佛教。如果實
施這種做法，絕不會像他想像的那樣導致佛教的消亡，而實際必將形
成儒、佛二教互相和平競爭的局面，促成彼此自我改善和提高。從這
個角度來看，歐陽修提出修仁義禮樂之本以勝佛教的主張對激勵儒
家創新儒學，發展文教，加強自身建設是有益處的。

　　自宋代以後，基本没有再出現"三武一宗"那種排佛局面，儒、釋、
道三家是在共存和競爭的環境中各自傳播和發展的，各自通過自己
的方式和管道影響社會，共同為中華民族的歷史和文化的發展作出
貢獻。這是歷史事實。

《聾瞽指歸》與《三教指歸》新考^①

——兼論空海的儒佛道三教觀

孫亦平

內容提要：生活于平安朝的空海是日本歷史上最富有創造性貢獻的佛教高僧之一，也是日本歷史上最早關注儒佛道三教關係的學者。空海的《聾瞽指歸》（後稱《三教指歸》）是他來華之前，為明學佛之志而作，也是日本第一部三教論衡著作。本文通過比較《聾瞽指歸》與《三教指歸》的關係，來探討空海對儒佛道三教的認識，以期從一個側面展現平安朝日本人是如何通過閱讀、詮釋漢籍而有選擇地接納并受容中國文化，促進佛教在日本傳播發展的。

---

① 本文為筆者主持的國家十一五社科規劃基金項目"東亞道教研究"（項目批准號：06BZJ011）及教育部哲學社會科學研究後期資助項目"東方道文化的特質與精神"（項目批准號：10JHQ050）的階段性成果，原是參加 2014 年 7 月 19 日—21 日在南京大學召開的"中國中古佛教研究的新資料與新方法——寫本資源與石刻史料"國際學術研討會的會議論文，經與日本學者交流，會後又對論文作了進一步修改補充。

關鍵詞:空海;《聾瞽指歸》;《三教指歸》;儒佛道三教關係

生活于平安朝的空海(774—835)是日本歷史上最富有創造性貢獻的佛教高僧之一,也是日本歷史上最早關注儒佛道三教關係的學者。日本奈良至平安時期(710—1192)正值中國的唐宋王朝時期,隨着中日文化交流的廣泛展開,日本不斷派遣唐使前往中國訪問,大批留學僧、留學生來華學習,中國佛教僧人前往日本弘道等,中國先進文化陸續傳入日本。與比時儒學與佛教在日本興盛發展相比,奈良朝對道教似乎抱着複雜的態度,平安朝雖然搜集了許多道書,道教的某些因素也對它的政治制度、文化精神、神道信仰及民間習俗等產生了一定的影響,但唐宋王朝尊崇的道教却没能成為一種獨立的宗教而在當時日本社會得到傳播,道教無法在日本生根,其中的原因是值得研究的。空海在來唐之前就著有《聾瞽指歸》,是為明學佛之志之作,也是日本第一部有關儒佛道三教論衡的著作,後改名為《三教指歸》。本文通過對《聾瞽指歸》與《三教指歸》異同之考評,來探討空海對儒佛道三教的認識,從一個側面展現平安朝日本人是如何通過閱讀、詮釋漢籍而有選擇地采納并受容中國文化,并促進佛教在日本傳播發展的。

一

空海學習中國文化是從儒學入手,欣賞老莊,然後信仰佛教,尤其是通過來華學習佛教後,不僅將佛教密宗傳入日本,而且創造性地將中國唐密改造為適應日本文化需要的東密。空海是贊岐國多度郡(今四國香川縣)人,俗姓佐伯,出生于地方豪族家庭,其母親是朝鮮百濟貴族的後代。空海自幼聰慧，人稱"神童"，15 歲即隨外舅二千石阿刀大足①赴京師奈良學習中國文化，研讀《論語》《孝經》及史傳，兼習漢賦辭章。空海生活的時代，儒家政治和佛教體制兩種勢力正在日本社會中相互作用。空海 18 歲入京都，遊太學，讀明經科②，跟大學博士岡田牛養讀《左傳》，隨味酒净成讀《毛詩》《尚書》等，期望博覽儒家經史，日後以文入仕。當時日本社會疫病流行，經濟蕭條，動蕩不安，20 歲的空海也處於人生迷惘之中，於是研讀老莊之書，又去近畿、四國等地的名山古刹訪佛求法，遇到了槙尾山石淵寺僧勤操。勤操將中國密宗開創者善無畏（637—735）所譯的《虛空藏菩薩求聞持法》一卷授予空海。空海歡喜頂受，拜之為師，落髮為僧，在四國山嶽中雲遊修行。22 歲時，空海於奈良東大寺受具足戒。據說，空海曾在佛前發誓願曰："吾從佛法，常求尋要，三乘五乘，十二部經，心神有疑，未以為決。唯願三世十方諸佛，示我不二。"③因一心祈感而受夢托，于高市郡久米道場東塔下尋得《大毗盧遮那經》④，"披卷看閱，疑滯居多，自兹志遠遊"⑤，於是有入唐求法之志。

　　隨着中日文化交流的展開，唐代三教爭論風潮也傳到日本并對當時日本產生了影響。為了表明自己在中國儒佛道三教中之所以選

---

① 阿刀大足是一位精通中國文化經典的學者，曾任桓武天皇的皇子伊予親王的侍講。

② 唐朝科舉教材雖以儒家《五經》為主，但到唐高宗時，就正式將《老子》列入貢舉科目。日本科舉以唐制為基礎，大學寮明經科的教科書由《養老學令》規定，主要是一些儒家經典，而不取唐朝所推崇的《老子》，表現出一種重視儒學、輕視道家、淡化佛教的傾向。孫亦平：《東亞道教研究》(入選《國家哲學社會科學成果文庫》)，人民出版社 2014 年版，第 403 頁。

③ ［日］成尊：《真言付法纂要抄》，《大正藏》第 77 册，第 418 頁中。

④ 即中國密教與日本真言宗的主要經典《大日經》，全稱《大毗盧遮那成佛神變加持經》。

⑤ ［日］師煉：《元亨釋書》，藍吉富主編《大藏經補編》第 32 册，華宇出版社 1986 年版，第 177 頁上。

擇學佛,空海站在佛教的立場上,著《聾瞽指歸》來評判儒佛道三教之優劣,以明學佛之志。吉岡義豐則認為,如何將奈良朝佛教中的密教系經典咒文整合起來,也成為空海撰寫《聾瞽指歸》,以表達入唐尋求密教真傳之志的契機。① 《聾瞽指歸》後改名為《三教指歸》,"被譽為日本第一部具有獨創思想的著作"②。可見,空海對中國文化已不是被動的接受,而是通過選擇性詮釋來表達自己的认识和理解,以期為日本文化輸入新鮮因素。

空海寫作《聾瞽指歸》的具體時間,歷史上一直存在着不同説法:一説寫於日本延曆十年(791),故有空海 18 歲寫作《聾瞽指歸》的説法③;一説延曆十年起草,十六年(797)修訂完成;一説問世於延曆十六年十二月一日。筆者比較傾向於第二種説法。因為從空海生平看,他於延曆十二年(793)入佛門,師事勤操,法名教海,後改名如空,認真研習三論及大小乘教義,延曆十四年(795),他在東大寺戒壇院受具足戒後,才改名空海。現存空海真迹本《聾瞽指歸》中記有明確的寫作日期:"聖帝瑞號延曆十六年窮月始日"④。《三教指歸》序中也有"於時延曆十六年臘月之一日也"的説法⑤。一般認為,《三教指歸》是《聾瞽指歸》的修改本,如日本臨濟宗高僧夢窗(1276—1351)在《聾瞽指歸》中留有眉批:"此書是弘法大師所作也,初名《聾瞽指歸》,後改名《三教指歸》。此本乃大師真筆也。"《聾瞽指歸》末尾有"十韻

① [日]吉岡義豐:《三教指歸の成立について》,《吉岡義豐著作集》第二卷,五月書房 1989年版,第 56 頁。
② 嚴紹璗、[日]源了圓:《中日文化交流史大系(3)・思想卷》,浙江人民出版社 1996 年版,第 44 頁。
③ 吳信如:《台密東密與唐密》,中國藏學出版社 2011 年版,第 240 頁。
④ 《弘法大師著作》第九卷,吉川弘文館 1911 年版,第 83 頁。
⑤ 《弘法大師空海全集》第六卷,筑摩書房 1987 年版,第 140 頁。

詩"曰："作心漁孔教，馳憶狩老風。雙營今生始，并怠來葉終。方現種覺尊，圓寂一切通。"①從表面上看是空海對假名乞兒佛教思想的總結，但實際上却借此表達了自己由學習儒、道，再到信仰佛教的心路歷程。

《聾瞽指歸》的原本現藏于日本高野山金剛峰寺，是用毛筆墨書寫在由白麻紙和唐紙做成的縱簾紙上，一般認為這是空海真迹，被指定為日本國寶。縱簾紙是經過折疊形成的一種有折痕或印迹綫而有利於書寫的紙張，在平安初期非常珍貴，只有極少數王公貴族才能使用，如以擅長書法而著稱的聖武天皇的妻子光明皇后（701—760）所臨書的王羲之《樂毅論》就是用的這種紙。延歷十六年（797），空海寫作《聾瞽指歸》時，正值後來創立日本台密的最澄（767—822）在桓武天皇身邊工作，被任命為内供奉。空海當時與最澄來往密切，這大概是空海能夠閱讀到大量中國文化典籍，并能得到這種珍貴紙張的原因。《聾瞽指歸》作為空海入唐之前的書法作品，以字體瘦長、筆劃健勁為特點②，既展現了具有日本書法史上"三筆"③之一的空海在書法方面的造詣，也可以瞭解空海對中國儒佛道三教的基本看法。

從《弘法大師全集》卷九中先後收錄的《聾瞽指歸》與《三教指歸》看，《三教指歸》的正文與《聾瞽指歸》大致相同，都以詞藻華麗的四六駢體寫成，其中頗多來自於漢籍的典故成語，表現出作者所具有的較高漢文學素養，但兩個版本的《指歸》也存在着一些差異，例如：第一，

---

① 《弘法大師著作》第九卷，吉川弘文館 1911 年版，第 114 頁。

② 雖然曾有人提出，對照空海後來的書法作品《灌頂記》《風信帖》《金剛般若經開題》等，《聾瞽指歸》并不是出自空海本人的手筆，但大多數學者依然認為，這確系空海入唐之前所寫的且保留至今的唯一墨迹。

③ 空海、橘逸勢和嵯峨天皇被譽為日本書法史三大書法家，故有"三筆"之稱。

《聾瞽指歸》僅有一卷,《三教指歸》則分為上中下三卷;第二,序文與卷末的《十韻詩》的内容不同,其中可見空海"從三教批判到三教調和的思想變化"①,故一般認為《三教指歸》是空海從唐回歸日本後,對《聾瞽指歸》進行了修訂。筆者認為,《聾瞽指歸》似為初稿,《三教指歸》則為定本。空海入唐後,在近距離地瞭解中國儒佛道三教後,對《聾瞽指歸》的序文及卷末《十韻詩》進行了修改,并將書名改為《三教指歸》。

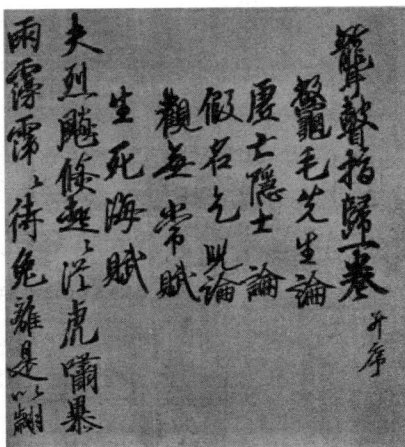

圖:《聾瞽指歸》真迹圖

空海一生的著述甚豐,主要有《聾瞽指歸》一卷、《三教指歸》三卷、《辨顯密二教論》二卷、《秋藏寶鑰》三卷、《秘密曼荼羅十住心論》十卷、《一切經開題》《孔雀經開題》《諸經開題》等近三百種,共五百餘卷。另有詩文集《遍照發揮性靈集》(略稱《性靈集》)十卷、漢字辭書《篆隸萬象名義》(又名《篆隸字書》)三十卷等。今天,人們一般都會贊嘆空海在漢文學、尤其是佛學方面的成就。若從《三教指歸》的成書過程及思想水準看,則是日本歷史上第一部以對話方式呈現的三教論衡著作,展示了平安朝日本人對中國儒佛道三教的受容與理解,促進了中日文化交流的進一步展開。

---

① ［日］加地伸行:《空海と中國思想——以〈指歸〉二序をめぐって》,《中國思想かうみた日本思想史研究》,言川弘文館1985年版,第85頁。

　　《三教指歸》作為空海的經典作品，受到歷代日本人的高度重視。在平安朝中期已有成安撰寫的《三教指歸注集》[①]和藤原敦光的《三教勘注抄》。藤原敦光(1063—1144)對《三教指歸》中 152 個漢字，附加了共有 158 例的反切或者直音等音注[②]，并作了詳細注释，故稱《三教勘注抄》。今天所見較早的《三教指歸》有建長五年(1253)注本，大約是鐮倉中期印製的。之後因研究者甚多，室町時代、江户時代注疏不斷，保存到今天的《三教指歸》還有天正八年(1580)、元禄十年(1697)、享保六年(1721)等注本。近代仍有相關注本陸續出版，其中以日本新義真言宗僧人運敞的《三教指歸删補》和通玄的《三教指歸簡注》流通最廣。在當代注本中，影響較大的有：渡邊照宏的《三教指歸譯注》[③]，渡邊照宏、宮阪宥勝校注的《三教指歸·性靈集》[④]，勝又俊教的《三教指歸譯注》[⑤]等。《三教指歸》經過代代注疏而成為日本文化中最有價值且經久不衰的漢文作品之一，本文也依此來分析空海的儒佛道三教觀。

二

　　《三教指歸》共分三卷，上卷寫儒教，中卷寫道教，下卷寫佛教。

---

① 參見[日]佐藤義寬：《大谷大學圖書館藏〈三教指歸注集〉研究》，大谷大學 1992 年版。[日]河野貴美子：《古代日本佛家注釋書所引的〈史記〉初探——以成安撰〈三教指歸注集〉為中心》，安平秋、張玉春主編《古文獻與嶺南文化研究》，華文出版社 2010 年版。

② [日]河野貴美子：《古代日本文人的漢文學研究方法——以藤原敦光〈三教勘注抄〉為例》，載王寶平主編《東亞視域中的漢文學研究》，上海古籍出版社 2013 年版，第 143 頁。

③ 《古典日本文學全集》第 15 册，岩波書店 1961 年版。

④ 《日本古典文學大系》第 71 册，岩波書店 1977 年版。

⑤ 《弘法大師著作全集》卷三，山喜房佛書林 1998 年版。

空海并不是要系统探讨中国儒佛道三教的主要内容和历史演变，而是通过论辩方式来说明三教各自能够为当时的日本人提供怎样的人倫教化。为此，空海仿漢代司馬相如《子虚上林賦》之文體，假設儒道佛各有一位代表人物：儒客龜毛先生、道者虚亡隱士和佛僧假名乞兒，此三人聚集在兔角先生家裏，勸導主人"不纏教誘，虎性暴惡"的表甥"蛭牙公子"改邪歸正。空海在《序》中寫道："復有一表甥，性則□戾，鷹犬酒色，晝夜為樂，博戲遊俠，以為常事。顧其習性，陶然所致也。彼此兩事，每日忌予。所以請龜毛以為儒客，要兔角而作主人，邀虚亡士張入道旨，屈假名乞兒示出世趣。俱陳盾戟，并箴蛭公。勒成三卷，名曰《三教指歸》。"①空海在文中將三教人物刻畫得栩栩如生，他們站在各自立場上，來彰顯本教的優勢，反映了當時中國儒佛道三教在日本的傳播情況——儒家的忠孝倫理得到廣泛的重視，道教的長生成仙説受到人們的關注，佛教的善惡因果報應更是風靡起來。空海認為，儒佛道三教之同在於都以"忠孝"為本，"聖者驅人，教綱三種，所謂釋、李、孔也，雖淺深有隔，并皆聖説，若入一羅，何乖忠孝"②，故都有益於人倫教化，但在如何教化上，三教却有着不同的看法。

《三教指歸》先請鴻儒"龜毛先生"講儒家所宣揚的仁義禮信；再請"淡泊無欲，寂寞無聲，與天地以長存，將日月而久樂"的"虚亡隱士"講道家的"不死之神術""長生之奇密"；再托"假名乞兒"來貶儒抑道，通過"無常賦""三教詩""生死海賦"等來宣揚佛教教義。最後更作《十韻詩》來為"虎性暴惡""遊俠無賴"的"蛭牙公子"指點迷津，督

---

① 《三教指歸》序，《日本古典文學大系》第 71 册，岩波書店 1977 年版，第 95 頁。
② 《三教指歸》卷上，《日本古典文學大系》第 71 册，岩波書店 1977 年版，第 97 頁。

促其改惡為善，皈依佛門。

空海通過龜毛先生以儒者身份，引經據典來展現儒家的觀點。在空海看來，儒家雖大談人倫禮教，其實是教人"擇鄉為家，簡土為屋，握道為床，挈德為褥，席仁而坐，枕義而卧，被禮以寢，衣信以行，日慎一日，時競一時，孜孜鑽研，切切斟酌"①。儒家倡導仁義禮信，關注的是世俗名利，故道者虛亡隱士譏之，儒家教人追求一時之樂，只能療人之小病，却無法治自己的大病，最終"娛曲未終，悲引忽逼。今為卿相，明為臣僕。始如鼠上之貓，終為鷹下之雀。"②因此，追求淡泊寧静、超凡脱俗的老莊思想要高於儒家學説。

虛亡隱士借用老莊思想對儒家進行了批評，認為對於人生而言，最重要的莫過於如老莊所説的善待萬物本有的自然天性而保生延命。道教的"不死之神術"對於保生延命可起到神妙作用："汝等恭聽，今當授子以不死之神術，説汝以長生之奇密，今汝得蜉蝣短齡，與龜鶴相競，跛驢弩足，與應龍齊駿。并三曜以終始，共八仙而相對。朝遊三嶼之銀台，終日優遊，暮經五嶽之金闕，達夜逍遙。"③怎樣才能達到這種終日優遊、達夜逍遙的神仙境界呢？空海通過虛亡隱士介紹了具體的修道方法，反映了平安朝日本人對道教修仙之術的瞭解。

虛亡隱士認為，首先要明瞭世俗的物質享樂會有損于人的健康，故要對之抱有一種澹然的態度："身離臭塵，心絶貪欲，目止遠視，耳無久聽，口息粗語，舌斷滋味，克孝克信，且仁且慈，蹶千金以如薑芥，臨萬乘而如脱屣，視纖腰如鬼魅，見爵禄如腐鼠，怕乎無為，澹然減

① 《三教指歸》卷上，《日本古典文學大系》第71冊，岩波書店1977年版，第97頁。
② 《三教指歸》卷上，《日本古典文學大系》第71冊，岩波書店1977年版，第113頁。
③ 《三教指歸》卷中，《日本古典文學大系》第71冊，岩波書店1977年版，第107頁。

事,然後始學。"①其次則要學習道教的各種道術以獲得超凡能力:
"則日中淪影,夜半能言,地下徹瞻,水上能步,鬼神為隸,龍駿為騎,
吞刀吞火,起風起雲。如此神術,何為不成,何願不滿。"②最後,還要
采取服食丹藥等修煉方法:"神丹煉丹,藥中靈物,服餌有方,合造有
術,一家得成,合門凌空,一銖才服,白日升漢。"③虛亡隱士這番話雖
然打動了龜毛先生,使之馬上表態:"從今以後,專心煉神,永味斯文
也"④,但却遭到佛僧假名乞兒的批評。

佛僧假名乞兒認為,儒家是俗塵之微風,道教是神仙之小術,它
們的理論都不能使人從根本上脱離苦海:"無常暴風,不論神仙,奪精
猛鬼,不嫌貴賤,不能以財贖,不得以勢留,延壽神丹,千兩雖服,返魂
奇香,百斛盡燃,何留片時,誰脱三泉。"⑤假名乞兒向衆人演説佛教
的"三界無家,六趣不定"的思想,宣揚只有遵循佛法出家修行,才是
真正忠孝之道,才能超越生死輪回的苦海:"吾今重述生死之苦源,示
涅槃之樂果。其旨也,則姬孔之所未談,老莊之所未演。其果也,則
四果、獨一所不能及。唯一生十地漸所優遊耳。"⑥認為孔子、老莊不
談大乘佛教的根本宗旨,聲聞乘的四種修行果位和緣覺乘的獨覺也
不及大乘佛教的"涅槃之樂果",唯"一生十地"的菩薩乘才"漸所優
遊"。這既表明了空海自己学佛的信心,也由此來説明儒道佛三教是
由淺入深的,只有大乘佛教能夠帮助人了解什么是生死之苦源,如何
走向涅槃之樂果,才是最完善的學説。蛭牙公子在聽了儒者與道者

---

① 《三教指歸》卷上,《日本古典文學大系》第 71 册,岩波書店 1977 年版,第 109 頁。
②③ 《三教指歸》卷上,《日本古典文學大系》第 71 册,岩波書店 1977 年版,第 111 頁。
④ 《三教指歸》卷上,《日本古典文學大系》第 71 册,岩波書店 1977 年版,第 113 頁。
⑤ 《三教指歸》卷上,《日本古典文學大系》第 71 册,岩波書店 1977 年版,第 135 頁。
⑥ 《三教指歸》卷上,《日本古典文學大系》第 71 册,岩波書店 1977 年版,第 137—139 頁。

的觀點後，表面上佯裝悔改，實際上却無動於衷，直到聽了佛徒假名乞兒所說的無常觀和因果報應論，才大為嘆服，最終皈依了佛教。最後大家以同聲合唱禮贊佛陀。

三

　　值得進一步探討的是，在儒學和佛教盛行的平安朝，空海作為佛教傳人，却能夠熟讀道書，在撰《三教指歸》評判儒佛道三教時，能夠比較準確地掌握道教思想和修行方術，這是一種耐人尋味的現象。日本學者福永光司曾仔細研究《三教指歸》所引用的經典，發現其中借鑒了唐法琳《辯證論》、玄嶷《甄正論》等中國佛教著作中的三教觀，模仿了漢代司馬相如《子虛上林賦》和南朝梁蕭統編《文選》的表達方法，引用了唐代類書《藝文類聚》《初學記》的內容，還吸取許多道書，如《老子》《莊子》《淮南子》《列子》《列仙傳》《抱樸子內篇》《本草經》《黃帝內經素問》中的思想①。從空海的《三教指歸》中所表達的對道教的看法，可見在平安時期日本人不僅將道教作為一種獨立的宗教來看待，而且還將之與儒、佛相并列起來加以認識與研究。

　　空海在《三教指歸》中，既表達了他對中國儒佛道三教基本內容的瞭解，也反映了他對佛教的信仰是在比較了三教異同之後的慎重選擇。"六塵皆溺，四德乃歸趨之峰，既知已為三界所縛，胡不棄纓簪？"②這段話像是年輕的空海在確定自己學佛志向後的一種表白。人若只隨着色、聲、香、味、觸、法這六種感覺對象而行事，最後只能沉

---

① ［日］福永光司：《空海における漢文の學──'三教指歸'の成立をめぐつて》，福永光司編集《最澄・空海》，中央公論社 1977 年版。
② 纓簪是古代官員顯貴的冠飾。

溺於死亡之海中。若能遵循如來倡導的常、樂、我、净四德，才能達到人生的真正歸趨。既然已知自己的生命為三界所束縛，為什麼還不放棄學儒以求官場榮進的人生迷夢？為什麼還不放棄學仙以保持肉身永存的妄想？《三教指歸》對於三教思想的介紹是圍繞着"人生無常"這一標準來進行比較説明的。空海在評判儒、道、佛三教各自價值與優劣後，以自己對生命的體悟為依據，認為中國佛教，特別是密教，遠勝於儒教和道教，應處於至高無上的地位。筆者認為，《三教指歸》正是空海思想由儒、道轉向佛教的自我呈現。此後，空海研習佛教的俱舍、成實、三論、法華等佛典，并努力學習唐音漢籍，為入唐學習做準備。

空海信仰佛教，但也通曉道教，如依照老子來描繪虚亡隱士的容貌和思想，對道教的"不死之妙術""長生之秘訣"作了生動細緻的介紹①。如虚亡隱士對蛭牙公子説："但俗人猶所玩好，則道侶甚所禁忌耳。若能離此，得仙非難，五穀者腐腑之毒，五辛者損目之鳩，醴醪者斷腸之劍，豚魚者縮壽之戟，蟬鬟蛾眉，伐命之斧，歌舞踴躍，奪紀之鋮，大笑大喜，極忿極哀，如此之類，各多所損，一身之中，既多如此敵，若不絶此仇，長生久存，未有所聞。離此，于俗尤難。絶此，得仙尤易。"據日本學者波户岡旭的研究，《三教指歸》中的《虚亡隱士論》直接受到《抱樸子内篇》的影響。② 葛洪認為，要追求成仙，需摒棄五穀、五辛、醴醪、豚魚等食欲，也要抑制對女色、歌舞等的欲望，還要避免過度的喜怒哀樂等情緒，同時還要通過服餌、服氣以養身。空海也

---

① ［日］增尾伸一郎：《日本古代の知識層と〈老子〉》，載［日］野口鐵郎編《道教與日本》第二卷《古代文化の展開と道教》，雄山閣 1997 年版，第 119 頁。

② ［日］波户岡旭：《〈虚亡隱士論〉と〈抱樸子〉と》，載《上代漢詩文と中國文學》第二編第二章，笠間書院 1989 年版，第 168 頁。

提出：“白術黃精，松脂穀實之類，以除内癇，蓬矢葦戟神符咒禁之族，以防外難。呼吸候時，緩急隨節，扣天門以飲醴泉，掘地府以服玉石，草芝肉芝，以慰朝饑，伏苓威喜，以充夕儻。”空海雖然認爲服食、神符、咒禁和調息等道術會有益於長生，但最重要的還是將服食“藥中靈物”的“神丹煉丹”作爲成仙的關鍵。只有服餌有方，合造有術，才能得道成仙，與天地長存，與日月久樂。這一看法明顯是受到了葛洪在《抱樸子内篇·釋滯》提出的“欲求神仙，唯當得其至要，至要者在於寶精行服一大藥便足”思想的影響。這展現了空海對道教的瞭解，他也從佛教追求超越生死的涅槃解脱的角度，將之斥爲“神仙小術”。

若對照日本歷史，就可見道教的這種服丹藥以求長生成仙的做法并没有在日本得到廣播。據《續日本紀》卷十記載，聖武天皇在天平元年（729）四月曾下令禁止製造丹藥：“内外文武百官及天下百姓，有學習異端、蓄積幻術、壓魅咒咀、害傷百物者，首斬從流。如有停住山林、詳道佛法、自作教化、傳習授業、封印書符、合藥造毒、萬方作怪、違犯敕禁者，罪亦如此。其妖訛書者，敕出以後五十日内首訖。若有限内不首，後被糺告者，不問首、從，皆咸配流。其糺告人，賞絹卅疋，便徵罪家。”從其中提到的“合藥造毒”一詞可見，道教的煉丹合藥術在日本奈良朝已得到傳播，并產生了一定的社會影響，但由於丹藥有一些負作用，因此天皇下令禁止製造，在客觀上抑制了道教金丹術在日本的傳播。

到平安朝，還是有天皇、貴族因追求長生而服食丹藥。空海所理解的道教，其本質上也是葛洪所追求的肉體長生的神仙道教。值得注意的是，空海對丹藥也有着特殊的興趣，據安然《真言宗教時義》記載：“我日本國延歷年中，叡山本師入唐之時，空海阿闍梨，元爲藥生，

同共入唐,值遇慧果阿闍梨而蒙灌頂。"①空海被批准隨遣唐使入唐
時的身份是"藥生"②,這是鑒別藥物和香料的技術人員,故能夠掌握
一些醫藥學知識。空海后於延曆二十二年(803)四月七日出家,同年
隨藤原葛野麻呂大使、石川道益副使等帶領下的日本第 17 次遣唐使
團渡海赴唐。

空海歷經艱險,來到唐都長安,遍遊諸寺,訪師參學,後拜青龍寺
東塔院惠果阿闍梨(導師)為師,正式學習密教。空海拜惠果為師後,
"學兩部之大法,習諸尊之瑜伽"③。貞元二十一年(805)六月十三
日,惠果"于長安城青龍寺東塔院灌頂道場,入學法灌頂台。是日,臨
大悲胎藏大曼荼羅,即沐五部灌頂,受三密加持。從此以後,受胎藏
之梵字儀軌,學諸尊之瑜伽觀智。七月上旬,更臨金剛界大曼荼羅,
受五部灌頂。八月上旬,亦受傳法阿闍梨位灌頂。是日設五百僧齋,
普供四眾。青龍大興善等供奉大德等,并臨齋筵,悉皆隨喜"④。空
海在接受灌頂後,惠果贈予空海"遍照金剛"之法號。空海入唐兩年,
成為佛教真言宗第八祖,受到了帝王的禮遇,成為唐代宗、德宗、順宗
的灌頂之師,本想留在長安多學些中國佛教,但惠果指示他回國傳
教,故在師父辭世後不久,即于日本大同元年(806)八月,隨遣唐使團
歸國。從唐歸國後,空海的三教觀更從現實社會需要和人生問題出
發,故在《三教指归》的《序》中向着以佛為本調和儒道、真言密教最勝
的方向發展,始終將忠孝思想和無常觀貫穿于其中。同時,空海終身

---

① 〔日〕安然:《真言宗教時義》卷第四,《大正藏》第 75 冊,第 431 頁上。
② 〔日〕東野治之:《空海の入唐資格と末期の遣唐使》,《文化財學報》Vol. 23・24,2006 年
3 月。
③④〔日〕成尊:《真言付法纂要抄》,《大正藏》第 77 冊,第 418 頁下。

都没有將道教從其思想體系中排除出去①,而且他還將道教的五臟觀和性命雙修的思想融合到密教中,表達了對身體的重視。

　　從空海《三教指歸》中的三教觀可見,道教與儒學、佛教在平安朝都已傳入日本,但道教的某些因素被吸收借鑒之後,逐漸被邊緣化。儒學為日本人廣泛接受,其忠孝仁義禮信思想進入了日本文化的核心。佛教則通過"神佛習合"的方式,走上了日本化的道路。空海倡導以大乘佛教為本的三教觀,其中對儒學與道教的認識,從一個側面展現了平安朝日本人是在為我所用的指導下,通過閱讀、詮釋漢籍而有選擇地接納中國文化的。日本學者静慈圓指出:"探討空海二十四歲以後到六十二歲入定為止對三教的看法,就會發現從那以後,空海的三教思想有了巨大的發展和展開。"②筆者認為,這種發展和展開主要表現在空海將儒學的仁義禮信,尤其是將道教的"即身成仙"的思想引入了佛教之中③,這與空海始終站在佛教的立場上致力於融通儒、道有着一定的關係。

　　空海從三十三歲回國到六十二歲"入定",三十年間在日本建壇修法,建東寺講堂,開設種智院,大力弘揚密教,創立了具有日本特色而又傳承中國密教的日本佛教真言宗,對日本佛教產生了重要影響。空海積極倡導以佛教護國。弘仁元年(810),天皇敕准空海於高雄山寺講説《仁王護國經》,開真言院,建灌頂堂,"把真言宗傳到奈良六宗

---

① 吉岡義豐说:"這點出乎意料地并没有被後世真言密教信徒所理解。"(〔日〕吉岡義豐:《三教指歸と五輪九字秘釋の道教思想》,《吉岡義豐著作集》第二卷,春秋社1977年版,第141—150頁)。

② 〔日〕静慈圓:《日本密教與中國文化》,文匯出版社2010年版,第77頁。

③ 洪修平、孫亦平:《空海與中國唐密向日本東密的轉化》,《世界宗教研究》,2012年第5期。

所在地區奈良"①。弘仁七年(816),空海在高野山(今和歌山縣)創建金剛峰寺作為真言宗道場。弘仁十四年(823),剛即位的淳和天皇又敕賜京都東寺作為密教的永久根本道場(賜號為"教王護國寺"),由此,空海所傳的密教相對於比叡山天台宗的"台密",也被稱作"東密"。仁明天皇承和二年(835),空海在高野山金剛峰寺真言堂"入定",世壽六十二,世稱髙野山大師,或野山大師。醍醐天皇延喜二十一年(921)追諡"弘法大師",以表彰其對日本佛教的創造性貢獻。

① 楊曾文:《日本佛教史》,人民出版社 2008 年版,第 125 頁。

牟宗三"佛教存有論"詮釋疏論

白欲曉

内容提要："佛教存有論"的哲學詮釋是牟宗三先生佛學研究的核心内容之一。牟宗三認為,不能以西方關於"是"的學問作為存有論的標準,而中國傳統自有其存有論的慧解。牟宗三"佛教存有論"的詮釋,肯定佛教特别是大乘佛教之悲願精神客觀上含具"法"的存在説明,經由對佛教義理系統的通貫理解以及對佛教各宗派,特别是中國佛教各宗派理論的系統分析和教理判釋,揭示佛教在解脱實踐中所展露出無限的智心,説明佛教具有"無執的(本體界)存有論"和"執的(現象界)存有論"的哲學意藴。其"佛教存有論"的詮釋是對傳統佛學的現代哲學處理,同時受到自身理論和方法的制約。

關鍵詞:牟宗三;佛教;存有論;哲學詮釋

在現代新儒家中,牟宗三先生的佛學研究獨樹一幟,其鮮明的方法論特徵和哲學思考的深入，使其在中國現代佛學研究中有着特殊的地位。印順法師曾評價説："傳統的中國學者，從前的理學大師，論衡佛法，大都只是受到些禪宗的影響。近代的《新唯識論》，進一步的學習唯識宗，所以批評唯識，也依唯識宗的見地而説空説有。現在，《佛性與般若》，更廣泛地論到地論師、攝論師、天台學與賢首學。在'講中國哲學之立場'，'展示其教義發展之關節，即為南北朝隋唐一階段佛教哲學史之主要課題'。在更深廣的理解佛學來説，即使我不同意作者的方法，也不能不表示我由衷的贊嘆！"①《佛性與般若》是牟宗三梳理、詮釋佛學在中國開展的哲學史著作，不過作為哲學家型的哲學史家，牟宗三的研究，有其哲學的目的，這就是通過詮釋傳統、會通中西以重建儒家的道德形上學。在此過程中，牟宗三對於佛學展開了深入的哲學研究，"佛教存有論"的哲學詮釋，以及在比較哲學意義上的判釋與融通，是其中的核心問題之一。本文將對此重要問題加以研究和説明。

一

　　存有論或本體論（ontology）是西方哲學的重要内容。古希臘哲學家亞里斯多德根據研究的對象和目的，將知識領域分為邏輯學、理論科學、實踐科學與製作（生産）科學等四類。其中的理論科學，是指以求知本身為目的的科學，又分為第一哲學、數學和物理學。他把第一哲學與其他科學區別開來，認為它所研究的是客觀自然界一切事物存在與變化的最根本、最原始的原因。亞里斯多德説："有一種學

---

① 印順：《論三諦三智與賴耶逷真妄——讀〈佛性與般若〉》，載《華雨集》（五），臺北正聞出版社 1993 年版，第 107 頁。

問，專門研究'是'（或譯為'存在'、'有'）本身，以及'是'憑本性具有的各種屬性。"①亞里斯多德對第一哲學的這一規定，就是西方哲學形而上學（Metaphysics）存有論或本體論（ontology）研究的基本內容。《不列顛百科全書》（第 15 版）對 ontology 的全文釋義如下：

> 關於"是"本身，即關於一切實在的基本性質的理論或研究。這個術語直到 17 世紀時才首次拼造出來，然而本體論同西元前 4 世紀亞里斯多德所界定的"第一哲學"或形而上學是同義的。由於後來形而上學也包括其他的研究（例如，哲學的宇宙論和心理學），本體論就毋寧指對"是"的研究了。本體論在近代哲學中成為顯學，是由於德國理性主義者科利斯蒂安·沃爾夫，依他的看法，本體論是走向關於諸是者之本質的必然真理的演繹的學說。然而，他的偉大的後繼者康德却對作為演繹體系的本體論、以及作為對上帝的必然存在（當作最高完善的"是"）所作的本體論證明，作了有重大影響的拒斥。由於 20 世紀對形而上學的革新，本體論或本體論的思想又變得重要起來，這主要表現在現象學家以及存在主義者中，其中包括馬丁·海德格爾。②

ontology 一詞的漢譯因其原有的意義難以在漢語中找到相應的表達而十分困難。17 世紀，德國人郭克蘭紐（Goclenius）創用 ontalogia 一詞表示研究 on 或 onta 的學問，後被沃爾夫（Christian wolff）所採用表示研究 onta 一般的學問，使這個術語及其基本意義確定下來。onta 是希臘語中最基本的動詞兼係詞 einai 的動名詞的複數形式。on（onta 的單數形式）、onta、einai 譯為拉丁語、法語、德語、英語都很

---

① 亞里斯多德：《形而上學》第 1028 頁中第 5 行。
② 譯文引自俞宣孟：《本體論研究》，上海人民出版社 1999 年版，第 23 頁。

容易,如在英語中與 on 直接相應的是 being,因此英語相應的 ontology 一詞表示這是一門關於 being 的學問。但在漢語中,einai 可譯為漢語的"有""在""存""是"諸詞,但都不能將其原有的意義全部表達出來,因此 ontalogia 譯為漢語就有"存在論""存有論""是論""本體論"等多種譯法。[①] 這裏先指出的是,牟宗三基本上是以"存有論"來稱謂 ontology,但有時也稱之為"本體論"。一些研究者認為,上述語言上的差異,實際上表現的是中西思想方法的差異,或者説中國傳統思想中就沒有西方本體論的哲學形態。如俞宣孟指出:"如果我們不否認中國有自己的哲學、并且它是產生在漢語尚没有係詞的時代,那麼,我們當明白,圍繞'是'而做文章、并標榜為關於'是'的學問的本體論,并不是一切哲學的普遍形式。"[②]如果 ontology 一詞所表達就是亞里斯多德所説的"專門研究'有'(或'存在''是')本身,以及'有'憑本性具有的各種屬性"的學問,或如《不列顛百科全書》的釋義"關於'是'本身,即關於一切實在的基本性質的理論或研究",我們對中國傳統哲學是否有 ontology 的確要打個大大的問號。上述介紹的目的不是準備對這一問題加以探討,主要是作為背景説明牟宗三將"存有論"(ontology)運用於佛學研究所面臨的困難,由此來進一步看牟宗三是如何處理這一問題的。

牟宗三先生在《圓善論》附錄"'存有論'一詞之附注"一文中,對中西哲學"存有論"作了一個基本的比較。他指出:"西方的存有論大體是從動字'是'或'在'入手,環繞這個動字講出一套道理來即名曰存有論。一物存在,存在是虛意字,其本身不是一物,如是,道理不能

---

① 關於 ontology 詞源學考察,本文參考了謝遐齡《康得對本體論的揚棄》"導論"(湖南教育出版社 1987 年版)。相關譯名的比較研究可參考俞宣孟《本體論研究》"第一章"。

② 俞宣孟:《本體論研究》第 62 頁。

在動字講,但祇能從存在着的'物'講。一個存在着的物是如何構成的呢? 有些什麼特性,樣相,或徵象呢? 這樣追究,如是遂標舉一些基本詞,由之以知一物之何所是,亞里斯多德名之曰範疇。範疇者標識存在了的物之存在性之基本概念之謂也。存在了的物之存在性亦曰存有性或實有性。講此存有性者即名曰存有論。範疇學即是存有論也。"①我們可以看到,牟宗三的上述概括,是符合亞里斯多德存有論以及範疇的意義的,亞里斯多德曾明確地說:"一切事物都有其'是',……簡單地說是指本體,在狹義上則指其他範疇。"②牟宗三接着說:"此種存有論,吾名之曰'內在的存有論',即內在於一物之存在的而分析其存有性也,康德把它轉為知性之分解,因此,這內在的存有論便祇限於現象,言現象之存有性也,即就現象之存在而言其可能性之條件也;吾依佛家詞語亦名之曰'執的存有論'。"③關於"內在的存有論"與"執的存有論",我們在後面的研究中將做進一步的分析,這裏概括地指出,牟宗三基本上是將西方哲學的存有論看成是"現象的存有論",即限於對現象的存有性的分析,此分析是知解的產物,這是牟宗三先生的一個基本觀點。

牟宗三認為,依中國的傳統,重點不在這種關於現象的存有論,"中國的慧解傳統亦有其存有論,但其存有論不是就存在的物內在地(內指地)分析其存有性,分析其可能性之條件,而是就存在着的物而超越地(外指地)明其所以存在之理。興趣單在就一物之存在而明其如何有其存在,不在就存在的物而明其如何構造成。有人說這是因為中文無動字'是'(在)之故。這當然是一很自然的想法。中文說一

① 牟宗三:《圓善論》,臺灣學生書局 1985 年 7 月版,第 337 頁。
② 亞里斯多德:《形而上學》第 1003 頁上第 34 行。
③ 牟宗三:《圓善論》第 337 頁。

物之存在不以動字'是'來表示,而是以'生'字來表示。'生'就是一物之存在。但是從'是'字入手,是静態的,故容易着於物而明其如何構造成;而從'生'字入手却是動態的,故容易就生向後返以明所以生,至若生了以後它有些什麼樣相,這不在追求之內,因為這本是知識問題,中國先哲不曾在此着力。故中國無静態的内在的存有論,而有動態的超越的存有論。此種存有論必須見本源……此種存有論也涵着宇宙生生不息之動源之宇宙論,故吾常亦合言而曰本體宇宙論"①。在牟宗三看來,中國哲學的存有論不是圍繞"是"來講,而是圍繞"生"來講;不是對存在物的存在性做内在的静態的分析,而是明瞭存在物如何有其存在,尋求其超越的"生"之理;前者是知識性的問題,是"内在的存有論";後者是通過道德的或解脱的實踐對宇宙創生性的超越的把握,是"超越的存有論"。他在談到儒家道德形上學所具有的"本體宇宙論的陳述"(onto-cosmological statements)時説,"此是由道德實踐中之徹至與聖證而成者,非如西方希臘傳統所傳的空頭的或純知解的形上學之純為外在者然"②。

　　牟宗三中西哲學存有論的分別,與牟宗三對中西哲學形上學的劃界是一致的:中西哲學的形上學,一為"實踐的形上學",一為"觀解的形上學"。其根本的差異是:一是以"實踐"為中心,一是以"知識"為中心。這樣,在牟宗三看來,不能以西方關於"是"的學問作為存有論的標準,中國傳統自有其存有論的慧解。

---

① 牟宗三:《圓善論》,第337—338頁。
② 牟宗三:《心體與性體》上卷,上海古籍出版社1999年12月版,第8頁。

二

　　牟宗三先生對佛教存有論的闡釋,首先指出佛教特別是大乘佛教在解脫實踐中所具有的悲願精神客觀上含具關於"法"的存在說明。牟宗三說:"大悲慈覆,遍滿一切。故佛性必是遍滿常,即以此故,說它是具備着恒沙佛法的佛性。'恒沙佛法佛性'一觀念即涵着'窮法之源'之工作,因為恒沙佛法(無量數的佛法)只是籠統地說。落實於何處,始能見其為窮法之源之真正的存有論的無量數? 是以恒沙佛法若追究其落實處,必涵着對於那相應于遍滿常之佛性之一切流轉還滅之法有一根源的說明。此一說明工作即是窮法之源。此窮法之源即是存有論地窮而決定恒沙佛法為存有論的無量數者。"①

　　牟宗三先生對佛教存有論的闡釋,還建立在對佛教義理系統的通貫理解以及對佛教各宗派,特別是中國佛教各宗派理論的系統分析和教理判釋(圓教判釋)的基礎上。

　　牟宗三認為,"般若"與"佛性"是佛教義理系統的基本綱領。他的基本看法是:"吾人通過此綱領說明大小乘各系統之性格——既不同而又互相關聯之關節。般若是共法;系統之不同關鍵只在佛性一問題。系統而至無諍是在天台圓教。"②

　　牟宗三通過對《般若經》和龍樹的《大智度論》與《中論》的分析指出:般若是無諍法,它只是一融通淘汰之精神,一蕩相譴執之妙用;它無所建立,因而也非一系統,根本無系統相;它的法門是"異法門",是

① 牟宗三:《佛性與般若》下冊"附錄:分別說於非分別說",臺灣學生書局 1988 年版,第 1207—1208 頁。
② 牟宗三:《佛性與般若》上冊"序",臺灣學生書局 1988 年版,第 3 頁。

"不同於分解的方式"的法門,它的表達方式不是分解的表詮,而是詭譎的遮詮;"般若具足一切法",般若之具足是般若智不舍不着的具足,是作用的具足,不是存有論的根源的具足。他的基本看法是:般若之妙用是佛教的共法,佛教的一切大小乘都不能違背,它可以運用於一切大小乘之中,然而它并不決定大小乘之為大小乘,也不決定佛教各宗派的義理系統的系統相。①

牟宗三認為,能夠負"大小乘為大小乘"之責者,負"一切法之根源的說明"之責者,乃至負"存有論的圓具"之責者,是在般若外之另一系統的概念中,這另一系統的概念主要是指"佛性"。他指出,"佛性"觀念的提出旨在說明兩個問題:一是成佛之所以可能的問題,一是成佛依何形態而成佛方是究竟的問題。因此,"佛性",一方面由佛格來瞭解,即佛之性格,何種佛格才是佛的究竟性格;一方面由因性去瞭解,即正因、了因、緣因佛性之三因佛性。佛教各系統之不同的關鍵在"佛性"問題。小乘只有佛格之佛性,而無三因佛性的觀念,因此小乘佛是灰斷佛,未能見佛性常住。大乘空宗也無佛性常住、法身常住的觀念,其佛同於小乘佛,其所以為大乘只因悲願大,兼濟眾生故。大乘佛教發展出"如來藏恒沙佛法佛性"的觀念,則成佛不只是籠統地不舍眾生,而且必須即九法界而成佛,即成佛必須依圓滿形態而成佛。因為佛性須具備着恒沙佛法,法身必須遍滿常才是圓實佛,所以對於恒沙佛法須有一根源的說明。② 牟宗三指出,佛於般若無諍法外不能不分別地說法立教,否則蕩相譴執而歸實相,也無所施。但是一分別地說法立教,便有許多不同的分際,一有分際,即有可諍

---

① 參見牟宗三《佛性與般若》上冊第一部"綱領",也參見《佛性與般若》下冊附錄"分別說與非分別說"之"綜述諸大小乘教法不同之關節以及最後的圓教"。
② 參見牟宗三《佛性與般若》上冊第 179—182 頁。

的地方。他説:"般若無諍法既不能决定諸大小乘之分别,則諸大小乘之分别必决定於分别地説法立教義。此則吾人集中於佛格佛性與因性佛性一觀念,以及此觀念所函之對一切法之根源是否有一分解的説明之問題。此是屬於佛之體段問題,成佛之根據問題,法之存在問題,法之存有論問題。此四問題决定諸大小乘以及圓不圓之分别。"①因此,"佛性"即是説明成佛之根據,在此説明中也包含對宇宙萬法的存有論説明,由這兩個方面可以分判大小乘的義理系統以及教乘圓不圓的問題。

牟宗三的判教,是在天台藏、通、别、圓判教的基礎上根據上述自己對佛教義理系統的通貫理解所作的判釋。他在天台藏、通、别、圓"化法四教"的基礎上作了一定的調整,將别教復劃分為"始别教"與"終别教",前者指阿賴耶識系統,後者指如來藏系統。牟宗三指出,别教的經論十分豐富,經則是諸大乘經,論則如瑜伽系之論以及《大乘起信論》等。别教經論特别豐富的原因是因為它要對一切法有一根源的説明,這是《般若》部所没有的。正因為要對一切法作根源的説明,始有系統的多端,始有諸宗的分立。由於要解决"窮法之源"的問題,因此有"如來藏恒沙佛法佛性"的觀念,牟宗三認為,這一觀念是别教之"頭腦"和"主要標誌"。牟宗三指出,在"窮法之源"的問題上,雖然可説系統多端,然而落實言之,第一序的系統不過有兩個,即阿賴耶識系統和如來藏系統,此即是别教系統。别教分為始别教與終别教在天台智者大師那裏是没有的,牟宗三認為,這是因為智者大師隨順真諦對《攝大乘論》的解釋的緣故。就《攝大乘論》本身説,本來是阿賴耶識系統,但順真諦的增益解釋,如以如來藏自性清净心説

---

① 牟宗三:《佛性與般若》下册,第 1210 頁。

阿賴耶識,說阿賴耶識"以解為性",即阿賴耶識本身就有覺性,則又當是如來藏真心系統。智者大師將真諦的增益解釋與《攝大乘論》自身義合而為一,一方面稱《攝大乘論》為"賴耶依持""發頭據阿賴耶出一切法",斥之為"界外一途法門",一方面又常常根據真諦的增益解釋看《攝大乘論》,以真諦所傳的如來藏真心系統為別教,實際上是以最能代表真諦增益解釋的《大乘起性論》為別教的典型。牟宗三說:"今將別教分為兩態,視彼為'界外一途法門'者為始別教,視如來藏系統為終別教。"①

　　牟宗三認為,華嚴宗和天台宗雖同自稱為圓教,但有根本的不同。華嚴宗是專就佛法身法界分析地說圓教,須斷九法界差別法始還滅而成佛,所謂"緣理斷九",也就是不能在成佛中保證九法界差別法的圓滿存在。天台宗是通過非分別說的"詭譎的即具"而成的圓教,"一念無明法性心"從無明方面說是妄心,從法性方面說就是真心,"'一念無明法性心'即具十法界,則無明法性同體依即,……而不需'緣理斷九'而為佛;而是即九界而為佛,十界互融而為佛,此即是低頭舉手無非佛道,何況二乘行? 何況菩薩行? 一念執,法性即無明,則十界具染,雖佛亦地獄也。一念不執,則無明即法性,十界皆淨,雖地獄餓鬼亦佛也。此是三因佛性無論在性在修一是皆遍滿常,而一切法亦皆一體平鋪,皆圓滿常住也。"②因此,相應《華嚴經》之圓融無礙,圓滿無盡,視法界緣起為"唯一真心回轉"的華嚴宗,只是別教一乘圓教,仍是權教;相應《法華經》開權顯實、發迹顯本,"一念無明法性心"即具十法界的天台宗,是同教一乘圓教,是真正的圓實教。

---

① 牟宗三:《佛性與般若》下冊,第 638 頁。
② 牟宗三:《佛性與般若》下冊,第 1212 頁。

　　天台圓教通過"一念無明法性心"即具十法界的圓説,對一切緣起法的存在進行了説明。牟宗三指出:"此一系列之圓説皆是由三因佛性遍滿常以及法之存在之説明而來者。至此圓説法之存在,則十界法始能被穩定住,此即佛教式的圓教之存有論。"①由牟先生這一結論性的判斷我們可以知道:所謂的圓教,就是佛教的最高境界,在此境界中涵有一存有論,成佛并不舍離萬法,而能保住萬法的存在。

三

　　關於佛教存有論的具體説明,牟宗三的討論牽涉的問題比較複雜,論及的宗派也比較多,可以確定的是,他的基本理論脉絡是通過揭示佛教在解脱實踐中所展露出的無限的智心,來看無限智心如何開出本體界的存有論(無執的存有論),以及無限智心通過由"無執"轉爲"有執"對現象界存有論(執的存有論)的開顯。這樣的工作顯然是與他對康德哲學"現象"與"物自身"的超越區分相比照及批判密切相關。

　　分析佛教的存有論,牟宗三首先面對的就是這樣一個問題:在佛家如何説物自身? 因爲只有物自身的意義得以確定,本體界存有論才能開顯。

　　佛教義理本來只有"緣起無性"的一層,并没有另一種叫作"物自身"的對象,因爲佛教般若智慧所觀照的性空、無性就是無"自身"的。牟宗三指出,如果知道康德所説的物自身并不是現象外的某種東西,現象與物自身的區分不是客觀的,只是在主觀上關於同一對象的不

———————

① 牟宗三:《佛性與般若》下册,第 1213 頁。

同面相,即相對于自由無限心是物自身,相對於感觸直覺為現象,那麼在"緣起無性"的一層,也仍然可以說物自身。"無性而執其有定相即是執,則去掉此執而即如其無性而觀之,即,直證其無性之'如'相,那便是緣起物之在其自己,此即是無自己之自己。"①牟宗三這裏所說的實際上是,般若智是一種智的直覺,般若智通過蕩相遣執所觀照的就是物自身。由於般若是共法,因此物自身的意義在佛教的義理系統中能夠得到確定。

物自身的意義能夠確定之後,牟宗三進一步分析在佛教義理系統中如何可有一"無執的存有論"。

對於大乘空宗(即通教)來說,它對於一切法只以般若而空之,并無根源的說明,"不壞假名而說諸法實相",對於一切法只是作用的具足,并無積極的存有論的說明。唯識宗(即始別教)是以阿賴耶識緣起說明一切法,但阿賴耶識本質上是染汙的,由之只能說明有漏法,不能說明清淨無漏法。因此這一存有論的說明并不圓滿。比上述空有二宗進一步的是"真常唯心"的如來藏緣起系統,在此基礎上發展出的華嚴宗(別教一乘圓教)將萬法的真實性收于真常心上講,因為這是由"對於一切法之來源予以存有論的說明"之思路而來的。牟宗三認為:"到此,始可於佛家方面說一'無執的存有論'。"②也就是說,在華嚴一乘圓教中,才真正能夠說佛教的"無執的存有論"。牟宗三又指出,在華嚴宗之外,還有一個并不依"真常唯心"而建立但比華嚴宗更為圓滿的系統,這就是天台圓教。牟宗三認為,天台圓教更能夠顯出佛家式的"無執的存有論"的眉目。下面,我們來看天台圓教如

---

① 牟宗三:《現象與物自身》,臺灣學生書局 1984 年 8 月第 4 版,第 401 頁。
② 牟宗三:《現象與物自身》,第 406 頁。

何能夠顯出佛家式的"無執的存有論",并進而開顯"執的存有論"。

　　牟宗三指出,對於一切法作存有論的說明必須具備兩義:一是其存在之根源,二是其存在之必然。這兩義,就天台圓教而言,有獨特的形態。法的存在的根源是由於"一念無明法性心"的"法性即無明"時的念具念現,以及"無明即法性"的智具智現來說明的。當智具智現時,即有一"無執的存有論",此時就是智心與物自身的關係;當念具念現時,即有一"執的存有論",此時就是識心與現象的關係。至於一切法的存在之必然性問題,由於成佛必備一切法而成佛,這就保住了三千法的存在的必然性。關於天台宗的"無執的存有論",牟宗三先生進行了詳細的分析。他的基本觀點是:"天台宗是在'性具'系統下的智如不二、色心不二中穩定住了三千法之在其自己。"①此時的"性具"就是"無明即法性"的"性具",也就是無執無着的智具,智具即是智現。這就是一智如不二的法性心同時即具三千世間法,同時即現三千世間法。其關鍵在於,智如不二、色心不二下的心寂三昧、色寂三昧就是智的直覺,心寂三昧、色寂三昧中的一切法都是法之"在其自己"的實相法。牟宗三說:"這就是天台宗的'本體界存有論',無執的存有論。同一三千法,執即是現象界的存有論,不執就是本體界的存有論。執與不執是約迷悟說,故本體界的存有論可能,智的直覺亦可能,而'在其自己'之實相法亦可朗現。'在其自己'之實相法底存有根本是心寂三昧色寂三昧的智如不二下的呈現。"②根據牟先生的上述總結,我們可以知道,對於天台圓教,本體界存有論與現象界存有論之所以可能,完全在"無明即法性""法性即無明"的一心之"無

---

① 牟宗三:《現象與物自身》,第413頁。
② 牟宗三:《現象與物自身》,第415頁。

執"與"執"的回轉上。

天台圓教的"無執的存有論"何以能夠獨顯佛家的"無執的存有論"的基本特色,綜合考察牟宗三先生《智的直覺與中國哲學》《現象與物自身》兩部著作的相關研究,基本上有兩個方面的理據:一是佛教的智的直覺只有達到真正圓教才能夠充分朗現;二是與佛教其他宗派,特別是與別教一乘圓教華嚴宗相比,天台的"一念無明法性心"即具十法界的"性具"的圓說,使成佛即三千世間法而成佛,獨能保住萬法的存在。

關於佛教的智的直覺為什麼只有達到真正圓教才能夠充分朗現?牟宗三的主要觀點是,天台圓教下的般若智可在其系統內部通過佛心的即具,將一切法收進來,成為此圓照本具而起現的法之在其自己,這就是佛教智的直覺的充分朗現。牟宗三有一個綜括性的說法:"佛家言成佛其極必以一切眾生得度為內容,有一眾生不成佛我誓不成佛。是以佛心無外即是無限,因而必函有一智的直覺在內。此智的直覺即寄托在圓教之般若智中。"①智的直覺只有達到真正圓教才能夠充分朗現,因此天台圓教的無執的存有論當然能夠充分彰顯佛家的"無執的存有論"的基本特色。

牟宗三先生在《現象與物自身》中,花費了相當的篇幅來分析華嚴宗的"無執的存有論",通過比較來說明天台圓教的無執的存有論的獨特地位。由於牟先生的比較和分析是通過對華嚴宗與天台宗的義理系統詳細疏解進行的,而義理系統疏解的工作在上面已經作過總結,因此我們現在僅對牟先生的比較加以基本的概括:(1)華嚴宗不是就"一念無明法性心"之即具三千而言執與無執之對翻,來開無

---

① 牟宗三:《智的直覺與中國哲學》,臺灣商務出版社 1970 年 3 月版,第 211 頁。

執的存有論與執的存有論,而是就如來藏緣起,通過"隨緣不變""不變隨緣"將"如來藏自性清净心"作為一切染净法的依止,是"性起"系統,而不是"性具"系統。(2)在華嚴"性起"系統中,法有染净,而真心不變。真心"不變隨緣"間接地被憑依地隨緣起現,所起現的現象在隨緣中是不決定的,是經驗的;真心"隨緣不變"的還滅是"緣理斷九",即只是緣依"如來藏自性清净心"這個真如理而隔斷了九法界(六道眾生、聲聞、緣覺與菩薩),隔斷了九法界而成佛。在天台"性具"系統中,"一念無明法性心"即具三千世間法,成佛必須即九法界而成佛,不是破滅九法界而成佛。(3)在天台"性具"中,法性不是空如之理,而是法性心,迷則三千法在染汙,悟則三千法在清净,因此三千法皆法性心所本具之"性德",不是後起而有的。在華嚴"性起"中,偏指真心為染净法的依止,故必隨緣方能説明一切法,要還滅而顯真心,則必破九法界而後顯。從上述的比較可以看出,無論是從萬法的存在之根源上,還是其存在之必然上,天台圓教都能在成佛的解脱實踐中給予圓滿的保證。這正是天台圓教獨能證成和彰顯佛教的"無執的存有論"的原因。

關於佛教的存有論,牟宗三先生討論最多的是本體界的存有論,即無執的存有論,有關現象界的存有論,即執的存有論,他一般地僅以無限智心的"執"來加以説明和肯定,但在有關宗派特別是唯識宗的義理分析中也有詳細地説明,因為唯識三性中的"遍計執性"對"執"的問題有深入的解説。

牟宗三認為,唯識宗所言的唯識三性:依他起性、遍計執性、圓成實性,只是"緣起性空"一義的輾轉引申説。因為,緣起即是依它,性空即是空其自性,空執着,這就預伏了一個"遍計執"在其中,空却執着而顯實相如相即是真實性。雖然三性是"緣起性空"一義的輾轉引申說而來,但其他各家在貫徹"緣起性空"思想時皆未正面處理遍計執,對遍計執性的正面分析是唯識宗所特有的。

牟宗三指出:"唯唯識宗説遍計執也很籠統,只説就依他起上加以周遍的計度執着,執着有自性,散開説,執着有種種相,便是遍計執。并未集中地而且確定地説出這些執相,并未就那些'不相應行法'説這些執相。我今集中地而且確定地説這些執相就是康德所説的由時空所表像以及由概念所決定的那些決定關係。……這樣集中地説,乃是為的説明經驗知識的可能。因此,康德所説的那一套,成就全部現象界中的諸現象,甚至現象界之自身者,根本就是遍計執攝(屬於遍計執的)。"①牟宗三這裏要説明的是,唯識宗所説的遍計執性所執着的種種相②,就是康德時間和空間這兩個感性直觀形式以及知性的範疇所決定的那些關係,這些關係在康德那裏是使現象與知識成為可能的條件。因此,他又説:"康德費大力氣所成就的超越哲學,欲以之來代替那驕傲的存有論,即所謂形上學通論,乃最後歸屬於遍計執,這實在是始料不及的。順西方哲學的傳統,當然想不到這是遍計執,亦不會用執去説它。然而事實上實如此,無可逃。……存有論就是成就遍計執以為經驗知識底可能立基礎。因此,這存有論就是執的存有論,因而亦就是現象界的存有論,因為現象本就是執成的。"③牟宗三的這個判斷,説明佛教可以通過"遍計執"建立現象界的存有論,并且從基本的哲學内涵上説,這一現象界的存有論可以

---

① 牟宗三:《現象與物自身》,第 398—399 頁。

② 牟宗三認為,唯識宗所籠統而言的遍計執,落實而言,屬於"不相應行法"。牟宗三將"不相應行法"進一步概括為流轉、定異、相應、勢速、次第、合和、不合和、命根、衆同分、生、老、住、無常、時、方、數十六個。關於"不相應行法"以及牟宗三的概括,參見《佛性與般若》上册第三章"龍樹辯破數與時"第二節"關於時間之辯破"。

③ 牟宗三:《現象與物自身》,第 399 頁。

將康德批判哲學所建立的以"知性的超越分解"為基本内容的存有論包涵進來。因為從根本上説，無論是時空的直觀形式，還是知性的範疇與原理都可視為識心之執。但是，從佛家"遍計執"本身來説，它實際上缺少康德"知性的超越分解"的知識論内涵。正是在這個意義上，對於存有論中現象界的存有論的建構，牟宗三説："我們這一步工作是以佛家'執'之觀念來融攝康德所説的現象界，并以康德的《純理批判》之分解部來充實這個'執'，因為佛家言煩惱之執是泛心理主義的，重在説煩惱，認知主體不凸顯故。"①牟宗三的這一概括是從道德形上學存有論之現象界存有論的建設來講的，但僅就佛教的現象界的存有論來説，也有相當的意義，佛心之執固然是煩惱意義上的，但是也同樣可以容納知識意義。

　　實際上，對在佛法中如何予科學與知識以恰當安排，牟宗三先生也有精審思考。他認為，對於空宗，可以將科學知識視為有計執的俗諦納入二諦理論當中，承認其為計執也肯定其有諦性，這種計執為我們所自覺要求也可以自覺化除。② 對於有宗，"科學知識即屬遍計執，而科學知識也有相當的真理性、諦性，如此，則遍計執亦不應完全只是虛妄，也應有相當的諦性。這是我們在現代有進於傳統的看法。"③牟先生認為，將科學知識安立在佛法中使之"無而能有"後，仍可以通過蕩相譴執和轉識成智將計執化除，取消科學知識使其"有而能無"，無礙佛教聖智圓滿。

　　牟宗三關於佛教存有論的詮釋，是對傳統佛學的現代哲學處理和詮釋，其方法是哲學的。從傳統的佛學研究看，牟宗三的分析與詮

---

① 牟宗三：《現象與物自身》"序"。
② 參見牟宗三：《佛性與般若》上卷，第 99—101 頁。
③ 牟宗三：《中國哲學十九講》，上海古籍出版社 1997 年 12 月版，第 256 頁。

釋,其語境和方法都是獨特的。這樣的詮釋和研究或許會因為自身的哲學立場和方法選擇存在着制約,如擱置了佛教開展過程中豐富的歷史文化關聯以及佛學演進過程中的複雜的思想關聯,但他以"般若"與"佛性"為綱領對佛教義理系統的分析,特別是以佛教存有論為中心的考察,對大乘佛教特別是中國佛教宗派理論所作的判釋和研究,代表了佛學研究在"哲學"道路上的新發展,這足以給當代的佛學研究以啟發和借鑒。

佛教史研究

魏晋佛教"注解"和"義疏"傳統的形成

聖　凱

内容提要：魏晋佛教對經典的注釋，主要是采取"注"或"解"，"注"重視對經典語意的解釋，"解"更傾向于思想義理的解釋，而且二者在形式上皆采取細字的"子注"或"割注"形式。兩晋時代受鳩摩羅什長安僧團講學的影響，佛教界逐漸出現"義疏"形式，本文以道生《法華經疏》為例，考察了義疏的特點。同時，道生《法華經疏》與王弼《老子注》的注釋方式和標準有相似之處，可見佛教經典注釋與經學、玄學傳統的融匯與交流。

關鍵詞：注解；義疏；子注；道安；道生

中國傳統經典的解釋典範最早來自儒家。孔子整理《詩》《書》《樂》，而且近年郭店楚簡的出土，證明孔子在講學時或有講稿，如《窮達以時》《唐虞之道》《尊德義》等①。先秦時代創立的經典解釋的體裁與格式,有單書總論體、群書總論體、故體、傳體、說體、解體、記體等;兩漢初年,又創造了注體、微體、箋體、訓詁體等。②依《隋書·經籍志一》的記載,儒家依《論語》相繼形成"論""章句""訓""傳""注""義說""集解"等。③對於南北朝佛教的著述來說,論體、解體、記體、注體、訓詁體等影響很大。

對於佛教經典注疏方式與玄學、經學的關係,這是中印文化交流史上非常重要的事件。牟潤孫先生曾主張:"至於其中關鍵所系,厥為儒家講經之采用釋氏儀式一端。僧徒之義疏或為講經之記錄,或為預撰之講義,儒生既采彼教之儀式,因亦仿之有記錄有講義,乃制而為疏。講經其因,義疏則其果也。"④儒家與佛教的講經儀式,多有類似之處,如二者皆有"都講"誦經。⑤所以,饒宗頤先生在牟先生的基礎上,考訂華梵經疏同異,指出:

　　然其上座說唱,形式莊嚴,儒生遂仿效之,南北朝以來,儒士講經儀式偶與雷同,然祇襲其迹而已。至於經疏之作,庸或為一時宣講之底稿,疑出於少數;至於寫定成書,必幾經刪汰,或殫畢生精力而為之,非苟且嗟可辦,故講授為一事,著述又為一事,若謂疏皆為講經之記錄,疏皆為講前所預撰,則此類之疏,將如今

---

① 廖名春:《荊門郭店楚簡與先秦儒學》,《中國哲學》第 20 輯,遼寧教育出版社 1999 年版,第 58、69 頁。
② 周光慶:《中國古典解釋學導論》,中華書局 2002 年版,第 159—164 頁。
③ 《隋書》卷三十二《經籍一》,第 939 頁。
④ 牟潤孫:《論儒釋兩家之講經與義疏》,《現代佛學大系》第 26 冊,臺北:彌勒出版社 1984 年版,第 1 頁。
⑤ 聖凱:《晉唐彌陀淨土的思想與信仰》,中國社會科學出版社 2009 年版,第 89—90 頁。

日之大學講義，無何價值之可言。①

所以，儒家、佛教皆有自身的經典解釋傳統，講經、釋經本為共同的文化活動，相通之處一定頗多。

講經與義疏在西漢時代便已經出現，如陳群《論語義説》，"義説"即是"義疏"，因為《後漢書·孔奮傳》"子嘉作《左氏説》"，李賢注云："説，猶今之疏也"②。而且，在三國時代便出現有關經義的問答論難，如王肅《尚書答問》《毛詩義駁》《毛詩問難》劉毅《尚書義答》，隨着玄學清談的盛行，互相質疑問難，與疏本并没有必然聯繫。但是不可否認，魏晋南北朝以來，隨着印度佛教經論傳來的增多，儒士、高僧交流互動頻繁，二者互相影響乃是必然。

一、魏晋佛教對經典的"注解"

中國佛教的經典注疏論著始自道安。《出三藏記集·道安法師傳》説：

> 初，經出已久，而舊譯時謬，致使深義隱没未通。每至講説，唯叙大意，轉讀而已。安窮覽經典，鉤深致遠。其所注《般若》、《道行》、《密迹》、《安般》諸經，并尋文比句，為起盡之義。及《析疑》、《甄解》，凡二十二卷。序致淵富，妙盡玄旨。條貫既叙，文理會通，經義克彰，自安始也。③

---

① 饒宗頤：《梵學集》，上海：上海古籍出版社1993年版，第274—275頁。
② 《後漢書》卷三十一《孔奮傳》，第1099頁。
③ 《出三藏記集》卷十五，《大正藏》第55册，第108頁上。

道安勤奮著述,共有約 66 種著作,保存到現在有 25 種。① 除了抄、經序、目録、書信,其注疏類型有折中解、解、折疑准、折疑略、起盡解、甄解、略解、集異注、注、注撮解、雜解、義、指歸,另有《實相論》《性空論》等"論"體裁的著作。

魏晉佛教的"注"與"解"方式,與儒家經學傳統的訓詁具有一定的關聯。"訓詁"有廣狹二義,廣義的訓詁主要是對經典文本旨趣的解説,包括章句的形式;狹義的訓詁則指文本的語詞訓釋。② 廣義的"訓詁"即"訓故",據顏師古注:"故謂經之旨趣也。"③狹義的"訓詁",如桓譚"遍習五經,皆詁訓大義,不為章句",唐代李賢等注:"章句,謂離章辨句,委曲枝派也。"④章句孕育于戰國時代,誕生於西漢中期,是一種以分析篇章、辨正句讀為基礎工作,以相互證發、詳細解説為主要特色,以概括章指、發明義理為解釋目標的經典解釋體式。⑤《漢書·夏侯勝傳》記載:

> 勝從父子建,字長卿,自師事勝及歐陽高,左右采獲。又從《五經》諸問與《尚書》相出入者,牽引以次章句,具文飾説。勝非之曰:"建所謂章句小儒,破碎大道。"建亦非勝:"為學疏略,難以應敵。"⑥

儒家經學的"章句"釋經傳統,魏晉佛教并未采取"章句"為注釋名稱,雖然"章句"與"注"在形式上相同,但是佛教界自覺采取"注"為經典

---

① 方廣錩:《道安評傳》,昆侖出版社 2004 年版,第 271 頁。
② 周裕鍇:《中國古代闡釋學研究》,上海人民出版社 2003 年版,第 102 頁。
③ 《漢書》卷八十八《儒林傳五十八》,第 3597—3598 頁。
④ 《後漢書》卷二十八,第 955 頁。
⑤ 周光慶:《中國古典解釋學導論》,第 172 頁。
⑥ 《漢書》卷七十五《夏侯勝傳》,第 3159 頁。

解釋的稱呼，似乎故意與儒家經學解釋保持一定的距離。

同時，在東漢時，許多學者開始公開拒絕“章句”，進而找尋超越通行解釋中的博學式詭辯術和政治實用主義的經典的終極意義。① 如嚴遵、揚雄、馬融、盧植等皆批評章句，關注經典的終極、統一的意義；其次，通過對經典文本的模仿，如揚雄模仿《周易》作《太玄》，通過新的著述形式來討論新問題，於是為新的文章形式——“論”提供了契機。

道安對經典的注釋，主要是“注”或“解”。“注”是要列出全文，對經文進行適當句讀分段，然後在其後面加以説明。如《大十二門經注》《小十二門經注》《陰持入經注》《了本生死經注》等，都是相對短小經典。② 但是，有關《般若經》類的注釋則多采取“解”，如《光贊折中解》《般若放光品起盡解》《合放光光贊略解》；另外，“指歸”“論”亦是《般若經》相類的注釋著作。可見，道安對“注”與“解”的不同有朦朧的區別。

“注”的背景是“每至講説，唯叙大意，轉讀而已”，所以“注”重視對經典語意的解釋。記録師授口義，隨文釋義，即普通所謂之“章句”，如《雜阿毗曇心序》曰：“余不以暗短，廁在二集之末，取記所聞，以訓章句。”③據《出三藏記集》，最早有三國支謙（2 世紀末— 3 世紀中葉）注《了本生死經》，康僧會（？ —280）注《安般守意經》《法鏡經》《道樹經》④，但是這些注書皆已不存。如現存的“注”書陳慧《陰持入

---

① ［德］瓦格納：《王弼〈老子注〉研究》（上），立華譯，江蘇人民出版社 2008 年版，第 33 頁。
② ［日］菅野博史：《中國佛教早期經典注釋書的性格》，《世界宗教研究》2004 年增刊，第 16 頁。
③ 《出三藏記集》卷十，《大正藏》第 55 冊，第 74 頁中。
④ 參照《出三藏記集》卷十三，載《大正藏》第 55 冊，第 97 頁上、97 頁下。

經注》，陳慧《陰持入經序》説："因間麻緦，為其注義，差次條貫，縷釋行伍，令其章斷句解，使否者情通，漸以進智。"①《陰持入經注》的注釋方式，不僅列出全文，而且對每句甚至每一詞語進行注釋，以解釋經文中的義理文句。如"三為想"下面注釋："想像也，默念日思在所志，若睹其像之處已則前，故曰思想矣。"②但是，如道安《人本欲生經序》説："敢以餘暇，為之撮注。其義同而文别者，無所加訓焉"③，可見已經注釋過的文句不會重複注釋。《陰持入經注》引用了 15 處的"師云"④；同時，《陰持入經注》出現三處有"一説云"（包括"一説言"），可見也引用了别人的解釋。

同時，這些注釋的文字可能是采取是細字的"子注"或"割注"形式，如道安《阿毗曇序》説："至於事須懸解起盡之處，皆為細其下。"⑤當然，這些解釋文字目前在《大正藏》中是用與本文同樣大小之字型大小排印，在本文文句的下面空一格，這是為排版印刷的方便而更變其形式，如道安《人本欲生經注》。"子注"作為注釋的方式，從南北朝至隋唐時期，一直被佛教和儒家學者使用。如費長房《歷代三寶記》卷十五載魏世李廓《衆經目録》中有"大乘經子注"十二部⑥；另外，如吴・康僧會《法鏡注解子注》二卷、晋・曇銑《維摩子注經》五卷、南齊竟陵王蕭子良《遺經子注經》一卷。

---

① 《陰持入經注序》，《大正藏》第 33 册，第 9 頁中。
② 《陰持入經注》卷上，《大正藏》第 33 册，第 9 頁下。
③ 《人本欲生經序》，《大正藏》第 33 册，第 1 頁上。
④ 關於"師"，有康僧會、安世高、支謙這三種説法。許理和認為"師"可能是指康僧會，因為在注中所引的 13 部著作中，發現了一部《安般解》，也許指上面所提到的康僧會的《安般守意經》注。見 Erich Zurcher, *The Buddhist Conquest of China*, Leiden: Brill, 2007, p. 54；漢譯本見《佛教征服中國》，李四龍、裴勇等譯，江蘇人民出版社 1998 年版，第 73 頁。
⑤ 《出三藏記集》卷十，《大正藏》第 55 册，第 72 頁中。
⑥ 《歷代三寶記》卷十五，《大正藏》第 49 册，第 126 頁上。

其實,"子注"的注釋形式與名稱來自印度佛教,"摩怛理迦"是其最早的根源,以子從母,即以子注母。陳寅恪先生在《讀洛陽伽藍記書後》云:"鄙意衒之習染佛法,其書制裁乃摹擬魏晉南北朝僧徒合本子注之體。劉子玄蓋特指其書第五卷惠生宋雲道榮等西行求法一節,以立法舉例,後代章句儒生雖精世典而罕讀佛書,不知南北朝僧著作之中,實有此體,故於《洛陽伽藍記》一書之制裁義例,憒然未解,固無足異。"①"子注"影響到儒家經學的注釋,而且楊衒之模仿"子注"而著述,而變成"自注"。

在魏晉時代,"注"與"解"都采取"子注"的形式,但是方法却是有一定的區別,"解"更傾向于思想義理的解釋。現存支謙譯《大明度無極經》卷一《行品》是本文所加的行間小注,而且不是每句或每一詞語進行解釋,只是對某些重要或難解的詞語進行解釋,這與《陰持入經注》《人本欲生經注》明顯不同。所以,《大明度無極經》的行間小注帶有"解"的特點。道安《安般經序》云:"魏初康會為之注義,義或隱而未顯者,安竊不自量,敢因前人,為解其下。"②道安是在康僧會"注"的基礎上,對其中的一些隱晦未顯的義理進行再次"解"釋。僧睿《大智釋論序》:"釋所不盡,則立論以明之;論其未辨,則寄折中以定之。"③"解"的背景是"序致淵富,妙盡玄旨",重在揭示經典蘊含的根本意義。

---

① 陳寅恪:《讀洛陽伽藍記書後》,見《陳寅恪集·金明館叢稿二編》,三聯書店 2001 年版,第 181—185 頁。
② 《出三藏記集》卷六,《大正藏》第 55 册,第 43 頁下。
③ 《出三藏記集》卷十,《大正藏》第 55 册,第 74 頁下。

二、兩晉佛教"義疏"形式——以道生《法華經疏》為中心

道安之後的鳩摩羅什領導的長安僧團,便在"注""解"之外,出現與"解"方式相近的"義疏",注、解有時很難區分,但是"義疏"則有明顯的區別。如敦煌遺書中,羅振玉收藏的現存最古的僧肇單注本,可以看出僧肇對《維摩詰經》的注釋是"注";①而道生對此經的注釋方式則為"義疏"。在道生的著作中,多采用"義疏"方式進行注釋,如《維摩詰經》《涅盤經》《法華經》等,而道生的《妙法蓮華經疏》是現存最古的義疏。② 在長安僧團中,如僧睿、道融皆著有《維摩詰經》的義疏。③ 僧睿《毗摩羅詰堤經義疏序》:

> 故因紙墨以記其文外之言,借衆聽以集其成事之説。煩而不簡者,遺其事也;質而不麗者,重其意也。其指微而婉,其辭博而晦,自非筆受,胡可勝哉。是以即於講次,疏以為記。④

僧睿的《毗摩羅詰堤經義疏》是僧睿任筆受時,記録鳩摩羅什講經活動,這與義疏的產生背景是相符合的。可見,佛教義疏的形成與長安僧團具有非常密切的聯繫。

魏晉時代玄學盛行,喜好言簡意彌,注疏比較簡單,只要能闡明經典大義,不必逐句釋文。如《法華經》譯本有七卷,而道生《法華經疏》則只有兩卷。因此分析《法華經疏》的注釋方法,對於瞭解魏晉佛

---

① 池麗梅:《敦煌寫本〈維摩詰經解〉》,《印度學佛教學研究》第 50 卷第 1 號,2001,第 235—237 頁。
② 菅野博史:《中國佛教早期經典注釋書的性格》,《世界宗教研究》2004 年增刊,第 18—19 頁。
③ 《高僧傳》卷六《道融傳》:"所著《法華》《大品》《十地》《維摩》等義疏,并行於世。"
④ 《出三藏記集》卷八,《大正藏》第 55 冊,第 59 頁上。

教"義疏"具有典範的意義。日本學者橫超慧日、YOUNG－HO KIM、菅野博史曾經考察道生《法華經疏》的注釋特色，我們在前輩的基礎上進一步深入考察。①

　　道生在開頭詳細描述了《法華經疏》的形成經過：

> 　　余少預講末，而偶好玄□，俱文義富博，事理兼邃，既識非芥石，難可永紀。聊於講日，疏録所聞，述記先言，其猶皷生。又以元嘉九年春之三月，于盧山東林精舍，又治定之，加采訪衆本，具成一卷。②

鳩摩羅什於弘始八年(406)譯出《妙法蓮華經》，當時集聚二千余人參與翻譯，鳩摩羅什手執胡經，口述漢語，"更出斯經，與衆詳究"，説明經過與大衆詳細討論後，才確定經典文字。③ 可見，經典的翻譯過程亦即是經典義理的討論、講解。因此，道生在譯場中記録了鳩摩羅什的解釋，於元嘉九年(432)三月在盧山東林精舍，開始整理、修訂，參考諸家説法，形成《法華經疏》。道生卒於元嘉十二年(434)十一月，可見《法華經疏》撰於道生的晚年，其頓悟成佛、佛性當有、佛無浄土等思想已然圓熟會通，因此《法華經疏》的思想水準以及注釋水準應

---

① 橫超慧日在《釋經史考》一文第三部分"釋經史上における竺道生"，見《中國佛教の研究第三》，京都：法藏館 1979 年版，第 170—173 頁；Young-ho Kim, Tao-sheng's Commentary on the Lotus Sūtra：A Study and Translation，Delhi：Sri Satguru Publications，p81－119；[日]菅野博史：《中國法華思想の研究》，東京：春秋社 1994 版，第 69—78 頁。
② 《法華經疏》卷上，《卍新纂續藏經》第 27 册，第 1 頁中。
③ 慧觀：《法華宗要序》，《出三藏記集》卷八，《大正藏》第 55 册，第 57 頁中。

該都是上乘。①

1.“經題釋”與“隨文釋”合而為一②

《法華經疏》的解釋順序是先釋經題，次述品目大綱，後釋經文內容。道生在解釋經題時，除了解釋“妙法蓮華”四字的含義外，還提出“四種法輪”的判教——善凈法輪、方便法輪、真實法輪、無餘法輪，從而使《法華經》置於整體佛教的教義淺深體系，從而把握各經典之間的關係，但是判教論不是道生思想的重點；同時，道生還對《法華經》的經旨進行解釋：“此經以大乘為宗。”最後，道生還對《法華經》進行分段：首十三品明三因為一因，次八品辨三果，末六品均三人為一人。③　湯用彤先生認為道生的解釋方法，與道朗《涅槃序》云“聊試標位，叙其宗格。豈謂必然，窺其弘要者哉”④相似，分段如“標位”，而闡述經文大意如“叙宗格”。⑤　道生的分段與後來序分、正宗分、流通分三科不同，他使用“理說”來表示正宗分，如在《囑累品》位置解釋說“今明因果俱竟，理說都畢”⑥，“理說”是指《法華經》一因一果之教。

道生《法華經疏》在各品的開頭處，闡明本品的宗旨，論述其得名的來由，這就是“目品義”。如僧叡《中論序》云：“予玩之味之，不能釋

---

① 道生《法華經疏》的形成過程，符合饒宗頤先生對於“義疏”形成的判定：“至於經疏之作，庸或為一時宣講之底稿，疑出於少數；至於寫定成書，必幾經刪汰，或殫畢生精力而為之，非苟且咄嗟可辦。”見《梵學集》，第274頁。
② 中國經典解釋將“經題釋”與“隨文釋”分別獨立操作，當知始自天台典籍。見釋真定：《從天台典籍“經疏”稱用，看注疏著作型態分流之關鍵》，《圓光佛學學報》，2010年第16期，第107—148頁。
③ 《法華經疏》卷上，《卍新纂續藏經》第27冊，第1頁下。
④ 《出三藏記集》卷八，《大正藏》第55冊，第59頁下。
⑤ 湯用彤：《漢魏兩晋南北朝佛教史》（下冊），第396頁。
⑥ 《法華經疏》卷上，《卍新纂續藏經》第27冊，第16頁中。

手。遂復忘其鄙拙,托悟懷於一序。并目品義,題之於首。"①又其
《十二門論序》云:"敢以鈍辭短思,序而申之。并目品義,題之於
首。"②可見,叙述諸品大意是鳩摩羅什僧團的一致方法。

2. 運用"分段"解釋經文,形成經文與注釋的結合

"分段"不僅對經典整體的段落劃分,而且對經文上下結構進行
"分段",成爲後來"科判"的來源。如解釋《序品》:"爾時文殊師利語
彌勒菩薩摩訶薩及諸天子,善男子等,如我惟忖……"③,分科解釋
爲:"自下凡有四段,證當説《法華》"④;如解釋《方便品》中"爾時世尊
告舍利弗:汝已殷勤三請"下的經文:"自下凡五段明義"⑤,而在解釋
偈頌時直接説"偈言次,第頌前五科"⑥。

運用"分段"的最後結果,就是經文與注釋融合爲一體。我們找
不到《法華經疏》的抄本,無法確定本文與注釋在寫本形態上,究竟是
以怎樣的方式交織起來;⑦但是,《法華經疏》的文義結構充分顯示這
一點,以《信解品》中的一段注釋爲例:

> 即從座起,自下三番序,所以歡喜之意也。從居僧之首至不
> 復進求阿耨多羅三藐三菩提,謂已得證,情表望絕,第一番也。
> 往昔説法既久,第二番。往日聞佛説《波若》諸經,聞之疲懈,唯
> 念空無相而已,永無净佛國土化衆生心也。又今年已朽邁,第三

----

① 《出三藏記集》卷十一,《大正藏》第55册,第77頁上。
② 《出三藏記集》卷十一,《大正藏》第55册,第78頁上。
③ 《妙法蓮華經》卷一,《大正藏》第9册,第3頁下11行以下。
④ 《法華經疏》卷上,《卍新纂續藏經》第27册,第3頁中。
⑤ 《法華經疏》卷上,《卍新纂續藏經》第27册,第4頁下。
⑥ 《法華經疏》卷上,《卍新纂續藏經》第27册,第5頁中。
⑦ 敦煌遺書中,并没有發現道生《法華經疏》的寫本。方廣錩:《敦煌遺書中〈妙法蓮華經〉
  及有關文獻》,《中華佛學學報》,1997年第10期,第211—232頁。

番。既近後邊身,春秋朽邁;朽邁故,於無上道,不生一念好樂之心;我等今於佛前,聞授聲聞無上道記,心甚歡喜。向三番,是自岸之過;今忽聞授聲聞記,情踴無岸,則無量珍寶不求自至,歡喜之義,顯於茲矣。①

可見,道生僅標列出要注釋的經文,而且將注釋插入到經典原文,引導對個別句子的解讀,并讓讀者用他自己的方法理解從解釋框架自然而然可以理解的段落。《法華經》的經典原文共有 230 字②,而注釋加經典的引用才 206 字,反而比經典原文的字數更少。可見,其注釋的重點不在於字句的解釋,而在注釋出思想的邏輯性;而且用"故""故謂"等結束,將經典字句融入注釋中,顯示出其注釋的合理性和可行性。所以,道生《法華經疏》從上下邏輯結構和思想意義兩方面來解釋《法華經》,而且用確定的、同時代的語言翻譯某段經典。如"今忽聞授聲聞記,情踴無岸,則無量珍寶不求自至,歡喜之義,顯於茲矣",這是翻譯經典原文:"我等今于佛前聞授聲聞阿耨多羅三藐三菩提記,心甚歡喜,得未曾有,不謂於今忽然得聞稀有之法,深自慶倖獲,大善利,無量珍寶不求自得",用更易理解的字句對某個句子的內容進行意譯,簡單、明瞭地將經典原義揭示出來。

這種注釋方法,與王弼注釋《老子》的注釋技巧十分相似③,但是與梁代法雲《法華義記》完全不同。法雲雖然直接注釋也是經典的一部分,然而以"……此下""……已下"等來表示省略,實際是對全體經文加以分段,結果等於是標列出經典的全文。

---

① 《法華經疏》卷上,《卍新纂續藏經》第 27 冊,第 8 頁上一中。
② 《妙法蓮華經》卷二,《大正藏》第 9 冊,第 16 頁中。
③ 王弼對《老子》的注釋技巧,見[德]瓦格納:《王弼〈老子注〉研究》(上),楊立華譯,江蘇人民出版社 2008 年版,第 234—238 頁。

3. 詞句的解釋

鳩摩羅什譯《法華經》共有八卷,道生《法華經疏》則只有二卷,但是道生對一些音譯詞和難解詞仍然進行注釋,可見他重視思想的闡明,又不忽略詞語的解釋。如《法華經疏》卷上總共才解釋四品,因為對初涉及的詞語"如是""我聞""比丘"等,乃至憍陳如、迦葉等阿羅漢,道生都一一進行注釋。

對於音譯語,道生用"宋云""宋言"形式標列出來,"宋"即劉宋時代(420—479),如"阿若,宋云得無學智也""羅睺羅,宋云不放,六年在胎,謂之不放"①等。同時,對一些重要詞語的解釋,進行合理性的思想發揮,真正達到"述而不作"的闡釋水準。道生對"如是"的解釋:

> 如是者,傳經者辭也。所以經傳遞代,休音不絕者有由。而然如世有符印,則無關而不過。經以五事,印其首者,亦令斯道,無難而不通矣。如者當理之言,言理相順,謂之如也。是者,無非之稱,此目如來一切說也。

"理"是道生的核心觀念,在《法華經疏》提及137次。② 道生強調頓悟見理,理不可分,故悟則全悟,不容階級。而言象聲教為入理之筌蹄,故為"當理之言"。"當理之言,言理相順"非常直接地闡明了隱含的思想與邏輯關係,如來所說的一切法皆是"當理之言",這與後來者的繁瑣解釋有本質的不同。

---

① 《法華經疏》卷上,《卍新纂續藏經》第27冊,第2頁上、中。
② [日]菅野博史:《中國法華思想の研究》,第76頁。

4. 對偈頌與譬喻的解釋

《法華經》是由散文體的長行和韻文體的偈頌組成,并且是交互運用長行與偈頌來表述的。道生解釋偈頌有四種意義:其一,與説長行的時間不一致,是為後人而説;其二,為不理解長行的意義的人而説;其三,長行過於簡略,以偈頌補充修飾長行的内容;其四,以無窮之心、昂揚之情,歌之詠之,由於感情的昂揚必然產生偈頌。① 但是,《法華經疏》主要是從内容的廣略來解釋長行與偈頌的關係:"偈頌之法,或略前而不頌,或前無而偈有,亦難為定準,可臨時而制宜"②"自下偈頌,或廣或略,或亦不頌,可隨義制之"③。因此道生對偈頌的注比較簡略,主要是根據"A 頌 B"的對應關係④,如對《方便品》偈頌的注釋:

> 偈言次第,頌前五科。初正四偈,頌第一真偽;次卅五偈,頌第二一大事;次七十五偈,頌第三三⑤世諸佛證;次兩偈,頌前第四段,出不獲已説三乘;最後五偈,頌第五得失人。⑥

偈頌主要是解釋前面的五段⑦,并且指明偈頌與五段的對應關係。這種解釋方法被後來的注釋家所繼承與吸收。

譬喻就是以具體事物擬喻抽象佛理,或者以自然景觀、世俗人事

---

① 《法華經疏》卷上:"偈頌之作,凡有四義:一、為後來之徒;二、為未悟之屬;三、以長行略故,偈以廣之;四、以罔極之情,詠歌手儔。"《卍新纂續藏經》第 27 册,第 3 頁中。
② 《法華經疏》卷上,《卍新纂續藏經》第 27 册,第 3 頁下。
③ 《法華經疏》卷下,《卍新纂續藏經》第 27 册,第 13 頁下。
④ [日]菅野博史:《中國法華思想の研究》,第 74 頁。
⑤ 依文意補"三",參考[日]菅野博史:《中國法華思想の研究》,第 74 頁。
⑥ 《法華經疏》卷上,《卍新纂續藏經》第 27 册,第 5 頁中。
⑦ 見《法華經疏》卷上,《卍新纂續藏經》第 27 册,第 4 頁下。

現象等,譬喻佛法中的其些事實。① 《法華經》有專門的《譬喻品》,全經中共有七種譬喻:《譬喻品》的"火宅喻"、《信解品》的"窮子喻"、《藥草喻品》的"三草二木喻"、《化城喻品》的"化城喻"、《授記品》的"衣珠喻"、《安樂行品》的"髻珠喻"、《壽量品》的"長者窮子喻",對這些譬喻的解釋,是《法華經》歷代注釋非常重要的内容。道生對譬喻的解釋采用了"外譬""内義""合譬""内合"等方式,這些方式後來被法雲《法華義記》所繼承。② 道生在解釋《譬喻品》的"火宅喻"時,提及:

> 如來亦復如是,自下亦有七段,合上譬也。前四段直舉内義,以合上譬;後三段先稱外譬,後以内義合之。③

譬喻所包含的思想義理稱為"内義",譬喻則為"外譬"來加以界定;"開譬"是指出經典的譬喻,然後解釋譬喻的内在思想,此為"内合",即思想義理與譬喻相對應。

道生對《譬喻品》進行詳細解釋,另外對《信解品》的"窮子喻"也進行有層次的注釋,但是對後面五種譬喻的解釋則非常簡單。當然,《法華經疏》卷下涉及二十三品,而卷上則只解釋四品,後部分注釋的簡單傾向是經典注疏中常見的現象。

因此,道生《法華經疏》與王弼《老子注》的注釋標準是相同的,即

---

① 北本《涅槃經》卷二十九《師子吼菩薩品》,將譬喻分類為下列八種:(1)順喻:依事物發展之順序所作的譬喻;(2)逆喻:逆於事物發展之順序所作的譬喻;(3)現喻:以當前之事實所作的譬喻;(4)非喻:使用假設事件所作的譬喻;(5)先喻:於説法之前,先作譬喻;(6)後喻:於説法之後,再説譬喻;(7)先後喻:於説法之前後,均作譬喻;(8)遍喻:譬喻内容與所欲喻顯事項町内容全部契合。《大正藏》第 12 册,第 536 頁中一下。

② 菅野博史指出,道生只采用"外譬""内義""内合"方式。《中國法華思想の研究》,第 70—71 頁。

③ 《法華經疏》卷上,《卍新纂續藏經》第 27 册,第 7 頁。

"合理性"和"可行性"。① "合理性"是指道生以"理"爲核心問題而闡釋頓悟、佛性、一乘、感應等諸問題,即依"理"闡釋成佛的根據、途徑、理想等,通過創造性的詮釋,將中國固有的"理"、"窮理盡性"的觀念,以及直觀思維方式納入佛教涅槃學的框架中,加以整合重建。"可行性"是指用簡單、明瞭的注釋方式而將《法華經》中的梵漢詞語意義、譬喻,乃至其他"異義",皆納入"可能意義"的解釋框架中。所以,道生既不引用別的經論來證明自己的觀點,也僅有兩處的"一義云"來介紹異説,充分體現其解釋的合理性與可行性,這與後世注釋書中常常例舉、評論不同的説法來證明自説的正確,無疑有很大的不同。

三、結語

中國佛教界對印度傳來經典的注釋,是中印文化交流的典範。一方面,這些注釋在哲學層面上引進了印度佛教對宇宙人生的根本認識,在思維層面上吸收了印度佛教的事數分析和因明邏輯的思考及表達方式。另一方面,這些注釋在文體層面則采用了儒家經學章句或玄學專論的形式,在語義層面則遵循着漢語訓詁學的訓釋原則,更重要的是,在知識層面上滿足了中國士大夫階層"辯名析理"的理性追求。②

魏晉佛教對經典的注釋,主要是采取"注"或"解","注"重視對經典語意的解釋,"解"更傾向于思想義理的解釋,而且二者在形式上皆采取細字的"子注"或"割注"形式。兩晉時代受鳩摩羅什長安僧團講

---

① ［德］瓦格納:《王弼〈老子注〉研究》(上),楊立華譯,江蘇人民出版社 2008 年版,第 268 頁。
② 周裕鍇:《中國古代闡釋學研究》,第 187 頁。

學的影響,佛教界逐漸出現“義疏”形式。如道生《法華經疏》具有幾大特點:第一,“經題釋”與“隨文釋”合而為一;第二,運用“分段”解釋經文,形成經文與注釋的結合。第三,雖然重視思想的闡明,又不忽略詞語、偈頌與譬喻的解釋。

同時,道生《法華經疏》與王弼《老子注》的注釋方式和標準有相似之處,子注對儒家注經學有很大的影響,可見佛教經典注釋與經學、玄學傳統的融匯與交流。

不空三藏研究述評:以肅、代兩朝的活動為中心

楊　增

　　内容提要: 自上世紀中葉以來,針對不空三藏出現了相當數量的研究成果。圍繞這位著名的"唐密祖師",史料最為樂道其畢生對密教傳持和國家福祉的不二追求;而大多數現代學者截取他的某些活動、事件、生活片段以及傳記和相關典籍,采取或更為宗教的或更為世俗的基點,以申各自理性客觀之解讀。雖多有發明而各成一説,又不免捍格。更重要的是,學者往往難以跳出原始史料圈設,徑入史實性的探究,而對歷史叙事本身失察或考察不足。而歷史叙事作為一種實踐,在不空的情況中,當牽涉多方面的意義甚至利益。本文對先前研究作詳細述評,認為接下來應該以退為進,去揭示叙事本身的多重歷史意義。這就需要一份全面而精確的年表,一則幫助凸顯叙事問題點,二則排查先前研究中的時空舛誤并評估其議題的切要性。

關鍵詞：不空；密教與唐代；宗教學與歷史學的視角；史實與敘事；不空年表

作為師子國遣唐使返回唐國（745）後，不空努力躋身朝廷；可是，顯然他沒有能夠在玄宗朝立穩腳跟。他努力推銷在師子國所進修的密教傳統，為玄宗授法，又展示祈雨法力；但是他沒有得到機會來翻譯他齎來的經典，其中包括此前其師金剛智（671—741）遺失於驚濤駭浪中的金剛界密教的根本經典《金剛頂經》。不久，不空又被遣返；他行至嶺南便以染病為理由停留下來，才得以着手翻譯。四年後終於等到了趕赴河西疆場的機會。

關於這次經歷，學界只有些許評論。有學者説，這次事件意味着不空在宮廷中仍然不能與道士勢力抗衡；有的説此次遣返是不空主動請求，他最終的目的是去握有大權的節度使府；又有學者説，這次遣返與上次一樣，實際上是要充當玄宗的外交使臣。[①] 不管是被驅逐還是銜命出使，這都像是朝廷的一個借口，真實目的似乎是借此將不空調離君側；意會之，不空才可能以病延留，即便一擱數載，也不見朝廷遣使催促。

在河西節度使府不過一年多，不空似乎利用傳授密教的機會結識了一些粟特人武將，實際上可以算作不空三藏的鄉黨。在代宗朝（762—779）不空所主導的佛教活動中，有些人便成為不空教團的支

---

① 分別參見竹島淳夫：《唐中期における密教興隆の社会的基盤》，收入《中国密教》，東京：春秋社 1999 年版，第 47—50 頁。Weinstein, Stanley. *Buddhism under the T'ang*, Cambridge & London & New York: Cambridge university press, 1987, pp. 57。［日］藤善真澄：《金剛智不空渡天釈疑——中印交渉手懸りに》，載《佛教思想論集：奥田慈應先生喜寿記念》，京都：平楽寺書店 1976 年版，第 832—834 頁。

持者。①

　　肅宗（756—762）的即位為不空帶來了政治生涯的轉機，他參與了一些高層事務的決策。這一方面是由於他積极主動的輸誠新君，一方面也因為班底不足的肅宗對舊相識和各路人才的迫切需求。不空的積极的政治性舉動令人聯想到師子國的政教關係；他的師子國之行不僅令他提高了密法的修養，取得了經典，也令他耳濡目染了政教之間的特殊運作模式和僧團強大的政治影響力。換言之，不空帶來的不光是師子國以及印度的一套佛法，他似乎還努力複製國家和宗教互動的模式。從這一角度重新回顧他的西行，對理解他的政教思想和此後的政教活動，以及密教的社會性的特質，都有一定的發明意義。目前還沒有出現這一比較研究。此外，這也不禁讓人懷疑他在玄宗朝的被冷落有令史家難言的隱情。

　　在代宗朝（762—779），不空與帝王的關係更深一層，他或主導或參與了一些政教和政治軍事事件。這些事件的記載相對於他在肅宗朝的活動更豐富，在當時的大環境中牽涉了多方利益，對中唐出現的歷史趨勢具有一定的意義。結合世俗史料的記載，學者們將這些活動置於不同的詮釋框架中，發表了大相徑庭的見解。接下來我們將看到，這些針對事件本身的研究仍舊沿循着政治和宗教兩個路徑。

　　不過，正是因為這些事件的重要性，加之不空三藏在多重領域的重要作為和地位，使得記載作為一種舉動，本身就變得不那麼單純，會招致許多方面因素施加影響。這些叙述由一定的範式、旨趣來陳

---

① 參見［日］中田美絵：《不空の長安仏教界台頭とソグド人》，載《東洋学報》通號第 89 號，2007 年，第 293—325 頁。

設基調,夾以風尚、觀念、意識形態等。因此筆者認為對歷史事件本身的探索固然必要,但是這些敘事本身的内在旨趣、機制和歷史背景應該成為首要的探討對象。缺乏了對後者的探討的輔助,前者的研究便不夠穩固。而不管是揭發和探討歷史叙述的手法,還是對歷史事件的考評,都首先需要一份可靠和全面的年表的排查和檢束。

一、肅宗朝(756—762)的活動

不空在肅宗即位前後的部分活動見《表制集》中的十一篇表文和諸傳記材料。根據這些記載,756 年肅宗在靈武即位後,身在長安的不空秘密派弟子含光進呈秘密經典,他還預測了收復長安的時間,肅宗也派使者去不空那裏求密法。肅宗收復長安後,不空獲准建内道場,并為肅宗授灌頂,肅宗晚年,不空也為其做法祛病等等。可以説,不空與肅宗的關係比較親密。

岩崎日出男 1986 年發表《不空三藏と肅宗皇帝》一文,他指出肅宗對待不空并不特別突出。除了不空之外,肅宗還與另外三位僧人交往密切:無漏、大光和慧忠。與這些人得到的寵信相比,不空受到的待遇并不特別。① 此外,檢諸《表制集》,自乾元二年(759)至肅宗去世(762 年),只見李輔國所宣敕文一首;此外,其他史料中也只記載不空為肅宗祛病的事情。肅宗總共在位七年,而半數時間兩者竟無甚交流;《表制集》中其他十首書信均在肅宗朝的前半期。②

---

① [日]岩崎日出男:《不空三藏と肅宗皇帝》,載《密教學研究》通號第 18 號,1986 年,第 116—119 頁。
② [日]岩崎日出男:《不空三藏と肅宗皇帝》,載《密教學研究》通號第 18 號,1986 年,第 120—121 頁。

由此岩崎氏推測，肅宗由乾元二年開始疏遠不空，而原因在于道士的影響。除了佛教，肅宗也迷信道教。對比他對道士李含光（683—769）批答和同時期對不空批答可以發現，他與前者的關係要親密的多。更重要的是術士王璵（？—768），極得肅宗信賴，乾元元年（758）竟官至宰相。翌年不空上呈的表文便驟減，岩崎氏認為，這是因為王璵的打壓。①

岩崎氏的這種對比研究值得提倡，通過與其他僧人和道士對比，可以更客觀地探知不空在肅宗朝的處境。但是需要注意的是，《表制集》所收的資料并不完備。除了向井隆健指出的莫名消失的十一首之外，根據《行狀》，從肅代兩朝所積累的墨制卷軸不計其數，只是未加妥善整理保存；②而玄宗朝表制，又或許因為安史之亂早已散佚。這類檔案當非圓照所能蒐集齊備。

另外，還需要注意當時複雜的人際和政治關係。肅宗是李輔國（683—753）和淑妃張良娣（？—762）擁立，兩者各營私黨，大攬朝政，特別是一段時期內李輔國獲得了批答奏事的權力；而且，兩人又都以信佛之姿態示人，肅宗的佛教事務與他們難以切割。③

中田美絵 2006 年論文《唐朝政治史上の〈仁王経〉翻訳と法会》，就從複雜的政治環境中探討不空與李輔國與張良娣的關係。她認為，不空通過弟子含光參與了李輔國與張良娣擁立肅宗的事情，弟子元皎則被派往靈武開元寺建立護國法會。此外，在靈武的臨時政府

---

① ［日］岩崎日出男：《不空三藏と肅宗皇帝》，載《密教學研究》通號第 18 號，1986 年，第 122—127 頁。
② 《大正藏》第 50 册，第 294 頁中。
③ 參見呂思勉：《隋唐五代史》，上海古籍出版社 2009 年版，第 202 頁。

下還聚集了其他一些僧人。① 這很可能是出自張良娣與李輔國的安排。收復長安後，不空在内道場的一系列活動反映的也不是肅宗一人的意志。不空表賀張良娣被册封為皇后，能説明兩者的關係。而李輔國更是專知制敕，不空的奏事也難以擺脱李輔國的干係。再加上此時任禁軍軍官（飛龍使）的宦官，同時也是不空的俗家弟子李（史）元琮的存在，可以説不空教團的背後有宦官勢力的支持。②

中田氏更將此推測放到唐代僧人與宦官、後宮勢力結合的潮流中來審視。皇后、公主和宦官等的活動範圍本來局限于内廷，他們利用佛教的觀念和禮儀來對抗儒家禮法，將勢力向外廷延伸；而佛教則借此向宮廷滲透。皇后借佛教參政有武后與韋后的先例，張良娣成為了唐代試圖通過佛教走向外廷的最後一名女性。③

二、代宗朝(762—779)的活動

傳記資料中提到，不空的真正崛起，或至少説他的佛教事業的頂峰，出現在代宗朝。這反映在《表制集》中這時期文書的壓倒性比重。而傳統資料中大書特書的幾個事件，也都發生在這一時期。而為學者所注意的，是《仁王經》的翻譯與長安城内盛大的護國講誦法會，和不空晚年經營五臺山和文殊信仰兩件事。

① ［日］中田美絵：《唐朝政治史上の〈仁王経〉翻訳と法会》，載《史学雑誌》通號第 115 號，2006 年，第 42 頁，及第 60 頁注 26。

② ［日］中田美絵：《唐朝政治史上の〈仁王経〉翻訳と法会》，載《史学雑誌》通號第 115 號，2006 年，第 43—44 頁。

③ ［日］中田美絵：《唐朝政治史上の〈仁王経〉翻訳と法会》，載《史学雑誌》通號第 115 號，2006 年，第 45—46 頁。

1.《仁王經》再譯和《仁王經》法會

永泰元年四月（765）不空請求重新翻譯《仁王經》，而同時再翻的還有《密嚴經》，代宗親自為這兩部新翻經典撰寫序文；[①]八月，沙門乘如奏請置百大德講誦新譯《仁王經》，代宗批覆，百大德百法師在西明、資聖寺講誦這兩部新譯經典，消除戰亂；同年九、十月施行。[②]

雖説在翻譯、誦讀過程中《仁王經》和《密嚴經》這兩部經典是并重的，但是自圓照的兩部目錄開始，後來的史料記載多突出《仁王經》而忽視《密嚴經》，甚至將新譯《密嚴經》認定為"校定"。[③] 這可能是因為《仁王經》中所贊頌的護國功用。

現存《仁王經》有五世紀舊譯（《大正藏》經號 245）和八世紀不空新譯（《大正藏》經號 246）兩個譯本；六世紀的資料中就記載了舊譯。僧祐（445—518）的《出三藏記集》列入失譯；梁武帝（464—549）也説，時論以之為偽出；法經等《衆經目錄》疑之為偽作。到六世紀末，費長房的《歷代三寶記》將舊譯歸給鳩摩羅什（350—413），還增列了竺法護（約 230—316）和真諦（499—569）的兩個譯本。《佛祖統記》講述了

---

① 《大唐新翻護國仁王般若經序》，見《大正藏》第 8 册，第 834 頁上中；《大唐新翻密嚴經序》，見《大正藏》第 16 册，第 747 頁中下。

② 奏文見《續開元錄》和《貞元錄》，《大正藏》第 55 册，第 751 頁中下至第 752 頁上，以及第 885 頁中下。

③ 參見［日］北尾隆心：《〈大乘密嚴経〉について（二）一不空三蔵における〈密厳経〉》，載《智山学報》通號第 35 號，1986 年，第 57—72 頁。他認為，在後來的一些記載裏，《密嚴經》的再譯被説成校定，這種曲解反映了後來時代的價值觀。這些記載可以分為兩類。第一類如實叙述，以《密嚴經》為再翻，包括《宋高僧傳》、《新修科分六學僧傳》，和《釋氏稽古略》。第二類不以《密嚴經》為再翻，包括《隆興佛教編年通論》、《佛祖統紀》、《歷代編年釋氏通鑒》、《佛祖歷代通載》（見北尾氏論文第 60—61 頁）。外典在提到講誦法會時也往往忽視《密嚴經》而強調《仁王經》，包括《舊唐書》《資治通鑒》和《册府元龜》（見北尾氏論文第 63—65 頁）。

從六世紀中期到晚唐，帝王對此經的重視。①

　　大多學者都認為《仁王經》是中國撰述的經典，并不存在梵文的原本。② Charles Orzech 1998 年出版了研究兩部《仁王經》的專著，他認為，舊譯創作於 477 年稍後的北魏，③目的是回應北周胡人的華化傾向和儒道官僚的非佛情緒。446 年由此情緒引發了太武皇帝（424—452 在位）滅佛運動，以及在此前後國家壓制僧眾的政策。針對這樣不利於佛教生存的環境，《仁王經》表達的是儒佛統一、帝王仁

---

① 兩部《仁王經》在史料和經錄中的記載，參看 Orzech, Charles. *Politics and Transcendent Wisdom：The Scripture of Humane Kings in the Creation of Chinese Buddhism*, University Park, PA：Pennsylvania State University Press, 1998, pp. 74—79。另外參見[日]賴富本宏：《護国経典と言われるもの—〈仁王経〉をめぐる》，載《東洋学術研究》通號第 14 號，1975 年，第 48—50 頁。

② Orzech 總結出十二條主要論據，兹略譯如下：1. 玄奘的般若部目錄不載《仁王經》；另據窺基所耳聞，玄奘周遊印度時也從未聽說有此經典。2. 沒有藏文譯本。3. 某些偈頌來自本生經；有些術語出於《易經》和道教。4. 舊譯“十二空”說更似《涅槃經》的“十一空”說，不似《大般若經》的“十八空”；不空再譯時刪掉此“十二空”的前八空，增補《大般若經》的前十四種空，共成“十八空”。5. 舊譯中的菩薩十地說同《華嚴經》。6. 具體行文有雷同他經處。7. 舊譯回應 446 年開始的法難。8. 與中國撰述的《菩薩纓絡經》和《梵網經》密切聯繫。9. 與《涅槃經》行文和主題有雷同處。10. 不空所言梵本可能不是指《仁王經》梵本，而是指作為《仁王經》中某些內容來源的般若經本。11. 舊譯中出現一些六世紀流行的末世論元素，如七佛、月光童子等；這些元素被在新譯中被不空刪去。12. 該經是唯一一部把末法歸咎帝王干預的一部經典，反映出六世紀北朝僧人的遭遇。見 Orzech, Charles. *Politics and Transcendent Wisdom：The Scripture of Humane Kings in the Creation of Chinese Buddhism*, University Park, PA：Pennsylvania State University Press, 1998, pp. 289—91, pp. 78.

③ Orzech, Charles. *Politics and Transcendent Wisdom：The Scripture of Humane Kings in the Creation of Chinese Buddhism*, University Park, PA：Pennsylvania State University Press, 1998, pp. 119—121.

（忍）治、護法，和教團獨立的立場。①

　　簡要來説，新譯《仁王經》是在舊譯的基礎上删减、增補和將長行偈頌化。新譯還删去了中國特色的用語和道教的術語，如六世紀流行的月光童子，并按照唐代標準學説來表述菩薩十地和推算末法時代的出現時間；新譯還弱化了僧團獨立與文化融合的訴求，删去抨擊國家管制的部分，插入一些般若經典的元素。更重要的是，新譯改三諦爲二諦；加入了密教元素，舊譯中的五大力吼菩薩换成《金剛頂經》十七尊中的五尊，并增加召請這五大菩薩保護國土的陀羅尼。②

　　Orzech 認爲，新譯《仁王經》可以説是不空的中國密教的、理想的政體的一份綱領。上述改動根據的是不空密教的根本經典《金剛頂經》的精神，即出世間的究竟解脱和俗世的成就（護國護王）是不二的。阿闍梨既是出離世界的覺悟者，又是世界的救度神和征服者；既是菩薩又是明王；既是轉輪聖王的灌頂師又是儒家聖王的宰臣。新

---

① Orzech, Charles. *Politics and Transcendent Wisdom: The Scripture of Humane Kings in the Creation of Chinese Buddhism*, University Park, PA: Pennsylvania State University Press, 1998, pp. 5, pp. 107—119.

② 詳細的分析和羅列，參見同注釋①第 161—67 頁，第 275—88 頁。另閲參［日］山口史恭：《不空三藏訳〈仁王経〉について—良賁法師の関連を中心に》，載《豊山教学大会紀要》通號第 35 號，2007 年，第 170—72 頁。

　　關於新譯《仁王經》的護國思想特點，賴富本宏認爲，從護國思想的發展脉絡上來説，新譯處於舊譯《金光明經》與《守護國界主陀羅尼經》《大乘本生心地觀經》中間。前兩者的漢譯先於不空，强調的是依正法治國；後兩部是不空之後才傳來，强調守護國主。新譯《仁王經》將守護限定於"仁王"，强調的是國主依正法教化責任。參見［日］賴富本宏：《護国経典と言われるもの—〈仁王経〉をめぐる》，載《東洋学術研究》通號第 14(3)號，1975 年，第 45—62 頁。

　　經過仔細對校新舊兩個版本的《仁王經》和《密嚴經》，水野莊平認爲，所謂新譯《密嚴經》是不空等將舊譯的散文改寫成偈頌形式，所以實質上只是"寫定""校定"。而新譯《仁王經》只不過是對舊譯的删改和偈頌化。參見［日］水野莊平：《不空三蔵の顕教経典翻訳について》，載《東海仏教》通號第 56 號，2011 年，第 31—44 頁。

譯《仁王經》和圍繞該經所創作的一套儀軌統一了入世與出世，展示了一個由阿闍梨和君王共同治理的佛教政體。[1] 不空奏表中佛教與儒家辭令交織表達的就是他與帝王在兩種角色中的交替。[2]

　　值得特別推介的是山口史恭的研究。山口氏 2007 年發表論文《不空三藏訳〈仁王經〉について—良賁法師の関連を中心に》，他發現新譯《仁王經》的《菩薩行品》和《奉持品》出現的"十地説"，與良賁大有關係。良賁（717—777）在 765 年不空主持下的再譯過程中充當筆受兼潤文。[3] 譯成後的第二年（766），良賁作《仁王護國般若波羅蜜多經疏》（《大正藏》經號 1709）。另外他還以唯識宗菩薩乘的"五位"修行次第為理論基礎創作《凡聖界地章》[4]。作品中多處引用《仁王經》的原文，而根據的却是舊譯；但是在闡發"五位"説時，他却又無視舊譯的"十四忍"，而是采用了"十住""十行""十迴向"，和"十地"等學説，而這些學説與新譯對舊譯的改動處完全吻合。山口氏認為，新譯《仁王經》的這些内容來源就是良賁的《凡聖界地章》，其中有良賁自己的創見，有他對天台學、圓測（613—696）和華嚴思想的吸取。也就是説，《仁王經》的再譯并不是不空一個人完全主導的，良賁等其他

---

① 參見 Orzech, Charles. *Politics and Transcendent Wisdom：The Scripture of Humane Kings in the Creation of Chinese Buddhism*, University Park, PA：Pennsylvania State University Press，1998，pp. 191.

② Orzech, Charles. *Politics and Transcendent Wisdom：The Scripture of Humane Kings in the Creation of Chinese Buddhism*, University Park, PA：Pennsylvania State University Press，1998，pp. 194 – 198.

③ 見《貞元録》卷十五，《大正藏》第 55 册，第 884 頁下至第 885 頁上。譯場的人員分工還見於法隆寺寫本新譯《仁王經》尾記，參見［日］友永植：《不空訳〈仁王護國般若波羅蜜多經〉小考》，載《別府大学紀要》通號第 35 號，1994 年，第 17—28 頁。

④ 大正大學綜合佛教研究所凡聖界地章翻刻研究会編著《良賁撰凡聖界地章》，東京：ノンブル社 2006 年版。

參與者也對最終"翻譯"的面貌有所貢獻。①

　　此外,日本幾位學者還研究了《仁王經》的再譯和誦讀法會的歷史背景和政治意義。友永植 1994 年發表了論文《不空訳〈仁王護國般若波羅蜜多經〉小考》,注意到《仁王經》的再譯與宦官的關係。在永泰元年(765)之前,參與唐代佛教譯場的往往都是高級文官,而這次擔任翻譯總監("使"和"副使")的是宦官魚朝恩和駱奉先。②

　　那麼如何理解這種變化呢? 廣德元年(763),吐蕃攻入長安,代宗避難陝州。唯有魚朝恩一人率神策軍在陝州護駕,由此贏得赫赫勛功,權勢熾盛。當時能與之抗衡者,唯有在安史之亂中立有汗馬功勞的僕固懷恩(約 716—765)。而此前,駱奉先狀告僕固懷恩謀反,而魚朝恩也借此想除掉這一勁敵。廣德二年正月(764),懷恩叛。十月,懷恩率回鶻吐蕃聯軍迫奉天,直逼長安。此時,河西節度使楊志烈偷襲懷恩的根據地靈武,迫使他只好暫時退守,再伺機反撲。也就是在此期間,不空奏請再譯《仁王經》。友永植認為,不空此舉乃是借朝恩的權勢,故而魚朝恩和駱奉先為翻譯活動的監使。這或是代宗

---

① 見[日]山口史恭:《不空三蔵訳〈仁王経〉について―良賁法師の関連を中心に》,載《豊山教学大会紀要》通號第 35 號,2007 年,第 169—183 頁。

　　《凡聖界地章》在中國不存,為空海齎至日本,見《御請來目録》(《大正藏》第 55 册,第 1064 頁上)。空海著《祕密漫荼羅十住心論》(《大正藏》經號 242)時廣加徵引。山口氏認為,《凡聖界地章》的創作時間在廣德元年末(763)到永泰元年四月(765)再譯《仁王經》之間。原因有如下幾點:1. 序文中曾提到廣德年末的事情,而沒有提到再譯《仁王經》的事情;2. 良賁在翻譯結束的第二年就為新譯作疏,倘若《凡聖界地章》創作於新譯之後,自然當引用新譯而不是舊譯。見山口史恭:《不空三蔵訳〈仁王経〉について―良賁法師の関連を中心に》,載《豊山教学大会紀要》通號第 35 號,2007 年,第 183 頁。具體論證參見山口史恭:《良賁の生涯及び不空三蔵との関係について》,載《智山学報》通號第 53 號,2004 年,第 394—399 頁。

② [日]友永植:《不空訳〈仁王護國般若波羅蜜多經〉小考》,載《別府大学紀要》通號第 35 號,1994 年,第 18—20 頁。

利用他們與懷恩的矛盾而任命，或者朝恩據權自任。①

　　中田美絵的 2006 年的論文《唐朝政治史上の〈仁王経〉翻訳と法会》的研究對不空和宦官的關係的研究更深入。她將《仁王經》的再譯和講誦法會放到宦官勢力發展的脉絡中來探討。上面已經介紹了中田氏對肅宗朝佛教與以李輔國和張良娣為首的内廷勢力的淵源。她認為，對於代宗朝正在崛起的宦官勢力來説，不空的佛教可以為他們搭建一個正當的政治舞台，施展他們的權勢而主導朝政。不空的咒術和儀軌，不僅可以用來標榜他們平靖國難的努力，而且還可以懲治政敵。唐代後半期長安頻繁舉辦佛教活動就是在這樣一種宦官佛教關係中開展的，而《仁王經》的再譯和法會就是宦官與佛教合作的最初的顯著成果。②

　　一方面，對於不空來説，《仁王經》的翻譯是他長遠計劃的一部分。此前，不空從各地調集了許多高僧來到長安大興善寺，此時，不空又借翻譯，讓他們積累業績，進而團結和鞏固大興善寺一派的勢力，以便將來讓這些人員能更好地支持和輔助他的其他計劃。③

　　另一方面，《仁王經》翻譯的前一年，魚朝恩繼李輔國和程元振後成為宦官首領，并控制了北衙禁軍。他支持不空是為了正當化自己的霸權。另外魚朝恩與駱奉先參與了《仁王經》的翻譯，并且主導了《仁王經》法會；期間朝恩手下的武將則先後抵抗僕固懷恩和吐蕃入侵。可以説再譯《仁王經》的目標就是為了鏟除僕固懷恩，而舉辦法

---

① ［日］友永植：《不空訳〈仁王護國般若波羅蜜多經〉小考》，載《別府大学紀要》通號第 35 號，1994 年，第 21—25 頁。
② ［日］中田美絵：《唐朝政治史上の〈仁王経〉翻訳と法会》，載《史学雑誌》通號第 115 號，2006 年，第 39 頁。
③ ［日］中田美絵：《唐朝政治史上の〈仁王経〉翻訳と法会》，載《史学雑誌》通號第 115 號，2006 年，第 47 頁，以及第 61 頁注 48。

會就是幫助對敵作戰。而結果僕固懷恩暴死，吐蕃敗退，這些都被視作法會的效驗，而魚朝恩的權威得以正當的樹立。此後，他對外廷事務的干預也越來越嚴重。①

　　友永植認為塚本善隆的研究没有能提供魚朝恩與不空之間交好的充分證據②，然而友永氏和中田氏的研究也没有提供這樣的證據證明不空與魚朝恩共謀鏟除僕固懷恩。首先，不空上奏重翻《仁王經》時，距反叛開始已近一年半，而且請求再譯的表文只談舊譯的缺陷，不提懷恩之亂；③而與此後周智光（？—767）反叛被殺，不空祝賀的表文，其言辭之屬，④形成鮮明的對比。這令人懷疑事情并不那麼簡單。

　　實際上，僕固懷恩乃是魚朝恩、駱奉仙、李抱玉和辛雲京四人聯合構陷，最終逼成其反。懷恩本來并無反心，百僚皆知，連代宗本人也直言懷恩不反。⑤ 在這種情況下，不空似乎不會既預其謀，又遲遲纔為之造勢。第二，奏請開設《仁王經》法會的并非不空，而是大安國寺沙門乘如，其表文也不明言反叛之事，只是説僧眾希望了解新譯經典。第三，代宗批准法會的建議，同時又要求法會轉讀新譯成的、主旨不在護國的《密嚴經》。這一點也不容忽視。⑥

───────────────

① ［日］中田美絵：《唐朝政治史上の〈仁王經〉翻訳と法会》，載《史学雑誌》通號第 115 號，2006 年，第 48 頁，第 51—55 頁。
② 他認為，塚本氏以魚朝恩監譯《仁王經》和率領禁軍護送新譯《仁王經》出内道場供法會講誦供養為論據，證明他與不空的關係。但没能説明，此二事是兩者交往的開始還是結果。不管如何，以此來論證兩者的交好有些牽強。參見［日］友永植：《不空訳〈仁王護國般若波羅蜜多經〉小考》，載《別府大学紀要》通號第 35 號，1994 年，第 21 頁。
③ 《請再譯〈仁王經〉制書一首》，《表制集》卷一，見《大正藏》第 52 册，第 831 頁中下。
④ 《賀平周智光表一首》，《表制集》卷二，見《大正藏》第 52 册，第 834 頁下。
⑤ 參見呂思勉的分析，《隋唐五代史》，上海古籍出版社 2009 年版，第 209—212 頁。
⑥ 乘如表文和代宗批答見《續開元録》和《貞元録》，《大正藏》第 55 册，第 751 頁中下至第 752 頁上，以及第 885 頁中下。

在對不空與魚朝恩關係上，山口史恭的研究很有貢獻。他的研究以良賁為突破口，認為，與魚朝恩有密切關係的不是不空，而是良賁。在不空奏請的十王名譯經人員中，良賁本來排在第八位；而翻譯開始後却以筆受兼潤文之職排列第三；接着，在代宗的《仁王經》序文和在不空同月月底翻譯的《大聖文殊師利菩薩贊佛法身禮》序文中，他與魚朝恩又儼然成為整個《仁王經》再譯的主持人。① 根據《凡聖界地章》的綫索，山口氏認為良賁自魚朝恩率神策軍兵屯陝州時（762年十月至763年十二月）便與之交好，廣德元年十二月（763），良賁隨魚朝恩和代宗來到長安。《仁王經》再譯之前，良賁根據他與魚朝恩在陝州時三教異同的談論而寫成《凡聖界地章》，對朝恩歌功頌德。② 由於魚朝恩想借《仁王經》為剷除僕固懷恩造勢，故而喧賓奪主，控制了譯場；而良賁也以朝恩的權勢，提高了在譯場中的地位。山口氏認為，不空再譯《仁王經》的提請被捲入了一場政治鬥爭；鬥爭的一方是魚朝恩，另一方是以元載（？—777）為首支持不空的集團。關於這場鬥爭以及不空與元載的關係，山口氏還没有給予論證。

山口氏還論證，不空本人并没有參加同年舉辦的《仁王經》法會。一則，不空《行狀》中只載翻譯之事，不載法會情狀；一則法會開始的第二天，不空上表感謝禦制序文，也絕口不提法會一事；三則，法會結

---

① ［日］山口史恭：《良賁の生涯及び不空三藏との関係について》，載《智山学報》通號第53號，2004年，第399—400頁。不空《請再譯〈仁王經〉制書一首》，見《表制集》卷一，《大正藏》第52冊，第831頁中下。譯場人員的排列，參見《貞元錄》，《大正藏》第55冊，第884頁下至第885頁上。代宗序文見《大正藏》第8冊，第834頁中。《大聖文殊師利贊佛法身禮》序文見《大正藏》第20冊，第936頁下。

② ［日］山口史恭：《良賁の生涯及び不空三藏との関係について》，載《智山学報》通號第53號，2004年，第394—398頁。山口氏所據內容有二，一個是《凡聖界地章》的序文，另一個是附在著作後面的《辯因果界地圖記》，後者講述了《凡聖界地章》的創作淵源。

束后,皇帝賞賜不空純因譯經之功。[①] 主導法會的仍然是魚朝恩和良賁;朝恩護送經文出内到場,而良賁宛若百座法師的領袖。[②] 法會後,良賁對《仁王經》諸事的主導姿態仍在加强。譯完此經的第二年(776),良賁進呈給朝廷三部著作:《仁王經疏》《仁王護國般若波羅蜜多經陀羅尼念誦儀軌》(以下略作《念誦儀軌》,《大正藏》經號 994)和《承明殿講〈密嚴經〉對御記》(不存)。《仁王經疏》是良賁本人所作,而《念誦儀軌》是與不空合作,經由良賁進奏,可知他越過譯主,以主導者自居。[③]

　　山口氏認為,《表制集》中没有出現魚朝恩的名字,經序等資料中凡出現朝恩處,皆與良賁有關。由此可知,不空與魚朝恩并無深交。良賁并非不空弟子,觀上述姿態可知。另外,大曆年間,良賁的講經活動與不空也没有關係,也是一證。大曆五年(770),魚朝恩被絞殺;第二年良賁就被貶到四川集州。這顯然是遭魚朝恩的牽連。[④]

---

① ［日]山口史恭:《良賁の生涯及び不空三蔵との関係について》,載《智山学報》通號第 53 號,2004 年,第 402—403 頁。山口氏還認為,不空缺席的原因可能是,傳統的講誦法會没有陀羅尼和儀軌的密教内容。

② 例如,《貞元録》中這樣記載:"其資聖寺百座法師良賁五十座。依前講説《仁王般若護國》《密嚴》等經普及蒼生。"(《大正藏》第 55 册,第 886 頁中)山口氏認為,良賁此時有可能住資聖寺。由於良賁的關係,資聖寺新成的講堂被代宗賜名"永泰善法之堂"。而法會的另一道場西明寺,却没有這樣的待遇。同上山口論文第 402 頁。事見《貞元録》(《大正藏》第 55 册,第 886 頁下)和《續開元録》(《大正藏》第 55 册,第 752 頁下)。

③ ［日]山口史恭:《良賁の生涯及び不空三蔵との関係について》,載《智山学報》通號第 53 號,2004 年,第 403—404 頁。

④ 參見［日]山口史恭:《良賁の生涯及び不空三蔵との関係について》,載《智山学報》通號第 53 號,2004 年,第 405 頁。良賁被貶的記載見《續開元録》:"法師昔大曆六年徙居集州,教授傳經,不違寧止。至十二年三月十日,春秋六十一,僧夏二十九,微疾不興而卒於彼。"(《大正藏》第 55 册,第 758 頁下)。《宋高僧傳》對此評論説"末塗淪躓,同利涉之徙移,若神會之流外。吁哉!"(《大正藏》第 50 册,第 735 頁下)

　　不空與良賁的關係并非完全敵對，他們在學問上有相互合作，新譯《仁王經》《念誦儀軌》和《仁王經疏》等都是兩者合作的結果。良賁被貶的同年十月，不空奏請頒行三朝所翻經典，將《念誦儀軌》和《仁王經疏》列於目録，是不空的借機回擊，將這幾部著作列為自己的作品；①而三部置於經目的最後，可能是顧慮到良賁被貶的不良影響。②

　　山口氏論文最大的貢獻是發掘出魚朝恩與良賁的關係，并指出這兩個人，而非不空，是《仁王經》和法會政治層面的主導者，這對弄清不空的政治立場和與權貴的關係大有幫助。只是關於這後面一點，還有待具體考察。另外，雖説不空與魚朝恩關係不深，但是他與宦官的關係的確不容忽視。他的事務圈子的確與宦官有重疊，就像中田美絵 2007 年研究所揭示的。

　　中田美絵 2007 年的論文《不空の長安仏教界台頭とソグド人》從粟特人研究的角度補正了藤善真澄等人的研究。③ 中田氏論證，不空在長安政治界與佛教界成功的背後有兩股勢力，一是宦官及其掌握的禁軍勢力，一是與宦官—禁軍勢力有密切聯繫的在華粟特人。

　　不空在河西通過傳番密教結交了哥舒翰手下的一些粟特人武將，後來不空返回長安後他們不但與不空保持著聯繫，還支持他的佛教活動。這些粟特武人包括李抱玉（704—777）、羅伏磨（生卒年不

---

① ［日］山口史恭：《良賁の生涯及び不空三藏との関係について》，載《智山学報》通號第 53 號，2004 年，第 406 頁，第 ⊆10 頁。

② 《三朝所翻經請入目録流行表一首》，見《大正藏》第 52 册，第 840 頁上。

③ ［日］中田美絵：《不空の長安仏教界台頭とソグド人》，載《東洋学報》，通號第 89 號，2007 年，第 293—325 頁。

詳)、李(史)元琮(707—776)、辛雲京(713—768)。[①] 這些粟特人與以魚朝恩(722—770)為首的宦官勢力團結在一起。朝恩和駱奉先聯合李抱玉和辛雲京對抗僕固懷恩(約 716—765),又帶領包括李元琮在內的宦官和禁軍將士參加了為討擊僕固懷恩而舉辦的"仁王經法會"。[②]

　　對宦官來説,結交河西粟特人有現實需要。要加強手下禁軍的實力,則需要加強射生軍和飛龍廄,招買善於騎射的河西粟特兵士和河西粟特人畜養的良馬。中田氏認為,不空密教活動成為宦官集團結交河西粟特武人集團的媒介。[③]

　　不空本人還利用代宗降誕日前後將十五名人員奏度為僧,而根據姓氏推測,其中有九名是粟特人。中田氏猜測,這些粟特人如羅伏磨一樣,都是在討擊安史叛軍時從河西和安西調集過來的兵將,後來

---

① 按照中田氏的分析,這些人均是涼州出身。李抱玉,原姓安,世居涼州;歷任右羽林軍長官,澤潞—鳳翔節度使,檢校左僕射平章事等;後來參與不空修造金閣寺的工程;不空圓寂,李抱玉作有祭文一首(《大正藏》第 52 册,第 847 頁下至 848 頁上)。羅伏磨,籍貫涼州,寶應功臣,右羽林軍大將軍;大曆三年,被不空奏請剃度,住化度寺。李(史)元琮曾是龍武軍將軍,乾元三年(760)潤四月之後賜姓李;這可能出於與史思明同姓之恥。辛雲京,本貫蘭州金城,是河西武系豪族;先祖可能居住於從化鄉,所以襲用漢姓辛;安史之亂前在哥舒翰和王思禮手下;任河東節度使時,曾經與中使一起協助不空開展佛教活動。見中田美絵:《不空の長安仏教界台頭とソグド人》,載《東洋学報》通號第 89 號,2007 年,第 37—43 頁。
　　關於李元琮,近年新出土其墓誌銘,趙遷所撰,可補正史料和研究之處頗多。據之可知,元琮可能是突厥和粟特的混血貴族,他并非宦官而是以武舉入仕的禁軍武將。與肅宗關係頗為密切。誌文內容請見王連龍:《李元琮墓誌及相關問題考論》,載《吉林師範大學學報》(人文社會科學版),2014 年 11 月第 6 期,第 35—38 頁。
② [日]中田美絵:《不空の長安仏教界台頭とソグド人》,載《東洋学報》通號第 89 號,2007 年,第 47—48 頁。
③ [日]中田美絵:《不空の長安仏教界台頭とソグド人》,載《東洋学報》,通號第 89 號,2007 年,第 53 頁。

因為吐蕃切斷河西走廊而滯留在長安。剃度後，他們被安排在長安街西的幾大寺院中。而街西是西域、粟特等人聚居的地方，所以中田氏認為，不空的目的是在長安粟特人中擴大影響和尋求支持。另外，剃度後的粟特人進入了功德使李（史）元琮的監管範圍，而元琮同時也是禁軍將領。毋寧説，這是不空僧團與宦官—禁軍勢力之間的人員對流，也是他們之間聯繫的一個紐帶。[1]

在關于不空三藏的研究當中，藤善真澄和中田美絵可以説代表了純史學的研究範式。這種範式因缺乏直接的史料依據以及過度的推測，遭到了岩崎日出男的批評，見之於 2012 的論文《不空三藏の密教宣布における修功德の役割とその意義：哥舒翰の不空三藏招聘から長安における密教宣布の展開とその特質》。[2]

岩崎氏認為，雖説不空與權貴以個人利益為基礎的交好對傳教的作用不可輕視，但是這種世俗關係的作用是有局限性的。弘教傳法畢竟與政治鬥爭不是一碼事，如果没有信仰層面的因素，單靠人際關係，不空是不能成功的。因此采取這種研究角度時，不可不慎。[3]因此，岩崎氏認為需要重新審查不空在權力中心的宗教活動的性質。他認為，不空及其弟子的主要活動可以概括為以密教的理念為國"祈福"和"修功德"，而這種傳教模式形成於他在河西期間，貫徹於代宗

---

① ［日］中田美絵：《不空の長安仏教界台頭とソグド人》，載《東洋学報》，通號第 89 號，2007 年，第 54—57 頁。

② ［日］岩崎日出男：《不空三蔵の密教宣布における修功德の役割とその意義：哥舒翰の不空三蔵招聘から長安における密教宣布の展開とその特質》，載《密教学研究》通號第 44 號，2012 年，第 23—48 頁。

③ ［日］岩崎日出男：《不空三蔵の密教宣布における修功德の役割とその意義：哥舒翰の不空三蔵招聘から長安における密教宣布の展開とその特質》，載《密教学研究》通號第 44 號，2012 年，第 47 頁。

朝。從師子國歸朝（天寶五載）到轉赴河西（天寶十二載）的七年間，不空探索着有效的傳法方式。中間經歷失敗而被再次遣返印度（天寶八載）。[1]

關於哥舒翰邀請不空前往河西的原因，已有藤善真澄、塚本俊孝、竹島淳夫和山崎宏等人的研究，可以説他們都是從世俗角度來作推斷的。岩崎氏將他們的觀點歸納為三：其一，哥舒翰借不空的密教強化自身的統帥權；其二，密教適應河西風俗；其三，河西胡人兵將崇尚密教的神秘和咒術。岩崎氏評論説，這些猜想缺乏文獻證據；另外如果強調哥舒翰的政治動機和胡人的宗教風俗的獨特性，何以説明不空此後在漢地的迅速成功？[2]

岩崎氏自己的觀點是，《貞元録》卷十五具體而明確地交待了哥舒翰邀請不空的原因，“令河西邊陲請福疆場”。[3]　而且哥舒翰的“請福”為不空解決了傳法模式的難題。他批評學者莫名其妙地忽略這條記載。他從不空在河西的具體活動中考察所謂“福”字的所指。檢諸内典資料，[4]發現不空在河西的活動是開壇灌頂和翻譯經典。而這些又是不空後來在長安的主要活動。於是再蒐括《表制集》等相關資料，得 29 處“福”字，其中多處與“修功德”相關。再檢索“修功德”的相關記載，結果正合乎塚本善隆的觀點，所謂功德就是因果報應所

---

[1]　［日］岩崎日出男：《不空三蔵の密教宣布における修功德の役割とその意義：哥舒翰の不空三蔵招聘から長安における密教宣布の展開とその特質》，載《密教学研究》通號第 44 號，2012 年，第 46 頁。

[2]　［日］岩崎日出男：《不空三蔵の密教宣布における修功德の役割とその意義：哥舒翰の不空三蔵招聘から長安における密教宣布の展開とその特質》，載《密教学研究》通號第 44 號，2012 年，第 25—26 頁。

[3]　見《貞元録》卷十五，《大正藏》第 55 冊，第 881 頁中。

[4]　包括飛錫的《行碑》（《表制集》卷四，《大正藏》第 52 冊，第 848 頁下），趙遷的《行狀》（《大正藏》第 50 冊，第 293 頁中），和《貞元録》（《大正藏》第 55 冊，第 881 頁中）。

說的善報，而修功德就是為獲得善報而實踐的各種宗教活動。①

關於不空弘揚密教的成功，岩崎氏得出兩點結論，這與早先塚本善隆(1975)的看法一致。② 一個是大衆性因果報應的信仰和求福報修功德的宗教氛圍，另一個則是密教學說積極肯定現世利益和密教實踐的突出效力。不空由此可以結托皇室國家，通過為國為主修功德來繁榮他的密教；而不空及其密教也成為當時修功德事業的指導機構。③

岩崎日出男所提倡的研究方式有一個明顯弱點，即完全局限於佛教史料中的明確說法，這樣後人只能了解到前人想讓後人知道的信息，不但忽略對史料背後的撰述旨趣和意圖，也將意識形態排除出檢討的範圍。除了"祈福"性的活動之外，《行碑》和《行狀》中的兩條記載提醒我們資料的局限性和不空的秘密不宜的活動。《行碑》說："洎至德中，肅宗皇帝行在靈武，大師密進《不動尊八方神旗經》，并定收京之日，如符印焉。"④《行狀》說："每在中禁，建立道場，頗積年歲。傳法授印，加持護摩，田殄除災異，增益吉祥，秘密之事，大師未曾輙有宣爾，今并不列於行狀。……諸佛權示，摧魔護國，非臣下堪聞者，緘在於天宮。"⑤

然而，Goble Geoffrey 2012 年的博士論文又在這一方面走到極

---

① ［日］岩崎日出男：《不空三藏の密教宣布における修功德の役割とその意義：哥舒翰の不空三藏招聘から長安における密教宣布の展開とその特質》，載《密教学研究》通號第 44 號，2012 年，第 30—42 頁。
② ［日］塚本善隆：《中国中世仏教史論考》，東京：大東出版社 1975 年版，第 267—268 頁。
③ ［日］岩崎日出男：《不空三藏の密教宣布における修功德の役割とその意義：哥舒翰の不空三藏招聘から長安における密教宣布の展開とその特質》，載《密教学研究》通號第 44 號，2012 年，第 37—38 頁，第 46 頁。
④ 《大正藏》第 52 冊，第 849 頁上。
⑤ 《大正藏》第 50 冊，第 294 頁中。

端。Goble 的觀點是既宗教而世俗的，他認為神秘性的因素使不空在特殊的歷史背景下獲得了體制性的支持。一方面，他認為不空的成功在於皇室和文武官僚的廣泛而大力的支持；另一方面，贏得支持的原因則在不空密教的獨特性——攻擊性的致命咒術，例如以不動明王為本尊的修法。這些從印度引入的先進的儀軌是中國的本土宗教中所不具備的，而又是面臨重重軍事危機的肅代兩朝所亟需。①由此，不空獲得了諸如功德使之類的體制性支持。② 因為史料的缺乏，Goble 沒有能提供不空確實使用這些暴力儀軌的證據，或者時人對這類儀軌效力的反饋，故而其論點可謂美而難信。③

　　2. 五臺山與文殊信仰

　　最後，簡單介紹一下不空與五臺山及文殊信仰的問題。永泰二年(766)，六十二歲的不空上奏，請求在五臺山修葺金閣寺。由此，有關不空和代宗弘揚文殊信仰的記載開始多起來。

　　永泰二年十二月，代宗命不空揀擇念誦大德住化度寺，在文殊師利萬菩薩堂三長齋月為國誦念，大曆二年(767)不空將遴選的眾僧奏上。同年三月，奏請代宗批准五臺山五寺度人抽僧、轉經，求恩賜御書清涼寺大聖文殊閣的額名。大曆四年十二月(770)，奏請代宗下令天下諸寺食堂，以文殊為上座，并為文殊菩薩置院立像。大曆五年

① GOBLE, Geoffrey C. "Chinese Esoteric Buddhism: Amoghavajra and the Ruling Elites." Indiana University, Ph. D dissertation, 2012, pp. 44, pp. 151—159.
② GOBLE, Geoffrey C. "Chinese Esoteric Buddhism: Amoghavajra and the Ruling Elites." Indiana University, Ph. D dissertation, 2012, pp. 45—46.
③ Goble 提供了兩則毗沙門天的材料作為對這種暴力性神明和修法對後世的影響。一個是《太白陰經》對佛教天神毗沙門天的借用，另一個是一則軼聞，記載玄宗召請不空修毗沙門天法，抗擊吐蕃入侵。GOBLE, Geoffrey C. "Chinese Esoteric Buddhism: Amoghavajra and the Ruling Elites." Indiana University, Ph. D dissertation, 2012, pp. 161—170.

（770）奏請太原至德寺置文殊院，并抽僧二十七人。大曆七年十月（772）代宗令天下寺院置文殊院。因不空奏請，大曆八年（773）二月十五日，代宗敕令大興善寺翻經院起首修造"大聖文殊師利鎮國之閣"。不空奉旨翻譯某經，大曆八年端午進呈；六月，他請天下寺院抽僧於新建文殊院為國轉讀。大曆八年十月十三日，不空奉旨譯成《大聖文殊師利菩薩佛刹功德經》進呈代宗，請求流行，抽選僧人到新建的文殊院轉讀誦習。不空又奏請在大興善寺修造文殊鎮國之閣，代宗親自為閣主。① 此外不空翻譯了十餘部關於文殊菩薩的經典。

關於不空經營五臺山和推行文殊信仰的研究，多數都是要發掘其原因。② 岩崎日出男 1993 年發表論文《不空三藏の五台山文殊信仰の宣布について》，認為原因不在不空本人。理由一，不空本人并不修文殊法。其二，文殊信仰旨在護國，此前不空致力的各種護國活

① 諸事分別見《請捨衣缽助僧道環修金閣寺制一首》（《表制集》卷二，《大正藏》第 52 册，第 834 頁上中），《化度寺文殊師利護國萬菩薩堂三長齋月念誦僧二七人》（《表制集》卷二，《大正藏》第 52 册，第 834 頁下至 835 頁上），《請臺山五寺度人抽僧 制一首》（《表制集》卷二，《大正藏》第 52 册，第 835 頁中下），《天下寺食堂中置文殊上座 制一首》（《表制集》卷二，《大正藏》第 52 册，第 837 頁上中），《請太原至德寺置文殊院 制書一首》（《表制集》卷二，《大正藏》第 52 册，第 837 頁下），《敕置天下文殊師利菩薩院制一首》（《表制集》卷三，《大正藏》第 52 册，第 841 頁下），大曆八年六月缺題表一首（《表制集》卷三，《大正藏》第 52 册，第 842 頁中），《進文殊師利佛刹功德經狀一首》（《表制集》卷三，《大正藏》第 52 册，第 842 頁下至第 850 頁上。進狀日期據石山寺藏《表制集》可知，參見武内孝善氏論文《石山寺藏『不空三藏表制集』の研究》（《高野山大学密教文化研究所紀要》，通號第 5 號）第 80 頁，第 112 頁，《三藏和上遺書一首》（《表制集》卷三，《大正藏》第 52 册，第 844 頁下）。

② 根據岩崎日出男的總結，不空推行五臺山文殊信仰的原因，有以下諸説：1. 不空為主導全國佛教界；2. 使五臺山全國寺院密教化；3. 以文殊信仰代表密教，使之立足於中國文化；4. 使密教走出宫廷而民衆化；5. 重新詮釋以往以來的佛身觀。［日］岩崎日出男：《不空三藏の五台山文殊信仰の宣布について》，載《密教文化》通號第 181 號，1993 年，第 40—41 頁。

動中并不見文殊信仰，直到他六十二歲時，才突然申請修成造金閣寺，推行文殊信仰。其三，不空對文殊菩薩的觀念，來源於當時流行的經典，并無特異之處，這與他後來弘揚文殊信仰的力度呈很大反差。①

岩崎氏認為原因在代宗。代宗從不空處學習普賢菩薩法，普賢是他的"結緣佛"。不空常向代宗灌輸行普賢願而正法理國的觀念。而普賢所行之大願，原本為文殊菩薩所發。因為本尊普賢菩薩的連繫，代宗與文殊菩薩有這層特殊關係。②

中田美絵於 2009 年發表論文《五臺山文殊信仰と王権》；針對不空如何看待代宗與文殊菩薩的關係，為何推行五臺山文殊信仰等問題，她表達了不同的看法。她認為，五臺山金閣寺是一項意識形態性的工程，目的是通過文殊信仰構建新的王權理念。簡單來説，不空將代宗樹立為諸佛之尊的"一字頂輪王"③，而如同一切如來，一字頂輪王也是經由佛母文殊菩薩的指導而獲得成就。而文殊現駐五臺山，開發衆生智慧，消除一國罪障。可以説，文殊師利是鎮護國家的神明，是王權的淵源；而代宗作為在他指導下成佛并具有護國使命的一字頂輪王，自然也就具備最正當的王權。④

金閣寺的佛像設置就表達了這樣的意識形態。底層是具有密教

---

① ［日］岩崎日出男：《不空三藏の五台山文殊信仰の宣布について》，載《密教文化》通號第 181 號，1993 年，第 41—43 頁。

② ［日］岩崎日出男：《不空三藏の五台山文殊信仰の宣布について》，載《密教文化》通號第 181 號，1993 年，第 48 頁，以及第 50—52 頁。

③ ［日］中田美絵：《五臺山文殊信仰と王権——唐朝代宗期における金閣寺修築の分析を通じて》，《東方学》通號第 117 號，2009 年，第 43—44 頁。

④ ［日］中田美絵：《五臺山文殊信仰と王権——唐朝代宗期における金閣寺修築の分析を通じて》，《東方学》通號第 117 號，2009 年，第 48—49 頁。

色彩的文殊像,頭頂五髻;第二層是金剛頂瑜伽五佛(五方佛),中尊毗盧舍那佛頭戴五佛寶冠;第三層是頂輪王瑜伽會五佛(五頂佛),中尊是一字頂輪王。這象徵着文殊五髻頂生金剛頂瑜伽五方佛,而五方佛的主尊頂生五頂佛。①

不空之所以推行五臺山文殊信仰,是受到則天朝先例的啓發,②但更重要的是現實的需要,即經歷安史和僕固懷恩之亂的唐朝有恢復帝王的權威和君臣之法的現實需求。③ 通過這一工程,不空與積極協助他的發迹于河西的宦官武將勢力得以積極擁附皇權,在長安立穩腳跟。中田氏認為不空推行文殊信仰與代宗修普賢法没有關係。另外,在哥舒翰的支持下,不空翻譯的基本上都是一字佛頂輪王系列的經典;所以中田認為,以一字佛頂輪王標榜帝王的理念在安史之亂前就萌發了。④

岩崎日出男 2011 年發表論文《不空三蔵の五台山文殊信仰宣布に関する諸問題——特に中田美絵氏の拙論に対する批判への反論

---

① 中田美絵:《五臺山文殊信仰と王権——唐朝代宗期における金閣寺修築の分析を通じて》,《東方学》通號第 117 號,2009 年,第 45—46 頁。金閣寺的佛像設置記載於圓仁《入唐求法巡禮行記》。中田認為,第一層的青獅子文殊像是金剛智和不空所傳的金剛頂系文殊經典中的五髻或王字文殊,與五字陀羅尼相對應,但是也融合了北朝以來大眾信仰中文殊的形象,加入獅子座。所謂"五頂輪王"又稱"如來五頂""五頂佛",據不空所譯《菩提場所説一字頂輪王經》包括一字佛頂輪王,白傘蓋佛頂王,勝佛頂王,高佛頂王,光聚佛頂王。關於這方面中田氏引用了許多學者研究,見中田 2009 論文,第 45—47 頁。

② [日]中田美絵:《五臺山文殊信仰と王権——唐朝代宗期における金閣寺修築の分析を通じて》,《東方学》通號第 117 號,2009 年,第 10 頁。

③ [日]中田美絵:《五臺山文殊信仰と王権——唐朝代宗期における金閣寺修築の分析を通じて》,《東方学》通號第 117 號,2009 年,第 49 頁。

④ [日]中田美絵:《五臺山文殊信仰と王権——唐朝代宗期における金閣寺修築の分析を通じて》,《東方学》通號第 117 號,2009 年,第 51 頁。

を中心として》,逐條駁斥中田美絵的論證。這裏僅舉其要害。

　　中田氏論證的第一點,認為不空將代宗看做轉輪聖王和一字佛頂輪王,證據是《進摩利支像并梵書＜大佛頂眞言＞狀一首并答》的陳詞:"不空幸因聖運,早奉休明。遂逢降誕之辰,更遇金輪之日。伏惟,以陛下之壽延寶祚,像有威光之名。以陛下百王為首,眞言有佛頂之號。謹按《大佛頂經》,一切如來成等正覺,皆受此眞言,乃至金輪帝位莫不遵而行之。"①關鍵之處是"更遇金輪之日"和"以陛下百王為首,眞言有佛頂之號"。岩崎認為這只是將代宗位極人王的偉大比作金輪聖王的偉大;不空的確稱過蕭宗為"輪王",②但那只是僧人稱美帝王的套話,不能據以為真。沙門懷感也有類似的說法,"金繩之界,彌勒下生;玉京之中,輪王出現"③。若據以為真,則彌勒與輪王也成為一體了。④

　　岩崎氏駁斥中田氏所引用的學理方面的研究不當。中田氏認為不空將代宗看做一字頂輪王是依據三崎良周、賴富本宏、和石濱裕美子等學者的說法。一字金輪佛頂尊同轉輪王一樣都具有七寶這點有經典依據,輔以現存曼荼羅的例證,再加上佛頂系諸佛是轉輪聖王的密教化的說法,就得出一字佛頂輪王和金輪聖王一體的結論。而岩崎氏認為,這一論證在邏輯上有漏洞,而且缺乏切實的經典和儀軌的

---

① 見《表制集》卷一,《大正藏》第 52 册,第 829 頁下。

② 《表制集》卷一,《大正藏》第 52 册,第 828 頁上。

③ 《貞元錄》卷十五,《大正藏》第 55 册,第 886 頁中。

④ ［日］岩崎日出男:《不空三藏の五台山文殊信仰宣布に関する諸問題——特に中田美絵氏の拙論に対する批判への反論を中心として》,載《東アジア仏教研究》2001 年 5 月第 9 期,第 8—9 頁。

依據。①

　　岩崎氏又批評道，現在所知的金閣寺第一層人第二層的佛像設置，依據的是宋代史料《廣清涼傳》的記載來推測的，不能反映唐代時的真實樣貌。另外，中田氏將前人研究結論中的五髻"對應"五佛偷換成五髻"生出"五佛。毗盧舍那佛寶冠上的五佛對應於五頂佛的説法也没有教理上的依據，所謂文殊菩薩流出五佛的説法也違背金剛頂系的學説。②

　　抛開學理不論，中日氏的論證仍有牽强之處。史料里并没有提示代宗與文殊菩薩之間有中田氏所説的關係。代宗和一字佛頂輪王共同出現僅上述一處記載，不論如何解讀，也不論是否與其他表述相牴牾，這樣稀少而模糊的表述加上需要繁瑣解讀的造像何以有效宣傳一種意識形態而重建帝王權威呢？ 同時，岩崎氏的觀點難以回應一個疑問，即如果代宗與文殊的關係需要普賢來維繫，為何不空選擇弘揚的是文殊而非普賢？

　　古正美的研究看上去更玄深。她將代宗弘揚的文殊信仰分為三個階段，三種文殊。2006 年她發表長篇論文《唐代宗與不空金剛的文殊信仰》，全盤重構了唐代宗一朝文殊信仰的歷史。她以文殊和佛王的教理為綱領和邏輯，來闡發、撿擇、連綴、貫通零零散散的記載和資料，力圖展現代宗朝利用佛教觀念治國的策略、活動和事件，闡述當時文殊信仰的開始、發展和轉變。這裏簡要地概括一下她的觀點

---

① ［日］岩崎日出男：《不空三蔵の五台山文殊信仰宣布に関する諸問題——特に中田美絵氏の拙論に対する批判への反論を中心として》，載《東アジア仏教研究》2001 年 5 月第 9 期，第 9 頁。

② ［日］岩崎日出男：《不空三蔵の五台山文殊信仰宣布に関する諸問題——特に中田美絵氏の拙論に対する批判への反論を中心として》，載《東アジア仏教研究》2001 年 5 月第 9 期，第 11—13 頁。

和論證。

　　古正美將代宗推行文殊信仰的歷史分為三個階段。第一階段自大曆元年(766)至大曆六年九月(771)，代宗因不空的原因以"觀音佛王"的形象來統治，由此推行相配套的"五字文殊"的信仰，護國護王。第二階段自大曆六年九月至大曆十年(775)，代宗抛棄不空的建議，改以華嚴系統的"文殊佛王"的形象治國。第三階段自大曆十年至大曆十四年(779)代宗去世。不空去世後，代宗改回金剛頂系的文殊信仰，崇奉"六字文殊"。五字文殊和六字文殊均屬於金剛頂系的"字陀羅尼"信仰。①

　　首先來看一下她對幾則史料的解讀，這幾則史料就是上面岩崎日出男反對中田美繪的一個焦點。古氏認為代宗即位後，的確在自己的生日那天由不空授轉輪王灌頂，并開始依佛法治國，成為"轉輪聖王"。證據就是上面提到的不空奏文"遂逢降誕之辰，更遇金輪之日"。這裏的"金輪"指的就是轉輪聖王的灌頂儀式。依據經典，灌頂時金輪、七寶等即時顯現。因此，乾元中不空為肅宗"授轉輪王位七寶灌頂"和代宗接受的"金輪灌頂"，②是指同樣的轉輪王灌頂儀式。此外灌頂後的第二天，不空贈代宗摩利支天像和《梵書大佛頂真言》，又説"金輪帝位莫不遵而行之"。不空為肅宗灌頂後，也同樣贈送了佛像和梵書真言，只是內容有所不同。③

---

①　古正美：《唐代宗與不空金剛的文殊信仰》，載同氏主編《唐代佛教與佛教藝術》，覺風佛教藝術文化基金會 2006 年版，第 32—33 頁。

②　見《宋高僧傳·不空傳》，《大正藏》第 51 册，第 713 頁。

③　古正美：《唐代宗與不空金剛的文殊信仰》，載同氏主編《唐代佛教與佛教藝術》，覺風佛教藝術文化基金會 2006 年版，第 51—52 頁。

　　另外，古氏和岩崎氏的看法還有不同。她認為，代宗通過灌頂，不光成為"轉輪聖王"，還成為"彌勒佛"；一身兼"聖"與"神"兩種品格，這叫做"佛王"，也是學習武則天的先例。這就是懷感所以稱代宗"金繩之界，彌勒下生；王京之中，輪王出現"，"吾君至聖，吾君至神"。另一個證據是大曆十一年(776)開鑿的莫高窟148號窟中的壁畫"彌勒上下生經合繪圖"。①

　　但是，永泰元年《仁王經》法會後，代宗又改以"觀音佛王"形象理國。證據之一是，此後代宗支持不空經營五臺山文殊信仰，而這一信仰與"彌勒佛王"無關，而與"觀音佛王"有關。其二，不空翻譯了十多部觀音經典。其三，靈應臺檢校、觀音道場念誦沙門道潤稱代宗"據法王之正教，行觀音之大悲"；不空稱代宗"蓮花演偈所以付屬天王"。② 其四，大曆十一年所開莫高窟148窟繪有三種密教觀音，表達的是金剛頂密教發展出來的"變化觀音"的觀念。開窟者乃皇族成員，理應知道代宗的治國理念。③ 另外，金剛智與不空來自南天竺，此處長期以密教觀音王的理念治國。④

---

① 古正美：《唐代宗與不空金剛的文殊信仰》，載同氏主編《唐代佛教與佛教藝術》，覺風佛教藝術文化基金會2006年版，第53—54頁。

② 見《靈應臺道潤賀平河南表一首》，《表制集》卷六，《大正藏》第52冊，第855頁中；《請慧林法師於保壽寺講表一首》，《表制集》卷二，《大正藏》第52冊，第838頁上。

③ 古正美：《唐代宗與不空金剛的文殊信仰》，載同氏主編《唐代佛教與佛教藝術》，覺風佛教藝術文化基金會2006年版，第60—65頁，第69頁。

④ 古正美：《唐代宗與不空金剛的文殊信仰》，載同氏主編《唐代佛教與佛教藝術》，覺風佛教藝術文化基金會2006年版，第57—59頁。古正美承認，文獻中缺乏不空弘揚觀音法王的記載。她給出的解釋是，這屬於帝王以佛教意識形態治國的常見現象，是治國策略，國家機密，不需頒示天下。參見古正美：《唐代宗與不空金剛的文殊信仰》，載同氏主編《唐代佛教與佛教藝術》，覺風佛教藝術文化基金會2006年版，第60頁。

　　文殊是觀音佛王最主要的守護者，相應的，代宗弘揚的就是五字文殊信仰。證據包括，其一，不空翻譯的五字文殊經典有八部之多；五字文殊與則天朝先後所發展的八字、一字文殊功能都是護國護王。① 其二，新譯《仁王經》有文殊真身"金剛利菩薩"和文殊五字陀羅尼。② 大曆元年修建金閣寺，是不空大力推廣五字文殊的開始。此後或置化度寺文殊師利護國萬菩薩堂，或置僧轉《仁王經》和《密嚴經》，或奉敕往五臺山修功德，都是弘揚五字文殊的表現。這期間不空弘揚金剛頂密教也達到鼎盛階段。

　　大曆六年，不空奉旨翻譯《文殊師利佛刹功德莊嚴經》。③ 古正美認爲，此經非金剛頂系統，説明代宗欲改以"文殊佛王"爲形象治天下。所以不空在十月，進上三朝所翻經典，再向代宗"宣傳"金剛頂法門。④ 大曆八年奏上。大曆七年，代宗要求全國寺院新立的文殊院造"素文殊像裝飾彩畫"并要求畫完奏聞，不空稱之爲"文殊真容"。⑤ 古正美認爲這些都説明文殊像描繪的是代宗本人的形象，這是代宗以文殊佛王治世的最佳證據。⑥ 在這期間，代宗也停止經營五臺山。面對代宗的改變，不空仍全力支持；但是也通過翻譯《大虛空臟菩薩所問經》等間接勸代宗改變形象而不果。八年，代宗令大興善寺置文

---

① 古正美：《唐代宗與不空金剛的文殊信仰》，載同氏主編《唐代佛教與佛教藝術》，覺風佛教藝術文化基金會 2006 年版，第 32—35 頁。
② 古正美：《唐代宗與不空金剛的文殊信仰》，載同氏主編《唐代佛教與佛教藝術》，覺風佛教藝術文化基金會 2006 年版，第 39 頁。
③ 見《貞元録》卷十六，《大正藏》第 55 册，第 889 頁中。
④ 參見古正美：《唐代宗與不空金剛的文殊信仰》，載同氏主編《唐代佛教與佛教藝術》，覺風佛教藝術文化基金會 2006 年版，第 71 頁。
⑤ 《表制集》卷三，《大正藏》第 52 册，第 841 頁下。
⑥ 參見古正美：《唐代宗與不空金剛的文殊信仰》，載同氏主編《唐代佛教與佛教藝術》，覺風佛教藝術文化基金會 2006 年版，第 72—73 頁。

殊閣，作為全國文殊院系統的總部；代宗自為閣主①，更可確定文殊佛王的形象。②

大曆十年，代宗令"伽藍別院安置真容"。③ 大曆十二年，文殊閣建成之後，代宗敕令繪製"文殊六子菩薩一鋪九身"。④ 古正美説，這説明代宗又改回了金剛頂系統的字陀羅尼文殊信仰。⑤

古氏的研究提醒學者文殊信仰的多種類和多性質，不能簡單地認為代宗朝推行的是一種籠統的"文殊信仰"。她對不空授肅宗和代宗轉輪王灌頂的解讀，似乎是準確的。這也提醒我們，僧人呈獻給帝王的駢儷文辭并不見得盡是浮誇和虛美，要小心考察其特殊的内學含義。但是需要注意的是，以教理的邏輯先入為主，來闡發原文容易導致誤解，曲解，過度詮釋，并忽略一些重要細節；此外對歷史背景的實質性考察是不可以忽略的。

三、結論：史實與叙事——不空三藏研究的首要問題再確定

從以上諸氏的研究中可以歸納出解讀和會通史料所采用的兩種邏輯，兩類觀點體現出難以化解的張力。一方是史學的或者世俗的

---

① 參見《行狀》，《大正藏》第 50 册，第 293 頁中。
② 古正美：《唐代宗與不空金剛的文殊信仰》，載同氏主編《唐代佛教與佛教藝術》，覺風佛教藝術文化基金會 2006 年版，第 75 頁。
③ 《謝賜額表一首》，《表制集》卷六，《大正藏》第 52 册，第 851 頁中。
④ 《進興善寺文殊閣内外功德疏表一首并答》，《表制集》卷六，《大正藏》第 52 册，第 857 頁下。
⑤ 古正美：《唐代宗與不空金剛的文殊信仰》，載同氏主編《唐代佛教與佛教藝術》，覺風佛教藝術文化基金會 2006 年版，第 76—77 頁。

邏輯,代表研究者是中田美絵,藤善真澄。① 另一方是佛學的邏輯,代表研究者是古正美。前兩者是從世俗的政治、軍事史等角度,構架出某種歷史背景、結構或趨勢來烘托出記載背後的難逃干係的俗世的一面和意義,再以常俗的邏輯推演史料中關如的人物活動;而後者却是以佛教,尤其是密教的玄秘精微的學理為綱領,以求貫通不空政教各種活動,強調不空在佛學上的歸屬和追求。

不空三藏的兩重突出的政教身位使得這兩種邏輯具有同等的效力。一方面,他是一位堅守在政治中心、積極為政權服務并能夠參預決策的人物,他的舉動不會與當時重大的歷史事件毫無瓜葛。另一方面,他還是一個富有特色的佛教傳統的祖師,身具秘密操行,主譯了大量的佛典,他的活動又被這一傳統的特殊的儀軌、觀念和精神所指導。

應該指出,這種偏於一端的研究應該避免某些弊端,精益求精。一方面,所建構出來的歷史語境和大勢必須扎實可靠。也許是對這類建構的主觀性有所不滿,使得岩崎日出男偏安於内典的叙述。另一方面,以内在教理來貫通史料不可附會穿鑿,也不當為了保全教理的邏輯來裁剪和拼接史料。例如,假如代宗以彌勒佛王、觀音佛王以及文殊佛王的形象治國,那如何來解説代宗修習普賢法記載呢?

這兩種視角展現出的效力不禁讓人覬覦一種更均衡的研究方式。Charles Orzech、Geoffrey Gobble,以及中田美絵(2009)都有作

---

① 關於藤善眞澄的研究,見藤善眞澄:《金剛智不空渡天釈疑——中印交渉手懸りに》,載《佛教思想論集:奥田慈應先生喜寿記念》,京都:平楽寺書店 1976 年版,第 823—836 頁。藤善眞澄:《不空教團の展開》,收入宮坂宥勝、賴富本宏主編《中國密教》(密教大系,第二册),京都:法藏館年 1994 年版,第 169—192 頁。藤善眞澄:《不空門下の念誦僧と翻譯僧について》,載《佛教思想文化史論叢:渡邊隆生教授還暦記念論集》,渡邊隆生教授還暦記念論集刊行會主編,京都:永田文昌堂 1997 年版,第 215—238 頁。

品力圖兼顧歷史和宗教兩重視角，試圖做到一種更均衡可信的中間路徑；但是，相較於以上所見的獨擅一面的、或歷史或宗教的挖掘，這些相對平衡的努力又難以達到同等的深度。

更重要的是，不論是偏取一方的研究還是兩方兼顧的研究，都不過是原始叙述先入為主的結果；不空三藏研究中的幾大議題都是原始叙述刻意遺留於後世的垂訓；囿於傳統範式所選取的片段和側面，不管采取哪種角度去深求一個真實的不空三藏，在邏輯上都有所疏漏。換言之，傳統叙述的本身才是首要課題，其撰述背景、内在機制和外在環境需要優先對待。換句話說，上述諸研究所集中研討的幾大焦點，并不直接反映不空生平的真相，它們反映的首先是在撰述中所被認可、希求、過濾和加工的訊息，呈現的是一種經過修飾的"藝術影像"而非客觀寫照。而這又是多方面歷史因素共同作用的結果，包括宏觀的意識形態、史傳的體裁、叙述格式和套路，也包括微觀的特定歷史時刻的政治、軍事和宗教等背景。毋寧說，這些焦點議題反映的首先是影響史傳叙述的大小環境和機制共同作用而造成的一種歷史真實，而不是不空三藏本人生平的真實。總之，傳統叙述中的撿擇、渲染、放大甚至誇飾等等手法便成為研究的關鍵。

對叙事本身的詮釋并不否定和遺棄先前對歷史事件的研究，要揭示史家手法也需要以基本史實予以對質。這就需要考訂出一份儘可能全面而嚴謹的年表。一方面，傳統叙事和年表相對照之下，前者所隱諱和增飾的元素就可能顯露出來。聯繫史料成立之時的政治和宗教等背景，則可以凸顯出叙事背後的所關切的問題、指導原則和旨趣，從而揭示傳統叙述中所呈現的不空三藏形象的歷史意義。另一方面，先前對事件的諸研究尚未得以用這樣一部年表來檢證。兩方面的探討還需由可靠而全面的年表予以匡範，以免滑出時空的閾限，導致歷史倒錯或者對時空背景的忽視。

　　史料的記述有虛有實。研究需兩者兼顧，相得益彰。上述所勾勒的一種對史料系統和綜合性的利用，可以讓我們對不空三藏這位撲朔迷離的歷史人物理解得更多一些。

佛教在俄羅斯

[俄] 列·葉·揚古托夫 (L. E. Yangutov)；成吉思·慈熱諾夫(Ch. Ts. Tsyrenov)

內容提要：本論文詳細介紹俄羅斯的佛教并做評述，主要包括俄羅斯三個佛教共和國：布里亞特共和國、卡爾梅克共和國和圖瓦共和國。作者顯示了佛教是從蒙古以藏傳格魯派形式來到俄羅斯的領土的，這種佛教也叫作喇嘛教（黃教）。論文研究佛教在布里亞特、卡爾梅克和圖瓦的傳播發展歷史，分析其成功傳播的原因，及其與沙俄政府之間的關係。同时七研究當代佛教在三個共和國的狀況。

關鍵詞：佛教；沙俄政府的政策；佛教組織；喇嘛教

佛教擴展到蒙古的領土之後，就開始深入到布里亞特、卡爾梅克與圖瓦部落。後來這些部落加入了俄羅斯。在蒙古確立起來的是大乘藏傳佛教的格魯派。1576 年蒙古俺答汗在青海湖附近召開了各個蒙古宗族和部落的忽里勒台并邀請了未來的 Sodnom Chzhamtso

西藏達賴喇嘛。在這次忽里勒台上佛教格魯派被稱為全蒙古的正式宗教①。就在那個時候《十善典》被公布，這部著作裏有這樣一句話："由於社稷與汗權的聯盟，若太陽與月亮，出現了大興旺道路，使血海變為奶海的聖教樹立起來了。所以在中國、西藏、蒙古《十善典》應該確立起來。"②。

　　創始格魯派的宗教活動家宗喀巴提出了以喇嘛為大師的崇拜。所以科學家開始用喇嘛教表示蒙古和俄羅斯的佛教。所有的蒙古民族包括布里亞特和卡爾梅克部落都接受了藏傳佛教。

　　1727 年中國和俄國簽署了布連斯奇條約，1728 年又簽署了恰克圖條約。這些條約制訂了俄帝國與清帝國控制的蒙古領土之間的界限，兩個帝國之間的界限的制定使布里亞特部落離開蒙古世界，打斷了他們的傳統經濟聯繫。後來布里亞特部落的民族開始在獨立於中亞民族的條件下發展，然而文化商業和親戚之間的關係沒被打斷，其中最重要的是宗教往來。西藏與蒙古喇嘛抵達後貝加爾領土并在布里亞特部落之中宣傳佛教。

　　佛教傳教的成功的因素如下：當布里亞特部落開始在俄帝國之內發展，佛教一方面成為布里亞特氏族團結的因素，另一方面成為布里亞特部落與蒙古部落之間的精神文化橋梁。佛教的成功可能跟蒙古佛教的影響有關。布里亞特史册告訴我們，150 位蒙古喇嘛來到後貝加爾地區并在佛教形成過程中起了重要的作用。扎倉建築佛教

---

① Абаева Л. Л. История распространения буддизма в Бурятии/ Буряты. Москва，2004. C. 400 – 401.

② «Арбан буяны цааз» («Закон учения［Будды］，обладающего десятью добродетелями）пер. с тиб. Дугаров Р. Н. // Очерки средневековой истории Кукунора. Улан - Удэ，2003. C. 40.（《十善典》（藏譯 R. N. Dugarov），《青海湖的中世紀歷史論文集》，布里亞特書籍出版社 2003 年版，第 40 頁）

在布里亞特形成過程中也具有重要的作用。在這種情況下佛教信徒沒必要去蒙古行腳，而在當地做禮拜。開頭佛教信徒在氈廟做禮拜，後來氈廟除了宗教中心以外還成為布里亞特文化、社會、政治活動中心。佛教寺廟與喇嘛作為俄國布里亞特社會文化與政治中心在很大程度上取決於清帝國里的佛教精神中心（烏爾嘎市與拉薩市）。

後來按照俄國特命全權 Savva Raguzinskiy 大使制定的《邊兵職責説明》，政府開始培養本地的喇嘛。在這種情況下，布里亞特扎倉的理論文化水平提高了。它們逐漸成為本地啓蒙中心。這些事實意味着佛教在布里亞特地區成為布里亞特民族中可觀的社會力量。班智達堪布喇嘛制度的建立在布里亞特地域意味着佛教信仰地位的穩定。佛教徒開始團結為統一的教會組織。另一方面藏傳佛教在布里亞特地域的最重要的成功因素就是班智達堪布喇嘛制度的穩定，這標誌着布里亞特佛教會的自治地位，其得到了獨立於西藏和蒙古的地位。班智達堪布喇嘛是被沙皇政府控制的。政府盡力支持佛教宗教界，佛教宗教界也同樣為沙皇政府服務。布里亞特佛教宗教界和沙皇政府之間形成了互利合作關係。佛教在布里亞特傳教的成功伴隨着蒙文和藏文佛教文學的流傳。在這種情況下，古蒙古文字與藏文字在布里亞特民族中間得到了流傳。布里亞特佛教徒中間開始出現宗教活動家，用藏文、蒙文寫作的作家。

其中值得注意是下列人物：G. - D. Danzhinov，I. - H. Galshiev，G. - Zh. Dilgirov，G. - Zh. Tuguldurov，R. Nomtoev 等等。他們在自己的著作中講述藏傳佛經和佛教文獻裏的佛教學説的實質。那時布里亞特喇嘛已經把《甘珠爾》與《丹珠爾》送到布里亞特領土。《甘珠爾》與《丹珠爾》是藏傳佛教的三藏的一個版本。藏傳佛教經由兩部佛典組成：《甘珠爾》與《丹珠爾》。《甘珠爾》是記錄釋迦摩尼講過的佛經,《丹珠爾》是印度和西藏思想家的著作的彙編。實際上,《甘珠爾》包括《經藏》和《律藏》的譯著,而《丹珠爾》包括《論藏》的譯著,也有符合中國三藏的《雜藏》這個部分的文獻。佛教在蒙古像在西藏一樣,能夠填補包括政治和世俗在内的社會的所有的活動範圍。這種情況下形成了八思巴喇嘛表達出的"兩規則"統一的概念。"兩規則"統一的概念預定的是精神和世俗權力的對比。在這種情況下思想家承認世俗權力高於佛教。後來"兩規則"統一的概念擴展到政治和日常生活方面。在布里亞特,佛教學説在社會文化層次成為流行。

　　布里亞特宗教活動家 Erdeny‐Khaibzun Galshiev 的著名的《智慧鑒》是用藏文寫的。後來他的這部著作被譯成蒙文。著作的標題本身指的是"兩法"統一的概念。著作的全名是《取捨之智慧鑒》①。這部著作是世俗與精神層面的綜攝的明顯的反映。實際上,這部著作是布里亞特人日常生活行為規則的彙編。世俗生活的規則服從於以《十善行》和《十惡行》為基礎的佛教道德。《十善行》和《十惡行》像在蒙古一樣成為了最重要的社會調整的工具。

　　《十惡行》的實質就是:

　　身有三惡,一殺生,二偷盜,三邪淫。

　　口有四惡,一妄語,二兩舌,三惡口,四綺語。

　　意有三惡,一貪欲,二瞋恚,三邪見。

　　與《十惡行》相反的是《十善行》:

---

① 详可参见: Цыренов Ч. Ц. Основные концепции и понятия произведения Э.‐Х. Галшиева 《 Зерцала мудрости 》 // Вестник Бурятского госуниверситета. Серия Филология.‐Улан‐Удэ : Изд-во Бурят. Гос. ун-та, 2013, №10.‐С. 40‐44. (〔俄〕慈熱諾夫 Ch. Ts.《E. H. Galshiyev 的〈取捨之智慧鑒〉的主要概念與範疇》,《布里亞特國立大學學報》,2013 年第 10 期,第 40—44 頁)

身三種善，一不殺生，二不偷盜，三不邪淫。

口四種善，一不妄語，二不兩舌，三不惡口，四不綺語。

意三種善，一不貪欲，二不瞋恚，三不邪見。

《十善行》是通向佛祖的路上不可缺少的條件。

布里亞特喇嘛在《十善行》和《十惡行》的傳道中看出了對世俗精神品德生活影響的良好機會。

精神與世俗綜攝下的智慧經義這個特點也是布里亞特作家的特色。佛教寺廟成為識字運動的中心，這個事實在很大程度提高了佛教喇嘛的社會地位。這促進了 19 世紀中葉的啓蒙運動的形成。布里亞特喇嘛的啓蒙活動的特點是他們會用藏文和蒙文來寫布里亞特文學文獻。

除了藏文和蒙文以外，他們同時用俄文進行啓蒙活動。在這種情況下很自然地形成了布里亞特啓蒙運動的兩種流派：一種是佛教式的，另一種是俄式的。①

布里亞特啓蒙運動的佛教支派的代表人物是：L.‐D. Danzhinov，I.‐H. Galshiev，G.‐Zh. Tuguldurov，R. Nomtoev，G.‐Zh. Dylgirov，還有史學家 T. Toboev，V. Yumsunov，Sh.‐N. Hobituev，Zh. Lombotsyrenov，D. Gempilon，N. Sakharov 和 Ts‐Zh. Sakharov。

布里亞特史冊中叙述的是布里亞特氏族的歷史，以及佛教向後貝加爾領土傳播的歷史。現在在俄羅斯領土發展的是藏傳佛教格魯派，而且目前俄羅斯的佛教仍繼續保持着自己獨立的地位。

---

① Баяртуев Б. Д. Жизнь и творчество Ринчена Номтоева（1820‐1907）// Буддизм и литературно-художественное творчество народов Центральной Азии. Новосибирск，1985.（BayartuevB. D. :《Rinchen Nomtoyev(1820—1907)的生平與作品》，《佛教與中亞民族的文藝創作》，1985 年版）

在布里亞特共和國存在着"俄羅斯的佛教傳統僧伽"。值得注意的是，"俄羅斯的佛教傳統僧伽"不只代表了布里亞特佛教徒，還代表了全俄羅斯的佛教徒。俄羅斯除了屬於格魯派的"俄羅斯的佛教傳統僧伽"，還有一些噶舉派的信徒，但是噶舉派的信徒比格魯派少很多。

俄羅斯研究者 V. V. Mitipov 指出，佛教會與國家在公民教育與道德等許多方面互相接近。蘇聯解體之後，國家法律、社會民主化、人權觀、人際關係的人性化等問題引人注目。社會開始倡導信仰自由。文化和科學活動家、宗教學家和政論家、教士和律師就教會與國家的關係，信仰自由在全人類的價值系統和公民民主權利中的地位提出不同的觀點。他們指出雖然教會與國家是分割的制度，但不能使信徒離開社會生活；每個人不管他對宗教和無神論持怎樣的態度，都應該有發言權并執行自己的規則；宗教、自由思想和無神論是世界文化不可分割的一部分。[①]

按照俄羅斯研究者 T. B. Badmatsyrenov 的資料，目前俄羅斯佛教傳統教會包括 28 座寺廟和佛教公社。在布里亞特，7 座寺廟在後貝加爾邊疆區，6 座在伊爾庫茨克州，2 座佛教學校和若干組織在莫斯科、聖彼得堡、新西伯利亞等城市。

堪布喇嘛 D. Ayusheev 是"俄羅斯佛教傳統僧伽"的領導人。他積極參加社會活動，曾經加入俄羅斯公民院、俄羅斯與獨聯體宗教間

---

① Митыпов В. М. Буддийская церковь России: религиозный ренессанс 1990 - х гг. // Буддизм в общественно-политических процессах Бурятии и стран Центральной Азии. - Улан - Удэ: Изд - во Бурят. госун - та , 2012. - C. 40. （MitipovV. M. :《佛教教會在俄羅斯 1990 年代的宗教復興》，《佛教在布里亞特與中亞社會政治過程中》，2012 年版，第 40 頁）

會議。現在他是亞洲佛教和平會議的副總統。現在俄羅斯佛教傳統僧伽組織已經成為傳統的運動比賽。比如三種男人運動會,國際象棋比賽等等。布里亞特佛教現在有兩種發展形式,一種是傳統扎倉形式,另一種比較新的形式是佛法中心。伊沃爾嘎扎倉裏的佛教大學有 150 名大學生。他們大部分是布里亞特人,不過大學生中間還有卡爾梅克人和圖瓦人等等①。目前在布里亞特共和國有 28 個佛教組織,其中 19 個組織在烏蘭烏德市。

卡爾梅克佛教歷史

佛教不僅向後貝加爾領土傳播,還跟着衛拉特部落向伏爾加河頓河的下游傳播。17 世紀下半葉,衛拉特部落在那裏成立了卡爾梅克汗國,這個汗國得到了自治地位。藏傳佛教被宣布為卡爾梅克汗國的正式宗教。

衛拉特人從 13 世紀開始就熟悉佛教,但是從 18 世紀開始佛教才在衛拉特人中間得到傳播。卡爾梅克人來到俄羅斯的時候,隨身帶來了自己的游牧廟(由三輛以上的淄車組成)。

建立汗國以後,出現了固定的寺廟,它們都成為卡爾梅克社會文化生活的中心。18 世紀末,卡爾梅克的自治地位被取消,變成阿斯特拉罕總督行政區。佛教教會也被俄國政權控制。卡爾梅克佛教教會的首領開始領取國家工資。沙皇政府控制佛教寺廟的活動,嚴格規定教士的數量。

---

① Бадмацыренов Т. Б. Буддизм Бурятии: структурные, функциональные и организационные характеристики // Буддизм в общественно-политических процессах Бурятии и стран Центральной Азии. – Улан-Удэ: Изд-во Бурят. гос. ун-та, 2012. – С. 53. (Badmatsyrenov T. B. :《布里亞特佛教:結構、功能、組織特性》,《佛教在布里亞特與中亞社會政治過程中》,2012 年版,第 53 頁)

　　儘管政府嚴格控制,佛教在卡爾梅克社會中仍然繼續占據上風,特別是革命以前的卡爾梅克培養佛教宗教界人士的佛教經院。[①] 現在佛教在卡爾梅克的特點是文化生活的多樣化,宗教儀式活動的強度,積極的説教活動。在信徒的意識當中發生了質的變化。目前在卡爾梅克共和國存在有不同傳統的佛教公社。此外發生了從對宗教只圖實利到對宗教的儀式方面乃至佛教哲學内容的興趣。

　　從 1992 年開始卡爾梅克佛教徒的首領是迪魯瓦活佛(Telo Tulku Rinpoche)。近幾年來卡爾梅克佛教徒在他的領導下建立了30 多座佛教寺廟。迪魯瓦活佛的公館位于卡爾梅克本堂"佛祖之黄金天街",它是公認的俄羅斯與全歐洲最大的佛教寺廟。

　　卡爾梅克學者 E. P. Bakayewa 指出:"最近十年内發生了宗教活動的復興,卡爾梅克人成立了各種各樣的佛教協會,包括祭祀的建築物(舍利塔,寺廟)。"[②]目前在卡爾梅克共和國有 30 個佛教組織,其中 9 個組織在埃利斯塔市。

　　圖瓦佛教的发展历史

　　至于圖瓦人,中世纪时他们还没有統一的民族自稱,所以他們當時是衆多的部落。他們的游牧區包括屬於清帝國的大片領土。M. V. Mongush 認為佛教在清朝時期的圖瓦民族歷史中起了非常重要的作用。

　　正是這個時期成為圖瓦佛教的興盛時期。佛教在圖瓦傳教的成

① Терентьев А. А. Буддизм в России // Философия буддизма. - М. 2011. с. 945 - 951. (TerentyevA. A. :《佛教在俄羅斯》,《佛教哲學》(論文集),東方文學出版社 2001 年版,第 945—951 頁)

② Бакаева Э. П. Исследования по истории буддизма в Калмыкии на современном этапе // Вестник Калмыцкого института гуманитарных исследований РАН. 2014. - № 3. - С. 72 -88.

功有賴于是蒙古喇嘛積極的宗教活動和固定扎倉的出現，M. V. Mongush 指出佛教的傳教者是統治集團的代表，當時佛教寺廟是唯一的教育中心，所以他們的子女有機會在寺廟受教育。也許統治集團成為佛教主要傳教者的原因是統治集團需要憑借佛教達到自己的目標。所以佛教的傳教過程在圖瓦是從上層開始的。[①] 這個時期屬於格魯派的蒙古喇嘛開始在圖瓦領土進行弘傳佛教的活動。

從 18 世紀 60 年代開始在圖瓦出現了固定的寺廟，它們大部分處在與蒙古接壤的邊境地區。圖瓦寺廟叫作"hure"。第一座圖瓦寺廟是 1772 年建造的，第二個寺廟是 1773 年建造的。

佛教在傳教過程中同民族宗教文化的聯繫日漸緊密。許多本地禮儀與崇拜被佛教同化。最重要的因素是佛教與薩滿教的相互關係。結果是發生了薩滿教與佛教自發融合的過程。這個過程決定於"佛教教義與準則對老百姓來説太複雜，所以喇嘛利用很多當地的典禮和崇拜，把它們按照佛教精神加以改變"[②]。

佛教在圖瓦傳播成功的主要因素是：

（1）當地居民的支持，佛教寺院成為圖瓦人政治、經濟、精神、社會活動的中心；

（2）佛教寺院當時是唯一的教育中心。

---

① Монгуш М. В. История буддизма в Туве（вторая половина VI - конец XX в.）. - Н.，2001. C. 5.（MongushM V. :《圖瓦佛教歷史（6 世紀下半葉—20 世紀末）》，科學出版社 2001 年版，第 5 頁）

② Хомушку О. М. Влияние буддийских космологических представлений народов Саяно - Алтая//Актуальные проблемы исследования этноэкологических и этнокультурных традиций народов Саяно - Алтая. Материалы I - ой межрегиональной научно-практической конференции для молодых ученых, аспирантов и студентов. - Кызыл，2009. C. 116.

　　因此,喇嘛作為識字人的社會地位提高了。圖瓦喇嘛學習梵文、藏文、古蒙古文。他們把佛教藏文文獻譯成為蒙文,所以在圖瓦普遍的書籍是佛經和非正統的佛教文獻,圖瓦人把這種文獻叫作"sudur"或者"nomsudur"①。1914 年俄羅斯把圖瓦歸并進自己的領土作為保護國。目前在圖瓦共和國有 30 個佛教組織,其中 21 個組織在克孜勒市。1997 年圖瓦共和國堪布喇嘛管理局舉行了成立大會。圖瓦堪布喇嘛的職位是由宗教界選舉的。選舉每隔 5 年舉行。第一位後蘇聯的圖瓦堪布喇嘛是 Kazak Orgudaevich Sandak(1918—1997)。從 2010 年開始堪布喇嘛是 Tenzin Tsultim。值得注意的是圖瓦佛教協針對青年展開的積極活動。

　　《新圖瓦研究》雜誌報導圖瓦國立大學校長和圖瓦堪布喇嘛簽訂了合作協議。協議的目的是雙方共同科學普及,組織青年參加各種活動②。

　　在俄羅斯司法部網站的信息的基礎上,我們列出了下面有關布里亞特、圖瓦、卡爾梅克佛教組織數量的表格。

　　按照圖瓦政府進行的民意測驗結果,2004 年 58.5％的圖瓦受訪者認為他們是佛教信徒,6.7％受訪者是薩滿教信徒,6.7％受訪者是東正教信徒,3.4％受訪者是新教徒,3.4％受訪者是基督教信徒,

---

①　Товуу С. С. Исследование буддизма в Туве // Вестник Бурятского научного центра. 2013. № 2. C. 136(Tovuu S. S.:《佛教研究在圖瓦》,《布里亞特科學中心學報》,2013 年第 2 期,第 136 頁)。

②　«Тувинский госуниверситет и Управление Камбы ламы Тувы займутся вопросами воспитания»// Электронный информационный журнал «Новые исследования Тувы» Режим доступа:http://www. tuva. asia/news/tuva/7690 - tuvgu - kamby - lama. html.(《圖瓦國立大學與圖瓦堪布喇管理局將著手培養問題》,電子雜誌《新的圖瓦研究》,文檔存取方式:咨询日期- 03.02.2015)

9.6％受訪者回答不上來。①

　　綜上所述，本論文以布里亞特佛教，圖瓦佛教以及卡爾梅克佛教的發展歷史為綫索，討論了佛教宗教活動方式的歷史演變，揭示了佛教學說在三個民族的文化中成功傳播與適應的基本因素：當時佛教寺院成為沙皇政府官方承認佛教作為布里亞特、卡爾梅克以及圖瓦民族政治、經濟、精神、教育、社會活動的中心。另外，沙皇政府官方承認佛教作為布里亞特、卡爾梅克以及圖瓦的民族宗教。

表1　布里亞特共和國佛教組織數量
（根据俄司法部布里亞特司法部局的數据）②

年份	正式登記的宗教协会的總數	其中按種類		
		集中宗教組織的數量	教區和教會的數量	宗教教育機構的數量
1995 年	27	0	26	1
1997 年	29	0	28	1
2005 年	41	2	38	1
2011 年	57	3	52	2

---

① Хомушку О. М. Религия з культуре народов Саяно－Алтая.－Изд－во РАГС，2005，С. 190，(Khomushku O. M. ：《宗教在薩彥-阿爾泰民族的文化》，俄羅斯聯邦總統行政學院出版社 2005 年版，第 19С 頁)

② Бадмацыренов Т. Б. Буддизм Бурятии：структурные，функциональные и организационные характеристики // Буддизм в общественно－политических процессах Бурятии и стран Центральной Азии.－Улан－Удэ：Изд－во Бурят. гос. ун－та，2012.－ С. 53.（Badmatsyrenov Т. В. ：《布里亞特佛教：結構、功能、組織特性》，《佛教在布里亞特與中亞社會政治過程中》，2012 年版，第 53 頁）

參考文獻

1. Абаева Л. Л. История распространения буддизма в Бурятии/ Буряты. Москва，2004. С. 400 – 401. (L. L. 阿拜也娃:《佛教在布里亚特的传播》,科學出版社 2004 年版,第 400—401 頁)

2. «Арбан буяны цааз» («Закон учения ［Будды], обладающего десятью добродетелями) пер. с тиб. Дугаров Р. Н. // Очерки средневековой истории Кукунора. Улан – Удэ, 2003 . С. 40. (《十善典》(藏譯 R. N. Dugarov),《青海湖的中世紀歷史論文集》,布里亞特书籍出版社 2003 年版,第 40 頁)

3. Янгутов Л. Е. О социальной и политической востребованности буддизма в период его распространения в Монголии и Бурятии // Вестник Бурятского государственного университета. 2009. No 14. С. 5 – 14. (楊古托夫列．葉．:《關於佛教在蒙古和布里亞特流傳時期的社會政治需求量》,《布里亞特國立大學學報》,2009 年第 14 期,第 5—14 頁)

4. Чимитдоржин Д. Г. Пандито Хамбо – ламы. – Улан – Удэ，2010. С. 14.(ChimitdorzhinD. G. :《班智達堪布喇嘛》,布里亞特國立大學學報出版社 2010 年版,第 14 頁)

5. Баяртуев Б. Д. Жизнь и творчество Ринчена Номтоева (1820 – 1907) // Буддизм и литературно-художественное творчество народов Центральной Азии. Новосибирск，1985. (BayartuevB. D. :《Rinchen Nomtoyev(1820—1907) 的生平與作品》,《佛教與中亞民族的文藝創作》,1985 年版)

6. Терентьев А. А. Буддизм в России //Философия буддизма. – М. 2011. c. 945 – 951. (TerentyevA. A. :《佛教在俄羅斯》,《佛教哲學》(论文集),東方文學出版社 2001 年版,第 945—951 頁)

7. Цыренов Ч. Ц. Основные концепции и понятия произведения Э. – Х. Галшиева «Зерцала мудрости» // Вестник Бурятского госуниверситета. Серия Филология. – Улан – Удэ : Изд – во Бурят. Гос. ун-та, 2013, №10. – С. 40 –

44.（慈熱諾夫 Ch. Ts.：《Э. Н. Galshiyev 的〈取捨之智慧鑒〉的主要概念與範疇》，《布里亞特國立大學學報》，2013 年第 10 期，第 40—44 頁）

8. Митыпов В. М. Буддийская церковь России：религиозный ренессанс 1990－х гг. // Буддизм в общественно-политических процессах Бурятии и стран Центральной Азии. － Улан－Удэ：Изд－во Бурят. госун-та，2012. － С. 40. (MitipovV. M. :《佛教教會在俄羅斯 1990 年代的宗教復興》，《佛教在布里亞特與中亞社會政治過程中》，2012 年版，第 40 頁）

9. Бадмацыренов Т. Б. Буддизм Бурятии：структурные, функциональные и организационные характеристики // Буддизм в общественно-политических процессах Бурятии и стран Центральной Азии. － Улан－Удэ：Изд－во Бурят. гос. ун-та，2012. － С. 53. (BadmatsyrenovT. B. :《布里亞特佛教：結構、功能、組織特性》，《佛教在布里亞特與中亞社會政治過程中》，2012 年版，第 53 頁）

10. Бакаева Э. П. Исследования по истории буддизма в Калмыкии на современном этапе // Вестник Калмыцкого института гуманитарных исследований ран. 2014. № 3. С. 72－88. (Bakaeva E. P. :《現代卡爾梅克佛教史的研究》，2014 年第 3 期，第 72—88 頁）

11. Монгуш М. В. История буддизма в Туве（вторая половина VI－конец XX в.）. － Н.，2001. С. 5. (MongushM. V. :《圖瓦佛教歷史（6 世紀下半葉—20 世紀末）》，科學出版社 2001 年版，第 5 頁）

12. Товуу С. С. Исследование буддизма в Туве // Вестник Бурятского научного центра. 2013. № 2. С. 136. (TovuuS. S. :《佛教研究在圖瓦》，《布里亞特科學中心學報》，2013 年第 2 期，第 136 頁）

13. Хомушку О. М. Влияние буддийских космологических представлений народов Саяно－Алтая // Актуальные проблемы исследования этноэкологических и этнокультурных традиций народов Саяно－Алтая. Материалы I－ой межрегиональной научно-практической конференции для молодых ученых, аспирантов и студентов. － Кызыл，2009. С. 116. (Khomushku O. M. :《佛教宇宙

學概念對薩彥-阿爾泰民族的影響》,《研究薩彥-阿爾泰民族的民族生態和民族文化傳統的現實問題》(第一屆年輕學者,研究生和大學生的區域間科學實用會議資料,圖瓦國立大學出版社 2009 年版,第 116 頁)

14. Хомушку О. М. Религия в культуре народов Саяно‐Алтая.‐Изд‐во РАГС, 2005, С. 190.(Khomushku O. M. :《宗教在薩彥-阿爾泰民族的文化》,俄罗斯联邦总统行政学院出版社 2005 年版,第 190 頁)

15. «Тувинский госуниверситет и Управление Камбы ламы Тувы займутся вопросами воспитания» //Электронный информационный журнал «Новые исследования Тувы» *Режим доступа*: http://www. tuva. asia/news/tuva/7690 ‐ tuvgu ‐ kamby ‐ lama. html. (《圖瓦國立大學與圖瓦堪布喇管理局將著手培養問題》,電子雜誌《新的圖瓦研究》,文檔存取方式:咨询日期‐03. 02. 2015)

佛教文獻研究

玄奘與《般若心經》

[日] 吉村誠

内容提要:《般若心經》之於中國佛教的意義毋庸置疑。而其諸多情況卻不甚明瞭。首先,玄奘譯本是最早譯本,然玄奘本人在西行途中吟唱之《般若心經》或是《出三藏記集》中出現的《摩訶般若波羅蜜神咒一卷》《摩訶般若波羅蜜神咒一卷》(異本)。第二,《般若心經》被譯出後,實際作為陀羅尼經典而存世,被人們認為是具有生天、解脱等功德的"萬能"典籍。第三,在對《般若心經》諸注釋書的考察中我們發現,最初是攝論學派、唯識學派融入自己的教義而撰寫。之後,華嚴、天台、禪宗等都在吸收或批判前者的基礎上撰寫注釋書。究其目的,均是通過注釋宣揚本宗之旨。

關鍵詞:玄奘;《般若心經》;陀羅尼

一、緒論

《般若心經》是最廣為傳頌的大乘典籍之一。然其成立時期与流傳狀況却不甚明瞭。漢譯版本中流傳最廣的自然為玄奘（602—664）譯本。但是，據傳玄奘曾在西行途中吟唱《般若心經》擺脱災難，因此玄奘吟唱的《般若心經》到底為誰所翻、其内容到底為何，此是一個待解的難題。《般若心經》大致可分為解空的長行部分和陀羅尼偈頌部分，但哪一部分才是主體也一直無從知曉。

本文以玄奘與《般若心經》的關係為中心，試探討一下上述問題。首先，我們整理《般若心經》漢譯本相關問題；第二，查證《般若心經》是否作為陀羅尼典籍而流傳；最後，闡釋唐代《般若心經》的注釋及其對"空"的解釋。相信從以上的研究中可以探明《般若心經》在中國的流傳狀況。

二、《般若心經》的漢譯與原本成立時期

關於《般若心經》的漢譯版本，《大正藏》卷八便收録有八種。現列舉如下（年份為推測之翻譯時間）。

①《摩訶般若波羅蜜大明咒經》一卷

姚秦・鳩摩羅什譯（? 年、小本）

②《般若波羅蜜多心經》一卷

唐・玄奘譯（649 年、小本）

③《普遍智藏般若波羅蜜多心經》一卷

唐・法月譯（738 年、大本）

④《唐梵翻對字音般若波羅蜜多心經》一卷

　　　唐・不空譯(746 年—774 年、S2464、小本)

⑤《般若波羅蜜多心經》一卷

　　　唐・般若共利言等譯(790 年、大本)

⑥《般若波羅蜜多心經》一卷

　　　唐・智慧輪譯(861 年、大本)

⑦《般若波羅蜜多心經》一卷

　　　唐・法成譯(854 年、大本)

⑧《佛説聖佛母般若波羅蜜多心經》一卷

　　　宋・施護譯(980 年—1017 年、大本)

　　其中,鳩摩羅什譯、玄奘譯、不空譯(梵語音譯)是僅有正宗分的"小本",其餘均是附有序分和流通分的"大本"。此外,據載支謙也曾翻譯過《心經》。由此可看出在玄奘以前,《般若心經》存有支謙譯本和鳩摩羅什譯本兩個版本。那麼,玄奘在西行途中吟唱的是否就是這兩者其中之一呢? 然而,如若如此推測,即存有以下問題。

　　我們首先來檢討一下支謙譯本的相關問題。佛錄之中有關支謙譯本的記述首次出現於隋・費長房的《歷代三寶紀》(597 年):

　　《摩訶般若波羅蜜咒經》一卷　　[見寶唱錄。或直云《般若波羅蜜咒經》。]①

據費長房記載,吳・支謙所譯佛經中有《摩訶般若波羅蜜咒經》,且此亦收錄於寶唱的《衆經目錄》(散佚)之中。如果上述説法屬實的話,

---

① 《歷代三寶紀》卷五,《大正藏》第 49 册,第 58 頁中。以下文中引用的支謙譯和鳩摩羅什譯的傳承參照渡邊章悟《從經文記錄看〈摩訶般若波羅蜜神咒經〉和〈摩訶般若波羅蜜大明咒經〉》(《印度學佛教學研究》第 77 號,1990 年)。

那麼支謙(2—3 世紀)的翻譯即是《心經》最早的譯本,印度原本的確立時間也可由此追溯到 1—2 世紀。

　　然而,在檢索《歷代三寶紀》以前的經錄后便可以發現,雖然僧祐撰《出三藏記集》(502—515 年)中記有《摩訶般若波羅蜜神咒》[①]、法經的《眾經目錄》(594 年)中有《摩訶般若波羅蜜神咒經》[②]的字樣,但均記之為譯者不明(失譯)。而且,《歷代三寶紀》并非完全是記錄現存經典的藏經目錄,而是在過去經錄的基礎上撰寫而成,故并不能確定所載經論時存。退一步說,就算《歷代三寶記》成書時存有支謙譯本,如果其內容和玄奘譯本一樣也是言及觀自在菩薩和真言(mantra)的話,就很難認為其是 2—3 世紀出現的作品。故如上所述,因為支謙譯本的存在一直存有諸多疑點,所以玄奘在西行途中吟唱的《心經》是支謙譯本的可能性較低。

　　那麼,玄奘吟唱的有可能是鳩摩羅什的譯本嗎? 經錄之中,關於鳩摩羅什譯本的記載首見於智昇的《開元釋教錄》(730 年)當中。即:

　　　　《摩訶般若波羅蜜大明咒經》一卷[亦云《摩訶大明咒經》。初出。與唐譯《般若心經》等同本。見經題上。][③]

也就是說,智昇記載鳩摩羅什翻譯的佛經中有《摩訶般若波羅蜜大明咒經》。且注解中還言其為"初出"。但因為《開元釋教錄》在《歷代三寶紀》的基礎上亦延用了支謙譯有《心經》的說法,所以這裏所指的并不是鳩摩羅什譯本是第一個"小本"譯本。恐怕它的意思是,此處《大

---

① 《出三藏記集》卷四,《大正藏》第 55 冊,第 31 頁中。
② 《眾經目錄》卷二,《大正藏》第 55 冊,第 123 頁中。
③ 《開元釋教錄》卷四,《大正藏》第 55 冊,第 512 頁中。

明咒經》是首次出現。而且,從名稱上就可以看出這是玄奘譯本的同
文異譯。如果此《大明咒經》是鳩摩羅什(344—413)所譯的話,那麼
就可以推算出印度《心經》原本出現於 350 年左右。

　　但是,就像智昇在注釋中所説的那樣,《開元釋教録》以前的經録
中没有提到過《大明咒經》。此即意味着至少在此之前,鳩摩羅什譯
本并未流傳。這就令人懷疑此經是否在之前存在於世。《開元釋教
録》之前的各類著作中完全没有《大明咒經》的引用或注釋情况也説
明了這一點。《大明咒經》内容為觀世音菩薩傳授真言於舍利佛,而
印度觀音信仰的興盛和大乘的密教化則是在 5—6 世紀以後。① 所
以,4 世紀後半期去印度留學的鳩摩羅什或許無法獲得如此内容的
佛經。又,除了觀世音菩薩和真言等之外,《大明咒經》正文中還能找
到與鳩摩羅什譯《大品般若經》中《習應品》《無生品》《勸持品》中極度
相似的句子。② 所以可以推測,《大明咒經》不是梵語譯本,而是以
《大品般若經》為素材,仿照玄奘譯本編造的偽經。《大明咒經》出現
的時期大致是玄奘譯本出現後的 649 年到撰寫《開元釋教録》的 730
年之間。綜上,玄奘在西行途中吟唱的就不會是鳩摩羅什譯本。

　　那麼,玄奘在西行途中吟唱的《般若心經》到底為何呢?《出三藏
記集》中出現的《摩訶般若波羅蜜神咒一卷》《摩訶般若波羅蜜神咒一
卷》(異本)都譯者不明,且書有"今有其書,悉在藏經"的字樣,可看出

① 《般若心經》和真言、密教的關係請參考[日]原田和宗:《般若心經成立史論——大乘佛
　　教和密教的交集》,大藏出版 2010 年版。
② 關於《大明咒經》是以《大品般若經》為素材、參照玄奘譯本編撰而成一事請參考渡邊章
　　悟:《般若心經成立論序説—以〈摩訶般若波羅蜜大明咒經〉和〈大品般若經〉的關係為
　　中心》,《佛教學》,1991 年第 31 號;《般若心經—教科書·思想·文化》,大法輪閣 2009
　　年版。

當時這兩個譯本都是存在的。① 法經的《衆經目録》中記載上述二者都"出自《大品經》",且説此"并是後人隨自意好,於大本内,抄出別行。或持偈句,便爲卷部"②。由此可推斷,當時流傳的兩種《般若波羅蜜神咒》是從《大品般若經》中摘出來的,例如咒文即是《勸持品》中一節。③ 或者其中也有在《大品般若經》的基礎上做一些改變,添加一些真言的情况發生。

如果是這樣的話,玄奘就是唱着這樣的《般若波羅蜜神咒》穿越沙漠,在印度得到了包括《般若心經》在内的梵本,回國之後再進行詳盡的翻譯。而且,如果支謙譯本不存在、鳩摩羅什譯本是玄奘譯本之後的僞作的話,玄奘譯的《般若心經》就是最早的漢譯本。玄奘譯本在經録中初出於玄奘門人靖邁撰寫的《古今譯經圖紀》(7 世紀)。④ 這樣的話,印度的原文就是在 2—3 世紀出現的《大品般若經》"空"的思想基礎上添加 5—6 世紀發展形成的觀音信仰、真言和密教元素的

---

① 《出三藏記集》卷四,《大正藏》第 55 册,第 31 頁中、第 32 頁上。

② 《衆經目録》卷二,《大正藏》第 55 册,第 123 頁中、第 126 頁中。

③ 參考前所引用的渡邊論文。《大品般若經》卷九的觀持品中,關於帝釋天向釋尊解説般若波羅蜜是大明咒一事,有下面這樣一段記述。即:

> 釋提桓因白佛言:世尊,般若波羅蜜是大明咒,無上明咒,無等等明咒。何以故。世尊,是般若波羅蜜能除一切不善,能与一切善法。(《大正藏》第 8 册,第 286 頁中至下)

另一方面,5 世紀出現的僞經《觀佛三昧經》卷一的六譬言有這樣的記述,即,須彌山被鬼兵攻下,有人告訴帝釋天只要從一個神那裡受持"般若波羅蜜"就可以擊退鬼兵,帝釋天發願道:

> 是時帝釋坐善法堂、燒衆名香發大誓願。"般若波羅蜜是大明咒,是無上咒、無等等咒。審實不虚。"我持此法当成佛道,令阿修羅自然退散。(《大正藏》第 15 册,第 647 頁中)

前者説明般若波羅蜜是大明咒,後者却幾乎原原本本地變成了咒語。玄奘以前流行的"般若波羅蜜神咒"也有可能是這樣的東西。

④ 《古今譯經圖紀》卷四,《大正藏》第 55 册,第 367 頁中。

"小本"。在"小本"基礎上添加序分和流通分的"大本"由法月於 8 世紀漢譯，可推測"大本"原文出現於 7 世紀後半期。

三、作為陀羅尼經典的《般若心經》

玄奘譯《般若心經》到底是怎樣流傳的呢？這裏，筆者想首先對《大唐大慈恩寺三藏法師傳》（以下簡稱《慈恩傳》）中記載的玄奘在"莫賀延磧"（塔克拉瑪幹沙漠）中吟唱《般若心經》喝退惡鬼的故事，進行一個檢討。即：

① 從是已去，即莫賀延磧，長八百餘里，古曰沙河，上無飛鳥，下無走獸，復無水草。是時顧影唯一，但念觀音菩薩及《般若心經》。

② 初，法師在蜀，見一病人，身瘡臭穢，衣服破污，愍將向寺施與衣服飲食之直。病者慚愧，乃授法師此《經》，因常誦習。

③ 至沙河間，逢諸惡鬼，奇狀異類，遶人前後，雖念觀音不能令去，及誦此經，發聲皆散，在危獲濟，實所憑焉。①

也就是說，①說明玄奘隻身一人穿越沙漠時，吟誦了觀音菩薩名和《般若心經》。從②可以看出，玄奘在蜀中時，以衣食施病人，病人感激玄奘之恩，傳授給玄奘《心經》。玄奘在西行途中經常吟唱《般若心經》。由③可看出，玄奘在沙漠中遇到奇鬼異類，念觀音菩薩名惡鬼不散，可是在吟唱《般若心經》之後，惡鬼皆退。《般若心經》在旅途中多次於危難之中解救玄奘。另，玄奘滯留在蜀地成都是武德元年（618 年）到武德五年（622 年），即 17 歲到 21 歲之間，而西行去印度

①《慈恩傳》卷一，《大正藏》第 50 冊，第 224 頁中。

取經穿越沙漠則是在貞觀元年（627 年），也就是 26 歲的時候。①

　　這段記述位於玄奘傳記《慈恩傳》卷一。《慈恩傳》為玄奘的門人慧立和彥悰共同完成，可以推測出到卷六歸國為止都是慧立在 649 年以前撰寫的。②　而玄奘翻譯《般若心經》也是 649 年。③　由此可看出，在翻譯之初，《般若心經》就隨着玄奘的靈驗經歷一同流傳開來。而玄奘在西行途中吟唱的《般若波羅蜜神咒》與回國之後翻譯的《般若心經》恐怕并不相同。但是，從玄奘那裏聽到此類靈驗經歷的慧立等門人却認為新譯出的《般若心經》就是玄奘在沙漠中吟唱的《般若波羅蜜神咒》。由此可看出在《般若心經》翻譯之初，玄奘的門人都認為《般若心經》是辟邪的陀羅尼經典。

　　玄奘和《般若心經》的逸聞膾炙人口，并被改成了諸多故事。《貞元錄》（800 年）中有以下記載：

　　　　玄奘法師當往西方臨發之時神人授與。路經砂磧險難之中，至心諷持，災障遠離。是大神咒，斯言不虛。後得梵夾，譯出無異。④

　　這裏只概括了《慈恩傳》中的故事，并言傳授《般若心經》給玄奘的病人是"神人"。同時，神人所授《般若心經》中的句子和玄奘法師後來從梵本翻譯出來的內容一致。

---

① 玄奘離開長安的年份，有貞觀元年（627）即 26 歲説，也有貞觀三年（629）28 歲説。《慈恩傳》卷一有"貞觀三年秋八月……略……時年二十六也"（《大正藏》第 50 册，第 222 頁下），兩種説法難以判斷真假。本文采用貞觀元年（627）26 歲説。關於其理由請參考拙作《中國唯識思想史研究——玄奘和唯識學派》，大藏出版 2013 年版，第 21 頁。

② 關於《慈恩傳》的成立，請參考拙作《關於〈大唐大慈恩寺三藏法師傳〉的成立》，《佛教學》，1995 年第 37 號。

③ 《開元釋教錄》卷八，《大正藏》第 55 册，第 555 頁下。

④ 《貞元新定釋教目錄》卷十七，《大正藏》第 55 册，第 893 頁下。

　　而敦煌本《梵本般若波羅蜜多心經》的"慈恩和尚序"則變成了以下的故事：

　　　　三藏志遊天竺，路次益州，宿空惠寺道場內。遇一僧有疾。
　　詢問行止，因話所之。乃難嘆法師曰："為法忘體，甚為稀有。……
　　我有三世諸佛心要法門，師若受持，可保來往。"遂乃口受與法師
　　訖。至曉失其僧焉。……至中天竺磨竭陀國那爛陀寺，旋繞經
　　藏。次忽見前僧，丙相謂曰："逯涉艱嶮，喜達此方，賴我昔在支
　　那國所傳三世諸佛心要法門。由斯經歷，保爾行途，取經早還，
　　滿爾心願。我是觀音菩薩。"言訖冲空，既顯奇祥。①

　　即，口授給玄奘《般若心經》的病人變成了"僧"，而在印度的那爛
陀寺和僧人再會後，其才知道僧人是觀音菩薩。觀音菩薩傳授給玄
奘的《般若心經》是"三世諸佛心要法門"，受持之後，可避開路途中的
所有災難。如果這篇序是玄奘的得意弟子窺基（慈恩大師，632—
682）所寫，那它就應在 7 世紀後半期出現。然而從文體和內容上觀
之，其明顯是 8 世紀後半期出現的作品。②

　　此外，元末明初的《神僧傳》中記載，在罽賓國之時，病僧傳授《多

───────────────

① 《唐梵翻對字音般若波羅蜜多心經并序》（S2464），《大正藏》第 8 冊，第 851 頁上。"還"，
原文作"還"，此處根據文意更改。"嘆"，原文作"難嘆"，此處把"難"當作衍字，更改。
"遠"，原文作"逯"，此處根據文意更改。新寫的論文參考了福井文雅：《般若心經的綜
合研究—歷史·社會·資料》，春秋社 2000 年版，第 78—80 頁。
② 關於慈恩和尚序出現的時期，請參考上文引用的福井：《般若心經綜合研究》，第 89—
90 頁。

心經》給玄奘。之後，玄奘避開了山川、道路、虎豹、魔鬼這些劫難。①
由此可看出，玄奘和《般若心經》的逸聞存在着許多版本。逸聞的變
化和發展是辟邪的陀羅尼經典《心經》在民間流傳的證明。

　　當時，《般若心經》被認為是陀羅尼經典，這一點從玄奘回國後的
事迹也能窺知一二。玄奘翻譯《般若心經》是貞觀 23 年（649 年）5 月
24 日（戊辰）②，這大致是玄奘在終南山翠微宮看護太宗臨終的時期。
太宗於 25 日（己巳）頭痛不已，26 日（庚午）駕崩。③ 根據這些記錄來
看的話，《般若心經》應該是作為祈禱太宗病癒的陀羅尼經典被譯出
的。當時，人們認為病痛是因為前世或現世所犯的惡業所生起。因
此，可看出，當時的人們認為《般若心經》有消除罪過、增加功德之用。
顯慶元年（656 年），為了慶賀高宗與武后的皇太子（佛光王，之後的
中宗）滿月，玄奘呈上《金字般若心經一卷并函》等，祈願辟邪。④ 這
證明了玄奘認為《般若心經》是辟邪的陀羅尼經典，同時還可以看出
玄奘對經典供養之靈驗的期待。

　　從經典供養這一點來説，《般若心經》和《大般若經》的關聯也值
得注意。關於《大般若經》的翻譯有種種靈驗之説。翻譯完畢講誦之

---

① 《神僧傳》，《大正藏》第 50 冊，第 985 頁中。在唐代，《般若心經》簡稱為《多心經》。這是
　　為了與其他的《心經》（《不空羂索神咒心經》等）區分開來。但是，也可能是為了彰顯玄
　　奘把已有的“般若波羅蜜”改成“般若波羅蜜多”的功績而稱之為《多心經》。關於《多心
　　經》請參考上文所引用的福井：《般若心經綜合研究》，第 199—216 頁。
② 《開元釋教録》卷八，《大正藏》第 55 冊，第 555 頁下。
③ 《慈恩傳》卷七，《大正藏》第 50 冊，第 260 頁上。《舊唐書》卷三、《新唐書》卷二裏記載為
　　“己巳”駕崩。
④ 《慈恩傳》卷九，《大正藏》第 50 冊，第 272 頁中。關於玄奘和唐朝皇室的關係，請參考拙
　　作《從玄奘的事迹來看唐初期的佛教和國家交涉》，《日本中國學會報》，2001 年第 53
　　號。關於玄奘呈獻金字《般若心經》等的意義，請參考程正：《〈般若心經〉在唐代社會中
　　的定位》，《宗教學論集》2006 年第 25 號。

時，有"《般若》放光，諸天雨花，并聞空中音樂、非常香氣"等靈瑞現象，玄奘把《大般若經》稱為"鎮國之典，人天大寶"，"書寫、受持、讀誦、流布"的話，就"皆得生天，究竟解脫"①。由此可看出，玄奘認為供養《大般若經》，就會得到生天、解脫等功德。除此之外，窺基在《般若心經幽贊》中認為，《般若心經》的"心"指的是"傳法聖者錄其堅實妙最之旨，別出此經"②。《大經》指的是包括《大品般若經》在内的《大般若經》，"傳法聖者"指的應該是觀自在菩薩，或者是譯者玄奘。隨着《般若心經》是《大般若經》的核心、真髓這種看法的普及，《般若心經》變得不僅僅有辟邪的作用，還同時被人們認為是具有生天、解脫等功德的"萬能"典籍。

四、唐代《般若心經》的注釋

最後，我想概括一下唐代《般若心經》的注釋書，并針對"空"的解釋之各類不同，做一個簡單叙述。根據《大正大藏經勘同目録》（《昭和法寶總目録》第一卷收録），漢譯本《般若心經》的注釋書中，中國撰述的有 77 部，日本撰述的有 45 部，這些全部都是針對玄奘譯本所作的注釋。其中，唐代主要的注釋書如下（年號為推測出現的年份）：

  ① 攝論·慧净撰《般若波羅密多心經疏》一卷（649—650年、卍續 26）

  ② 唯識·圓測撰《般若波羅密多心經贊》一卷（663—696年、大正三十三、卍續 26）

---

① 《慈恩傳》卷十，《大正藏》第 50 册，第 276 頁中。
② 《般若心經幽贊》卷上，《大正藏》第 33 册，第 524 頁上。

③ 唯識・靖邁撰《般若波羅密多心經疏》一卷(664—? 年、卍續 26)

④ 唯識・基撰《般若波羅密多心經幽贊》二卷(663—682 年、大正三十三、卍續 26)

⑤ 華嚴・法藏撰《般若波羅蜜多心經略疏》一卷(702 年、大正三十三、卍續 26)

⑥ 天台・明曠撰《般若心經疏》一卷(? —777—? 年、卍續 26)

⑦ 禪・智詵撰《般若波羅蜜多心經疏》一卷(670—697 年、P4940 等)

⑧ 禪・净覺撰《注般若波羅密多心經》一卷(727 年、S4556 等)

⑨ 禪・慧忠撰《般若波羅蜜多心經注》一卷(? —775 年、卍續 26《般若心經三注》收錄)

這些注釋均是各個學派、宗派把自己的教理融於《般若心經》這僅僅 260 餘字的正文中所撰寫的。

① 慧净(578—?)的《般若心經疏》是《般若心經》最古的注釋。[①] 慧净在波羅頗迦羅蜜多羅(Prabhākaramitra,565—633)《大乘莊嚴經論》的翻譯中擔任筆受之職,并著有其注釋三十卷,被波頗稱為"東方菩薩"。慧净所著的《般若心經疏》中可見到八識、三性、種子、熏習、四智等新出現的唯識學的用語和教理。只是,"無自性"的"空"被解釋為"虚通",此處并没有依據三性三無性作出解釋。另一方面,其又引用了《大乘起信論》中水波的比喻,對"境識俱泯"進行了解釋,且分别把前六識、第七識、第八識置於遍計所執性、依他起性、圓成實性之

---

① 關於慧净的《般若心經疏》,敦煌版有好幾個版本,内容存在不同之處。有關其中的解題、翻刻等請參考上文引用的福井:《般若心經的綜合研究》,第 363—428 頁。

中,而把如來藏作為第八識之體等方面,不是新出現的唯識説,而是隋末唐初流行的攝論學派唯識説的理論。① 攝論學派中用如來藏思想來解釋唯識説的傾向很顯著。由此可看出,雖然慧淨的《般若心經疏》中有新出現的唯識説的用語和教理,但可以説它是立足攝論學派的唯識説做出的解釋。

②—④是唯識學派對《般若心經》的注釋。玄奘門下的唯識學派在新出現的唯識説的基礎上撰寫了很多《般若心經》的注釋書。圓測(613—696)的《般若心經贊》、靖邁(7 世紀後期)的《般若心經疏》、窺基(632—682)的《般若心經幽贊》中有很多諸如五位、八識、三性三無性、三轉法輪、五性各別等新出現的唯識説的用語。例如,窺基的《般若心經幽贊》對"空"的解釋如下:

> 此中空言即三無性,谓計所執本體非有相無自性,所以稱空;諸依他起,色如聚沫,受喻浮泡,想同陽焰,行類芭蕉,識犹幻事,無如所執自然生性,故亦名空;圓成實性因觀所執空无方证,或無如彼所執真性,故真勝義亦名為空。據實三性非空非不空,对破有執总密说空,非后二性都无名空。説一切空是佛密意,于有及無總説空故。②

在這裏,窺基把"空"解釋為三性三無性。即,遍計所執性是相無自性,所以稱空;而依他起性是生無自性,所以也稱空;圓成實性是勝義無性,所以稱空。真實中的三性是非空非有。因為意欲破"有執",佛才説"一切皆空",并不是因為依他起性和圓成實性全無才稱"空"。

---

① 攝論學派牽強附會地用如來藏思想來解釋唯識説,關於這一點請參考上文引用的拙作《中國唯識思想史研究》,第 109—162 頁。
② 《般若心經幽贊》卷下,《大正藏》第 33 册,第 535 頁中至下。

唯識學派的三性説當中,確實捨遣了遍計所執性,但却没有如此處理依他起性和圓成實性。這也是對攝論學派中所堅持的捨遣遍計所執性和依他起性即是圓成實性的批判。接下來,窺基又繼續寫道:

> 又此空者即真如理,性非空有,因空所顯。遮執為有,故假名空。愚夫不知,執五蘊等定离真有,起相分別。今推歸本體即真如,事離於理,無別性故。由此經言,一切有情皆如來藏,一切法等皆即真如。説有相事,則無相空。令諸有情斷諸相縛。①

即,"空"還是真如之理。法性既不是空,也不是有,但會因"空"而顯現,因"空"才能離開"有執"。因此,才假名真如為"空"。凡夫不知五蘊離開真如,起法相分別。而事(五蘊)離開理(空)并無別性。由此,經文中説"一切有情皆如來藏。一切法等皆即真如"。之所以説有相的事(五蘊)是無相的空(理),是因為想要使"相縛"(與有相相對應的執着)與有情分割開來。在這裡,唯識學派所説的"空"不是真如,而是使真如顯現出來的東西,也就是二空所顯的真如。法性雖然是空,可法相却不是如來藏或真如,這種主張也間接批判了把法性和法相直接聯繫起來的如來藏思想。

　　由此可看出,窺基寫《般若心經幽贊》的目的是弘揚玄奘所傳新唯識説,否定慧净等人以前的唯識説和如來藏思想的解釋。唯識學派的《般若心經》注釋中可看出譯者玄奘所傳的唯識説,從這一點上來看,此是《般若心經》注釋中的一種典型。

　　另一方面,⑤華嚴宗的法藏(643—712)著有《般若心經略疏》,以華嚴教學的立場對《心經》進行解釋。例如,"觀自在"達到"理事無閡

①《般若心經幽贊》卷下,《大正藏》第 33 册,第 535 頁下。

之境"就是"自在",從這個解釋中可以看出理(性)和事(相)無礙圓融的理事無閡思想。這是對唯識學中區別二者的批判。又,關於"空"的觀行,法藏列舉了天台的三諦(一心三觀)和唯識的三性(三無性觀),與唯識學相對,根據華嚴宗的教理對三性進行了解釋,這一點也值得注意。華嚴宗十分重視《般若心經略疏》,其中的解釋也對天台宗的注釋產生了影響。⑥湛然門下的明曠(?—777—?)的《般若心經疏》中除了三諦、三觀之外,還加入了三智、四教等天台宗教義。

⑦—⑨是禪宗的注釋。① ⑦净衆宗的智詵(609—702)的《般若心經疏》是在慧净注釋的基礎上改寫而成。因此,在其中也可以看到唯識説的內容。但是,"空"的解釋却沒有涉及到三性三無性,僅言"理寂無染,妄想不生",從中可看到達摩《二入四行論》"妄想不生"的思想。② ⑧北宗净覺(683—?)的《注般若心經》革除了唯識説,在對"空"進行解釋時,引用了《中論》《維摩經》《二入四行論》等,并用禪宗思想對"空"進行解釋。③ ⑨南宗慧忠(?—775)的《般若心經注》對經文的引用較少,整體上以"直指本心,決定是佛"等禪宗思想為基礎

① 關於初期禪宗對《般若心經》的接受程度,請參考程正:《〈般若心經〉和初期禪宗》,《駒澤大學佛教學部論集》,2006 年第 37 號。

② 關於智詵的《般若心經疏》,請參考程正:《智詵撰〈般若波羅密多心經疏〉的譯注研究(一)》,《駒澤大學大學院佛教學研究會年報》,2006 年第 39 號;《智詵撰〈般若波羅密多心經疏〉的譯注研究(二)》,《駒澤大學大學院佛教學研究紀要》,2007 年第 65 號;《智詵撰〈般若波羅密多心經疏〉的譯注研究(三)》,《駒澤大學大學院佛教學研究紀要》,2008 年第 66 號。

③ 關於净覺的《注般若心經》,請參考程正:《净覺撰〈注般若波羅蜜多心經〉的譯注研究》,《駒澤大學禪研究所年報》,2006 年第 17 號。

對《般若心經》進行解釋。① 隨着時代的發展,禪宗對《般若心經》的注釋去除了唯識説、佛性、如來藏思想等傾向漸顯。

綜上所述,唐代《般若心經》的注釋,最初以唯識為基礎進行的解釋最為典型,華嚴、天台、禪宗的注釋以吸收或批判唯識學的解釋的形式漸漸出現。他們對"空"的解釋都有各自的特徵,與其説是對《般若心經》的理解,不如説他們更注重把自己學派、宗派的教義融合在對《般若心經》的理解之中,通過注釋顯示各自的宗旨。這樣的著述態度是以後東亞產生各種各樣《般若心經》注釋書籍的基礎。

五、結語

總結以上的考察,可以得出以下結論:

1. 玄奘所譯《般若心經》是現存最早的漢譯本。支謙譯《摩訶般若波羅蜜咒經》是否存在仍是疑問,鳩摩羅什譯《大明咒經》則是以《大品般若經》為素材、參照玄奘譯本偽造而成。

2. 玄奘在西行途中吟唱的《般若心經》是隋代以前流行的《般若波羅蜜神咒》。《般若波羅蜜神咒》是摘抄《大品般若經》中的内容而製作的,又或者是在《大品般若經》的基礎上添加真言得到的。

3.《般若心經》最初是和玄奘的靈驗逸聞一起作為辟邪的陀羅尼經典而流行的。而隨着《般若心經》是《大般若經》的核心、真髓這一解釋普及開來,《般若心經》被看作是具有生天、解脱等作用的"萬能"經典。

---

① 關於慧忠的《般若心經注》,請參考［日］吉田紹欽:《隆熙二年版南陽慧忠注〈摩訶般若波羅蜜多心經〉》,《新羅佛教研究》,1973 年。程正:《〈般若心經慧忠注〉諸本》,《東亞佛教研究》,2005 年第 3 號。

4.《般若心經》的注釋最初是攝論學派、唯識學派融入自己的教義而撰寫的,這是《般若心經》注釋書籍的典型。之後,華嚴、天台、禪宗等都在吸收或批判前者的基礎上撰寫注釋書。

5.《般若心經》的注釋中對"空"的解釋,融入了唯識的三性三無性、天台的三諦三觀等各個學派、宗派的教理。其目的都是通過注釋宣揚自己的宗旨。

綜上所述,玄奘譯《般若心經》作為陀羅尼典籍廣為流傳,但同時也被認為是《大般若經》的核心、真髓,出現了很多注釋書。這件事與玄奘以前流行的《般若波羅蜜神咒》在具有辟邪作用的同時還具有成佛功德的想法有關係。[1] 為了進一步明確其經過,對《般若心經》各個版本功德文進行分析、對《般若心經》的注釋書進行詳細研究都是十分必要的。這也是筆者今後想要進一步探討的研究課題。

(楊劍霄　譯)

附記:本文曾發表於佛教史學研究(第 56 卷第 2 號,2014 年),此譯稿略有校正。

---

[1] 上文引用的《觀佛三昧經》中的"般若波羅蜜"神咒,除了辟邪的功能外,還有成佛的功德。

《無量壽經》的念佛方法——梵漢對勘的解讀

黃國清

內容提要:《無量壽經》(大本《阿彌陀經》)為成立於初期大乘佛教時期的經典,却在漢傳佛教圈大放異彩,發展出以持名念佛為主流方法的净土學派。稱名念佛的盛行,加上漢語"念"字的語義模糊性,中國佛典注家不自覺地以持念佛名解釋《無量壽經》的念佛法,如此可能隱沒經中原本教導的實踐方法。有鑒於此,透過語義疏通來了解其中念佛的文義,是修學此經法門的重要基礎。本文通過梵漢對勘進路來厘清《無量壽經》涉及念佛的文句意義,以便進一步探索其念佛實修方法。此經"念"的對應原語有"manaskāra"(作意)與"(samanusmarati)"隨念,令人聯想到佛隨念(Buddhānusmṛti)的傳統。由於《無量壽經》本身缺乏對念佛內容的具體說明,參考至其時代為止的念佛傳統的憶念、思維方法,實有助探索此經念佛方法。初期佛教經典是以隨念如來的十號為主,其後發展出憶念佛身相好、種種功德的方法;初期大乘經典《大品般若經》大抵不出如此的隨念內容;《般舟三昧經》的念佛方法先以專念阿彌陀佛導入,以佛身的憶念為主,除了三十二相、八十種好,還特別提出憶念佛身的光明徹照。世親《往生論》也提到稱嘆阿彌陀佛的"名號",并能依其"名義"的"光明智相"而修行。足見憶念阿彌陀佛的色身形相,佛身光明為其要項。

關鍵詞:無量壽經;念佛;梵漢對勘;佛隨念;持名念佛

一、引言

《無量壽經》(《大阿彌陀經》)成立於初期大乘佛教時期,有學者推論此經與《阿閦佛國經》《小品般若經》等都屬於早期成立的大乘經典。① 這部經典講述阿彌陀佛在過去生所發起的宏大誓願,其後通過久遠長時的菩薩實踐而實現清净莊嚴的國土,以及往生西方净土的修行要法。隨着多部净土經論②在中國譯出與流傳,逐漸形成以

---

① 静谷正雄主張《阿閦佛國經》與《小品般若經》之間有很深的關係,很難確定成立先後;而《大阿彌陀經》就思想內容來看,無疑是屬於較《阿閦佛國經》中所出現者更古老的階段。參見氏著:《初期大乘佛教の成立過程》(京都:百華苑 1974 年版),第 60—67 頁。釋印順認為《(大)阿彌陀經》在先的論證缺乏充分理由來證成,他贊同平川彰《初期大乘佛教之研究》的見解,認為《大阿彌陀經》《阿閦佛國經》與"下品般若"(《小品般若經》)都是早期成立的。參見氏著:《初期大乘佛教之起源與開展》(台北:正聞出版社 1981 年初版),第 797—802 頁。
② 主要有《無量壽經》(大本《阿彌陀經》)《阿彌陀經》(小本《阿彌陀經》)《觀無量壽佛經》《往生論》等"三經一論"。

“念佛”為核心行法的净土修學流派，而“持名念佛”更為其中主流方法。① 在如此背景下，加上《無量壽經》在四十八願中多次言及“聞我名字”，其念佛方法易被理解為稱念佛名。例如，現存最古之净影慧遠（523—592）所撰《無量壽經義疏》於下輩往生部份即言：“善友……教稱彼佛”；“善友教稱無量壽佛，如是至心，令聲不絶，乃至十念，滅罪生”②。這其實是將《觀無量壽佛經》的説法轉嫁到《無量壽經》的解釋。唐代來華的新羅僧元曉（617—?）在《無量壽經宗要》有類似情形，説到：“臨命終時，遇善知識為説妙法，教令念佛。若不能念者，應稱無量壽佛。如是至心，令聲不絶，具足十念，稱南無佛。稱佛名故，於念念中，除八十億劫生死罪，命終之後，即得往生。”③他提出念佛有隱密義的深層念法（如念慈、悲……正觀念佛等十念），以及顯了義的稱念佛名，念佛可有淺深層次的方法，但對下輩往生者主要以稱名念佛作為往生之因。持名念佛與印度佛教早期“佛隨念”（buddhānusmṛti）的念佛傳統有一段距離，以此種行法解釋《無量壽經》這部早期大乘佛典的念佛方法是否適切，是有待商榷的。

　　中國佛教傳統，隨着對佛教義理的吸收與受容，漢譯經典的文義理解逐漸中國化，其文句注釋後來與印度原語斷絶了連繫，跳脱了原本天竺時空中的教理與實踐脉絡，優點是可開展出許多具創新意義的詮釋，而衍生的問題是較為原初的意義可能因此遭致隱没。基於

---

① 北魏曇鸞著《往生論注》，根據世親《往生論》以五念門為往生之因，并參照《十住毗婆沙論》易行道的稱名之説，倡導稱名念佛。被尊為净土宗三祖，影響後世甚鉅的唐代善導，更主張稱名為正業，讀誦、禮拜、贊嘆、觀察為助業。參見望月信亨著，釋净海譯：《中國净土教理史》，正聞出版社 1974 年初版，第 60、128—129 頁；陳揚炯：《中國净土宗通史》，江蘇古籍出版社 2000 年版，第 157—171、323—324、339—341 頁。
② 《大正藏》第 37 册，第 183 頁下。
③ 《大正藏》第 37 册，第 129 頁上。

此學術意識，探索《無量壽經》的念佛方法及其義理內容，可先拋開傳統中國淨土佛學的框架，將其再度置放在印度語言的語境中進行審視，以便獲致另一種新的視域融合。本文通過梵漢對勘的進路，加入印度語言的資訊，推敲《無量壽經》的念佛方法，以幫助經義的理解。

二、念佛的原語考察

"念佛"的"念"法在漢傳佛教傳統之所以發生理解上的歧義，一方面與宗教信仰式實踐法的多樣性有關，對崇拜對象發之以心意冥思或口頭誦念都是常見的宗教活動。例如，早期佛教的"佛隨念"方法是憶念佛陀的十號與諸功德；而傳為龍樹所造的《十住毗婆沙論·易行品》明確提出稱念佛名的快速提升方法。[①] 另一方面也與漢語"念"字的語義模糊性有關，它同時可包含心念和口念的意思。《說文解字·心部》言："念，常思也。从心，今聲。"對此字賦與"經常思念；惦記"的本義；以"心"為形旁，推知原本是以"心"為其官能。從本義不斷引伸，最遲在東漢時代產生"讀誦"之義，《漢書·張禹傳》："初，禹為師，以上難數對己問經，為《論語章句》獻之……諸儒為之語曰：

---

① 如《別譯雜阿含經》卷9者出六隨念之念佛的思惟內容："爾今次應修於六念。汝當念佛諸功德，憶佛十號：如來、應供、正遍知、明行足、善逝、世間解、無上士、調御丈夫、天人師、佛、世尊。是名念佛。"(《大正藏》第2冊，第441頁中)《十住毗婆沙論》卷5對"易行道"的解釋中見到："問曰：但聞是十佛名號，執持在心，便得不退阿耨多羅三藐三菩提？為更有餘佛、餘菩薩名，得至阿惟越致耶？ 答曰：阿彌陀等佛，及諸大菩薩，稱名一心念，亦得不退轉。更有阿彌陀等諸佛，亦應恭敬禮拜，稱其名號。"(《大正藏》第26冊，第42頁下)釋印順考察不同方式的念佛，認為稱念"南無佛"的形式在佛滅後流行佛教界，但無法獲得中心的重視；等到十方佛現在的信仰流行，懷念佛而稱念佛名的修行意義大幅增強。另外，念佛的十號，念佛的功德，是原始佛教所固有，在大乘佛教更加發達。參見氏著：《淨土學論集》，正聞出版社2006年版，第278—289頁。

'欲為《論》,念張文。'"王先謙補注引周壽昌曰:"念,背誦也。今猶云讀書為念書。"①對於中國净土注家而言,將念佛不論解讀為以心憶念或用口誦念,可以說都具備其語義上的正當性。

　　舉北魏曇鸞為例,他被後世推尊為中國净土宗初祖,其《往生論注》(全名《無量壽經優婆提舍願生偈注》)卷上如此解說十念相續的念法:"此中云念者,不取此時節也,但言憶念阿彌陀佛。若總相若別相,隨所觀緣,心無他想,十念相續,名為十念。但稱名號,亦復如是。"②念佛可憶念彌陀功德相貌,也能單單稱念佛的名號。"稱名念佛"之法似可在世親注解《無量壽經》的《往生論》(全名《無量壽經優波提舍》)中找到依據:"云何贊嘆? 口業贊嘆,稱彼如來名,如彼如來光明智相,如彼名義,欲如實修行相應故。"③然而,必須注意的是,漢語的"稱"有"稱揚""稱説"諸義,依此處上下文脉強調口業贊嘆來看,解為"稱嘆"應較為適切。《無量壽經》有段經文可供印證:"無量壽佛光明顯赫,照曜十方諸佛國土,莫不聞知。不但我今稱其光明,一切諸佛、聲聞、緣覺、諸菩薩衆咸共嘆譽,亦復如是。若有衆生聞其光明威神功德,日夜稱説,至心不斷,隨意所願得生其國,為諸菩薩、聲聞大衆所共嘆譽,稱其功德。至其然後得佛道時,普為十方諸佛菩薩嘆其光明,亦如今也。"④文中不論"稱"或"稱説",都是贊嘆的意思,稱嘆佛的光明功德。曇鸞則將《往生論》該段文義直接理解為稱念名號:"稱彼如來名者,謂稱無礙光如來名也。⋯⋯彼無礙光如來名號

---

① 漢語大字典編輯委員會編:《漢語大字典》,湖北辭書出版社,四川辭書出版社 1988 年版,第 4 册,第 2274 頁。
② 《大正藏》第 40 册,第 834 頁下。
③ 《大正藏》第 26 册,第 231 頁中。
④ 《大正藏》第 12 册,第 270 頁中。

能破衆生一切無明，能滿衆生一切志願。然有稱名憶念而無明由在而不滿所願者，何者？由不如實修行，與名義不相應故也。"①由稱念佛名來思惟憶念如來的真實功德，以尋求與佛的功德能夠如實相應。漢譯净土經論對於"念佛"常表達得甚為簡略，文義不夠具體，中國净土學人又通過漢語語義來掌握念佛的概念，因而多出一些想像的空間。

梵漢經典對勘的進路，透過漢語與梵語的語義的相互限定和補充，或許可以幫助我們消除部份歧義，較為準確地理解經文意義。"三輩往生"段無疑是《無量壽經》講述往生方法最主要的部份，藤田宏達依據梵本經文指出："此處所説的'念佛'，如前引梵本經文所見，是指藉由對阿彌陀佛'作意'或'隨念'之詞所表示的心的内容，未必要拘泥於'念佛'之語的有無。"②因此，欲尋求對《無量壽經》"三輩往生"段之念佛法的適切理解，應先擱置持名念佛的觀點，抱持開放公允的態度，交互參照不同語言的經本。為了更清楚顯示問題的所在以及探索其中"念"的意義，以下將關鍵文句進行現存梵本③與兩種漢譯本（署名曹魏康僧鎧所譯的《無量壽經》及唐菩提流志所譯的《大寶積經·無量壽如來會》）的對照比較。④ 首先，上輩往生段經文如下：⑤

---

① 《大正藏》第 40 册，第 835 頁中。

② ［日］藤田宏達：《原始净土思想的研究》，東京：岩波書店 1970 年版，第 541 頁。

③ 本文對勘所采的《無量壽經》竺文本，主要依據［日］香川孝雄：《無量壽經の諸本對照研究》，永田文昌堂 1984 年版，并參照馬克思·謬勒與南條文雄改訂的梵本（收於《净土宗全書》，山喜房佛書林，1972 年版，第 23 卷）。

④ 康僧鎧所譯《無量壽經》有些文句意義不甚明確，菩提流志所譯《大寶積經·無量壽如來會》與其文句甚能對應，能夠助益文義的解明。

⑤ 以下三個段落諸本文句見［日］香川孝雄：《無量壽經の諸本對照研究》，第 249—253 頁。

　　【康本】一向專念無量壽佛。

　　【菩本】專念無量壽佛。

　　【梵本】taṁtathāgatamākārato①punaḥ punar manasikari ṣyanti

　　【中譯】一再地就形相專注思惟（作意）那位如來。

其次，中輩往生段經文如下：

　　【康本】一向專念無量壽佛……

　　【菩本】雖不專念無量壽佛……

　　【梵本】taṁtathāgatamna bhūyo manasikariṣyanti…

　　【中譯】（雖）未多多專注思惟（作意）那位如來，……。

其次，下輩往生段經文如下：

　　【康本】一向專意，乃至十念念無量壽佛……乃至一念念於彼佛。

　　【菩本】以清净心向無量壽如來，乃至十念念無量壽佛……發一念心念無量壽佛。

　　【梵本】taṁ tathāgataṁ daśacittotpādāt② manasikariṣyanti…'ntaśa ekacittotpādenāpi taṁ tathāgataṁ manasikariṣyanti

　　【中譯】以十個念頭專注思惟（作意）那位如來，……甚至只以一個念頭專注思惟（作意）那位如來。

這些段落的"念佛"，動詞是"manaskāra"，這個詞語在 Momier - Williams 的《梵英辭典》中所列義項是"to bear or ponder in the

---

① 謬勒本作"satkāra-"，藤田宏達於注腳中參照足利本與藏譯本，認為可能為誤傳。參見〔日〕藤田宏達：《原始净土思想の研究》，第 540 頁，注 2。

② "daśacittotpādāt"，原本作"daśacittotpādā ṁ"，據謬勒本改。

mind, meditate on, remember"（記憶或思惟在心，冥想，憶念）；①而其對象是"彼如來"（taṃ tathāgataṃ，單數業格），指無量壽佛，至於憶念思惟的内容則無具體説明。應注意的是這些段落全未出現"名號"的對應詞語。

其他與念佛相關的文句有多處，如【康本】譯文"去來現在佛佛相念，得無今佛念諸佛耶"；【菩本】"思惟去來現在諸佛，（世尊何故住斯念耶）"，現存梵本對應文句是"atītānāgapratyutpannān tathāgatān arhataḥ samyaksambuddhān samanusmarati②"（[如來]隨念過去、未來、現在的諸如來、應供、正等覺。）③所使用的動詞是"samanusmarati"（隨念）。再者，如四十八願的第十八願，【康本】譯文為"十方衆生至心信樂，欲生我國，乃至十念"；【菩本】譯作"餘佛刹中諸有情類聞我名已，所有善根心心迴向，願生我國，乃至十念"，梵本對應之第十九願所強調者是聽聞名號以後，"為了往生而投心於那個佛國，……甚至只發起十個念頭"（tatra buddhakṣetre cittaṃ preṣayeyur upapattaye. . . antaśo daśabhiś cittopādaparivartaiḥ）。④ 此處的十念是指發心迴向往生西方净土。四十八願的第二十願，【康本】譯作"十方衆生聞我名號，係念我國，殖諸德本，至心迴向，欲生我國"；【菩本】對應譯文作"無量國中所有衆生聞説我名，以己善根迴向極樂"，梵本對應之第十八願強調聽聞名號之後"以清净心隨念於我"

---

① Monier Monier‐Williams. *A Sanskrit‐English Dictionary*：*Etymological and Philologically Arranged*. (Oxford：Oxford University Press，1st Ed. 1899，reprinted 1988)，p. 784a.
② "samanusmarati"，原本作"samanupaśyati"，據謬勒本改。
③ ［日］香川孝雄：《無量壽經の諸本對照研究》，第72—73頁。
④ ［日］香川孝雄：《無量壽經の諸本對照研究》，第120—121頁。

（prasannacittā mām anusmareyur），①隨念的對象并非名號，而是無量壽佛本身。又【康本】“諸有衆生聞其名號，信心歡喜，乃至一念，至心迴向，願生彼國，即得往生，住不退轉”；【菩本】對應譯文作“他方佛國所有衆生聞無量壽如來名號，乃至能發一念凈信，歡喜愛樂，隨願皆生，得不退轉”，梵本對應文句“凡有衆生聽聞那位無量光佛的名號，聽到以後甚至只發起一個念頭，以與凈心俱行的深固心而發起心意，他們全都於無上正等覺安住不退轉。”（ye kecit sattvās tasya’mitābhasya tathāgatasya nāmadheya mśṛṇvantiśrutvā cāntaśa ekacittotpadam apy adhyāśayena prasādasahagatena cittam② utpādayanti te sarve’ vaivarttikatāyām saṁtiṣṭhante’ nuttarāyā ḥsamyaksa ṁbodheḥ）③強調聽聞名號以後以深切的愛樂來發心，梵本未明言發心的內容，兩種漢譯本都指示發願往生之心。

《無量壽經》中多次言及“聞我名字”，但都關注聽聞名號之後可獲致的巨大功德，無關依憑名號的修行方法。例如，四十八願的三十四：“設我得佛，十方無量不可思議諸佛世界衆生之類，聞我名字，不得菩薩無生法忍、諸深總持者，不取正覺。”三十五願：“設我得佛，十方無量不可思議諸佛世界，其有女人聞我名字，歡喜信樂，發菩提心，厭惡女身，壽終之後復為女像者，不取正覺。”三十六：“設我得佛，十方無量不可思議諸佛世界諸菩薩衆，聞我名字，壽終之後常修梵行，至成佛道，若不爾者，不取正覺。”其他如三十七、四十一、四十二、四十三、四十四、四十五、四十七、四十八等願，都屬類似結構。對照梵

① ［日］香川孝雄：《無量壽經の諸本對照研究》，第 120—121 頁。
② “prasādasahagatena citta ṁ”，原本作“prasādasahagatam”，據謬勒本改。
③ ［日］香川孝雄：《無量壽經の諸本對照研究》，第 246—247 頁。

漢諸本,這些願文全缺乏念佛名號的相關語義。① 世親《往生論》的依名修行,是稱嘆阿彌陀佛名號,依名義而做光明觀想,從而成就功德。② 支謙譯《佛説阿彌陀三耶三佛薩樓佛檀過度人道經》正好有類似經文:"其有人民,善男子、善女人,聞阿彌陀佛聲,稱譽光明,朝暮常稱譽其光明好,至心不斷絶,在心所願,往生阿彌陀佛國。"③又如净影慧遠《無量壽經義疏》解釋説:"舉得聞無量壽名,獲利深廣,勸學此經,聞名依經,故勸學之。"④認為聽聞佛名能獲取巨大功德,是由聞佛名而生起信心,依經修行而得。

順帶一言,即使小本《阿彌陀經》出現"聞説阿彌陀佛,執持名號,……一心不亂"⑤的譯文,也不可立刻想成以口念誦佛名,玄奘《稱贊净土佛攝受經》對應文句作"得聞如是無量壽佛無量無邊不可思議功德名號,極樂世界功德莊嚴,聞已思惟……繫念不亂"⑥,現存梵本中"思惟……繫念不亂"的對應譯詞是"aviksiptacitto manasikarisyanti"(一心思惟)。⑦ "執持"亦有"憶念不忘"之義,如竺法護譯《佛説無言童子經》説"一切所聞,執持不忘";⑧竺法護譯《佛説如來興顯經》言"執持不忘,不有憒亂";⑨竺佛念譯《最勝問菩薩十住除垢斷結經》卷

---

① [日]香川孝雄:《無量壽經の諸本對照研究》,第136—151頁。
② 《大正藏》第26册,第233頁上。
③ 《大正藏》第12册,第303頁上。
④ 《大正藏》第37册,第116頁上。
⑤ 《大正藏》第12册,第347頁中。
⑥ 《大正藏》第12册,第350頁上。
⑦ 荻原雲來譯:《梵和對譯阿彌陀佛》,《净土宗全書》,山喜房佛書林1972年版,第23卷,第202頁。
⑧ 《大正藏》第13册,第529頁上。
⑨ 《大正藏》第10册,第594頁下。

6 言"聽聞法味,執持不忘,晝夜諷誦";①鳩摩羅什譯《十住毘婆沙論》
卷 7 言"一心聽受,以憶念力執持不忘";②曇無讖譯《大方等無想經》
卷 5 言及對經典的"執持、讀誦、書寫、解説、聽受其義"③。"執持"的
憶念在心的意義,與"思惟"之義可以有相通之處,如前所述,
Momier-Williams《梵英辭典》指出"manaskāra"也有"記憶或思惟在
心"(to bear or ponder in the mind)的語義。玄奘本與梵本的"聞已
思惟",思惟的對象并非明白指向"名號",《往生論》所言思惟名號的
意義,即光明功德的内涵,可提供某種啓發。

　　經由如上梵漢對勘進路的討論,將《無量壽經》中念佛的方法視
為持念佛名并不適切,進一步的探索,或可從與其時代較近的佛教經
論中考察有關"作意(思惟)"(manaskāra)和"隨念"(samanusmarati)
之念佛法門的修學内容④,以幫助《無量壽經》念佛方法的理解。

三、佛典之念佛方法的考察

　　佛教在早期佛教經典中已開示念佛法門,屬於六隨念(念佛、念
法、念僧、念戒、念施、念天)之一,以憶念佛陀的十號作為思惟如來功
德的憑藉。如《雜阿含經》550 經説:

　　　　聖弟子念如來、應、等正覺所行法净:如來、應、等正覺、明行
　　足、善逝、世間解、無上士、調御丈夫、天人師、佛、世尊。聖弟子

---

① 《大正藏》第 10 册,第 1012 頁中。
② 《大正藏》第 26 册,第 55 頁上。
③ 《大正藏》第 12 册,第 1099 頁下。
④ 藤田宏達認為"作意"與"念"雖是兩個不同的心所,但自兩個心所的傳統解釋來看,就
　　其心理活動的内容而言,可説并無重大的差别。參見氏著:《原始净土思想の研究》,第
　　558 頁。

　　念如來、應所行法故，離貪欲覺，離瞋恚覺，離害覺。如是，聖弟子出染著心。何等為染著心？謂五欲功德。於此五欲功德離貪、恚、癡，安住正念正智，乘於直道，修習念佛，正向涅槃。①

通過佛陀十個名號專意念佛，有助抑制貪欲、瞋恚、愚癡等煩惱心，使心靈淨化、安定，以朝向解脫涅槃。《別譯雜阿含經》156 經說明念佛的內容是憶念佛陀十個名號，念法則是憶念"如來所有功德，十力、無畏"，不論念佛與念法都能抑制三毒煩惱，保持清淨質直之心，有助於心生歡喜與進入禪定，朝向涅槃。②《雜阿含經》932 經敘說平時有念佛的習慣，死後不必懼怕會生於惡道，遭致惡報，而會往生人天安樂處所。③

　　推論為大眾部所屬的《增一阿含經》中所述的念佛法門，除了依憑佛十號來念佛，還發展出憶念佛的身形、修行功德的方法。此經卷2〈廣演品〉說：

　　　　若有比丘正身正意，結跏趺坐，繫念在前，無有他想，專精念佛，觀如來形，未曾離目。已不離目，便念如來功德：如來體者，金剛所成，十力具長，四無所畏，在眾勇健，如來顏貌，端正無雙，視之無厭。戒德成就，猶如金剛，而不可毀，清淨無瑕，亦如琉璃。如來三昧，未始有減，已息永寂，而無他念；憍慢強梁，諸情憺怕，欲意、恚想、愚惑之心，猶豫網結，皆悉除盡。如來慧身，智無崖底，無所罣礙。如來身者，解脫成就，諸趣已盡，無復生分。……如來身者，度知見城，知他人根，應度不度，此死生彼，周旋往來生死之

際，有解脱者、無解脱者，皆具知之。①

首先，以禪坐之姿專心念佛，觀想如來的形相，到達眼中所見都是佛相的程度。接着，觀照如來所成就的十力、四無所畏，以及借用五分法身的架構，自戒、定、慧、解脱、解脱知見五個角度觀照如來的修行功德。憶念佛的形相，大抵觀照三十二相、八十種好的圓滿身相特徵，《增一阿含經》卷 37《八難品》言："諸佛世尊皆同一類，同其戒律、解脱、智慧而無有異，亦復同空、無相、[無]願，有三十二相、八十種好而莊嚴其身，視無厭足，無能見頂者，皆悉不異。"②配合此段文句的前後文脉來理解，諸佛在五分法身、三三昧、相好等功德都是同一無異的。三十二相、八十種好是觀想佛身的具體特徵。印順主張念佛原本憶念思惟如來的十號，念佛的色身代表大眾部系的見解。③

如來圓寂之後，憶念佛陀的内容除了祂的功德、神力之外，還延伸至釋尊生前活動的特殊場所，借以勾起對佛陀的深深懷念，帶動良善的心念與修行，成為轉生天道的資糧。《長阿含經・遊行經》説："諸族姓子常有四念，何等四？ 一曰念佛生處，歡喜欲見，憶念不忘，生戀慕心。二曰念佛初得道處……。三曰念佛轉法輪處……。四曰念佛般泥洹處，歡喜欲見，憶念不忘，生戀慕心。阿難！ 我般泥洹後，族姓男女念佛生時功德如是，佛得道時神力如是，轉法輪時度人如是，臨滅度時遺法如是。"④在佛陀既已缺席的情況下，佛弟子憶念其出生處、得道處、涅槃處、説法處，以及其生前的功德、神力、遺法，取代佛陀本人成為憶念思惟的所緣境。

---

① 《大正藏》第 2 册，第 554 頁上—中。

② 《大正藏》第 2 册，第 754 頁中。

③ 印順：《初期大乘佛教之起源與開展》，第 857 頁。

④ 《大正藏》第 1 册，第 26 頁上。

　　早期佛教經典中已出現稱念"南無佛"的宗教信仰行為,但是在特殊因緣與情況下才念,也非持續念誦不斷,是為表達恭敬或尋求庇祐。《雜阿含經》546 經述說一位梵志聽聞佛陀已離貪欲繫着與見欲繫着,於是朝向釋尊所在方位合掌稱念:"南無、南無佛、世尊、如來、應供、等正覺。能離欲貪諸繫着,悉能遠離貪欲縛及諸見欲,净根本。"①《增一阿含經》卷 44 言:"繒綵及衆物,供養於神寺,自稱南無佛,皆來至我所。"②前往佛塔要獻上供品,口中發出"南無佛"以表達敬意。《別譯雜阿含經》81 經説到一位婆羅門婦女歸信佛教,某次跌倒起身後便向佛的方向合掌念道:"南無佛陀、如來、至真、等正覺,真金之色,圓光一尋,身體方整,如尼拘陀樹,説法第一,第七仙聖,解脱世雄,我之世尊。"③這是一段禮敬、稱嘆佛陀的文句,婦人遇事即念,祇求佛陀賜與平安。

　　早期佛教的念佛實踐,或為了消除恐懼之心,或為了轉生人天善處的利益,也可依此善心作為修學更深法門的基礎,以便朝向解脱。到了初期大乘佛教時期,念佛法門的修行意義大幅深化,鳩摩羅什所譯的《摩訶般若波羅蜜經》(《大品般若經》)卷 23《三次品》説道:

> 菩薩摩訶薩念佛,不以三十二相念,亦不念金色身,不念丈光,不念八十隨形好。何以故? 是佛身自性無故。若法無性,是為無所有。何以故? 無憶故是為念佛。復次,須菩提! 不應以戒衆念佛,不應以定衆、智慧衆、解脱衆、解脱知見衆念佛。……不應以十力念佛,不應以四無所畏、四無礙智、十八不共法念佛,

① 《大正藏》第 2 册,第 141 頁下。
② 《大正藏》第 2 册,第 798 頁下。
③ 《大正藏》第 2 册,第 401 頁下。

> 不應以大慈、大悲念佛。……不應以十二因緣法念佛。……如
> 是，須菩提！菩薩摩訶薩行般若波羅蜜時應念佛。①

《般若經》注重般若空的觀照，在空性體驗當中并不見諸法的差別相，因此主張以無所念來念實相佛。然而，空并不妨礙緣起，緣起面的世俗諦中容有佛身的三十二相、金色身，及五分法身、十力、四無所畏、十八不共法、大慈大悲等種種功德，這應是當時念佛法門所憶念思惟的内容，如《大智度論》卷 21 説："念佛一切智、一切知見，大慈、大悲，十力、四無所畏，四無礙智、十八不共法等；念如佛所知無量不可思議諸功德，是名念佛。"②實踐般若波羅蜜的菩薩修學佛隨念，但也不忘觀照如來的殊勝色身、種種功德都是因緣和合而有，不具自性，不應執取。

成立時間甚早，東漢時代即由支婁迦讖譯出的《般舟三昧經》，涉及西方阿彌陀佛的憶念法，提供非常珍貴的念佛資料。"般舟三昧"意為觀成"諸佛悉在前立"的三昧定境，進而觀照諸佛本空，其修行法先以觀照西方阿彌陀佛導入，三卷本《般舟三昧經·行品》言：

> 　　其有比丘、比丘尼、優婆塞、優婆夷持戒完具，獨一處止，心
> 念西方阿彌陀佛，今現在，隨所聞當念：去是間千億萬佛刹，其國
> 名須摩提，在衆菩薩中央説經。一切常念阿彌陀佛。……若沙
> 門、白衣所聞西方阿彌陀佛刹，當念彼方佛，不得缺戒，一心念，
> 若一晝夜，若七日七夜。過七日以後，見阿彌陀佛，於覺不見，於
> 夢中見之。……菩薩於是間國土聞阿彌陀佛，數數念。用是念
> 故，見阿彌陀佛。見佛已從問：當持何等法生阿彌陀佛國？爾

---

① 《大正藏》第 2 册，第 358 頁中—下。
② 《大正藏》第 25 册，第 221 頁中。

時，阿彌陀佛語是菩薩言：欲來生我國者，常念我數數，常當守念，莫有休息，如是得來生我國。佛言：是菩薩用是念佛故，當得生阿彌陀佛國。常當念：如是佛身有三十二相，悉具足光明徹照，端正無比，在比丘僧中説經，説經不壞敗色。①

關於往生西方浄土的念佛方法，應該繫念於佛，念彌陀佛的三十二相、光明相，以及在浄土中為菩薩圍繞的説法相。此處所指導的念佛方法，并未明白提到念佛的名號。另有一卷本的《般舟三昧經》説到持念名號："佛言：菩薩於此間國土念阿彌陀佛，專念故得見之。即問：持何法得生此國？阿彌陀佛報言：欲來生者，當念我名，莫有休息，則得來生。佛言：專念故得往生，常念佛身有三十二相、八十種好，巨億光明徹照，端正無比，在菩薩僧中説法不壞色。"②在這段引文中，釋迦佛與彌陀佛教導的往生念佛方法并不一致，彌陀佛教導持念佛名，釋迦佛開示念佛身相好光明，此點頗令人費解。三卷本中彌陀佛教導要"常念我數數，常當守念"，未説要通過名號來念佛。即使是提出易行道倡導稱念諸佛名號的《十住毘婆沙論》，對於般舟三昧的修法仍強調觀佛身相好："問曰：是三昧者當以何道可得？答曰：當念於諸佛，處在大眾中，三十二相具，八十好嚴身。行者以是三昧念諸佛三十二相、八十種好莊嚴其身。"③引文中未出現憶持名號的説法。《大智度論》卷29有只説到般舟三昧的修行法要是："念佛三十二相、八十隨形好金色身，身出光明遍滿十方。"④印順指出從一卷本的"涅槃""總持"等譯詞和序文來看，不可能是漢代譯出的，而近於晉

---

① 《大正藏》第13冊，第905頁上—中。
② 《大正藏》第13冊，第899頁上—中。
③ 《大正藏》第26冊，第68頁下。
④ 《大正藏》第25冊，第276頁上。

代的譯本。①　若此説可以成立，則一卷本經文或攙有後代的斧鑿之迹，不盡可信。

　　通過如上佛隨念傳統的考察，念佛的所緣不出佛十號、佛身相好、佛的偉大功德，以及佛的巨大光明等。尤其是與《無量壽經》時代接近的《大品般若經》與《般舟三昧經》，能對當時主流的念佛方法提供具體内容。《大品般若經》視"名字"為虚妄不實，不主張稱念名號。《般舟三昧經》關於往生西方國土的念佛方法對了解《無量壽經》義理彌足珍貴，主要也是觀佛身三十二相、光明遍照及在菩薩中間的説法之相。鑒於《無量壽經》并未明白説出念佛的具體方法，且未提及持念佛名之法，這些與其約略同期的經典的念佛教説便具有很大的參考價值。

四、結語

　　《無量壽經》(大本《阿彌陀經》)為成立於初期大乘佛教時期的經典，却在漢傳佛教圈中大放異彩，發展出以持名念佛為主流方法的净土學派。稱念佛名是在宗教之中很容易發展出來的信仰行法，也不失為一種良好的修持法門，具有廣大的接受度。然而，在稱念佛名成為重要方法之後，加上漢語"念"的語義模糊性，中國佛典注家不自覺地以持念佛名解釋《無量壽經》的念佛法，如此可能隱没經中原本教導的實踐方法。有鑒於此，先透過語義疏通來了解經中"念佛"的文義，是修學此經法門的重要基礎。

　　本文通過梵漢對勘的進路來厘清《無量壽經》涉及念佛的文句意

---

① 印順：《初期大乘佛教之起源與開展》，第 839—840 頁。

義，以便進一步探索其念佛實修方法。在此經的"三輩往生"段，動詞譯為"專念"，現存梵本的對應原語是"manaskāra"（作意），有專注、思惟之義，對象是"那位如來"（taṃtathāgataṃ），但缺乏念佛方法的具體說明。在其他段落中，念佛的動詞是"隨念"（samanusmarati），令人聯想到佛隨念（Buddhānusmṛti）的修學傳統。還有尋求往生西方净土的十念乃至一念的"發心"（cittotpāda），出現一段文句意指"投心（cittaṃpreṣayeyur）於那個佛國"。即使是常引為持名念佛典據的《阿彌陀經》，其"執持名號"的關鍵句在現存梵本與玄奘本的動詞對應詞是"manasikariṣyaṃti"（思惟），為心念而非口念。"執持"亦有記憶不忘之義，"名號"也非限定在"阿彌陀佛"四字，鳩摩羅什的譯法不一定指向稱念佛名。漢文譯經的閱讀者脫離印度原語來解讀經義，理解内容可能發生偏向或窄化的現象。

　　由於《無量壽經》本身缺乏對念佛内容給出的具體說明，參考至其時代為止的念佛傳統的憶念、思惟方法，有助探索此經的念佛方法。早期佛教經典是以隨念如來的十號為主，其後發展出憶念佛身相好、種種功德的所緣内容。初期大乘經典《大品般若經》大抵不出如此的隨念内容，而特加大慈、大悲的大乘獨特功德。《般舟三昧經》的念佛方法先以專念阿彌陀佛導入，以佛身的憶念為主，除了三十二相、八十種好，還特別提出憶念佛身的光明徹照。世親《往生論》也提到稱嘆阿彌陀佛的"名號"，并能依其"名義"的"光明智相"而修行。足見憶念阿彌陀佛色身形相的方法，佛身光明為其要項之一。這些經典所述念佛方法是理解《無量壽經》之念佛相關文句的重要參考資源。净土修學者可在運用持名念佛方法之外，嘗試結合佛隨念的行法來趣近《無量壽經》的念佛體驗。

楊文會《大藏輯要》編輯理念研究

——以其選編從日訪回隋唐古德佚書為中心[①]

羅　玲

内容提要: 晚清以降,傳統佛教開始反省自身積弊,一批具有開放眼光的知識分子也逐漸將目光轉向佛教,形成了佛教的革新潮流。在此潮流際會中,楊文會居士作為當之無愧的領袖人物,被譽為"近代佛學復興之父"。他創辦的金陵刻經處,也是我國近現代第一家由佛教學者創設的集編校、刻印、流通佛典為一體,并兼事講學的佛教文化機構。刻經處自楊文會居士創立後,從日本訪回自唐五代以後中國散佚的佛教重要典籍 300 餘種,并從中精心校刻,選編流通。本文以其晚年編訂《大藏輯要》為研究對象,以其選編從日訪回隋唐古德佚書為中心,分析楊文會對藏經的編輯理念。

關鍵詞: 楊文會;大藏輯要;編輯理念

---

① 本文撰寫得蒙金陵刻經處負責人肖永明先生及該處佛學研究室主任武延康先生提供有關史料,特此致謝。

　　晚清以降，傳統佛教開始反省自身積弊，一批具有開放眼光的知識分子也逐漸將目光轉向佛教，形成了佛教的革新潮流。在此潮流際會中，楊文會居士作為當之無愧的領袖人物，被譽為"近代佛學復興之父"①。已故中國佛教協會會長趙樸初居士曾贊譽他："近世佛教昌明，義學振興，居士之功居首。"②他創辦的金陵刻經處，也是我國近現代第一家由佛教學者創設的集編校、刻印、流通佛典為一體，并兼事講學的佛教文化機構。刻經處自楊文會居士創立後，從日本訪回自唐五代以後中國散佚的佛教重要典籍300餘種，并從中精心校刻，選編流通。本文以其晚年編訂《大藏輯要》為研究對象，以其選編從日訪回隋唐古德佚書為中心，分析楊文會對藏經的編輯理念。

　　楊文會（1837—1911），字仁山，安徽石埭人。偶於書肆見《大乘起信論》，購回閱讀，從此"以《大乘起信論》為師"③，擬以此為本，建立"馬鳴宗"④。同治三年（1864），他回鄉料理父親喪事，感染時疫，大病一場。在此期間，他反復研讀《大乘起信論》，又研讀《楞嚴經》，遂"一心學佛，悉廢棄其所向為學"⑤，由此發現佛教典籍佚失嚴重，給深入研究佛學和弘揚佛法帶來極大困難，何況"末法世界，全賴流通梵夾，普濟群倫"⑥，故集合同志在南京創立金陵刻經處，親任校

① 見 Holmes Welch：《佛教在近代中國的復興》（*The Buddhist Revival in Modern China*），Chapter 1，哈佛大學出版社1968年版，第1—8頁。
② 趙樸初：《金陵刻經處重印經書因緣略記》，載徐文蔚編《楊仁山居士遺著》，金陵刻經處1981年重印本。
③ 楊文會：《與鄭陶齋書》，收入《等不等觀雜錄》卷六。
④ 楊文會：《與李小芸書一》，收入《等不等觀雜錄》卷五。
⑤ 《楊仁山居士傳》（以下簡稱《歐傳》）：歐陽漸撰，收入蘇淵雷編《學思文粹》卷十，1947年缽水齋藏版。
⑥ 《楊文會傳》（以下簡稱《金傳》）：金天翮撰，載《皖志列傳稿》卷五，1936年蘇印書社印本。

勘,重刻方册藏經。關於楊文會編藏思想方面的研究,國內方廣錩教
授《楊文會的編藏思想》一文,總結了楊文會編藏思想及其在今天的
意義,對楊文會編纂《大藏輯要》中佛經選刻情況進行了較為深入的
分析。[1] 而涉及楊文會與日本佛教界交往史研究的,則有樓宇烈主
編的《中日近現代佛教的交流與比較研究》一書,[2]有部分內容涉及
他的佛教典籍出版活動與日本佛教界的交往。肖平教授《近代中國
佛教的復興:與日本佛教界的交往錄》一書中,則有專門章節論述楊
文會與日本南條文雄等人的贈書研究。[3] 此外,旅日學者陳繼東在
《清末佛教的研究——以楊文會為中心》一書中,將日本東京禦茶水
圖書館成貴堂文庫藏南條文雄《贈書始末》和《清國楊文會請示南條
文雄送致書目》作為資料附於書後,詳盡展示了 1890 年至 1893 年
底,楊文會先後向日僧南條文雄等人開列了四個書目共計 221 種求
購書籍,其中購得 145 種。至明治二十六年(1893)年,南條共寄出書
籍 228 種,加上後來又寄的 6 種,共計 235 種。[4] 以上這些研究成果,
成為本文得以開展的重要參考。

一、《佛學書目表》:編輯理念的形成

　　南條文雄在《予與楊仁山居士之關係懷舊談》一文中,回憶他與
楊文會的交往始於 1879 年(明治十二年):

---

① 方廣錩:《楊文會的編藏思想》,載《中華佛學學報》2000 年第 5 期。
② 樓宇烈主編:《中日近現代佛教的交流與比較研究》,北京宗教文化出版社 2000 年版。
③ 肖平:《近代中國佛教的復興:與日本佛教界的交往錄》,廣東人民出版社 2003 年版。
④ 陳繼東:《清末佛教的研究——以楊文會為中心》,日本山喜房佛書林,2003 年版。他又
　　根據這兩項材料撰寫《清末日本傳來佛教典籍考》,原載《原學》第五輯,中國廣播電視
　　出版社 1996 年版。

明治十二年,予離英京倫敦,移牛津專攻佛教梵學之業。由倫敦日本公使館員末松謙澄君告予,支那公使館員佛教信者楊仁山氏欲與予一次面會,將有質問。予即請其來寓焉。其日月雖不記憶,約其而到者有二支那人。交換名刺,乃知一稱陳遠濟君,是時駐英公使館曾紀澤侯之妹媚參贊官也。又一則楊仁山者也。自是開始單談。仁山君以自刊行之《大乘起信論疏》一册贈予,由此論與予談及佛教。此論之梵本,今現有存乎? 其第一問也。予直答不聞其存否。今現存者,日本傳來之梵本,僅有三部,曰《阿彌陀經》,曰《金剛經》,曰《般若心經》是也。泰西所傳亦不甚多。楊氏聞之,頗有失望之狀。予勸其一來牛津,導大學出版處,梵字之活字,亦完全故也。

數月之後,陳楊二君果來矣。予導至出版處之中,示 Ma 博士校訂之印度古書四吠陀之一 Rigubed 大册。出版時梵字活字,楊頗驚異之。其後予為楊仁山君,曾作示《阿彌陀經》之梵文直譯。明治七年迄,予離英國,書信時常來往,又同予歸朝之後,亦不絕通信。且楊君其後亦歸國。進行金陵刻經處之事業。曾宿志曰:支那之失傳現豐於日本者,請送來便我翻刻。因與老友赤松連城師謀,搜集送之者不少。已承翻譯刻就連城師熱望,予寄書于楊仁山君贈《四書蕅益解》,仁山君送來某處之刊行本,其中《大學直指》一册,赤松氏翻刻之。然《認語點睛》遂未見其翻刻也。予與赤松氏謀贈楊仁山之支那逸書及其書目與往來之書信,詳記於予之《贈書始末》。然於一昨年之火災,悉皆灰滅矣。[1]

上述記載與楊文會《等不等觀雜錄》中所載大體一致,直到 1890 年蘇少坡赴日,楊文會才致函以南條文雄為首的日本佛教界,先後開

---

[1] [日]南條文雄:《予与杨仁山居士之关系怀旧谈》,《海潮音》第 7 卷第 6 期。

列 4 批書單,大規模求購本土亡佚但在日本常見的隋唐古德佚書。從内容上看,楊文會從日本所購之佛典包含很廣,涉及净土、華嚴、密宗、唯識、三論等諸多宗派,且多為隋唐或宋人的注疏或著作,此外還有不少日僧或朝鮮著作。他在得到從日訪回近 300 種佛教典籍中,選擇他認為有價值的著作,陸續予以刊刻流布。而關於這 300 種佛教典籍的刊刻情况,我們祇能從楊文會編的《佛學書目表》,《大藏輯要》,金陵刻經處民國十年、民國二十年、1956 年流通經典目録以及根據金陵刻經處見存經版統計中的出版數據進行分析。①

　　光緒二十九年(1903),楊文會曾編次一個帶有經營性質的佛教經典目録,這就是《佛學書目表》②,每種均有定價,共收入金陵刻經處、長沙上林寺、揚州藏經院、常熟小石山房、杭州慧空經房五家刻經機構所刻印經籍,其中華嚴部 5 種,方等部 9 種,净土部 9 種,法相部 9 種,般若部 6 種,法華部 4 種,涅槃部 4 種,秘密部 8 種,阿含部小乘經 3 種,大乘律 3 種,大乘論 8 種,西土撰集 4 種,禪宗 12 種,天台宗 5 種,傳記 8 種,雜集 12 種,道家 4 種,共計 112 種。在這本《佛學書目表》中,每種經籍名目後均有楊文會簡單提要,多提示内容,宣傳佛理,或述來源。不僅如此,書目記録了楊文會所刻從日本獲得的中國隋唐古德佚書善本,如《梵網經菩薩戒疏》《觀無量壽佛經四貼疏》《入楞伽玄義》《成唯識論述記》等,其中法相宗經典《成唯識論述記》一書,對民國間唯識學研究的興盛影響甚大。詳見表 1:

---

① "文革"期間,金陵刻經處一度被作為南京紅衛兵白下區司令部,藏在毗盧寺近 4 萬版片被毀,刻經處内文物、書卷被破壞殆盡。筆者根據 79 年以後見存隋唐古德書目統計,只剩 80 種,且殘本居多。

② 楊文會編:《佛學書目表》,光緒二十九年(1903)五月新安汪氏印於滬瀆,今藏國家圖書館。《等不等觀雜録》卷二亦收入此表,但無定價。

表1 《佛學書目表》中從日本搜得中國隋唐古德佚書刻印一覽

序號	經名	所屬部類	譯/作者	卷數	刻板處	識語	售價
1	勝鬘①寶窟	方等部	劉宋求那跋陀羅譯；唐吉藏作《寶窟》	十五	金陵刻經處	唐以前盛弘此經，後世無人提倡，因其義奧難通也。今宰《寶窟》來自扶桑，學者可得門徑矣。	480文
2	無量壽經義疏	淨土部	曹魏康生鎧譯	六	金陵刻經處	說彌陀因地發四十八願莊嚴淨土，此書從日本傳來。	220文
3	觀無量壽佛經四貼疏	淨土部	唐善導疏	四	金陵刻經處	日本傳來。內分玄義分、序分義、定善義、散善義，故名四貼。	200文
4	入楞伽玄義	法相部	唐法藏撰	一	金陵刻經處	此卷從日本得來，全書既失，觀此可知大意。	40文
5	成唯識論述記	法相部	唐窺基撰	六十	金陵刻經處	此書元未失傳，後人以不見憾，今從日本得來，慈恩一宗，其再興乎。	2300文
6	梵網經菩薩戒疏	大乘律	唐法藏撰	十	金陵刻經處	此疏從日本傳來，學菩薩道者，最宜深究。	300文
7	禪源諸詮集	禪宗	唐宗密造	四	金陵刻經處	融通宗教，匯成一昧，此書久亡，求之東瀛亦不可得矣。	80文

① 按：當爲變字。

值得一提的是,在《佛學書目表》分類中,就經部而言,楊文會在《閱藏知津》的基礎上進行了調整,他將"净土部"和"法相部"從"方等部"中開出,又將《閱藏知津》所設"方等顯説部"與"方等密咒部"調整為"秘密部"。依次排列後,他將大乘經分為"華嚴""方等""净土""法相""般若""法華""涅槃""秘密"八類。他雖然沿襲《閱藏知津》雜藏類的分法,但就此土著述而言,除"禪宗""天台宗""傳記""雜集"這 4個類目仍因襲《閱藏知津》外,新設"道家"類,"與佛法相通者附録於此"。可以看出,在 1903 年,他本人對大藏結構分類思想已經逐步成形,為日後《大藏輯要叙例》的制定奠定了基礎。

二、《大藏輯要》:編輯理念的完善

楊文會對大藏經結構分類思想的完整提出則在《大藏輯要叙例》[①]一文中。從該文中,可以看出在佛經目録分類方面的最大調整是對經部類目的設置及為"此土撰述"增設的若干類目:

> 此書專為初學而輯。分別部類,以便檢閲。凡羽翼經律論者,概從本文為主,亦臣子隨君父之義也。
>
> 華嚴部,經分大、小二乘,大乘以華嚴為首。凡賢宗及各家著述,發明華嚴經義者,概歸此部。
>
> 方等部,開小顯大之經。及有注疏者,概歸此部。
>
> 净土部,係由方等分出,另立一部,以逗時機。凡天竺、震旦諸師演暢净土宗旨者,概歸此部。
>
> 法相部,亦從方等分出,以為專門之學。慈恩宗及各家著

---

① 楊文會:《大藏輯要叙例》,收入《等不等觀雜録》卷三。

述，匯入此部。

般若部，經論著述，匯為一部。

法華部，法華各種注疏及開權顯實之經，匯入此部。

涅槃部，扶律談常，自為一部。

以上通為菩薩藏。

小乘經，此為聲聞藏。不以説時列於方等之前者，所以別於大乘也。

以上大、小二乘，統為顯部。

密部，凡有壇儀之經及印度、支那諸師撰述，均入此部。

顯密二門，圓通具足。一代時教，總括無遺矣。

大乘律，菩薩調伏藏，七衆同遵。并諸家疏釋，擇要匯集。

小乘律，聲聞調伏藏，非受具戒者，不宜檢閲。故所收從略。

大乘論，菩薩對法藏，為入大乘之要門。釋經各部，已隨本經；別行之論并諸疏釋，輯録於此。

小乘論，聲聞對法藏。卷帙繁多，今略輯數種，以見一斑。

西土撰集，論藏所不攝者，別為一類，所謂"雜藏"也。

禪宗，教外別傳，不立文字。語録一興，浩如煙海。今擇其要者，匯為一宗。

天台宗，釋經各部，隨入經藏，餘歸此宗。

傳記，古聖高賢，流風餘韻，具載此篇。

纂集，編輯成部者，歸此一類。

弘護，摧邪顯正，責在僧伽；救弊補偏，功歸檀越。靈山付囑，意在於斯。

旁通，歸元無二，方便多門。儒道心傳，豈有隔礙耶？

導俗，真俗二途，霄壤之別。不假方便，心何由發？言淺意深，閱者毋忽。

　　從該《叙例》中可見，楊文會對經部再次進行調整。他參考元代慶吉祥編《大元至元法寶勘同總錄》將"菩薩契經藏"分為"顯教大乘經"和"密教大乘經"兩類的分類方法①，將經部分為"顯""密"二門。所不同的是，他將"顯門"類分為"大乘""小乘"二類目；而在"密門"類中，為了與大小乘顯部經典相對，他將《佛學書目表》中所設"秘密部"從大乘經中提出，改名為"密部"。在"此土撰述"類中，他將《佛學書目表》所設的"道家"類改名為"旁通"類，將《閱藏知津》所設"護教"改名為"弘護"，又新增"導俗"類。可見該分類法是參考《開元釋教錄》和《閱藏知津》等歷代佛經目錄而進行的改造，他逝世後，刻經處編印的流通目錄也直接采用他在《大藏輯要叙例》中提出的結構分類，因此形成具有一定特色的"金陵刻經處佛經分類體系"。兹將其與上述諸種分類列表對照如下：

---

① 元慶吉祥編：《大元至元法寶勘同總錄》，十卷，任繼愈主編：《中華大藏經》第 56 册，中華書局 1984 年版。

附表2 《佛學書目表》《大藏輯要敘例》與歷代佛經目錄分類對照表

		開元釋教錄	閱藏知律	佛學書目表	大藏輯要敘例	大正藏
經	大乘經	般若部	般若部	般若部	般若部	般若部
		寶積部	方等顯説部	方等部	方等部	寶積部
				净土部（方等部内開出）	净土部	
				法相部（方等部内開出）	法相部	
		涅槃部	涅槃部	涅槃部	涅槃部	涅槃部
		華嚴部	華嚴部	華嚴部	華嚴部	華嚴部
		五大部外諸大乘經	法華部	法華部	法華部	法華部
		大集部				大集部
						經集部
			方等密咒部	秘密部	密部	密教部
	小乘經	四阿含	四阿含	阿含部小乘經	小乘經	阿含部
		四阿含外諸小乘經	四阿含外諸小乘經			本緣部
律		正調伏藏	大乘律	大乘律	大乘律	律部
		調伏藏眷屬	小乘律	聲聞乘律	聲聞乘律	

（續表）

開元釋教錄		閱藏知津			佛學書目表		大藏輯要叙例		大正藏
有部根本身足論	大乘論	釋經論	大乘論	大乘論	大乘論	釋經論部
有部及餘支派論		宗經論				毗曇部
		諸論釋				中觀部
	小乘論		聲聞乘論		論集部
					經疏部
					律疏部
					論疏部
	雜藏	雜藏	西土撰集	西土撰集		
聖賢傳記錄	梵本翻譯集傳		西土撰述	此土撰述	此土撰述	諸宗部
記録	此方著述集撰	此土撰述	懺儀			
			淨土			
			台宗	天台宗	天台宗	
			禪宗	禪宗	禪宗	
			賢首宗			
			慈恩宗			
			密宗			

論

（續表）

開元釋教錄	閱藏知津	佛學書目表	大藏輯要叙例	大正藏
	律宗	雜集	纂集	史傳部
	纂集	傳記	傳記	事彙部
	傳記		弘護	外教部
	護教			目錄部
	音義			
	目錄			
	序讚詩歌			
	應收入藏			
	（此土撰述）	（此土撰述）	（此土撰述）	
		道家（與佛法相通者附錄於此）	旁通	續經疏部
			道俗	續律疏部
				續論疏部
	雜藏			續諸宗部
				悉曇部
				古逸部
				疑似部

　　據《佛學叢報》第 8 期刊載的《金陵刻經處募刻大藏啓》統計,《大藏輯要》共有 460 部,3320 卷。其中華嚴 32 部,249 卷;方等 66 部,405 卷;净土 57 部,128 卷;法相 25 部,441 卷;般若 23 部,179 卷;法華 16 部,180 卷;涅槃 13 部,110 卷;小乘經 16 部,150 卷;密部 56 部,229 卷;大乘律 15 部,58 卷;小乘律 7 部,7 卷;大乘論 23 部,141 卷;小乘論 4 部,71 卷;西土撰集 16 部,70 卷;禪宗 30 部,257 卷;台宗 14 部,65 卷;傳記 11 部,185 卷;纂集 9 部,278 卷;宏護 13 部,90 卷;旁通 10 部,11 卷;導俗 4 部,16 卷。[1] 希望借此以供初學者學習佛教之用。

三、結語

　　由於時代更替和佛教思想的演變,楊文會的編輯理念既繼承了我國歷代傳統佛經目録分類體系,又具有獨特的編撰體例和分類方式。

　　第一,楊文會在體例上提出"以疏隸書"的模式。刻經處佛經分類體系在體例上與大正藏和歷代佛經目録最大的不同之處,在於提出了"凡羽翼經律論者,概從本文為主,亦臣子隨君父之義也"的模式,即將各典籍注疏本與所疏原本放在一起,并將其運用於實踐。這一模式被方廣錩先生稱作"以疏隸書"[2]。方廣錩先生指出,唐代對某經籍原本進行的注疏著作不入正藏,這種傳統一直持續到元代。從明代起,章疏開始入藏,但沒有定出具體的體例,也沒有專門的分類類目,只是將其尾綴在大藏經末尾而已。因此,收入大藏的章疏顯

---

① 《金陵刻經處募刻大藏啓》,《佛學叢報》1913 年第 8 期。
② 方廣錩:《楊文會的編藏思想》,《中華佛學學報》2000 年第 13 期,第 179—205 頁。

示出雜亂無章的形態。20 世紀二三十年代，日本編修《大正新修大藏經》時，已經注意到這個問題。為了解決這個問題，《大正藏》分類系統將章疏分為經疏、律疏、論疏，并按照所疏釋的經律論先後排列，稍具規範。但章疏與所疏原本分列，不便檢閱。特別是有的章疏雖然逐句疏釋原典，却没有照引原文，致使章疏與原本分離後，閱讀更加不便。而楊文會提出的"以疏隸書"模式，應該是解決章疏入藏後分類歸屬的較好可選方案之一。從這個意義上説，方廣錩先生認為，"以疏隸書"模式是刻經處佛經分類體系在體例方面的最大創新。

第二，《大藏輯要》充分體現了楊文會本人和刻經處諸人的佛學思想。楊文會將"净土部"和"法相部"從"方等部"中開出，不僅與刻經處諸人的學術興趣關係密切，同時還推動并促進了當時净土信仰的提倡和法相唯識研究的興起。楊文會認為，雖然净土法門有其自身局限性，"凡夫習氣最重。若令其專念佛名，日久疲懈，心逐境轉，往往走入歧途而不自覺。故必以深妙經論消去妄情，策勵志氣，勇鋭直前，方免中途退墮也"①，但他始終認為净土宗是修行證悟的最快法門，能普攝群機，"求其至簡至要者，無過此宗(指净土宗)。他宗難而此宗易，他宗緩而此宗速。曷不擇其易而速者行之，而以一門攝一切法門耶？"②基於此，他刻印的第一部經典就是《净土四經》，在《重刊净土四經跋》中，他看出净土宗在末法時代的重要作用，"净土一門，普被羣機，廣流末冱，實為苦海之舟航，入道之階梯也"。③ 因此，他設立"净土部"類目，將其與大乘經傳統五大部類并列。此外，楊文

① 楊文會：《學佛淺説》，收入《等不等觀雜録》卷一。
② 楊文會：《佛教初學課本注》。
③ 見楊文會撰：《重刊净土四經跋》，載魏源輯《净土四經》卷末，同治五年(1866)金陵刻經處刻本。

會設立"法相部",固然與他晚年大力倡導法相唯識研究有關,但在刻經處成立五年之際,他主持刻印了法相經典唐玄奘譯的《解深密經》,并稱其為法相宗的"宗經"。① 之後很長一段時間内,楊文會又通過南條文雄從日本訪回大量唯識典籍,并將之刻印流播,為法相唯識的研究提供了大量文獻根據。而此時正值西方文化傳入中國之時,不少學者發現,"唯識學跟近代西方傳來的學術思想,有相當相似的關連,如科學觀念、哲學系統,都是有體系、有組織的學問","在中國,甚至包括印度,能與西方哲學相匹敵,組織化、系統化,從一個觀念,而引導出許多連瑣觀念、系統觀念,在整個東方各家學説中,就唯有唯識最具此種精神。因此,西方文化傳來的結果,竟不料掀起了一陣唯識研究的高潮",以至"幾乎所有研究佛學的,莫不以唯識為第一研究步驟"。② 只是楊文會逝世後,《大藏輯要》刻印工作曾一度中斷。究其原因,是因為歐陽漸主張多刻唯識宗著述,金陵刻經處其他董事則主張應依楊文會手訂《大藏輯要》依次付刻,兩派意見久議不決,以至在此期間,刻經處事務"幾至無人主持"。葉恭綽回憶道:"民國初元,金陵刻經處董事諸君因歐陽竟無先生主張多刻唯識宗著述,而其他董事則主依楊仁山先生手訂《大藏輯要》依次付刻,議久不決,幾至刻經處無人主持。"為解決這一問題,葉恭綽提出,"擬分為二事,并行不悖。唯識論著由余認刻,其金陵刻經處所刻,仍依仁山先生原目付刻。衆皆謂然,其紛始解"。③ 其實民國時期,唯識思潮對當時知識界影響最為深遠,加之研究法相唯識的團體,又以歐陽漸領導的支那内學院和韓清净領導的三時學會最為著名。張曼濤先生認為:"在現

---

① 唐玄奘譯:《解深密經》,五卷,金陵刻經處同治十年(1871)刻本。
② 張曼濤:《現代佛學叢刊·唯識學概論(三)》之《編輯旨趣》。
③ 葉恭綽:《矩園餘墨》序跋第二輯,民國鉛印本。

代中國幾個可數的思想家中，無不跟唯識學發生過關連。主要者如熊十力、梁漱溟、景昌極、梁啓超、章太炎等莫不如是。即使是深受西洋哲學影響，而不以東方哲學為意的，如金岳霖、張東蓀等，亦對唯識學深表崇意。"但總體而言，楊文會將"净土部"和"法相部"從"方等部"中開出，也與時代風氣息息相關。

附錄：今日金陵刻經處見存楊仁山尋回隋唐古德逸書目錄

編號	書名	卷數	刻成時間	譯作者	冊數
001	三教指歸簡注	卷上一、二;下一、二	明治二十二年11月		2冊
002	成唯識論掌中樞要	卷上一、二;下一、二			4冊
003	維摩經義紀	卷一—四	正德三年春	慧遠撰	8冊
004	起信論義紀	卷上、中、下	元祿己卯9月	唐法藏撰	3冊
005	起信論別紀		天明元年6月	元曉撰	2冊
006	起信論海東疏	卷上、下	元祿丙子9月	元曉撰	2冊
007	永覺和尚禪余外集	卷一—八	延寶五年9月		8冊
008	十二門論宗致義紀	卷上、下	正德辛卯	唐法藏撰	2冊
009	十不二門指要鈔	卷上、下	其中一套爲永祿十三年正月刻	宋知禮述	4冊2套
010	漢語燈錄	卷一—十;拾遺上、下	正德五年正月	丁惠集	7冊
011	悉曇愚鈔	卷上、下	万治己亥秋		2冊
012	教行信証六要鈔会本	卷一—十	安永八年仲冬		10冊
013	悉曇初心鈔		寬文十一年仲春		1冊
014	一行禪師字母表		寬文己酉5月		1冊

（續表）

編號	書名	卷數	刻成時間	譯作者	冊數
015	八喇聲鈔				1 冊
016	焦氏筆乘	卷一—六	享保十四年 6 月		5 冊
017	起信論教理鈔	卷一—十九	寬文十年		10 冊
018	五百問論	卷上、中、下	寬政七年 3 月	本純注	3 冊
019	諸宗章疏錄	卷上、中、下	寬政二年 11 月		3 冊
020	法華疏義讚	卷一—六	明曆四年仲秋	智度述	6 冊
021	顯戒論	卷上、中、下	寬延己巳仲秋	最澄述	3 冊
022	四分律刪補隨機羯磨疏濟緣記	卷一上、下、卷四上、下	慶忠五年	宋元照述	8 冊
023	維摩經義疏	卷上			1 冊
024	二諦義	卷上、中、下	寶永六年	胡吉藏撰	3 冊
025	梵網經菩薩戒本疏	卷一—卷六		唐法藏撰	6 冊
026	三論玄義		明治十年 12 月	隋吉藏撰	2 冊
027	略述法法相義	卷上、中、下	元祿十四年春		3 冊
028	普照國師年譜	卷上、下			1 冊

（續表）

編號	書名	卷數	刻成時間	譯作者	冊數
029	興禪護國論	卷上、中、下			1 冊
030	舊頭觀心覽夢鈔	卷上			1 冊
031	獨妙禪師年譜			圓慈 撰	1 冊
032	聖乙國師語錄				1 冊
033	永平元禪師語錄	卷上、中、下	寬文十一年孟冬		1 冊
034	蘭盆經疏會古通記①	卷上、下	萬治三年孟春	普觀 述	2 冊
035	宗門無盡經綸論	卷下	明治十五年 2 月	圓慈 撰	1 冊
036	毗盧遮那成佛神變加持經義釋	卷五—卷十四		一行 述	10 冊
037	七祖御釋各經	第一—十一冊（缺三，其中多本有批注）	嘉永二年正月		10 冊
038	禪苑清規	卷一—十			2 冊
039	大般涅槃經玄義	卷上、下	萬曆十年		2 冊
040	金剛三昧經疏端宗記	卷一—十二	康熙戊辰九月		

① 按：疑爲《盂蘭盆經疏會古通記》。

（续表）

编号	书名	卷数	刻成时间	译作者	册数
041	无量寿经优婆提舍			元魏菩提流支译	1册
042	楞严经合论	卷一—十	万历己丑六月	德洪造论	4册
043	四分律行钞资持记			宋元照撰	42册
044	法华经合论	卷一—七	万历乙酉十一月	宋德洪造论	4册
045	大乘起信论注疏	卷上—一、二；卷下—一、二	元禄二年孟春	宗密撰	4册
046	名瞒	卷一—六	天明八年11月	日平安皆川愿著	6册
047	华严经搜玄记	卷一上、下—卷五上、下（缺卷四上）	延享二年12月	智严撰	9册
048	破邪集	卷一—八	安政乙卯冬①	明徐昌治集	8册
049	摧邪轮	卷上、中、下	建历三年3月	高辨撰	3册
050	仁王护国经疏法衡抄	卷一—六	元禄八年仲春	遇荣集	6册
051	四明十义书	卷上、下（有批注）	元文二年仲冬	知礼撰	2册
052	续佛祖统记	卷一、二	元禄四年早春		2册
053	法华传记	卷一—十	庆长庚子季春		3册

① 根据崇祯十二年季冬刻本翻刻。

（續表）

編號	書名	卷數	刻成時間	譯作者	冊數
054	盂蘭盆經疏新記	卷上、下（有批注）		元照述	2 冊
055	勝鬘經疏義私鈔	卷一—六（有圈點）	貞享三年仲春	明空撰	2 冊
056	勝鬘經寶窟	卷上、中、下（有校注：庚子閏八月初二閱卷）	寶永元年甲申重陽	唐吉藏撰	6 冊
057	釋迦如來應化錄	卷上、中、下	正保五年孟春	寶成集	3 冊
058	大乘止觀宗圓記	卷一—五	慶安二年孟春	白蓮釋了然述	5 冊
059	三聖圓融觀門	有校注	貞享二年仲秋	唐澄觀述	1 冊
060	律宗綱要	卷上、下	万治三年初春	凝然述	1 冊
061	佛製比丘六物圖				1 冊
062	光明大師別傳篆注	卷上、下	延寶八年 2 月	葵翁述	2 冊
063	因明入正理論篆要		明和四年 5 月	惠沼集	1 冊
064	因明入正理論義斷		正德四年七月	惠沼述	1 冊
065	唯識三十論		崇禎甲申仲秋		四种合一册
	因明入正理論				
	顯實論				
	發菩提心論				

（續表）

編號	書名	卷數	刻成時間	譯作者	册數
066	解深密經疏	卷八、九		宋守倫注	2 册
067	阿彌陀經義要	卷十			1 册
068	科注妙法蓮華經	卷一～八	延寶八年孟冬	宋守倫注	10 册
069	三德指歸	卷一～二十（缺卷十五）	正德五年仲夏	智圓述	19 册
070	唯實論泉鈔	卷一上、中、下～卷五上、中、下；六上、下；七上、下；八上、中、下；九上、中、下；十上、中、下	寬文七年孟夏		28 册
071	梵語千字文		享保十二年正月	唐義凈撰	1 册
072	四書蒲益解（存中庸直指 大學制指）		明治二十六年4月	明智旭撰	1 册
073	芝園集	卷上、下			2 册
074	無量壽經鈔	卷一～七	延享五年5月	丁慧述	7 册
075	鼇頭六合釋講義		明治十九年7月	大内青巒編	1 册
076	觀彌勒菩薩上生經		萬曆丁酉五月	劉宋沮渠京聲譯	二種合册
	觀彌勒菩薩下生經			姚秦鳩摩羅什譯	

（续表）

编号	书名	卷数	刻成时间	译作者	册数
077	弥勒来时经		万历丁酉仲亥	失译	二种合册
	佛说弥勒成佛经			姚秦鸠摩罗什译	
078	弥勒下生成佛经		宽文七年初冬	唐义净译	二种合册
	观弥勒菩萨下生经			西晋竺法护译	
079	经律论释法数	卷一—六十八	万治元年	寂照编	17 册
080	因明论大疏	卷一—六（有批注）	正应三年 7 月	唐窥基撰	3 册

中華本《祖堂集》校點商補^①

詹緒左

內容提要:中華書局出版的由孫昌武、衣川賢次、西口芳男點校的《祖堂集》,是迄今為止《祖堂集》整理中學術價值最高的一個版本。然其中也存在一些可商榷之處,筆者就其中的部分校注提出商補性意見。

關鍵詞:《祖堂集》;校注;商補

《祖堂集》是我國現存最早的禪宗語錄彙編。由於歷史的原因,中國學者於上世紀 80 年代初才見到這部禪籍,并開始對其進行整理、研究。1985 年,劉堅在《近代漢語讀本》中率先輯選了其中的部分語段,并輔以簡注。1990 年,商務印書館出版了劉堅、蔣紹愚主編

---

① 本文為 2014 年度教育部人文社會科學重點研究基地重點項目"禪宗文獻語詞匯釋"(14JJD740001)的階段性成果。

的《近代漢語語法資料彙編》，其中點校了《祖堂集》中的更多章節。大陸和臺灣也先後有多家出版社根據日本京都中文出版社的版本影印了《祖堂集》。1994 年，臺灣《禪藏（十六）》收入了《祖堂集》，這是第一部點校本；1996 年，岳麓書社出版了吳福祥、顧之川點校的《祖堂集》，這是第二部點校本；2001 年，中州古籍出版社出版了張華點校的《祖堂集》簡體字本，這是第三部點校本；2007 年，中華書局出版了孫昌武、衣川賢次、西口芳男點校的《祖堂集》（下簡稱"中華本"），這是第四部點校本，也是迄今為止《祖堂集》整理中學術價值最高的一個版本。

　　筆者因研究之需，重點研讀了中華本，在獲益的同時也發現該書的點校時有可商補處，遂行劄錄，約得二百餘條。這裏摘錄一部分，分類型"商"其未確者，"補"其未善者，以供該書再版修訂時參考；對同類禪籍的校點工作，或許也不無借鑒之用。

一、校改未善類

　　校改未善者一是指理解有誤而校改失宜，二是指理解無誤而實不煩改。分述如下：

　　1. 進步非遠近，迷隔山河耳。謹白參玄人，光陰勿虛度。（卷四《石頭和尚》引《參同契》）

　　"耳"，中華本改為"固"，校記："固：原作'耳'；據《景德傳燈錄》《人天眼目》等校改；'固''度'諧。"（第 202 頁）

　　按：此改未妥。從字形上看，"耳"與"固"相差甚遠，訛誤的可能性很小。其次，《參同契》係禪林中的名篇，禪籍中屢見揭載。其中，《明覺禪師語錄》卷三、《禪門諸祖師偈頌》卷下之上引該篇時，此句均録作"迷隔山河爾"。"爾"即"耳",這也是"耳"字不誤的輔證。再從當時的押韻來看,以"王"為代表的支微部字是可以押入魚模部的。據劉曉南《宋代閩音考》的研究,南方人比如福建人,此類押韻現象較多。如中晚唐陳元光(福建人)詩有三例:《忠操烈》押"姝、夫、俱、如、瑜、語、史"等字,《旋師之什》押"至、義、豕、紀、雨、旅、死、武"等字,《語州縣諸公敏續》押"儒、途、資、虛、魚、舒、都、書、孤"等字。其中"史、死、資"與"耳"韻部相同,均屬支微部字,在當時當地押入魚模部。宋代福建人類似的押韻有 66 例:其中與《參同契》押韻韻例相同(即支微押入魚模)的有 42 例,魚模押入支微的有 12 例,支微與魚模相押的有 10 例(即兩個韻字,一個屬魚模部)。出生於廣東端州高要縣的石頭和尚也屬南方人,其方言屬南方方言,故支微部的"耳"大可不必改為魚模部的"㠯"。

2. 有僧與踈山和尚造延壽塔畢手,白和尚。(卷九《羅山和尚》)

"手",中華本改作"來",校記:"來:原作'手';據《宗門統要》《正法眼藏》《禪門拈頌集》校改。"(第 449 頁)

按:此改未善。"畢手"就是"畢",亦即完成。《五燈會元》卷一三《匡仁》章收録了此則公案,"畢手"句録作"有僧為師造壽塔畢";《古尊宿語録》卷四七《東林和尚雲門庵主頌古》中該句記作"有僧與疏山造壽塔了",知"畢手"就是"畢",也就是"了"。《大方廣菩薩藏文殊師利根本儀軌經》卷一六《一字根本心真言儀則品》:"日日如是,直至畢手。"四部叢刊《歐陽文忠公集》九一《表奏書啓四六集》卷二《辭開封府劄子》:"不過三五月,可以畢手。"元劉祁《歸潛志》卷一二:"鄭王碑文,今夕可畢手也。"知"畢手"無誤。

類似的情況書中還有一些，如"追成"（卷一《釋迦牟尼佛》）"後□"（卷一《阿難尊者》）"囚像"（卷四《丹霞和尚》）"雪處"（卷一一《保福和尚》），中華本分別校改作"迨成"（第 13 頁）"後囑"（第 28 頁）"象罔"（第 215 頁）"靈處"（第 507 頁），實均有擅改之嫌。再看下面一例：

3. 境觸但似水無心，在世縱橫有何事？（卷三《本净和尚》）

中華本校記："境觸：《景德傳燈録》等并作'觸境'，是。"（第 181 頁）

按：此校記雖未改字，但顯然認為"境觸"當作"觸境"。其實二者乃同詞倒序，均指接觸外境而動於心。本净和尚是六祖慧能的法嗣，"境觸"一詞就是他從慧能處襲用而來。敦煌本《六祖壇經》："本性自净自定，只緣境觸，觸即亂，離相不亂即定。"（敦煌新本"境觸"的"觸"作"解"，顯為"觸"之誤）知"境觸"確然無誤。《紫栢老人集》卷二："若無境觸，心無愛憎。"亦其例。類似的誤校又見於"業結"（卷一《釋迦牟尼佛》）條校記（第 15 頁）。

《祖堂集》中俗字頗多，如"租"—"祖"、"摶"—"搏"、"忽"—"怱""薦"—"鷹"等均一正一俗，中華本在校理此類俗字時也時有可商處。此舉一例：

4. 慎恚熾盛火，無明極重暗。（卷一〇《玄沙和尚》）

"慎"，中華本録作"瞋"，校記："瞋：原作'慎'，'慎'異體字，此據經文校改。"（第 456 頁）

按：例中"慎"，并非"慎"之異體，恰是"瞋"的俗體。《龍龕手鏡·心部》："慎，時忍反，古文，今作慎，廉謹也。又音瞋。""慎"音"瞋"，就表明是"瞋"之俗體。姚秦佛陀耶舍《四分律》："比丘義如上，慎恚者有十惡法因緣,故憙十事中以一一生憙。"即其顯例。

禪籍用語時有省略,出校時最宜審慎。如下例:

5. 招慶續起問:"如今作摩生?"師代云:"近日老邁,且摩過時。"(卷一一《保福和尚》)

中華本校記:"'且'後原脫'與'字。參本書卷四《藥山》章:'攀攀拳拳,嬴嬴垂垂,百醜千拙,且与摩過時。'"(第 503 頁)

按:"且摩"不誤,"且摩"指祇如此、就這樣。禪錄中又作"且麼"。《宏智廣錄》卷九《禪人并化主寫真求贊》:"不須特地,且麼過時。"即其例。《宗門武庫》:"兒具説上件意。爺云:'爾麼盡做得!'""爾麼"句意謂:你這樣就完全能做賊啦!"麼"就相當於"与摩(麼)""恁麼",指如此。《指月錄》卷二八《法演》章此句即作"恁麼"。類似的疏失另見於"阿那是維摩祖父"(卷一八《趙州和尚》)句的校記(第 785 頁)。

再來看理解無誤而實不煩改的例子:

6. 案《律》云:"大子去已,至摩竭陁國斑茶山中……"(卷一《釋迦牟尼佛》)

"茶",中華本錄作"茶",校記:"茶:原作'茶',《四分律》卷三一作'班茶山',據改。"(第 13 頁)

按:實不煩改。"荼字自中唐始變作茶。"(清顧炎武《日知錄·茶》)故"斑茶山"與"班茶山"乃同詞異寫。佛典中亦作"般茶山"(《根本説一切有部毘奈耶破僧事》卷四)"般茶山"(《佛本行集經》卷二三《勸受世利品中》)"班荼婆山""槃茶山""般塔山"(《四分律名義標釋》卷二一《律藏》卷三一)等。還有異文可證。大正藏本《佛本行集經》卷二三《勸受世利品中》:"從般茶山,安庠而行。""茶",宋、元、明、聖本作"荼"。

7. 學道如攢火，逢煙且莫休。（卷一一《惟勁禪師》）

“攢”，中華本録作“鑽”，校記：“鑽：原作‘攢’；此頌《古尊宿語録》卷二四《神鼎洪諲禪師語録》作金峰頌，《圜悟録》卷九、《五燈會元》卷一二《翠巖可真》章、《禪門諸祖師偈頌》卷上之上《龍牙和尚偈頌》并作龍牙頌，《大慧語録》卷二二《示快然居士法語》作古德一偈。首句均作‘學道如鑽火’，據改。”（第530頁）

按：此亦不煩改。“攢”“鑽”古通用，《禮記·内則》：“柤梨曰攢之。”陸德明釋文：“再官反，本又作鑽。”孔穎達疏：“恐有蟲，故一一攢看其蟲孔也。”《佛本行集經》卷二四《精進苦行品》：“譬如有人取生濕木，并及濕糞，置於水上，就中攢火。”《大智度論》卷四八《釋四念處品》：“譬如攢燧求火，一心勤著，不休不息，乃可得火。”《思惟畧要法·白骨觀法》：“如攢火見煙，掘井見濕，必得不久。”均用“攢火”例。對《祖堂集》中諸如此類的通用字、古今字或同詞異寫現象，出校可，改則不宜。

二、疑之未當類

中華本校記中“疑衍”“疑脱”“疑為”“疑當作”“疑應為”等習見，這本是點校者審慎之處，但其中確有一些是不必生疑或疑而未當的。

1. 師曰：“非風、銅鈴，我心誰耶也？”（卷二《僧伽難提尊者》）

中華本校記：“‘也’字疑衍。”（第62頁）

按：實不必疑。此句確為疑問句，《寶林傳》卷三作“我心誰耳”，《景德傳燈録》卷二作“我心誰乎”，可為證。然“也”亦可表疑問。《詩·邶風·旄丘》：“何其久也？”此表疑問語氣。《莊子·胠篋》：“然則鄉之所謂知者,不乃為大盜積者也?"此表反詰語氣。故"疑衍"云云,無版本依據。《等目菩薩經》卷下《等目菩薩大權慧品》:"何則而勞耶也?"《吽迦陀野儀軌上》:"是三法即此法三部三昧耶也?"《灌頂經》卷五:"作諸雜術種種相貌不似耶也?"《靈巖寺和尚請來法門道具等目錄·道具》:"右件傳法阿闍梨執持供養修行三昧耶也?"均"耶也"連用之例。類似的問題在"有如何所求耶?"(卷二《菩提達摩和尚》)"師苔,良久"(卷一〇《長慶和尚》)"對坐盤中弓落盞"(卷一二《黃龍和尚》)的校記中均有體現(第97、290、570頁)。

2. 遷化後,茶毗舍利,四處起塔。(卷八《華嚴和尚》)

中華本校記:"'舍利'前疑脫'獲'、'得'等字。"(第393頁)

按:此也不必疑。《佛祖綱目》卷三五《永明延壽禪師示生净土》:"茶毗舍利,周身如鱗。"《新脩科分六學僧傳》卷六《唐天然》:"或譏其撥無因果。曰:'吾欲以茶毗舍利爾。'"均"茶毗""舍利"連言之例,故不煩贅補"獲""得"等字。同樣的疏失也出現在"某甲切要投禪出家"(卷三《慧忠國師》)"若有毫髮事及不盡"(卷八《雲居和尚》)"第一不得謾王老僧"(卷一六《南泉和尚》)等校記中(第162、366、413頁)。

3. 師問僧:"承汝解卜,是不?"對曰:"是。"師云:"試卜老僧看。"無對。洞山代云:"請和尚生月。"(卷五《雲岩和尚》)

中華本校記:"月:疑為'日'字之譌;《景德傳燈錄》卷一四《藥山》章作'日'。"(第256頁)

按:"生月",《景德傳燈錄》卷一四、《五燈會元》卷九《藥山》章均作"生日"。然據此疑為譌字則又大可不必。首先,此段文字又見於《瑞州洞山良价禪師語錄》、《景德傳燈錄》卷一四《曇晟》章、《五燈會元》卷五、《教外別傳》卷一四、《五燈嚴統》卷五《藥山》章,此句均錄作

"請和尚生月"。另核《大正藏》本《筠州洞山悟本禪師語録》,此句雖録作"請和尚生日",然甲本又作"請和尚生月"。可見二者是佛典禪籍中常見的異文現象。其次,從内容上看,此段文字是圍繞着"解卜"(會占卜)展開的,而占卜則需知道對方的生辰八字,所謂"至於本命行年,生月生日,并與天地日月、陰陽律吕運轉相符,表裏合會"(《北史・袁充傳》)。所以此處作"生月"(出生的月份)可,作"生日"(出生之日)亦可,不存在孰是孰非的問題。其實引例當出校的是"卜",《景德傳燈録》等多作"算"。二者義同。而"算"的這一用法,大型語文辭書均失收。

4. 師云:"轉頭則不得。"又云:"更有嗦路作摩生?"(卷八《雲居和尚》)

中華本校記:"嗦:疑為'索'字之譌,誤添'口'旁。"(第372頁)

按:實不必疑。《祖堂集》中"嗦"字二見,均為"索"的俗寫。另一例見於卷九《韶山和尚》:"如是三度嗦後云。""嗦"指催問。此例"嗦路"即"索路",猶言問路,相當於機語往返中的問頭。敦煌本《燕子賦(一)》:"燕子不分,以理從索。""索",甲卷作"嗦"。此俗體《敦煌俗字典》"索"字條失收,大型語文辭書也未及這一用法,故彌足寶貴。再看下例:

5. 從上座遲擬。(卷九《落浦和尚》)

中華本校記:"擬:疑為'疑'字之譌。"(第419頁)

按:"遲擬"即"遲疑"。《集韻・上止》:"擬,《説文》:'度也。'或從心,從言,亦作疑。"可見"疑"即"擬"之簡省。敦煌本《廬山遠公話》:"於是道安心疑答,口不能答;口擬答,心不能答。"此例上用"疑",下用"擬",尤可證二者俗寫不拘。

6. 佛教、祖教如生怨家,始有學分。(卷八《龍牙和尚》)

中華本校記:"怨,疑為'冤'字之訛。"(第 403 頁)

按:"冤"乃"冤"之誤,"如生怨家",《景德傳燈録》卷一七本傳作"似生怨家",知"怨"字無誤。《碧巖録》卷四第三十一則作"如生冤家","冤家"義同"怨家",亦即仇家、仇人。

7. 師曰:"未達別者,終不開拳。"(卷九《落浦和尚》)

中華本校記:"別:疑為'作'字之謁;此句本婆舍斯多出身故事,指師子尊者為'作者',詳《寶林傳》卷五。《從容録》卷六第九十七則引作'別者'。"(第 414 頁)

按:"別"與"作"形音俱遠,無由致謁。"別"有鑒別義,如敦煌本《伍子胥變文》:"別人不賤,別玉不貧。"故"別者"實即同篇中的"知音者",亦即"作者"。引例又見於《景德傳燈録》卷一六、《聯燈會要》卷二三、《五燈會元》卷六、《五燈嚴統》卷六、《五燈全書》卷一一、《大光明藏》卷下本傳及《禪林類聚》卷一一等,均作"未逢別者,終不開拳",在《玄沙語録》卷中、《正法眼藏》卷三之下、《教外別傳》卷七、《兀菴語録》卷中、《了菴語録》卷一、《列祖提綱録》卷一八、《宗門拈古彙集》卷二六、卷三三、《宗鑒法林》卷五三、《指月録》卷一九中又録作"不逢別者,終不開拳",足見"別"字無誤。

類似的問題書中還有多處。如"録于記之"(卷二《菩提達摩和尚》)"終日崎嶇狂用心"(卷一四《高城和尚》),校記一曰:"于:疑當作'而'。"(第 96 頁)一云:"狂:疑為'枉'字之謁。"(第 649 頁)其實前者在《寶林傳》卷八中亦作"録于記之"("于"起補足音節的作用),後者在《宗鏡録》卷九、《禪門諸祖師偈頌》卷上之下中正作"枉"。我們祇要稍加檢索,又何"疑"之有?

三、點讀未當類

疏於比勘、不明詞義、未明句意都有可能造成點讀失當。這幾種情況在中華本中也時有出現。

1. 達摩其年十月十九日，自知機不契，則潛過江北，入于魏邦。（卷二《菩提達摩和尚》）

"潛過"句，中華本標作："則潛過江，北入于魏邦。"（第 96 頁）

按："北"字當屬上。引例《寶林傳》卷八作"遂普通八年十月十九日貶過江北"，《景德傳燈録》卷三作"是月十九日潛迴江北，十一月二十三日届于洛陽"，《天聖廣燈録》卷六作"潛過江北，届于洛陽"，《聯燈會要》卷二作"祖於是月十九日潛渡江北，十一月二十二日届于洛陽"，均可爲證。

類似的點斷疏誤書中尚有多處。如："雲曰：'正是。和尚還徹也無？'"（卷一〇《玄沙和尚》）"正是"句，中華本標作："正是和尚還徹也無？"（第 458 頁）然對比同書卷一九《靈雲和尚》章，此句作"正是也。和尚還徹也無？"知"正是"後宜點斷。又如："道明曰：'和尚好速向南去，在後大有人來趂和尚，待道明盡却指迴。今便礼辭和尚，向北去。'"（卷一八《仰山和尚》）"在"，中華本屬上句（第 813 頁）。其實引例一曰"向南去"，一曰"向北去"，"在"顯然應屬下。"在後"成詞，指後面。《曹谿大師別傳》此處録作："急去！急去！在後大有人來相趂逐！"《歷代法寶記》中記作："發遣能禪師急過嶺去，在後大有人來相趂。"可比參。再如："此則問者舉函索盖，荅者將盖著函，函盖相稱故，已現圓月相也。"（卷二〇《五冠山瑞雲寺和尚》）"故"，中華本屬下

（第879頁）。其實當屬上。此二句《人天眼目》卷四、《三山來禪師五家宗旨纂要》卷下作："故曰函蓋相稱，以現圓月相也。"知"故"字屬上為宜，"已""以"通。

再來看未明詞義、句意而造成的點讀失當。

2. 師有一日看經次，白顏問："和尚休得看經，不用攤人得也！"（卷四《藥山和尚》）

"得也"句，中華本標作："不用攤人得也？"（第232頁）

按：此標點未確。"得也"句，《景德傳燈錄》卷七《明哲》章作"和尚莫猱人好"，《聯燈會要》卷五《明哲》章作"老和尚莫猱人好"，《五燈會元》卷五、《五燈嚴統》卷五、《五燈全書》卷五《明哲》章及《宗鑒法林》卷五六、《教外別傳》卷一四作"和尚休猱人好"，《景德傳燈錄》卷一四、《大光明藏》下卷、《指月錄》卷九《惟儼》章及《從容庵錄》卷五第六十八則、《空谷集》卷四第六十一則作"和尚休猱人得也"。對比可見，"攤人"義同"猱人"，即折騰人、作弄人。"得也"相當於口語中的"得了"，亦即"算了吧"，是不滿意、不耐煩對方的言語而加以喝斷、阻止，故正確的標點當如上揭。

3. 和尚纔見上來，以手托木庵門，放身出外，云："是什摩？"其僧對云："是什摩？"峯便低頭入庵裏。（卷七《巖頭和尚》）

"對云"句，中華本標作："其僧對云：'是什摩。'"（第339頁）

按：引例中兩個"是什摩"，語氣完全一樣，標點理應相同。"其僧對云"，《雪峰語錄》卷上、《圓悟語錄》卷一九、《大慧語錄》卷二、《宏智廣錄》卷二、《虛堂語錄》卷五、《宗鑒法林》卷四三、《禪林類聚》卷一一、《聯燈會要》卷二一、《五燈會元》卷七、《教外別傳》卷七等均錄作"僧亦曰"，足見二者語氣相同。

類似的疏誤還有一例："師問雲居：'什摩處去来?'對曰：'踏山去来。'師曰：'阿郍个山敢（堪）住?'對曰：'阿郍个山不敢（堪）住?'"（卷六《洞山和尚》)例中"阿郍个山敢（堪）住"和"阿郍个山不敢（堪）住"是相"對"而言的，標點自當相同。中華本"不敢（堪）住"下著句號（第305頁），顯然未妥。

4. 衆參，師云："若有白納衣，一時染却。"於時衆中召出一僧，當陽而立。師指云："這个便是樣子也。還有人得相似摩?"衆皆無對。別時僧侍立，師云："伱當此時作摩生?"僧云："某甲向前僧邊立，云：'還得相似摩?'"師云："伱不相似。"學人云："為什摩不相似?"師云："伱帶黑。"

　有因長慶在招慶時，法堂東角立次，云……（卷一〇《安國和尚》)

"伱帶黑"，中華本録作"伱帶黑有"，校記："此句'有'字或屬下段；有、'又'通。"(第486頁)

按：此點斷未確。"有"當從校記屬下段。同書卷八《雲居和尚》章："有因一日問洞山……"即"有""因"連用之例。"有""又"通，故本章有"又因一日峯見師……"，"有因""又因"義同。

類似的疏誤同卷中還有一例："師初入閩，參見靈雲，便問：'行脚大事，如何指南?'雲云：'浙中米作摩價?'師曰：'泊作米價會却。'"（《鏡清和尚》)"會却"的"却"，中華本屬下段（466頁），亦欠妥。此則公案又見於《五燈會元》卷七本傳、《禪宗正脉》卷四、《宗門拈古彙集》卷三四、《宗鑒法林》卷四六等，均作"會却"，《聯燈會要》卷二四本傳則録作"會"，知二者義同，指領會，"却"是助詞。

5. 問："如何是諸佛師?"師云："頭上寶盖生者不是。"僧云：

"如何則是?"師云:"頭上無寶盖。"(卷一四《魯祖和尚》)

"不是"句,中華本點作問號(第647頁)。

按:此句若點作問號,則意在肯定,這與下文僧云"如何則是"顯然對不上榫。這句話其實意在否定,謂"頭上寶盖生者"不是"諸佛師",換言之,也就是"諸佛師""頭上無寶盖"。這也正是禪家滅祖滅師精神的生動體現。此則公案又見於《景德傳燈録》卷七、《五燈會元》卷三本傳,"頭上"句,均録作"頭上有寶冠者不是"。"寶盖""寶冠"義同,亦作"天冠",是用於莊嚴佛菩薩之物。檢中華書局1984年《五燈會元》校點本、成都古籍書店2000年《景德傳燈録》校點本,此句皆點作句號(第167、109頁),確。

類似的疏誤書中還有多處。如:"諸供奉曰:'從上國師未有得似和尚如是機辯。'師曰:'他家即師國,貧道即國師。'"(卷三《慧忠國師》)"貧道"句,中華本點作問號(第168頁)。其實,此二句謂"他家"(指從上國師)是"師國",而我才是"國師"。這是通過换序的修辭手法來調侃"他家"對禪機并非真解實悟,也恰是"慧忠國師"之"機辯"的突出體現,實無一點疑問的意思。

6. 諸人亦須在意,急急努力!莫只擬取次容易,事持一片衣口食過一生。明眼人笑你,久後惣被俗漢弄將去在。(卷一六《黄蘗和尚》)

"事持"句,中華本"事"字屬上,標作:"持一片衣,口食過一生。"校記:"'口食'上疑脱'一'字;《景德傳燈録》《傳燈玉英集》《五燈會元》作'片衣口食'。"(第732頁)

按:此點校有兩點可商。先看"事持"。"事持"乃禪林習語,此處義指謀求、貪求。試比同書卷六《洞山和尚》中的一例:"莫為人間小小名利，失於大事。假使起模盡（畫）樣，覓得片衣口食，惣須作奴婢償他定也。"知"事持"與"覓"相當。慧洪《初至崖州喫荔枝》詩："口腹平生厭事治，上林珍果亦嘗之。""事治"即"事持"，二者同詞異寫（唐宋時，"治"與"持"均讀"直之切"）。"厭事治"，謂不喜歡去貪求。又《景德傳燈錄》卷三〇附真覺《證道歌》："不是標形虛事持，如來寶杖親蹤迹。"此例"事持"謂執持（錫杖）。後人援引時，"事持"或寫作"事治"，如《從容庵錄》卷一第十六則；或記作"事褫"，如《碧巖錄》卷四第三十一則、卷六第六十則，三者同詞異寫；《傳授三壇弘戒法儀》、《授沙彌十戒法》卷上錄作"自持"，這是同義替換。由此也可知"事持"不當點斷。

再看例中的"一"。"一片衣口食"，義同卷六《洞山和尚》中的"片衣口食"，亦即"一片衣、一口食"。同書卷一九《靈雲和尚》有："如一片雲點大清。"《景德傳燈錄》卷一一、《五燈會元》卷四本傳作"如片雲點太清"。可見"一"之出現與否、是否都得出現，本無一定之規。至於"口食"屬下句，顯然也欠妥。

四、校錄未確類

校錄未確也有兩種情況：一是徵引文獻有誤，二是移錄原典未確。前者如：

> 1. 移梁来近路，余箄腳天徒。（卷二《菩提達摩和尚》）

中華本校記："余箄腳天徒：《天聖廣燈錄》作'餘箄腳天徒'；《祖庭事苑》作'餘氣腳下途'。"（第 88 頁）

按：引文未盡確。"余箄"句，《天聖廣燈錄》卷六作"餘箄腳天途",卷八作"餘氣腳天徒",《祖庭事苑》卷八"釋名識辨"作"余氣腳下途"。

2. 石霜云:"主人懇勤,滯累闍梨,拖泥涉水。"(卷一五《麻谷和尚》)

中華本校記:"上二句《景德傳燈録》《五燈會元》并作'主人勸拳,帶累闍梨'。"(第 667 頁)

按:引文亦誤。《景德傳燈録》卷七本傳中二句實作"主人勤拳,帶累闍梨";《五燈會元》卷三本傳作"主人擎拳,帶累闍黎"。"勤拳"與"擎拳"乃同詞異寫,指情意懇切,亦即"懇勤"。

3. 師云:"是你面前桉山,豈不會?"(卷八《雲居和尚》)

"桉",中華本改作"安",校記:"安:原作'桉'。《景德傳燈録》作'面前桉小也不會'。"〔第 368 頁〕

按:此引文也未確。核《景德傳燈録》卷一七、《五燈會元》卷一三本傳,"桉山"句均作"面前桉(案)山子也不會",知引文中的"小"乃"山"之誤,後脱"子"字。"桉山",禪典中亦作"案山""按山",義指形如几案的山,徑改為"安山",未知何據。

類似的徵引之誤書中還有不少,在"棺自然開,皆則解散"(卷一《釋迦牟尼佛》)"且定雞岑"(卷一《大迦葉尊者》)"徒載四《圍陁》"(卷一《阿難尊者》)"甲申歲"(卷二《闍夜多尊者》)"敕謚大律禪師、大和寶航之塔"(卷三《鶴林和尚》)"無明醉自惺"(卷四《丹霞和尚》)"將仕郎林澄製碑文"(卷一〇《玄沙和尚》)"良禾不立米"(卷一〇《隆壽和尚》)的校記中均有引文上的訛誤(第 16、24、26、70、141、214、459、484 頁)。另外,還有一些小的疏漏,如"學道如攢火"(卷一一《惟勁禪師》)句的校記中兩個"偈頌"均誤作"倡頌"(第 530 頁),

"貧兒衣裏狂蹉跎"(卷四《丹霞和尚》)句校記中的"卷七"當録作"卷七六"(第 219 頁)。

至於原典録字上的疏誤,書中也有不少。如:

4. 洞山改末後語云:"一句教伊下口難。"(卷八《龍牙和尚》)

"教伊"的"伊",中華本録作"幷"(第 403 頁),未出校記。

按:録作"幷"費解,當從原刻本作"伊"。"伊",第三人稱代詞。"教伊",書中 13 例。

5. 問:"如何是大疑底人?"師云:"對坐盤中弓落盞。"(卷一二《黃龍和尚》)

"對坐"句,中華本録作"對一坐盤中弓落盞",校記:"'對'字疑衍。"(第 570 頁)

按:按中華本的録文,此句確實可疑,但問題出在"一"字上。核原刻本,確有似"一"的刻痕,但非"一"字。再檢《景德傳燈録》卷二三、《聯燈會要》卷二五、《五燈會元》卷八、《正法眼藏》卷二之下本傳,都載録了此則公案,均作"對坐盤中弓落盞"。可以確知"對"字不誤,"一"字不當有。

其他的如"思惟""世間"(卷一《釋迦牟尼佛》)誤作"思維""世問"(第 9、12 頁),"刌"(卷一《阿難尊者》)誤作"叨"(第 27 頁),"廣化"(卷二《婆舍斯多尊者》)誤作"度化"(第 79 頁),"頓悟"(卷二《菩提達摩和尚》)誤作"穎悟"(第 94 頁),"師諱"(卷一〇《安國和尚》)誤作"師韓"(第 480 頁),"色透"(卷一一《雲門和尚》)誤作"色秀"(第 513 頁),"未審"(卷一二《禾山和尚》)誤作"末審"(第 555 頁),"招賢"(卷一七《岑和尚》)誤作"拈賢"(第 779 頁),"悔何及"(卷四《丹霞和尚》)

"懺悔"(卷一五《歸宗和尚》)的"悔"誤作"侮"(第 212、688 頁)等等。還有一種情況,如"提綱峻速"(卷一九《臨濟和尚》),校記已指出原文"綱"是個誤字(第 855 頁),然正文仍録作"綱"。這樣的疏誤書中也不止一處。

由以上的討論,我們可以得到如下的啓示:禪籍的點校確實難度很大,它不僅要求點校者對相關的文獻非常熟悉,并勤於比勘,同時又要求點校者對禪籍的用字構詞規律(諸如古今字、通用字、正俗字、同詞異寫、同詞異序、語素替換等)和口語語法現象十分了解,祇有這樣才有可能避免出現一些不當疑而疑、不煩校而校、不可改而改的情況。我們也期盼着再版修訂後的中華本能層樓更上、精益求精。

參考文獻

1. (南唐)釋静、筠編撰:《祖堂集》(影印本),日本花園大學禪文化研究所1992 年版。

2. (南唐)釋静、筠編撰:《祖堂集》(影印本),全國圖書館文獻縮微複製中心1993 年版。

3. (南唐)釋静、筠編撰:《祖堂集》,大韓民國海印寺版,日本京都花園大學禪文化研究所影印本 1994 年版。

4. (南唐)釋静、筠編撰,吳福祥、顧之川點校:《祖堂集》,岳麓書社 1996年版。

5. (南唐)釋静、筠編撰,張華點校:《祖堂集》,中州古籍出版社 2001 年版。

6. (南唐)釋静、筠編撰,孫昌武、[日]衣川賢次、西口芳男點校:《祖堂集》,中華書局 2007 年版。

7. 慈怡主編:《佛光大辭典》,北京圖書館出版社 1989 年版。

8. 秦公、劉大新編纂:《廣碑別字》,國際文化出版公司 1995 年版。

9. 黄征:《敦煌俗字典》,上海教育出版社 2005 年版。

10. 漢語大詞典編輯委員會編纂:《漢語大詞典》,漢語大詞典出版社 1986—1993 年版。

11. 徐中舒等編纂:《漢語大字典》,湖北辭書出版社 1992 版。

作者简介

洪修平，哲學博士，教育部“長江學者”特聘教授，曾任南京大學圖書館館長，現任南京大學東方哲學與宗教文化研究中心主任，哲學系、宗教學系教授，博士生導師。主要研究中國傳統哲學與宗教，特別是佛教史與佛教哲學、儒佛道三教關係等。出版《禪宗思想的形成與發展》《中國禪學思想史》和《中國儒佛道三教關係研究》等學術著作 30 多部，發表學術論文 180 多篇（包括中文、英文、日文和俄文）。

[日]齋藤智寬，日本東北大學文學院副教授。

陳金華，1966 年生，福建閩侯人，加拿大英屬哥倫比亞大學教授，曾擔任加拿大國立東亞佛教講座教授多年。任過教職的其他大學包括美國的弗吉尼亞大學、斯坦福大學以及日本的東京大學等。專研中國與日本的中古佛教史，除五部專著和四部合著外，還發表有近五十篇期刊論文。目前擔任《國際佛教研究協會學刊》編委,德國漢堡大學洪堡學者。

徐文明,哲學博士,北京師範大學哲學學院教授、博士生導師,價值與文化研究中心研究員。主要著作有《中土前期禪學史》《輪回的流轉》《出入自在:王安石與佛禪》《六祖壇經注譯》《中國佛教哲學》《頓悟心法》《壇經的智慧》《維摩經譯注》《唐五代曹洞宗研究》《維摩大意》《佛山佛教》《苦樂人生》《廣東佛教與海上絲綢之路》等,發表論文二百餘篇。

王榮國,男,1955 年生,福建省福清市人,歷史學博士,廈門大學人文學院教授、博士生導師,從事中國文化史、中國佛教史(側重"閩台區域佛教社會史"研究),著有《中國佛教史論》《福建佛教史》等。主持已結項國家社會科學基金項目《閩台區域佛教與族群認同》。美國的中國宗教研究學會(Society for the Study of Chinese Religions)主辦的《中國宗教研究》(Journal of Chinese Religions)37 期(2009年)有專文介紹《中國佛教史論》一書。

伍先林,哲學博士,中國佛教文化研究所研究員。

陳平坤,臺灣大學專任助理教授。研究領域為中國佛學(三論宗、禪宗、天台宗為主)、印度佛學(般若經典、如來藏——佛性經典、中觀學派論典為主)、中國哲學(先秦諸子、兩漢思想、隋唐佛學為主)。

楊曾文,生於 1939 年 12 月 7 日,山東省即墨市人,1964 年畢業於北京大學歷史系中國古代史專業,現為中國社會科學院榮譽學部委員、世界宗教研究所教授、博士生指導教師,著有《日本佛教史》《唐五代禪宗史》《宋元禪宗史》《隋唐佛教史》等。

孫亦平,歷史學博士,現任南京大學哲學系、宗教學系教授、博士生導師,全國老子道學研究會副會長,中國宗教學會理事,美國哈佛大學、香港浸會大學訪問學者,國家圖書館"文津講壇"特聘教授。主要著作有:《杜光庭思想與唐宋道教的轉型》《杜光庭評傳》《道教的思想與信仰》《道教文化》《東亞道教研究》,主編《西方宗教學名著提要》等。另在《哲學與文化》《哲學研究》《世界宗教研究》《中國哲學史》《南京大學學報》等海内外刊物上發表學術論文 120 多篇。學術成果多次被《哲學年鑒》、《宗教學年鑒》、《中國社會科學文摘》、人大報刊複印資料《宗教》《中國哲學史》等全文複印、轉載或摘録,科研成果多次獲得省部級以上獎勵。

白欲曉,男,1968 年 9 月生。1991 年 7 月畢業于安徽大學中文系漢語言文學專業,獲文學學士學位。1999 年、2002 年畢業于南京大學哲學系中國哲學專業,先後獲哲學碩士和哲學博士學位。2002 年任教于南京大學哲學系(宗教學系),現為中國哲學專業教授。江蘇省人文社科重點研究基地"儒佛道與中國傳統文化研究中心"、"南京大學東方哲學與宗教文化研究中心"研究員,江蘇省周易文化研究會副會長。主要從事傳統儒教、現代新儒學及三教關係研究。

聖凱,男,哲學博士,清華大學哲學系副教授,長期從事於懺法、唯識、如來藏、净土、南北朝佛教學派等思想的研究及講授。

　　楊增，男，1983 年生，籍貫山東淄川。現為加拿大英屬哥倫比亞大學亞洲學系博士生，研究方向為中古東亞佛教。

　　[俄]列·葉·楊古托夫（L. E. Yangutov），1950 年生，俄羅斯科學院西伯利亞分院蒙古學藏學佛學院哲學、文化學、宗教學研究所所長，哲學博士，教授。

　　[俄]成吉思·慈熱諾夫（Ch. Ts. Tsyrenov），1982 年生，俄羅斯科學院西伯利亞分院蒙古學藏學佛學院哲學、文化學、宗教學研究所研究員，歷史學副博士。

　　[日]吉村誠，男，1969 年生，日本早稻田大學文學博士，現為日本駒澤大學佛教學部教授。出版專著《中國唯識思想史研究》，發表論文數十篇，主要從事中國佛教思想史，特別是以玄奘為中心的唯識思想史研究。

　　黄國清，臺灣南華大學宗教學研究所所長、副教授，臺灣宗教學會理事、臺灣印度學會理事。

　　羅玲，南京大學哲學系宗教學博士後，現任職於上海社會科學院宗教研究所，助理研究員。

　　詹緒左，男，安徽蕪湖人，漢語史博士，安徽師範大學文學院教授，主要從事漢語辭彙史研究。

英文目録
Contents

The Monographic Study of Dhyāna

A Study of the Relationship between Dhyāna Buddhism and Homiletic Buddhism from the Perspective of Literal Dhyāna and *Hua Tou*（case-leading）Dhyāna　　　　　　　　　　　　　　　　　　　　*Hong Xiuping*

The Dhyāna and the Dissemination of *The bodhisattva mañjuśrī's exposition of prajñāpāramitā*　　　　　　　　　　*Saito Tomohiro*

The Facts and the Fiction: the Legendary Fabrication of the Chinese Dhyāna School's Three Masters　　　　　　　　　　　　　*Chen Jinhua*

The Biographical Story of *Chongxian* from Temple Xuedou

Xu Wenming

The Subsequent Investigation of Dhyāna Master Shaoqi's Biographical Story

Wang Rongguo

The Dhyāna Thought of Yixuan from Lingji School　　*Wu Xianlin*

On Silent Illumination: Refuting the Erroneous Views and Disclosing the Right Teachings——The Doctrine for Pacifying the Mind in the Chan Approach of Silent Illumination   *Chen Pingkun*

The Study of the Relationship among Confucianism, Daoism and Buddhism

The Principle for State-management of Ouyang Xiu and His Opinion of Buddhism-expelling   *Yang Zengwen*

A New Investigation of *The Guidance for the Deafness and the Blindness* and *The Purport of the Three Teachings*—for the Discussion of Kukai's View of Confucianism, Daoism and Buddhism   *Sun Yiping*

The Interpretation for Mou Zongsan's Annotation of "the Metaphysics of Buddhism"   *Bai Yuxiao*

The Study of Buddhist History

The Genesis of the Tradition of "Exegesis" and "the Annotation of Exegesis" in Buddhism of Wei Jin Dynasties   *Sheng Kai*

A Review of Previous Scholarship on Bukong(705 - 774)   *Yang Zeng*

Buddhism in Russia   *L. E. Yangutov; Ch. Ts. Tsyrenov*

The Study of Buddhist Literature

Xuanzang and *Prajñāpāramitāhṛdaya*   *Yoshimura Makoto*

The Chanting Liturgy in *Sukhāvatīvyūhaḥ sūtra*—the Perspective from Sanskrit - Chinese Corresponding   *Huang Guoqing*

The Editorial Concept of Wenhui Yang's *The abstraction of Tripitaka*—Focusing on the Ancient Master's Lost Books in Sui and Tang Dynasties which Wenhui Yang Retrieved from Japan   *Luo Cheng*

The Discussion and Complement for the Collation of the Zhonghua Version *Zu Tang collection*(An Important Record of the Pedigree and Master's Talks of Chinese Dhyāna School)   *Zhan Xuzuo*

部分論文的英文摘要及關鍵字

On Silent Illumination: Refuting the Erroneous Views and Disclosing the Right Teachings——The Doctrine for Pacifying the Mind in the Chan Approach of Silent Illumination

Chen Pingkun

Abstract: In Song Dynasty, Hongzhi Zhengjue advocated the Chan approach of silent illumination to respond to the issue of "pacifying the mind". Taking as the core theme of the teaching for "pacifying the mind" as stressed by the Chinese Chan tradition, this thesis tries to explore the silent illumination approach in order that, by means of discussing this approach's doctrine for pacifying the mind, we may uncover the beneficial contents that the silent illumination method applies to settle our body and mind, and further reveal the practical spirit of the Chinese Chan approach as passed down by the silent illumination teachings.

In this thesis, we first analyze the contents of Chan practice as implied by the term of "silent illumination". Next, we go on to examine the related criticism of Dahui Zonggao about the contents of the silent illumination teachings. Then we directly expound the doctrine for pacifying the mind in the silent illumination approach. Finally, we elaborate on "the non-abiding of my mind", the practical spirit of the Chinese Chan tradition, that the silent illumination teachings inherit.

This thesis points out that the various comments made by Dahui Zonggao about the silent illumination teachings actually possess the valuable effects of clearing away the obstacles of the teachings in the silent illumination approach, thus helping to perfect the silent illumination approach taught by Hongzhi Zhengjue. In addition, the thesis shows that the silent illumination approach, while going from "purifying and polishing" to "putting at full rest", and then reaching the state of "becoming one with the Way through no mind", has an ever-consistent spirit of Chan practice, which is the implementation principle of "simultaneous practice of samadhi and wisdom" advocated in the teaching of "taking non-abiding as the foundation" given by Master Huineng, the Sixth Patriarch of the Chinese Chan School.

Keywords: Pacify the Mind; Put at Rest; No Mind; Silent Illumination; Hongzhi Zhengjue

A Review of Previous Scholarship on Bukong(705 – 774)

Yang Zeng

Abstract: Quite a few essays and monographs on Bukong (aka. Amoghavajra, 705 – 774), the well-known patriarch of Esoteric Buddhism in Tang China, have emerged since the mid – 20th century, most of which concern his activities, events, life episodes, biography, as well as texts related to him. In respect of those primary sources, Bukong's persistent devotion to the indiscriminate pursuit of Esoteric Buddhism and of state welfare is the favourite theme, whereas most modern scholars assume either a more religious or a more historical approach to their issues. The interpretations, though illuminating, are discrete; they render the same subjects hardly compatible and arouse further puzzles. Moreover, intrigued by the facts that the primary narrative tends to highlight, scholars involve themselves in seeking historical objectivity, with inadequate appreciation of the primary narrative *per se*. Indeed, in the case of Bukong, weaving such narrative could be of great implications and interests within multiple contexts. This paper presents a detailed survey of the previous scholarship and calls for in future studies a step back to the examination of the historiographical practices, against the historical background in question. In so doing, an accurate and comprehensive chronology of Bukong's life is necessary for discovering hidden agendas, and in addition, it prevents any a-nachronism and helps to locate the more significant issues.

Key Words: Amoghavajra; Esoteric Buddhism and the Tang China; the Religious and the Historical Approach, Historical Facts and Narrative; Chronology of Amoghavajra

Buddhism in Russia

L. E. Yangutov; Ch. Ts. Tsyrenov

Abstract: The article introduces the review of Buddhism in Russian Federation (three Buddhist republic of Russia: Buryatia, Kalmykia and Tuva). The research shows that Buddhism spread to the territory of Russia from Mongolia in Tibetan form (gelugpa school) which is also called Lamaism (Yellow teaching). The paper shows the process of Buddhist spread in Buryatia, Kalmykia and Tuva, analyzes the reasons of its success spread, the relationship between it and the Russian government. Further it presents of contemporary Buddhist situation in three republics of Russian Federation.

Keywords: Buddhism; Russian Tsarist Government; Buddhist Organizations; Lamaism

The Discussion and Complement for the Collation of the Zhonghua Version *Zu Tang Collection* (An Important Record of the Pedigree and Master's Talks of Chinese Dhyāna School)

Zhan Xuzuo

Abstract: The Zhonghua Book Company published *ZuTang Collection*, there are some points which need to be discussed, the author puts forward the supplementary opinions on some note.

Key words: *Zu Tang Collection*; Notes; Supplementary

稿　約

一、來稿要求觀點明確、論證嚴謹、語言流暢。稿件請使用中文繁體字，字數以一萬字左右為宜（特別優秀的稿件可適當放寬）。隨文請附兩百字以內中英文作者簡介（姓名、出生年、性別、籍貫、學位、工作單位、職稱職務、研究方向等）、聯繫地址、郵編、電話、電子信箱，國外學者須注明國籍。來稿請附英文題目、中英文內容提要（200—300 字），中英文關鍵詞（3—5 個）。

二、來稿請采用夾注和腳注兩種注釋方式，引文、注釋務必校對無誤，參考文獻請附文末。具體示例如下：

夾注：適用於在正文中徵引常見古籍，格式如（《論語·學而》）、（《史記·孔子世家》）。

腳注：請使用①、②……每頁重新編號，并將信息標注完整，勿使用“同上”。示例如下：

①作者：《專著名》，＊＊出版社＊＊＊＊年版，第＊＊頁。

②作者:《文章名》,《期刊名》＊＊＊＊年第＊＊期。

③《大正藏》第 50 册,第 68 頁上。

三、本刊實行匿名審稿制,審稿期限一般為三個月。三個月後如未接到采用通知,作者可自行處理。因本刊人力所限,恕不辦理退稿,請自留底稿。

四、來稿文責自負,切勿一稿多投,本刊不承擔論文侵權等方面的連帶責任。對采用的稿件本刊有删改權,不同意删改者請在來稿中申明。

五、為適應我國信息化建設,擴大本刊及作者知識信息交流渠道,本刊已被《中國學術期刊網絡出版總庫》及 CNKI 系列數據庫收錄,其作者文章著作權使用費與本刊稿酬一次性給付。如作者不同意文章被收錄,請在來稿時向本刊聲明,本刊將做適當處理。

六、來稿請直接投至本刊電子郵箱:fjwhyj@163.com

通信地址:江蘇省南京市仙林大道 163 號南京大學哲學樓
　　　　《佛教文化研究》編輯部
聯繫人:胡永輝
電話:13913002679
郵編:210023

圖書在版編目(CIP)數據

佛教文化研究. 第四輯 / 洪修平主編. — 南京：
江蘇人民出版社，2016.8
　ISBN 978 - 7 - 214 - 19488 - 6

　Ⅰ. ①佛… Ⅱ. ①洪… Ⅲ. ①佛教－宗教文化－文集
Ⅳ. ①B948 - 53

中國版本圖書館 CIP 數據核字(2016)第 196573 號

書　　　　名	佛教文化研究(第四輯)	

主　　　　編	洪修平
策 劃 編 輯	戴寧寧
責 任 編 輯	金書羽　强　薇　馬曉曉
裝 幀 設 計	劉葶葶
出 版 發 行	鳳凰出版傳媒股份有限公司
	江蘇人民出版社
出版社地址	南京市湖南路 1 號 A 樓，郵編：210009
出版社網址	http://www.jspph.com
經　　　　銷	鳳凰出版傳媒股份有限公司
照　　　　排	江蘇鳳凰製版有限公司
印　　　　刷	江蘇鳳凰通達印刷有限公司
開　　　　本	880 毫米×1230 毫米　1/32
印　　　　張	12.75　插頁 2
字　　　　數	293 千字
版　　　　次	2016 年 8 月第 1 版　2016 年 8 月第 1 次印刷
標 準 書 號	ISBN 978 - 7 - 214 - 19488 - 6
定　　　　價	50.00 圓

（江蘇人民出版社圖書凡印裝錯誤可向承印廠調換）